Genograms
Assessment and Intervention Third edition

Monica McGoldrick
Randy Gerson
Sueli Petry

ジェノグラム
家族のアセスメントと介入

モニカ・マクゴールドリック
ランディ・ガーソン
スエリ・ペトリー

監訳者
渋沢田鶴子

訳者
青木 聡
大西真美
藪垣 将

金剛出版

私たちに強さを授けてくれた家族,
そして私たちのあらゆる営みを受け継ぐ家族へ。

GENOGRAMS
Assessment and Intervention
Third Edition

Copyright © 2008 by Monica McGoldrick, Sylvia Shellenberger, and Sueli S. Petry
Copyright © 1999 by Monica McGoldrick and Sylvia Shellenberger
Copyright © 1985 by Monica McGoldrick and Randy Gerson
First edition published as GENOGRAMS IN FAMILY ASSESSMENT
All rights reserved
Japanese translation rights arranged with W. W. Norton & Company
through Japan UNI Agency, Inc., Tokyo.

日本語版への序

――モニカ・マクゴールドリック

　このたび，日本の同僚の方々が日本の読者のために本書の翻訳という大変な仕事を達成して下さったことを大変光栄に思います。アジア，特に日本でジェノグラムに対する関心が高いことをうれしく思います。ジェノグラムの作成が国際的に活用されることは私の夢です。なぜなら，グローバル化が進む現在，相互に文化的な文脈で家族の複雑さを理解し，学び合うことができるからです。

　高度なジェノグラムをコンピューターで作成できる日が来ることを期待しており，このために日本の同僚の方々が文化的な文脈でジェノグラムの活用を拡大し，協力して下さることが私の希望です。私たちが人間の問題と人間の資源を個人，家族，コミュニティ，ライフサイクルの視点，そして歴史的コンテクストと発展を踏まえながら未来に向けて考えられるよう願っております。私のもう一つの願いは，ジェノグラムが私たちに過去の歴史と正直に直面する勇気と力を与えてくれることです。ジェノグラムは私たちが歴史の真実を語ることによって他の人たちとのつながりを強め，前向きに次の世代のために安全で健康的な環境を創り出すこと助けてくれます。

　ジェノグラムは記号に固定されたものではなく，家族のパターンの理解の進展とともに進展するものとして考えます。私たち人間は，一番良い選択をするためには，私たちがお互いと，そして地球とつながっていること，また相互のそして地球の過去と未来につながっていることを認識する必要があります。一番良い選択をするということは，家族，友人，コミュニティ，仕事仲間，そして私たちを取り巻く自然環境とポジティブなつながりをめざすことを意味します。ジェノグラムがクライエントたちにとって最大限に効果的な生活を営むことをサポートする道具となることを希望しています。

　明確で使いやすい日本語版の出版のために努力なさった監訳者の渋沢田鶴子先生，翻訳者の青木聡先生，大西真美先生，藪垣将先生，そして金剛出版の高島徹也氏に心からお礼申し上げます。

　そして読者の方々に望むことは，前の世代とのつながりを勇気をもって誠実に探求し，前の世代の苦労を寛容に理解し，自分自身や人生を一緒に歩んできた人たちに対して思いやりを持つこと，そして後に続く人たちの幸福を祈ることです。

謝辞

　私はW. W. NORTON社に大変感謝しています。W. W. NORTON社は三つの版を通してこのプロジェクトを20年以上にわたり支援してくれました。とりわけ，デボラ・マルムッドの支援は格別でした。彼女と一緒に仕事ができて光栄です。長年にわたり一緒に仕事をしてくれた彼女の関心，創造性，誠実さに深く感謝しています。マイケル・マクガンディも長い間たくさんの援助を注いでくれました。何よりこの第3版の複雑な編集を管理してくれました。彼の援助に心から感謝しています。アンドレア・コステラは，アートワークに膨大なエネルギーを注いでくれました。本書の出版は彼女の献身のおかげです。ケーシー・ルーブルは，これまで私が出会ったなかで，最も素晴らしい原稿整理編集者でした――非常に複雑な情報をチェックし，詳細や不一致を見事に校閲してくれました。ハンガリーのモンキーグラフィックス社にも感謝しています。彼らは本書のジェノグラムの質を高め，改善するために卓越した仕事をしてくれました。本書は彼らの努力のおかげで出版できました。

　私はこのプロジェクトの発展を援助してくれた多くの人々に感謝しています。ランディ・ガーソンはコンピューター・アプリケーションを通して創造性を発揮し，万人に理解されるジェノグラムのパターンを描く努力をしてくれました。特別な謝意を捧げたいと思います。私は長いつき合いの同僚や友人に感謝しています。マイケル・ロールバーは私の仮説に異議を申し立て，ジェノグラムに関する私の考え方や，研究そして臨床の道具としてのジェノグラムの潜在的可能性について明確化することを助けてくれました。

　私のきょうだいのモーナとニール，甥のガイ・リビングストンは，彼らの人生の冒険の合間にジェノグラムの発展を助けてくれました。私の人生の仲間であるベティ・カーター，フロマ・ウォルシュ，キャロル・アンダーソン，ニディア・ガルシア・プレト，ポーレット・ムーア・ハインズ，ケン・ハーディ，チャーリー・サットン，ジョン・フォルワースキ，ミゲル・ヘルナンデス，マレーネ・ワトソン，ジェイン・マーボウビ，エリアーナ・ギル，ノレイグ・バーン，イメルダ・コルガン・マッカーシー，ヴァネッサ・マームード，バーバラ・ペトコフ，ヴァネッサ・ジャクソン，ロクサーナ・リエレナ・クインもまた，

家族を理解するためのジェノグラムの適用について考えるうえで，はかりしれない支援をしてくれました。私の同志そして再会した友人であるフェルナンド・コロンは，特に血縁のない親族ネットワークの重要性に関して，ひらめき，援助，承認を与えてくれました。ジェノグラムに関する私の無自覚な思い込みに疑問を投げかけ，私自身にとっての家族や家庭の深い意味を明確化するよう助けてくれた友人のロバート・ジェイ・グリーンにも感謝しています。メリー・アン・ロスは，本書執筆のための調査に長年にわたって彼女の考え，創造性，勤勉さ，快活さを惜しみなく捧げてくれました。同僚のディー・ワッツ・ジョーンズ，ジョアン・クレイグス，ジョアン・マーシュ・シューレシンガー，デボラ・チャットマン・フィンレイ，ユンジュン・リュー，ロビン・ルーナン，ジョシアン・メノス，シビル・ウィリアムス・グレイ，ロバート・ボナー，その他多くの学生たちは，何年もさまざまな点で支援してくれました。そうした支援により，本書を含めた私の仕事のすべてが可能になりました。また私はイレーネ・アンブルにも感謝しています。彼女は私たちのオフィスを円滑に運営してくれました。それから，私の仕事の守護天使であるフラン・スナイダーは，この仕事に懸命に取り組み，私の負担を軽くしてくれました。私は彼女が私の人生に舞い降りてくれたことに大変感謝しています。ロバート・ザパタも，まさにここぞというタイミングで私の人生に現れてくれました。彼と一緒に仕事ができて光栄でした。彼がジェノグラムを描くときのグラフィック・スキル，創造性，勤勉さを知ることは喜びでした。彼が本書執筆を援助してくれたことに感謝しています。ゲーリー・ヤッフェは，私たちが彼を必要としたときに姿を現し，図表の作成を気前よく援助してくれました。ローラ・ベントンは，私たちの旅の終盤に加わりました。彼女の静かな創造性，知性，勤勉さは素晴らしいものでした。彼女は原稿の仕上げに大変な援助をしてくれました。私たちは彼女の援助に心から感謝しています。

　そして何よりも，私はスエリ・ペトリーに感謝しています。この第3版が最終的に実を結んだのは，ジェノグラムに対する彼女の献身と熱意のおかげです。最初，彼女はジェノグラムに強い関心をもつ学生でした。その後，友人になり，同僚になり，いつしかジェノグラムについて考えるときの頼りになる支援者になりました。

　最後に，私自身のジェノグラムの身近なメンバーに深い感謝を届けます。38年間連れ添った私の夫ソフォクレス・オーファニディス，そして本書の初版と同じ年に誕生し，第3版と同じ年に成人になる私の息子ジョン・ダニエル・オーファニディス。私は，次世代が家族を拡張していくことによって，自分自身のジェノグラムがどのように続いていくのか楽しみにしています。言うまでもなく，私の両親や祖先，私のジェノグラム（**図1.2**）に登場するその他すべての家族――血のつながりであれ，法的なつながりであれ，愛情によるつながりであれ――による背後からの支援がなければ，本書は誕生しなかったでしょう。私は，支持的で，創造的で，寛大なたくさんの親族の肩の上に立っています。彼らが

いなければ，私は本書を執筆していなかったに違いありません。彼らの支援を受けて，私はこれからやってくるすべての家族のために執筆したのです。

――モニカ・マクゴールドリック

　モニカとともに本書を執筆することは，素晴らしい旅でした。彼女が私を信頼してくれたことに感謝しています。彼女は，彼女の知性，彼女の持久力，彼女の真剣な職業倫理をもって，私たちが取り組んでいる家族についてさらに深く考えること，そして，家族の関係性，遺産，多くの家族パターンをどうやって追跡するかについて，さらに深く考えることを私に要求してきました。それらすべてが一つになって現在の家族の物語が形成されているのです。本書執筆のプロセスに参加できたことは，私にとって信じられないほど素晴らしい経験でした。

　私は心理学修士課程1年のときにジェノグラムと家族パターンに関心をもち，モニカの動画「未解明の喪失という遺産（*The Legacy of Unresolved Loss*）」を視聴しました。私はその動画に登場した家族と，家族のジェノグラムに息吹を吹き込んだモニカに感銘を受けました。その経験は非常に強力で，私は家族システムについてもっと知りたいと思いました。そこで，私は修士課程を修了した後も家族療法を学び続けることにしました。私はモニカと多文化家族研究所を探し出し，今では7年間一緒にいます。ここ3年間，私たちはジェノグラムを発展させるために，同僚たち，学生たち，ソフトウェア開発会社，家族，友人たちに相談しながら本書執筆に取り組み，非常に緊密に仕事をしてきました。彼女は恩師であり，友人です。彼女の友情，行動力，人生の楽しみ方，愛情，仕事への取り組み方に心から感謝しています。

　また私は，両親に感謝したいと思います。母カタリーナ・セパロヴィッチ・デ・カルバーリョは，アメリカ市民になったときに名前をキャサリンに変えました。彼女はいつもアウトサイダーとして生きてきました。最初はブラジルのユーゴスラビア移民の子どもであり，大人になってブラジルからアメリカに移住してきたのです。母と父アリスティディス・ベリロ・デ・カルバーリョは，日常的に虐げられてきました。けれども，両親は，勤勉かつ愛情のある家族パターン，そして，人生は基本的に良いものだという信念を伝えてくれました。

　最後に，私は人生の同志である夫カール・ペトリーに感謝しています。夫は愛情と励ましで私を育ててくれました。カールは実践的な夢想家であり，その信念は不可能を可能にしてくれます。

――スエリ・ペトリー

序

　本書は，ジェノグラムの臨床的，研究的，教育的意義への長きにわたる関心から発展したものである。家族のパターンを図式化する実用的な技法であるジェノグラムは，この数十年でヘルスケアの専門家の間でますます広く使用されている。ジェノグラムを最初に紹介しようと考えた頃から抱いていた夢も実現される日は近いだろう。その夢とは，コンピューターソフトウェアによって，ジェノグラムを研究するためのデータベースが作成され，ジェノグラムが図式化されるようになることである。30年の間に，ジェノグラムは遺伝学，医学，心理学，ソーシャルワーク，カウンセリング，看護，その他の医療や福祉サービスの分野，さらには司法や産業の領域にまで幅広く使用されるようになった。第3版となる『ジェノグラム──家族のアセスメントと介入』では，臨床的介入におけるジェノグラムの使い方についてのこれまでの発展と拡大を記している。なかでもファミリープレイ・ジェノグラムという新しい使い方について紹介する。さらに本書では，社会にみられる多様な家族の形態やパターン，そして臨床実践でのジェノグラムの活用について，よりわかりやすく説明することを試みた。ジェノグラムはいまだ進化の過程にある。読者からの意見やこの分野におけるその他の進展を反映させて，第2版から使われてきた記号をわずかに修正し，本書の内容を拡張した。家族の変化の複雑さを理解するために臨床家がジェノグラムを使うことによって，ジェノグラムは今後もさらに進化していくものと確信している。

　家族力動の深みを理解するのに家族のことを知っていれば，ジェノグラムはおもしろい見解をもたらすであろう。しかし，登場する人物を知らない者にとっては，四角や丸が一面に複雑に並んでいるようにしか見えないかもしれない。この問題への解決として，臨床のケースではなく，私たちがある程度の知識をもっている有名な家族を取り上げることにした。しかしながら，私たちは家族療法家であって，歴史家ではないことを述べておく。それゆえ，取り上げた家族についての情報は限られたものである。情報源の多くは，伝記，新聞，そしてインターネットである。公開されている情報から私たちが集めたものよりもさらに詳しい情報をもっている読者もいることだろう。情報に誤りがあるかもしれないことも前もって謝っておく。ここで紹介した内容が読者の関心を集め，本書に登場する家族，

エリクソン家，フォンダ家，フロイト家，ケネディ家，ロブソン家，アインシュタイン家，ルーズベルト家に関する興味深い話をさらに探求してもらいたいと願っている。多くの歴史上の興味深い人物の家族についての情報は驚くほどわずかしか手に入らない。未来の伝記作家には家族システムを理解し，取り上げる人物とその家族についてより広い観点をもつためにジェノグラムを使用してもらえることを期待している。

目次 GENOGRAMS Assessment and Intervention Third Edition

日本語版への序｜モニカ・マクゴールドリック／iii
謝辞／iv
序／vii

1. ジェノグラム──家族システムを図式化する／001

家庭医／008
家族システムの視点／012
補足／016

2. ジェノグラムを作成する／017

家族の構造を図式化する／018
複数のパートナーとのカップル関係を図式化する／023
欠けている情報／030
ジェノグラム上の家族パターンの追跡／030
「事実」を把握する／031

宗教，スピリチュアリティ，移住への関わり／041
／043
ム／045
046

インタビュー／051

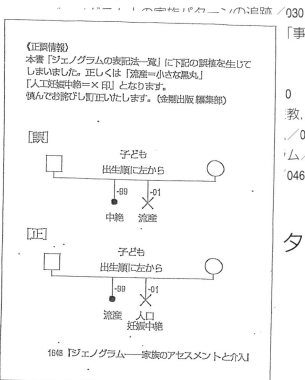

《正誤情報》
本書「ジェノグラムの表記法一覧」に下記の誤植を生じてしまいました。正しくは「流産＝小さな黒丸」「人工妊娠中絶＝×印」となります。
慎んでお詫びし訂正いたします。（金剛出版 編集部）

[誤]
子ども
出生順に左から
-99　-01
中絶　流産

[正]
子ども
出生順に左から
-99　-01
流産　人工妊娠中絶

1648『ジェノグラム──家族のアセスメントと介入』

現在の状況／053
より広い家族の文脈／053
ジェノグラムを行う際の家族の抵抗に対処する方法／054
宗教と文化に関する歴史／055
面接者が抱えやすい問題／055
文化的信念と経験についての質問／056
文化と社会的位置づけに関する扱いづらい問題への質問／060
非公式な血縁ネットワーク／061
家族のプロセスを辿る／062
個人の機能についての聞きづらい質問／062
ジェノグラムの情報を整理するために優先順位をつける／066
簡潔なジェノグラム・インタビューで必要不可欠なこと／067

4. 時間と空間のなかの家族のパターンを辿る／069

重大なライフイベント／069
家族の年表／070
ライフイベントに関する偶然の一致／072
重要な生活の変化, 移行, そしてトラウマ／074
記念日反応／079
歴史的な時間軸に家族をおいてみる──社会的, 経済的, 政治的イベント／081
複雑なジェノグラム／086
複数回の結婚と近親婚／089
複数の家庭で育った子ども／090
欠けている情報／090
矛盾する情報／092
倫理的なジェノグラム／094
キャリア・仕事のジェノグラム／094
性にまつわるジェノグラム／095

5. 家族の構造を理解する／099

世帯構成／100
きょうだいの配置／104
まれな家族の配置／130
複数の家族のなかで育った子ども──養育, 養子縁組み, 孤児院の経験／134

6. 家族のパターンと機能をアセスメントする／139

家族の構造／139
役割／140
機能の水準とスタイル／141
レジリエンスを追跡する／146
家族の資源／147

7. 関係のパターンと三角関係／151

三角関係／152
親子の三角関係／153
よく見られる夫婦の三角関係／157
離婚と再婚家庭における三角関係／161
里親家庭や養子縁組の家庭における三角関係／165
多世代にわたる三角関係／166
家族の外部との関係／167
三角関係の継時変化／167

8. ライフサイクルを通じて個人と家族を辿る／171

エリク・エリクソンのライフサイクル論／172
フロイト家のライフサイクル／179

9. ジェノグラムの臨床的使用／203

家族に参加してもらうためのジェノグラム・インタビュー／204
ジェノグラム・インタビューに対する抵抗への対処／205
家族パターンの明確化／211
家族の問題のリフレーミングと無効化／212
介入を計画するためのジェノグラムの使用／213
現在の関係性を変容させるためのジェノグラムの使用／215
家庭医療における介入／220
家族パターン，重要な出来事，同時発生している生活上のストレス，文化の問題／224

10. ファミリープレイ・ジェノグラム／231

治療への家族の参加を促し，関与させ，活性化するためのプレイ・ジェノグラムの使用／234

ジェニーとのプレイ・ジェノグラムのセッション／235
ファミリープレイ・ジェノグラムに使用する用具／237
ファミリープレイ・ジェノグラムの追加エクササイズ／238
アレクシスの事例――再婚家庭での子どもへの性的虐待／239
野口家――よそ者の家族／241

11. 家族研究におけるジェノグラムの使用／247

家庭医療における信頼性研究／249
家族療法における信頼性研究／251
臨床における有用性の研究／253
臨床実践におけるジェノグラムとエコマップの使用／255
質的研究におけるジェノグラム／257
ソフトウェア・プログラム／257
倫理的および法的な問題／259

付録／261

第1部｜ジェノグラムのフォーマット／261
第2部｜簡易ジェノグラム・インタビューの要点／262
第3部｜ジェノグラムの解釈／264

文献／267

引用文献／267
テーマ別参考文献／276
評伝／296

カラー図（図表一覧参照）／305

監訳者あとがき――モニカ・マクゴールドリックとジェノグラム｜渋沢田鶴子／337
訳者あとがき｜藪垣 将／341

索引／343

ジェノグラム表記法一覧｜本文トビラ裏, 本書末尾

図表一覧

図1.1 | ヴェルディの「イル・トロヴァトーレ」 003
図1.2 | マクゴールドリック（McGoldrick）家とネットワーク 009
図1.3 | 多様な文脈のなかにあるジェノグラム 010
図1.4 | コミュニティの文脈も含むジェノグラム 011
図1.5 | 問題をアセスメントするための文脈 014
図2.1 | ホセ・ロドリゲスと両親（2007年）019
図2.2 | ロドリゲス家の核家族 020
図2.3 | ホセ・ロドリゲスと父方の家族（2007年）021
図2.4 | ホセ・ロドリゲスと母方の家族（2007年）022
図2.5 | ヘンリー8世（Henry VIII）と彼の妻たち 024
図2.6 | 夫テッド・ターナー（Ted Turner），妻ジェーン・フォンダ（Jane Fonda），そして互いのパートナーたち 025
図2.7 | ヘンリー・フォンダ（Henry Fonda）の結婚（1960）025
図2.8 | 出生順によるフォンダ（Fonda）の子どもたち（1956）026
図2.9 | ジョディー・フォスター（Jodie Foster）027
図2.10 | ジャッキー・ブーヴィエ・ケネディ（Jackie Bouvier Kennedy）の家族 028
図2.11 | 精子提供者とレズビアンのネットワーク 030
図2.12 | ブラックウェル（Blackwell）家 034
図2.13 | アダムズ（Adams）家 036
図2.14 | オニール（O'Neill）家で繰り返されるパターン 039
図2.15 | 社会経済的階級のジェノグラム 044
図3.1 | 力と支配のピラミッド 065
図4.1 | ベイトソン（Bateson）家 074
図4.2 | セオドア・ルーズベルト（Theodore Roosevelt）の家族のトラウマを伴う多数の喪失体験 076
図4.3 | ジョージ・エンゲル（George Engel）の記念日反応 080
図4.4 | スコット・ジョプリン（Scott Joplin）の家族 082
図4.5 | マリア・カラス（Maria Callas）の家族 084
図4.6 | ビル・クリントン（Bill Clinton）の父親に関する矛盾 093
図5.1 | ダイアナ妃（Princess Diana）の家族 108
図5.2 | ジャッキー・ロビンソン（Jackie Robinson）の家族 109
図5.3 | ワシントン（Washington）家 111
図5.4 | チェ・ゲバラ（Che Guevara）112
図5.5 | ポール・ロブスン（Paul Robson）115
図5.6 | マーティン・ルーサー・キング（Martin Luther King）の家族 117
図5.7 | アルフレッド・アドラー（Alfred Adler）の家族 119
図5.8 | エレノア（Eleanor Roosevelt）とフランクリン・ルーズベルト（Franklin Roosevelt）122
図5.9 | バートン（Richard Burton）／テイラー（Elizabeth Taylor）（年下きょうだい同士の結婚）123
図5.10 | アインシュタイン（Einstein）家 133
図5.11 | 聖ヘドウィッグ孤児院の家族 136
図6.1 | アルコール問題（過剰機能者／機能不全者）141
図6.2 | アレクサンダー・グラハム・ベル（Alexander Graham Bell）の家族 142
図6.3 | ケア役割のジェノグラム 143
図6.4 | アーリーン・アダムス 146
図7.1 | オニール（O'Neill）の家族関係と三角関係 154
図7.2 | ネルー（Nehru）／ガンジー（Gandhi）家 155
図7.3 | エレノア・ルーズベルト（Eleanor Roosevelt）の三角関係 158
図7.4 | ピーター・フォンダ（Peter Fonda）の三角関係（犬と祖母）161
図7.5 | フォンダ（Fonda）家の離婚と再婚の三角関係 163
図7.6 | 離婚・再婚家族の典型的な三角関係 163
図7.7 | 再婚したユージン・オニール（Eugene O'Neill）の三角関係 165
図7.8 | 養子と実親・養親の三角関係 166
図7.9 | イギリス王室の三角関係 168
図8.1 | フロイト（Freud）／ネイサンソーン（Nathansohn）家（1855年）181
図8.2 | フロイトの家族（1859年）183

図8.3｜フロイトの家族（1873年）187
図8.4｜フロイトの家族（1884年）191
図8.5｜フロイトの家族（1896年）195
図9.1｜ロジャーズ家（1994年）207
図9.2｜カルーソー家 210
図9.3｜アーメドの家族 215
図9.4｜チェンの家族 216
図9.5｜タイ・アンダーソン（2007年）221
図9.6｜ロゴスキー家（2006年）222
図9.7｜モンテッシーノス／ノーラン家（2003年）225
図9.8｜ペトルッチ家 229
図10.1｜ジェニー 235
図10.2｜アレクシス 240
図10.3｜野口家 242
図10.4｜野口家のファミリープレイのフィギュア 243
表11.1｜臨床実践のためのジェノグラムの情報カテゴリー 250

カラー図

カラー図1｜ロドリゲス家の経験と関係 305
カラー図2｜ミア・ファロー（Mia Farrow）の子どもたち——実子と養子 306
カラー図3｜ルイ・アームストロング（Louis Armstrong）の境遇 307
カラー図4｜フォンダ（Fonda）家の人口動態 308
カラー図5｜フォンダ家の機能 309
カラー図6｜ターナー（Turner）家の機能 310
カラー図7｜ユング（Jung）家 311
カラー図8｜ロドリゲス家の文脈的な要素との関わり 312
カラー図9｜フリーダ・カーロ（Frida Kahlo）のジェノグラム『私の家族』（"My Family"）313
カラー図10｜文化的ジェノグラム——カーロ／リベラ（Kahlo-Rivera）の家族 314
カラー図11｜ジョージ・W・ブッシュ（George W. Bush）315
カラー図12｜イギリス王室（ウィンザー家）316
カラー図13｜ケネディ（Kennedy）家 317
カラー図14｜ピーター・フォンダ（Peter Fonda）の幼少期の生活状況 318
カラー図15｜ビル・クリントン（Bill Clinton）の生活の変化 319
カラー図16｜ビル・クリントン（Bill Clinton）の家族 320
カラー図17｜ヘップバーン（Hepburn）家 321
カラー図18｜ジェファーソン（Jefferson）家 322
カラー図19｜ケア役割のジェノグラムの時間的変遷 323
カラー図20｜職業的背景の異なるカップル 324
カラー図21｜セラピー前後のカップル 325
カラー図22｜ライヒ（Reich）家の三角関係 326
カラー図23｜ブロンテ（Brontë）家 327
カラー図24｜イギリス王室の三角関係（過去の世代）328
カラー図25｜エリク・エリクソン（Erik H. Erikson）の家族（1902年／彼が生まれた年）329
カラー図26｜エリク・エリクソンの家族 330
カラー図27｜エリク・エリクソンの家族（1944年）331
カラー図28｜フロイト（Freud）家 332
カラー図29｜ファミリープレイ・ジェノグラム／ジェニー 333
カラー図30｜ファミリープレイ・ジェノグラム／シングルファーザー 334
カラー図31｜ファミリープレイ・ジェノグラム／アレクシス 335
カラー図32｜ファミリープレイ・ジェノグラム／野口家 336

ジェノグラム｜家族のアセスメントと介入
Genograms
Assessment and Intervention Third Edition

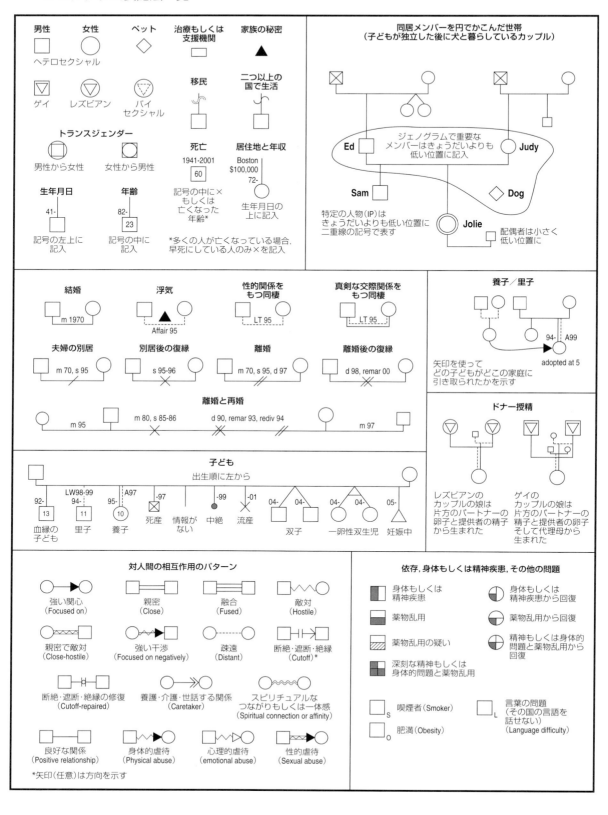

1 ジェノグラム
家族システムを図式化する

ジェノグラムは家族の形態を理解するための実用的な枠組みとして確立されたものである。この本の目的は，視覚的なジェノグラムの実用的，理論的，臨床的な使い方について，さらには研究で使用する可能性について詳しく説明することである。標準化されたジェノグラムの表記は，家族の歴史や関係性を把握するための共通言語となりつつある（「表記法一覧」を参照）。家族療法家，家庭医，その他のヘルスケアに携わる専門家によってジェノグラムは広く用いられていたにもかかわらず，この本の初版が出た1985年までジェノグラムに関する一般的に合意された表記は存在しなかった。似たような理論を実践している臨床家の間でさえ，どのような情報を尋ねるか，どのように記述するか，それがどのような意味をもたらすのかについて，はっきりしない緩い合意しかなかった。この本で使われている標準化されたジェノグラムの表記は，1980年代の初期にジェノグラムを提唱する家族療法家や家庭医らで構成する委員によって作成されたものである。その委員には，マレー・ボーエン（Murray Bowen）やジャック・フルーム（Jack Froom），ジャック・メダリー（Jack Medalie）などの重要な人たちがいた。彼らは，北米プライマリーケアの研究グループによって構成される委員の一員で，実用的なジェノグラムの記号を定義し，標準化された表記を定めた。1985年に最初の表記が公表されてから，世界各国の団体から改変についての意見が寄せられた。改訂された表記もまだその途中段階で，ジェノグラムの使用が拡大するにつれて，表記もさらに改変されることは免れない。たとえば，名前，地域，職業，疾患などにコンピュータによって標準化された色がつけられるようになった。これまでの40年間で修正がなされてきたように，この表記も今後さらに修正がなされていくことだろう。

　ジェノグラムは，少なくとも三世代にわたる家族メンバーや家族の関係性についての情

報を記録するものである。ジェノグラムによって家族の情報が図式化され，複雑な家族のパターンがとても見やすい形で表示される。たとえば，臨床的に抱えている問題が，何年にもわたる家族の状況とどのように関わっているかについて，さまざまな考えを導くための重要な情報を与えてくれる。

　本書『ジェノグラム──家族のアセスメントと介入』は，標準化された表記を示すだけでなく，ジェノグラムの解釈の原則を説明し，さらにソフトウェアについても紹介している。つまり，ジェノグラムの情報を記録し，研究のために保存し，何度も使用することができるようになる。さらに，本書では臨床的な分野でのジェノグラムの応用について概説する。ここで紹介するジェノグラムのガイドラインは，多くの仲間と数十年かけて開発したものである。家族の状況についての私たちの考えも発展するように，このガイドラインもいまだ進化の過程である。この第3版では，家族の情報を集約し，家族のパターンを説明する速記法としてのジェノグラムであるため，より多くの記号や形を定義している。

　ジェノグラムは興味深い。なぜなら，ジェノグラムは複雑な家族のパターンを具体的に，図式的に表すことができるからである。最近ではモーツァルトのオペラに登場する人物の家族関係を理解するために，ザルツブルグの音楽祭でジェノグラムに似たものが使われたほどである（Oestreich, 2006）。ジェノグラムについての知識がさらにあれば，もっとわかりやすい図を作成することができただろう。私たちは，話が込み入っているオペラ，「イル・トロヴァトーレ」[訳註｜Il Trovatore：1853年ローマで初演されたジュゼッペ・ヴェルディ作曲の全4幕からなるオペラ] のジェノグラムを作成した（**図1.1**）。

　この話では，ルーナ老伯爵は自分の末息子がジプシーによって呪いにかけられたと思い，彼女を火刑に処した。このジプシーは娘に復讐を誓わせた。娘であるアズチェーナは伯爵の息子を殺すつもりでいたが，誤って自分の息子を殺してしまい，代わりに伯爵の息子を自分の息子のように育てた。その息子は成長し吟遊詩人の騎士となった。そしてレオノーラという若い女性に恋をした。しかし彼女は，兄で家を継承した若いルーナ伯爵に追われていた。このジェノグラムには，ルーナ老伯爵の息子をあらゆる姿（死んだはずの伯爵の息子，アズチェーナの養息子，レオノーラの恋人の吟遊詩人）で表現した。オペラの終わりではすべてが明るみになり，三つの姿が一人の人物として明らかになる。

　ジェノグラムは家族の構造をわかりやすく示し，家族の機能や関係のパターンが明らかになるたびに，新しい情報を書き加えることができる。臨床における記録としてジェノグラムを使うと，効率的に概略を把握しやすい。ケースについてあまり情報をもっていない人でも，家族に関する多くの情報を瞬時に把握して，これから問題となりそうなことや家族の助けとなるリソースを調べることができる。カルテや質問票に記載された情報は見つけにくいが，ジェノグラムの情報はすぐに把握することができ，面接を重ねて家族への理解が深まるごとに，情報を書き足したり，修正したりすることができる。ジェノグラムは家族の歴史のどの時期でも作成することができるので，ある時期の家族パターンをより詳

図1.1
ヴェルディの「イル・トロヴァトーレ」

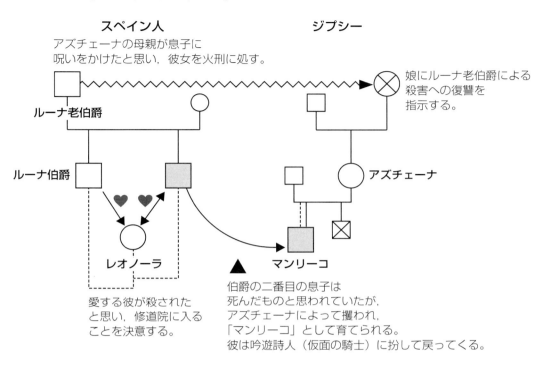

しく理解するために年齢や関係を表記することができる。今後，ソフトウェアの開発によって臨床家は家族の時系列や年代の変化を追うことができるようになるだろう。そして家族のすべてのライフサイクルにわたる関係や健康などに関する重要な発達的な情報を把握することができるようになるだろう。

　ジェノグラムは，家族の歴史やパターン，そして患者の治療にとって今も起きている重要な出来事についての家族の複雑な状況を忘れないためにも有用である。言葉にすることで考えが深まったり，頭が整理されたりするように，ジェノグラムを使うことで，クライエントの人生における出来事や関係が健康や病気とどのように関わっているかについて，臨床家がシステミックに理解することができるのである。

　ジェノグラムに関する情報を集めることは，たとえそれが家族構成や家族の現在の状況や歴史を把握するだけの簡単なものであっても，あらゆる臨床の包括的なアセスメントにおいて欠かせないものである。ジェノグラムは，臨床家が家族のアセスメントをする際に仮説を立てるための最も重要な手段であるが，臨床的な予測を立てるための料理本ではない。しかし，ジェノグラムを使うことによって，現在の機能不全と関わる問題や家族のレ

ジリエンスに気づき，よりシステミックな視点から家族を理解できるようになる。そしてソフトウェアを使えば，よりいっそう多様な家族のジェノグラムのパターンについて研究し，ジェノグラムのデータベースとなるすべてのケースのプロフィールを比較し，対比させることができるようになるだろう。

新しい分野である遺伝子学（Harmon, 2006）のおかげで，これまで誰も想像ができなかったような方法で自分の遺伝的歴史を知ることができるようになった。私たちは，まさに家族や文化について学ぶまったく新しい可能性の夜明けにいる。それによってわかることは，チンギス・カンもしくはマリー・アントワネットとのつながりから，家族の伝承によって深く隠されていた文化的で人種的に受け継がれた現実まで含まれる。だんだんとわかってきた私たちが受け継いできているものの複雑さを併合するには，コンピュータの力を借りて私たちの家族の木を描くことが唯一の方法である。そして関係性，機能，疾患における家族パターンを研究するためにはまさにこの方法しかない。ジェノグラムの未来はコンピュータにかかっている！

多くの場合，ジェノグラムはクライエント／患者との最初の面接のなかで集められた情報をもとに作成され，新しい情報が得られるたびに修正していく。初回のアセスメントが治療の基盤を形作る。しかしながら，臨床家は多くの場合アセスメントと治療を分けていないことを強調しておくことが重要である。臨床家と家族メンバーとのすべてのやりとりはアセスメントのための情報であり，なおかつそれによって次の介入も決まってくる。

ジェノグラムは家族を理解するための手助けとなる。そして治療において，ジェノグラムは家族と「ジョイニングする」ための重要な方法でもある。ジェノグラムによってシステミックな視点がもたらされるので，面接者がリフレームしたり，苦しみを和らげたり，情緒的な負担となっている問題をノーマライズすることもできる。さらに，ジェノグラム面接はシステミックな質問をするための性能のよい乗り物のようなもので，臨床家はそこから情報を得ることができ，さらにはクライエントもシステミックな視点を理解するようになるのである。ジェノグラムによって，臨床家も家族も「大きな視野」がもてるようになり，要するに問題を現在と歴史的な文脈から捉えることができるようになる。ジェノグラムでは，家族の構造や関係や機能についての情報を，家族の置かれている状況は水平方向から，そして世代については垂直方向から検討できる。

現在の家族の状況を広く見ていくことによって，現在の家族同士の結びつきだけでなく，より大きなシステムである拡大家族や友人，コミュニティ，社会，そして文化についても把握することができる。そして，あらゆる状況に関係する家族の強みと弱みを評価することができる。結果として，ジェノグラムには現在の家族と拡大家族を書き込み，また何年も同居していたり，家庭生活のなかで重要な役割を担っていたりする血縁のない重要な「親族」も同じように記入していく。また関連のある出来事（引っ越し，ライフサイクル

の変化）や問題（病気，機能不全）も記録する。家族メンバーの現在の行動や問題は，多様な視点からジェノグラムのなかに記録することができる。特定の人物（「IP」もしくは問題や症状のある人）は，きょうだい，三角関係，相互関係のような多様なサブシステムの文脈と，より広いコミュニティ，公共機関（学校，裁判所など）そして社会文化的な文脈から捉えることができる。そして近い将来，特定のパターンを見出すためにジェノグラムに関するすべてのデータベースを研究することができるようになる。特定のパターンとは，たとえば遺伝的なパターン，疾患，ジェンダーやきょうだいの機能パターン，片方の親とは関係が近くもう一方の親とは距離があるというような三角関係の可能性，前の世代に起きた喪失やトラウマ，さまざまな症状に関する相互作用などである。

　家族システムについて年代をさかのぼって調査し，これまでどのようなライフサイクルの変化が起こってきたかを把握することで，現在抱えている問題を家族の進化のパターンという文脈から捉えることができる。そのため，ジェノグラムは，少なくとも三世代にわたるものでなくてはならない。そして節目となるような過去の重大な出来事，特にライフサイクルに関わるような出来事は記入しておく必要がある。前の世代から，どのようなテーマ，神話，ルール，情緒的に重荷となるような問題が伝わっているかを家族に尋ねることで，繰り返されているパターンが明らかになることがしばしばある。「歴史が語る」とあるように，家族のなかで起こったこれまでの出来事の関連をジェノグラムが示してくれるだろう。病気を患うこと，喪失体験や重大な生活の変化による若い頃の家族関係の変化は，家族の構造やそれ以外の家族のパターンにも影響を与える。そして，それらはジェノグラムに簡単に記すことができる。コンピュータによるジェノグラムを使えば，特定の家族パターンや症状が起こりやすい状態についての探求もさらに進むであろう。そして，何が家族に危機をもたらしたのかという推論が立てやすくなる。ジェノグラムと一緒に，家族の歴史も年代順に記した家族年表も添えるとよい。ジェノグラムの情報を集めたデータベースと図式化するコンピュータのプログラムによって，家族の歴史はさらに把握しやすくなるだろう。なぜなら，家族の歴史のどの時期でも，ある時期の年表からその出来事を導きだすことができるからである。

　ジェノグラムは幅広く使われている。医師や看護師による15分のインタビュー（Wright & Leahey, 1999）のように，単に家族に関する基本的な人口統計学的な情報を載せたものから，ボーエンの理論を用いた家族感情システムによる多世代の関係を図式化したものまである（テーマ別参考文献「アセスメント・ジェノグラム・システム理論」参照）。また，ジェノグラムのインタビューによって，戦略的介入のためのシステミックな仮説を立てたり，無意識の作用による「投影」に関する仮説を立てたりもできる。ジェノグラムの表記について改変を加えた人たちもいる（テーマ別参考文献の「さまざまなジェノグラム，エコマップ，系図，ソシオグラム」参照）。たとえば，フリードマン，ロールバー，クラ

カウアー（Friedman, Rohrbaugh, and Krakauer, 1988）による「時間軸（time-line）」ジェノグラムや，ワッツ・ジョーンズ（Watts Jones, 1988）による家族の「機能」を描くためのジェノグラム，フリーセンとマニット（Friesen and Manitt, 1991）によるアタッチメント図，バークとファーバー（Burke and Faber, 1997）によるレズビアンの家族のネットワークを描くためのジェノグリッド（genogrid），スピリチュアリティ／宗教のジェノグラム（テーマ別参考文献「宗教／スピリチュアリティ」参照）もある。臨床家のなかには，さまざまなライフサイクル段階にある家族を支援するうえで，ジェノグラムが大変使いやすいと主張する人もいる（第8章とテーマ別参考文献「家族ライフサイクル」参照）。たとえば，再婚家族などの複雑な関係の構成を把握したり（テーマ別参考文献「離婚と再婚」を参照），文化的に多様な背景をもつ家族の複雑さを理解したり（テーマ別参考文献「文化と人種」参照），性に関するジェノグラム（Hof & Berman, 1986; McGoldrick, Loonan, & Wolsifer, 2006）を使って，性に関する家族の歴史やセクシャリティといった特定の問題を探求したり，ファミリープレイ・ジェノグラムの手法で家族への介入を行ったりしている（10章参照）。読み書きができない大人への教育にもジェノグラムは利用されている。彼らにまずジェノグラムについて質問し，彼らの話を書き起こし，そして自分の語った内容を今度は読めるように指導したのである（Darkenwald & Silvestri, 1992）。他にも，キャリア選択の支援をするために仕事やキャリアに関するジェノグラムを使っている人たちもいる（Gibson, 2005; Moon, Coleman, McCollum, Nelson, & Jensen-Scott, 1993）。そして，診療などの組織を説明するためにも使われている（McIlvain, Crabtree, Medder, Strange, & Miller, 1998）。さらに「ジェンダーグラム（gendergram）」と名づけてジェノグラムの概念を創造的に広げ，ライフサイクルにおけるジェンダーの関係について図式化したものもある（White & Tyson-Rawson, 1995）。

　家族のナラティヴや文化に関する話題を引き出すためにもジェノグラムは使われている（Congress, 1994; Hardy & Laszloffy, 1995; McGill, 1992; Sherman, 1990; Thomas, 1998）。またリフレーミングや家族から受け継いだものを解毒するといった治療的戦略を決定するための使用（Gewirtzman, 1988），解決志向セラピー（Zide & Gray, 2000）でも使用されている。他にも，児童養護施設，複数の家庭や家族で育つ子どもたちを確認したり（Altshuler, 1999; McGoldrick & Colon, 2000; McMillen & Gronze, 1994），家族の強みや問題に対する例外的な反応を発見したり（Kuehl, 1995），子ども（Fink, Kramer, Weaver, & Anderson, 1993）や高齢者，結婚前のカップル（Shellenberger, Watkins-Couch, & Drake, 1989）というような特定の人たちと面接をするときに用いられる。これらの多くの著者は研究でジェノグラムを使うことを呼びかけていた。たとえば，インガソル＝デイトンとアーント（Ingersoll-Dayton and Arndt, 1990）は，介護福祉士による高齢者のアセスメントや介入，および自分の役割に負担を感じている高齢者の介護者への専門家の支援に，ジェノグラムを使った

研究の可能性について説得力をもって記述している。マクングゥ・アキンエラ（Makungu Akinyela）は，アトランタにあるジョージア州立大学のアフリカ系アメリカ人研究科にあるアフリカ系アメリカ人家族の授業でジェノグラムを使って教えている。この授業では，学生は自分の家族の歴史を追跡し，政策や歴史，移民，アフリカ系アメリカ人家族の文化的な発展に関する文献研究を行いながら議論する。この方法によって，学生は学問的研究と自分の家族の人生経験との関係について理解することができる。

　最近のジェノグラムに関する文献は，より大きな文脈を含むものに拡大させていくことに焦点があたっている。しかしながら，拡大されたジェノグラムの表記は一般的にまだ十分に開発されていない。家族の歴史のなかの文化的な側面に焦点化された「文化的なジェノグラム」の方により関心が集まっている。また宗教的でスピリチュアルなジェノグラムも注目されている。これは，家族の宗教に関する歴史や，家族のパターンのなかで宗教やスピリチュアリティの役割に焦点を当てたものである。「コミュニティ・ジェノグラム」について書いている本もある。しかしながら，ジェノグラムの図式とは異なり，基本となる三世代にわたる家系図は描かれていない（RigazioDiGilio, Ivey, Kunkler-Peck, & Grady, 2005）。拡大されたジェノグラムを描くことの難しさは，複数の次元を一つのジェノグラムに表現することにある。またもう一つ，情報の量と表示のわかりやすさの兼ね合いという長年の問題がある。いつか将来，創造的な方法によって拡大ジェノグラムの表記の仕方が見出されることを期待しながら，この後はこれらの課題について検討していく。最低限，ジェノグラムの図のなかでいかに視覚的にこれらを表現できるかという議論を始めたい。もちろん，データベースと連結したコンピュータによるジェノグラムの場合には，一つか二つの特定の問題を同時に表示したり，家族の歴史のある時期に焦点をあてたジェノグラムを作成したりすることができ，より多くの可能性を秘めている。

　家族療法家のなかには，ジェノグラムの使用を控える人（ヘイリー（Haley, J.），ミニューチン（Minuchin, S.），ホワイト（White, M.））がいることにも注意を要する。たとえばヘイリーは，幽霊の存在を信じていないとしばしば語っていた。構造的で戦略的な家族療法家であるミニューチンやワツラウィック（Watzlawick, P.）そしてスルツキ（Sluzki, C.）はジェノグラムを臨床場面では使用しなかったが，現在の家族の関係性に焦点を当て，ヒエラルキーの構造，特に世代間境界を超えた連合には関心を抱いていた。マイケル・ホワイト（White, 2006）は，ジェノグラムの情報を集めることには問題があると主張していた。なぜなら，情報を集めるうえで，ある原家族の経験を他の関係性よりも「特別扱い」することになり，他の人の面目を潰すことになるからである。一方で，彼やナラティヴ・セラピーの他の臨床家も，社会に疎外された人たちの歴史に強い関心を抱いていた。まさに歴史的なパターンを描くこと，この点がジェノグラムの魅力の一つの側面であると私たちは考えている。家族のメンバーにも隠されていたこと，つまり家族の生い立ちの秘密が

露見することもある。このように明らかになることで，家族が抱えるジレンマを理解できるようになり，未来の解決にもつながることがある。実際に，ジェノグラムの最もエキサイティングな側面は，心理的な説明にありがちな一次元的で直線的に捉えられたものの見方を超越した方向に家族を導くことである。ジェノグラムを用いると，自然とシステミックに考えるようになる。なぜなら，家族のメンバーや臨床家が一つのパターンに気づいた瞬間，彼らの視点は他のパターンにも気づくようになり，視野が広がるからである。ジェノグラムがもつ意義とは，一度に多くのパターンを気づかせてくれることにある。

家庭医

　ジェノグラムを最初に使用したのは家庭医である。彼らは家族の病歴を効率的に確実に保管するためにジェノグラムを使用した（テーマ別参考文献の「ヘルスケア，医療，看護，ストレス，疾患」参照。Campbell, McDaniel, Cole-Kelly, Hepworth, & Lorenz, 2002; Jolly, Froom, & Rosen, 1980; Medalie, 1978; Mullins & Christie-Seely, 1984; Olsen, Dudley-Brown, & McMullen, 2004; Rakel, 1977; Rogers, Durkin, & Kelly, 1985; Rogers & Holloway, 1990; Sloan, Slatt, Curtis, & Ebell, 1988; Taylor, David, Johnson, Phillips, & Scherger, 1998; Tomson, 1985; Wimbush & Peters, 2000; Wright & leahey, 1999, 2000; Zid & Gray, 2000）。ジェノグラムの記号の標準化を最初に提案したのも家庭医であった（Jolly et al., 1980）。ジェノグラムを提案した家庭医のなかで最も影響力のあったクラウチ（Crouch, 1986）は，専門家の育成のために自分の家族を振り返る作業に意義があると最初に記述した医師でもある。この手法は，ボーエンと彼の弟子によってその後も長く引き継がれていく（テーマ別参考文献「コーチング／原家族ワーク」参照）。

　医学の領域においては，ジェノグラムがアセスメントの基本的な道具として取り入れられるようになるまで多くの努力が必要であった。シャーガー（Scherger, 2005）は，近年の家庭医学の危機を警告し，家庭医が家族を主体とした医療を提供できるよう改革すべきであると主張した。そのなかでジェノグラムの情報の重要性が強調された。家族に適切な支援を提供するためには，新しい情報技術を使って家族を状況から理解し，対処していかなければならないと彼は強く訴えた。しかし，そのためには，まず家族をシステミックに捉える技術を開発し，そして医師が書類作成や保険産業などのサービス重視の苦境に追われずに，それを使えるように教育しなければならない。アメリカ医療連盟誌（*Journal of the American Medical Association*）の古い論文のなかでレインスフォードとシューマン（Rainsford & Schuman, 1981）は，医療制度で注目されるような，ストレスに複雑に支配されているケースでは，ジェノグラムと家族年表が重要であると述べている。彼らは，社会福祉，学校，刑事司法制度，そして医療制度でもよく出会う人々として，多数の問題を抱えている

図1.2 マクゴールドリック(McGoldrick)家とネットワーク

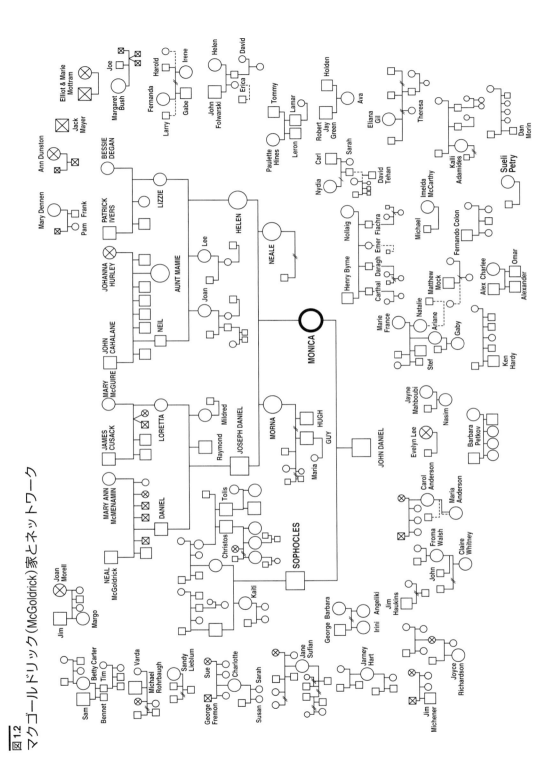

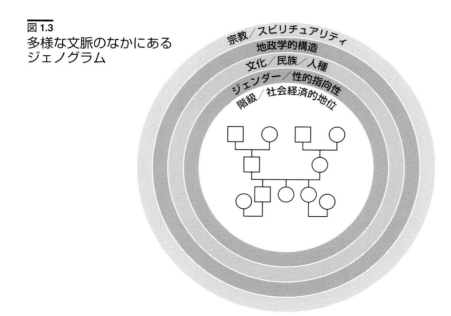

図1.3
多様な文脈のなかにある
ジェノグラム

家族に注目した。彼らはどの制度においても問題を抱えているため、このような家族が陥りやすいパターンを明確に総合的に把握することは非常に意義がある。著者は、家族メンバーが抱えているストレスとなる出来事や7年間もクリニックに通い続けている状況を紹介して、その家族のうちの一人が突然医師を訪れたとしてもその人の状況を理解できるように、医師が家族のメンバーについて長期的な視点をもつことの重要性を説明している。ジェノグラムを使うことで、一回の診察で、その患者だけでなく、他の家族が抱えているストレスを把握することができる。あらゆるアセスメントにこのような図式化が加われば、さらなる支援がいつ必要であるかを簡単に見出すことができて、何度も繰り返される深刻な機能不全が継続せずにすむのである。

　家族を文脈的に理解するためにも、血縁上の家族と法律上の家族の両方の状況を把握することが重要である。図1.2は私の現在の家族（MM）の周りに、非公式な血縁ネットワークである友人たちを描いたものである。

　これらの人たちは、私の心のなかにいてもうすでに亡くなっている人もいるが、日常よく一緒に過ごす人もいる。この人たちは、お金を貸してくれたり、夫や息子の世話を頼んだり、私が困っているときには勇気づけてくれたり、力になってくれる人である。ジェノグラムは、血縁上の家族や法律上の家族だけでなく、友人のネットワークやコミュニティを加えることで、その家族をさらに理解することができる。このなかには、現在の関係もあれば、これまでに関わってきた心のなかにいる人々、つらい時期に希望や元気を与えてくれた人も含まれる。生物学的血縁や現在生きている人だけでなく、その他の人も含めた

図1.4
コミュニティの文脈も含むジェノグラム

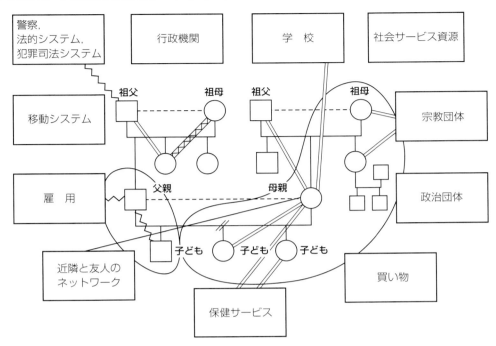

　このネットワークが，クライエントの理解や彼らのリソースを把握するために役立つのである。現在の家族の周りを取り囲む他の人々との関わりまで描くことが，ジェノグラムにおいて重要な部分である。

　図1.3は，家族ジェノグラムの歴史が常により大きな社会システムの文脈のなかにあることを説明している。文化，政治，宗教，スピリチュアリティ，経済，ジェンダー，人種，民族，これらによって，社会のなかの一人ひとりは社会のどこかに位置づけられる。

　ジェノグラムを大きな文脈から捉えることは常に重要である。ときには，コミュニティのリソースや施設を実際に明らかにして，コミュニティのリソースと家族がつながっていることや，逆につながっていないことを強調する（**図1.4**）。多くの人が，ジェノグラムのパターンを理解するうえで，そうした大きな社会構造を考慮するためにジェノグラムを拡張することを試みてきた。なかにはコミュニティあるいは国と文化のパターンの歴史的つながりを図式化しようとしてきた人もいる。たとえば，東西ドイツの統合による継きょうだいや異父母きょうだいの多世代にわたる関係を示すために，今日の東西ドイツの「きょうだい」関係に影響を与えているかもしれない多世代にわたる国家間のつながりについて，「サムおじさん」［訳註｜Uncle Sam　アメリカ合衆国（United State）を擬人化した呼び方］や「ロシア母さん」［訳註｜Mother Russia　ロシアを擬人化した呼び方］という表現

からなるジェノグラムを作成した（Scharwiess, 1994）。リガジオ＝ディジリオとその仲間（Rigazio-DiGilio, et al., 2005）は，より大きなコミュニティを含むジェノグラムの表現を提案している。この図式はエコマップに似ていて，クライエントの経験を形成している重要な出来事や状況を丸く囲って，その人の周囲に書き込むのである。家族を図式化していないので，これはジェノグラムではないのだが，人々の生活における状況を表現しようとしている。今後，ジェノグラムのなかにより大きな文化的なレベル，そして家族パターンを表す個人と親族のレベルも同時にうまく書き込めるようになることを期待している。

家族システムの視点

　システムという視点をもつと，臨床家はアセスメントや介入でジェノグラムを使うようになる。またこの視点をもつことで，家族メンバーというものはその人の人生に，そして死後も，ほどけることなく撚り合わされたもので，社会のすべてのメンバーは結局互いにつながっていることがわかるようになる。人も，問題も，問題の解決も，真空には存在しない。パウロ・フレイレ（Freire, 1994, p.31）は，「肉体は一人であっても，誰も一人では生きられない。……私たちはたくさんの歴史と文化に染められ織り込まれた記憶を常に身につけているのである」と言った。

　あらゆることが，より大きな相互作用のシステムへとほどけることのなく撚り合わされているのである。そのなかで基本となっているのが家族である。まれな場合を除いて，家族は人間が所属するなかで最初の，最も影響力の強いシステムである。この枠組みでの「家族」とは，少なくとも三世代からなる近しい人とのネットワークによって構成され，これまで存在し，時間とともに進化するものである（Carter & McGoldrick, 2005）。私たちの定義では，家族とは，生物学的に，法的に，文化的に，感情的に共通する歴史によってつながっていて，未来を共有しているものである。家族のメンバーの身体的，社会的，感情的な機能は基本的に相互依存の関係にあり，一つのシステムに変化があれば他の部分にも影響するのである。さらに，家族のやりとりや関係は，相互的でパターン化されて繰り返されるものが多い。このようなパターンがあるからこそ，ジェノグラムから仮説的な予測を見出すことができるのである。

　基本的な考えとして，症状はそのときの全体の状況のなかでのシステムの適応力を反映している。システムに関わるメンバーの適応する努力は，生物的なものから精神内界そして対人関係（すなわち今の家族と拡大家族，コミュニティ，文化など）までの多くのレベルに広がっていく。さらに家族の社会文化的，歴史的状況を考慮にいれることで，問題や症状を含めた家族の行動は，さらに感情的，規範的な意味をもつようになる。そのため，システムの視点はこのような多様なレベルを基盤に問題をアセスメントすることになるの

である。

　家族は生物学的，法的，文化的，感情的な構造をもち，さらに世代や年齢，ジェンダーなどの要因とも関わる。家族構造のどこに自分がいるかによって，さらに大きな文脈のなかでの位置づけによって，自分の機能や関係のパターン，次の世代でどのような家族を形成するかが影響を受けるのである。ジェンダーや出生の順番がきょうだい関係や性格を形作る重要な要因である。ジェノグラムのうえでそれぞれの家族の構造的配置が示されることで，臨床家は性格や特性，関係の親和性などを推測できるかもしれない。民族（McGoldrick, Giordano, & Garcia-Preto, 2005），人種，宗教，移民，階級そして他の社会経済的な要因（Carter & McGolrick, 2005），そして家族ライフサイクルの段階（Elder, 1992），これまでの歴史的位置づけによっても，家族の構造のパターンは影響される。これらすべての要素がジェノグラムの図に反映される。

　家族は繰り返されるものである。ある世代で起こったことは次の世代で繰り返されることが多い。それゆえ，実際の行動は異なるかもしれないが，世代を超えて同じ問題が反復される。ボーエンはこれを家族のパターンとして「世代間伝達」と呼んだ。前の世代での関係性のパターンが，潜在的に次の世代の家族機能のモデルになっていることがある。ジェノグラムを使って，ある世代から次の世代に続けてみられたり，繰り返されたりしている機能や関係，構造を見出すのである。

　わかりやすく言えば，システムアプローチとは現在と過去の両方の家族の状況を理解していくことである。家族システムの「不安の流れ」（Carter, 1978）は，水平と垂直の両方の次元に見られるのである（図1.5）。個人では，垂直軸には生物学的な遺伝や気質のようなプログラム化された行動が含まれる。その他の遺伝的な体質も含まれる。水平軸は，生涯にわたる個人の発達と関わっている。どんな経験でもその人の人生に変化を起こす可能性がある。たとえば，関係や移民，健康や病気，成功やトラウマ的な経験などである。

　家族のレベルでは，垂直軸には家族の歴史，世代を超えて引き継がれる関係や機能のパターン，感情の三角関係という機制も含まれる（Bowen, 1978）。家族メンバーが育てられたなかでのあらゆる家族の態度，タブー，期待，レッテル，そして背負わされた課題などが含まれる。人生におけるこれらの側面に私たちは対処していかなければならない。どのように対処するかが問題である。家族レベルでの水平軸は，時間のなかで，家族のライフサイクルで起こる変化や移行を表す。この水平軸には予測できる発達的なストレスもあれば，予測できない出来事もある。後者は，ライフサイクルの過程を崩壊させるような「理不尽な運命の苦境」であり，早すぎる死や障害をもって生まれる子ども，移民，慢性疾患，リストラなどである。

　社会文化的なレベルでは，垂直軸には，文化的社会的歴史，ステレオタイプ，権力のパターン，社会的階級，信念などは含まれ，これらは世代を超えて伝達される。ある集団の

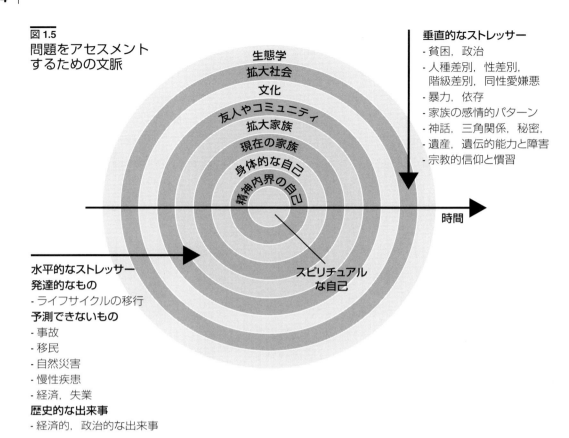

図1.5 問題をアセスメントするための文脈

歴史，特にトラウマとなるものは，家族や個人の生き方に大きな衝撃を与えるだろう（たとえば，ユダヤ教徒とドイツ人へのホロコーストの影響，アフリカ系アメリカ人やラテン系アメリカ人の植民地化や奴隷制度の影響，このような搾取によって利益を得たものもいる。同性愛者と異性愛者の両方に対する同性愛嫌悪による影響）。水平軸には，コミュニティの関係や現在の出来事，社会的政策などと関係している。そしてこれらは，そのときの個人と家族に影響を与える。この軸は，人種差別や性差別，階級差別，同性愛嫌悪，人種や宗教による偏見などの「継承される」（垂直的）規範が，現在の人々の生活にどのように関わるかを示している。これらはある人たちの権利を制限し，それ以外の人の権力を高め，社会的，政治的，経済的構造のなかにみられる（Carter & McGoldrick, 2005b）。水平軸にストレスが多くかかれば，どんな家族でも機能不全を起こすであろう。そこに垂直軸のストレスがかかれば，さらに問題が起こり，小さな水平軸のストレスであっても，深刻な影響をもたらす。たとえば，若いメキシコ人の母親は，自分の父母との間に解決していない問題（垂直軸）を抱えながら，さらにアメリカのコミュニティで人種差別を受けて

いるとしたら，彼女は子育てという一般的な変化（水平軸）に対処するのに大変苦労するかもしれない。ジェノグラムによって，臨床家は世代を超えて流れる不安や，現在の家族の状況に流れる不安を把握することができるのである。

　歴史的な出来事が同時に起こったり，家族の異なるメンバーに同時にある出来事が起こったりするのは，偶然に起きたものではない。一見すると気づかれないが，それはシステムとして関連していることがある（McGoldrick, 1995）。さらに，重大な家族の関係性の変化はこのようなときに起こりがちである。それはライフサイクルの移行の時期に起きやすい。このような移行の時期に症状は発生しやすい。次の段階に進むために，家族のメンバーはお互いの関係性を再構成する課題に取り組まなければならない（Carter & McGoldrick, 2005）。症状を抱える家族は，再構成で前に進めない状態になって，行き詰まりを解決できないまま身動きが取れなくなることもある。ジェノグラムを使ったアセスメントでみられた歴史や関係性のパターンは，この行き詰まりに気づく手がかりを与えてくれる。ある関係性のパターンを維持したり，妨げたり，前の世代から受け継いだものを守るために，症状が起こることもある。

　家族にはさまざまな関係性のパターンが見られる。特に興味深いのは関係性の取り方のパターンである。とても近い関係もあれば，遠い関係もあり，その間ということもある。一つの極端な形は，距離があって，葛藤を抱えていて，互いに断絶している状態である。もう一つの極端な家族は，「情緒的融合（emotional fusion）」の状態で密着している状態である。融合していたり，関係性が分化していない家族のメンバーは，システムが対応できないほどの不安やストレスが起こったときに，機能不全になりやすい。システムの境界が閉じられていると，外からの情報が入らず，結果的に家族は硬直した状態になる。言い換えれば，閉じられていて融合したシステムにある家族のメンバーは，互いに自動的に反応し，システムの外からの出来事をほとんど受け入れず，適応のために必要な変化が起きない。融合には，肯定的な関係と否定的な関係がある。つまり，家族は互いのことを心地よく思うこともあるが，敵意や葛藤しか抱かないような場合もある。どちらの場合も，家族のつながりは依存しすぎた関係にある。ジェノグラムを使って，臨床家は家族の境界を引いたり，どのサブシステムで融合が起きていて，状況に変化を起こすための新しい情報が閉ざされているのかを示すことができる。

　ボーエン（Bowen, 1978）そのほか多くの人が，二者関係は不安定になりやすいと指摘している。ストレスが生じると，二人はもう一人を巻き込もうとする。3人の関係において，二人の連合を築いてシステムを安定させようとする。感情システムの基本的な単位は三角関係になりやすい。これから見ていくが，ジェノグラムによって，臨床家は家族システムのなかにある鍵となる三角関係を見つけて，この三角関係が一つの世代から次の世代でいかに繰り返されているか，そしてこの関係をいかに変えるかについて戦略を立てるこ

とができる（Fogarty, 1975; Guerin, Forgarty, Fay, & Kautto, 1996）。

　家族のメンバーは機能上，一体として動く傾向がある。それゆえ，それぞれの家族メンバーの行動は，相補的あるいは互恵的になりやすい。このことは，家族メンバーが互いに等しい力で影響を与えることを意味しない。男性と女性，親と子ども，年輩の家族メンバーと若い家族メンバー，異なる文化や階級そして人種の家族では影響力が異なることはよくある（McGoldrick, 1998）。つまり，システムに所属するということは，相互的な関係にさらされることであり，そしてお互いの行動に巻き込まれることは避けられないという意味である。家族には，持ちつ持たれつの関係や行動とその反動があるように，相互依存によるバランスや調和がみられるのである。したがって，家族のなかで何かが欠けてしまうと（たとえば過少責任），ほかの余っている部分（過剰責任）によって補完されるのである。ジェノグラムは，補完的であったり互恵的であったりする家族のなかの対称性や特異性を臨床家が正確に見定める手助けをしてくれるのである。

補足

　この本では，家族をそのジェノグラムに基づいて説明する。ここでわかったことはあくまで推論として提示する。これはジェノグラムの解釈全般にも当てはまる。ジェノグラムは次に何を探求すべきかについての手がかりを与えてくれるものと捉えるとよいだろう。ジェノグラムに基づいた予測は事実ではない。ジェノグラムを解釈するときの原則は，これを案内図として捉えることである。ジェノグラムは土地の特徴をわかりやすく示して，家族の生き方という複雑な領域を案内してくれるものである。

　ここで紹介されているジェノグラムには，私たちの説明よりも，さらに多くの情報が含まれている。これらのジェノグラムを使って，読者がさらにジェノグラムの使い方や解釈の技術を高めていくことを期待している。

　見てわかるように，ジェノグラムが表示できる情報は限られている。しかし今後はコンピュータによってより多くの情報を，一度にジェノグラム上に記載して収集できるようになるだろう。臨床家は，一つのジェノグラムに表現できないほどの量の家族の生活に関する重要な情報を収集する。もうすぐしたら，私たちはコンピュータのデータベースにすべての歴史を保存しておきながら，目的に合わせてジェノグラムの表記を選択することができるようになるだろう。

2 ジェノグラムを作成する

　家族の情報を集めてジェノグラムを作成することは，家族にジョイニングし，家族を評価し，そして家族を支援する一般的なプロセスの一部である。家族メンバーが家族の話をしてくれることで，情報が集められ構成されていく。基本的なジェノグラムの情報は医療記録のように構造化された面接方法で集めることもできるが，聞く理由を明確にして，集められた情報は敬意をもって扱うことが必要である。家族の歴史を共有するということは，神聖な取り決めであり，単なる事実を集める技術とは異なる。しかしながら，すべての臨床家がジェノグラムの言語について同じ理解をもつためには，作成するときにはある一定のルールに従う必要がある。この章ではジェノグラムの表記の仕方について紹介する。後の章では，文化的問題や文化的パターン，特異的な家族のパターンなど，ジェノグラムの基盤となるパターンについて，そしてジェノグラムを使った臨床や研究について説明する。

　ジェノグラムの情報は，家族の一人あるいは複数との面接から得ることができる。当然だが，複数の家族メンバーから情報を得る方が信頼性が高く，また視点を比較したり，やりとりを直接見ることができる。複数の家族メンバーと面接すると，私たちは複数の視点を得て，共に家族の歴史を書き込んでいくことになる。もちろん，そのなかでは多様な家族の歴史が語られ，その複雑さにも対応しなければならない。

　家族のパターンが一つの世代から次の世代に受け継がれるために，臨床家は複数の世代で繰り返されているパターンをジェノグラムから見出すこともできる。繰り返されるパターンは，機能，関係，家族の構造で起こる。そのようなパターンを把握することで，家族は不幸なパターンを繰り返すことなく，また将来に伝達することを防ぐのである。重要な出来事や家族機能の変化を把握することで，（記念日反応のような）一見偶然のように

起こることのシステム的な関係を見出したり，トラウマになるような家族機能の変化をアセスメントしたり，将来のストレスに対する家族の強みと弱みを特定し，最終的にこれらを大きな社会的，経済的，政治的な文脈から捉えることができるようになる。このようなことを把握することで，臨床家は以前から家族に備わる助けとなる資源に由来するレジリエンスを高め，今は機能していないが過去の適応的な戦略を使って家族メンバーが変わることを支援できる（Walsh, 2006）。

　もちろん複数の家族メンバーと会うことができない場合もある。そしてジェノグラムは多くの場合一人と取り組まれる。ジェノグラムのアセスメントにどのくらい時間をかけるかは人によって大きく異なる。基本的な情報は 15 分あるいはそれ以下で収集することができるだろう（Wright & Leahey, 1999）。しかし，複数の家族メンバーによる包括的な家族アセスメントの場合には 1，2 時間はかかるだろう。家族メンバーが家族のトラウマ的な歴史を語るのに抵抗がある場合には，もっと時間がかかることもある。臨床家は，家族との作業を進めながら，時間をかけて質問をして，ジェノグラムを完成させる。ジェノグラムが便利であるのは，臨床家が家族の歴史を学んでいくことで，情報が修正されながら拡大していくことである。したがって，時間をかけることで，ジェノグラムはより正確に，そして家族の歴史を踏まえた包括的な図になっていくのである。

家族の構造を図式化する

　ジェノグラムの根幹は，家族メンバーが世代を超えて，生物学的に，法的に，そして感情的にどのような関係にあるかを図で表すことである。この図は，人を表す四角と丸，関係を表す線で構成されている。ジェノグラムを作成する際には，特定の人（IP）の祖父母までさかのぼって，少なくとも三世代を含めて描くことが多い（IP に子どもや孫がいる場合には，四もしくは五世代）。ジェノグラムが表している年を左上に書く。たいていジェノグラムは作成した年のものを描くが，臨床家は過去のあるときのジェノグラムを使うかもしれない。たとえば，症状が始まった時期や家族に大きな変化が起こったときである。家族の歴史のある一時期をジェノグラムで表現することは，大変効果が大きい。家族メンバーの年齢，誰が当時一緒に暮らしていたか，そのときの関係性などを把握することができる。ある人の人生の一日を選ぶと，亡くなっている人やそのときの年齢，重要な出来事などの他の情報は，その日に合わせて計算される。亡くなっている人がいれば，亡くなったときの年齢が書き込まれる（8 章には，さまざまなライフサイクルの時期のフロイトのジェノグラムが記載され，それぞれの家族メンバーの年齢が記されている）。

　次から，見本となるジェノグラムを作成していく。一般的な形式を使ってジェノグラムを作成し，臨床家が家族メンバーについて学んでいくごとに，ジェノグラムを大きくして

図2.1
ホセ・ロドリゲスと両親（2007年）

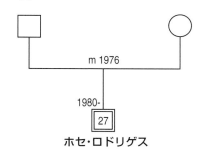

　いく。ジェノグラムを解読するには，表記一覧にある表記も参考するとよい。
　一人ひとりを四角（男性），もしくは丸（女性）で表す。特定の人もしくは患者と見なされた人（IP）は二重の四角や丸で表記される。この人を中心にジェノグラムは作成される。家族メンバーを表す図形は，血縁上のあるいは法律上の関係を表す線でつなげる。結婚している二人は，夫が左で妻が右にくるようにして，線をそれぞれから下に引いてつなげる。「m」に続いて記される年号は結婚した年を表す。
　図2.1は，ホセ・ロドリゲスと彼の親を表している。彼は二重の四角（彼が男性であることもわかる）で描かれているため，彼がIPだとわかるだろう。彼の年齢（27歳）は彼の記号のなかに記入する。彼の誕生した年（1980年）は彼の記号の左上に記す。彼を表す記号は両親を結ぶ線から下がったところにある（カップルの子どもはカップルを結んだ線から下に引いて，左から右に生まれた順に表記される）。家族の基本的な形，あるいはジェノグラムの骨格ができたら，その他の家族の情報を書き込んでいく。たとえば，年齢や性別などの人口統計的な情報，機能，関係，重要な家族の出来事である。
　図2.2では，ホセと彼の両親に関するより詳しい情報がわかる。彼のきょうだいは，小さくそして彼より少し上に記す。一般的には，ホセの場合のようにIPはきょうだいよりも低く，大きく記入する。次のジェノグラムでもわかるように，生まれた順序がわかりやすいように，きょうだいの配偶者はきょうだいよりも低い位置に小さく記す。このように描くことで，家族の構造は把握しやすい。生まれた順序や性別，きょうだいの年齢差，それらに関しての仮説も立てやすくなる。家族について立てた仮説が正しいかどうかは誰にもわからないが，ジェノグラムのパターンをみて仮説を立てていくことは，家族の歴史を理解していく基本的な方法である。ホセは4人きょうだいの2番目であることがわかる（一番左側の小さく黒い丸は，カメラが1978年に流産していることを示す）。ホセには，高校を卒業してから建設業で働く兄がいる。そして年下の双子のデイビッドとマリアというきょうだいがいる。デイビッドは法律学校に通い，マリアは看護師をしている。斜めの

図2.2
ロドリゲス家の核家族

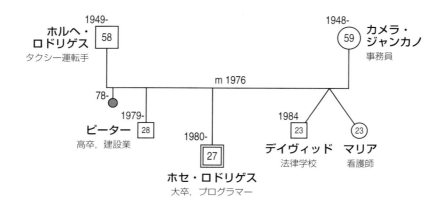

線で双子と両親の線をつないでいる。もし双子が一卵性であったなら，ホセの姪のジェノグラムにあるように，二人の線の間をつなぐ。年齢差から考えて，1歳しか年齢が離れていないピーターとホセが対になり，そして4歳下の双子がもう一つの対になりうる。また，3人の兄弟がグループになって，妹が仲間はずれになるかもしれない。あるいは他の要因によって異なる同盟のパターンが作られるかもしれない。たとえばこの場合では，年上の二人の兄弟は主要な部分で異なっている（スポーツと教育）。

　ホセが大学を卒業し，コンピュータープログラマーになったことがわかる。また母親のカメラは59歳で事務のマネージャーとして働いていて，父親のホルヘは58歳でタクシー運転手をしている。どのような家族の力動が働いて，年下の子どもたちがより高い教育を受けることになったのか，そして教育と職業による違いが家族の関係にどのような影響を与えているかを考えるかもしれない。

　図2.3では，父親の原家族と次の世代を描くために，上下にジェノグラムが拡大されている。すでに亡くなっている人には，父方の祖父母のように，×印が記号のなかに記されている。記号の上には生まれた年と亡くなった年が書かれている。祖父母にあるように記号のなかにはその人の亡くなったときの年齢が書かれている。三世代以上前にさかのぼるときには，個人の記号のなかに×印はつけない。なぜなら，多くの場合亡くなっていることが想定されるからである。多くのジェノグラムでは，早すぎたりトラウマとなる死のときに×印を表記する。ここでは，父親であるホルヘが，きょうだいの順番がわかりやすいように，他のきょうだいよりも低い位置にあることがわかる。こちらの拡大されたジェノグラムからは，ホセがカティアというロシア女性と結婚し，子（三角で表記）を妊娠して

図2.3
ホセ・ロドリゲスと父方の家族（2007年）

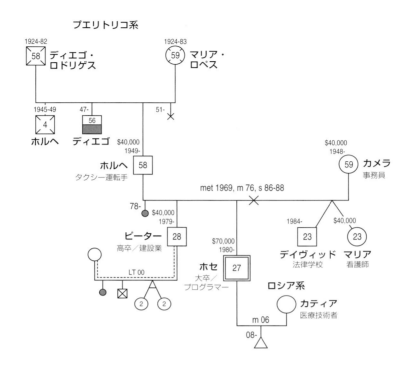

　いることがわかる。彼の兄のピーターには一卵性双生児の2歳の娘たちがいて，「LT 00」［LT ＝ Living Together］という表示から2000年からパートナーと一緒に暮らしていることもわかる。二人は，双子の誕生の前に流産を経験し，死産した息子がいたこともわかる。上部をみると，ホセの父親のことがわかる。ホルヘはプエルトリコ系の家族の末っ子で，生まれた年と同じ年に4歳で亡くなった兄の名前をつけられている。名前のつけ方や生まれた順から，どんな関係であったかを推測できる。二人目の息子のディエゴは祖父の名前を継いでいて，彼はアルコールの問題を抱えていて，家族はこれに悩まされたかもしれない。また祖母は1951年に最後の子どもを中絶していることがわかる（×印で示している）。長男の死が悲しすぎて，また子どもが亡くなってしまったらもう耐えられないという思いが彼女にはあったのかもしれない。

　ジェノグラムには現在の家族メンバーの年収も書かれている。これによると，ホセが今のところ最も経済的に成功している。兄よりも稼ぎがよいために，兄との間には距離があるかもしれない。そして，ホルヘとカメラは1969年に出会い，1986から1988まで別居していたことがわかる。結婚，別居，離婚した年，同居した年数，出会った年などがカップルの線の上に書かれる。線上の斜線は結婚の破綻を意味する。斜線は別居，斜線が二重

図 2.4
ホセ・ロドリゲスと母方の家族（2007年）

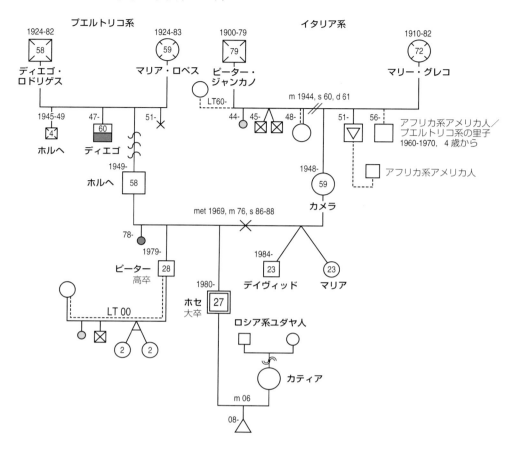

になると離婚を意味する。斜線に逆の斜線が加わると（×印となり），別居や離婚の後でよりを戻したことを示す。

図 2.4 には，母方の家族が加わっている。カメラがイタリア系の出身で，流産して，その後は死産した双子の後に生まれている。このような喪失の後で，母親がカメラを妊娠，出産した同じ年に養子の娘（実線の横に点線で表記）を迎えている。カメラが 3 歳のときに血縁上の息子がもう一人生まれ，1960 年には里子（点線で表記）を迎えている。しばらくして，カメラが 12 歳のときに両親は別居した。父親には当時から恋人がいて，彼女とは亡くなる 1979 年まで一緒に暮らしている。

ジェノグラムから，カメラの弟はゲイで，アフリカ系アメリカ人の彼と性的な関係があることがわかる。そしてカティアの両親はロシア系ユダヤ人の移民である。

ホセが現在抱えている問題は，ひどいパニックに対する漠然とした不安である。ジェノグラムから彼の不安についての仮説が立てられるかもしれない。初めての子どもが生まれ

るのを前に不安になるのは当然である。ジェノグラムからは，三世代にわたって一人目の子どもが亡くなっていることがわかる。彼の父親の一番上の兄は4歳で亡くなっていて，母親の両親は最初に3人の子どもを亡くしている。彼の両親も自分の兄が生まれる前に流産を経験し，兄も双子が生まれる前に流産と死産を経験している。そして，他にも理由が考えられる。亡くなった兄の名前をもらったホセの父親は，今58歳で，祖父のディエゴが亡くなったときの年齢と同じである。偶然にも，ホセの母カメラは59歳で，父方の祖母が亡くなった年齢と同じである。このためにホルヘは不安になっていて，身近にいる息子にもその不安が伝わっている可能性もある。

家族の体験した事柄や関係を表すための記号

さまざまな記号を使って，一般的に家族が体験する事柄や関係を表すことができる。ロドリゲス家にもこれらの記号がたくさん使われている（**カラー図1**）。たとえば，ホセの父親は移民であり，多数の文化で暮らしていたことがわかる。彼の記号の上にある一本の波線は，1967年から1969年まで2年間軍人としてベトナムにいたことを表している。その下にある二重の波線は，彼がベトナムから帰国してアメリカ本国に移住し，その後はそこに住み続けたことを示す。彼の記号の右下にある「SL」という文字は，彼が喫煙者（Smoking）であり，さらに移民であるために英語に困難があること（Language）を示す（彼の義理の娘のカティアも同じような困難を抱えていた）。彼の兄の横にある「O」の表記は彼が肥満（Obese）であったことを示す。その兄と父親をつなぐ線に二重の斜線が引かれているため，1966年から1981年まで彼は父親から絶縁されていたことがわかる。そして，父親が亡くなる前年に関係を修復している（二重の斜線の間の円で表記）。

このジェノグラムには，家族の関係性も記されている。たとえば，ホセは彼の兄に対してライバル心を抱いていたかもしれない。なぜなら，母は大好きだった父親を亡くした3か月後に生まれた兄を可愛がったからである。ピーターとホセと同じように，カメラも子どものときから姉と対立していた。ピーターは運動神経がよく，見た目もいい。しかし，ホセは身長が低く，運動もあまり得意ではなかった。このような外見の特徴もジェノグラムには記されている。そのほかの表記もそれぞれの家族の関係を示しており，表記法一覧に詳しく記述してある。

複数のパートナーとのカップル関係を図式化する

複数のパートナーとのカップル関係を表すジェノグラムはさらに複雑である。**図2.5**はイングランド王ヘンリー8世（Henry Ⅷ）とその妻たちを表すジェノグラムで，再婚を繰り返すカップルの描き方を紹介している。

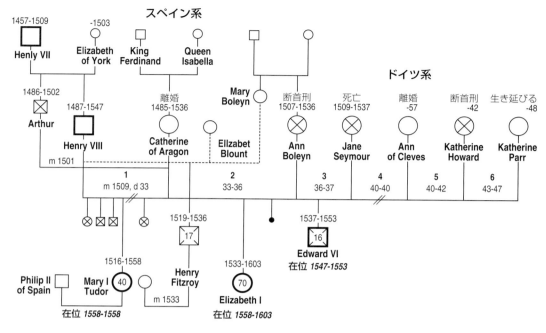

図 2.5
ヘンリー8世（Henry VIII）と彼の妻たち

　原則として，家族メンバーがすでに亡くなっている場合には左から結婚した順に描く。今も一緒に生活している家族を描く場合には，最近結婚したパートナーをその配偶者の一番近くに記す。ヘンリー8世はすでに亡くなっているので，彼の妻たちは左から結婚した順に並んでいる。キャサリン・オブ・アラゴン，アン・ブーリン，ジェーン・シーモア，アン・オブ・クレーヴス，キャサリン・ハワード，そして最後の妻はキャサリン・パーであった。結婚した年と離婚した年を書いておくと，順番がさらにわかりやすくなる。それでもカップルの双方が結婚を繰り返している場合（さらに子どもがいる場合）には，関係を示すジェノグラムを記すことは実に難しいものになっていく。ヘンリー8世のジェノグラムからは，彼が二人の女性と浮気していたことがわかる（点線で表記）。一人はエリザベス・ブラントで彼女との間には息子がいる。そしてもう一人はメアリー・ブーリンで，彼女はヘンリー8世の2番目の王妃アン・ブーリンの姉である。さらに複雑なのは，ヘンリー8世の最初の王妃のキャサリン・オブ・アラゴンが，ヘンリー8世と結婚する前に彼の兄であるアーサーと結婚していたことである。

　このような問題への解決法は，**図2.6**のように，焦点を当てたい関係を中心に配置して，パートナーの他の配偶者たちは端に配置することである。カップルのそれぞれに他の配偶

図 2.6
夫テッド・ターナー(Ted Turner)、妻ジェーン・フォンダ(Jane Fonda)、
そして互いのパートナーたち

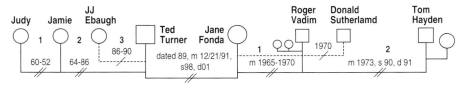

図 2.7
ヘンリー・フォンダ(Henry Fonda)の結婚（1960）

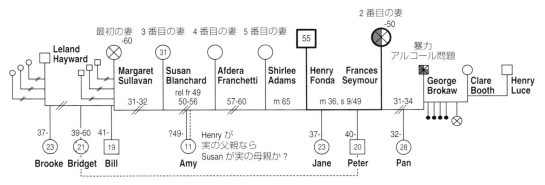

者がいるような状況は大変複雑なものになる。前の配偶者にも他のパートナーがいた場合には，この関係性を表すために最初の結婚の線の上に二本目の線を引く必要があるだろう。この図のロジェ・ヴァディムとトム・ヘイデンがその例である。

　次のジェノグラム（図2.7）は，ジェーン・フォンダ（Jane Fonda）の父のものであり，さらに複雑である。それぞれの配偶者が複数の結婚をしている。ヘンリー（Henry Fonda）の最初の妻マーガレット・サラヴァンは，彼との結婚以前に結婚をしていて，彼の後にも再婚している。フォンダの2番目の妻であるフランシス・シーモアは彼との前にジョージ・ブロカウと結婚しており，彼はその前にクレア・ブースと結婚していて，彼女も後にヘンリー・ルースと結婚した。このジェノグラムではわからないこととして，カリフォルニアにいた頃，ヘンリー・フォンダとフランシス・シーモアは，彼の先妻のマーガレット・サラヴァンと彼女の後夫レランド・ハワード（彼はフォンダの代理人でもある）のすぐ近くに住んでいた。そしてコネチカットに引っ越してからは，二つの家族は隣に住むようになるが，結婚の年表からすべてを把握することはできない。

　できる限り，それぞれの結婚で生まれた子どもたちを誕生した順に示すことが好まし

図2.8
出生順によるフォンダ(Fonda)の子どもたち(1956)

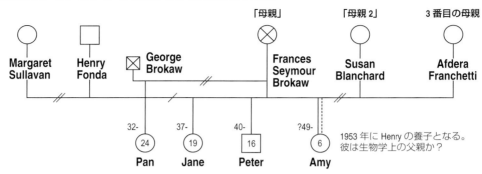

い（先に生まれた子どもを左に，後に生まれた子どもは右になる）。もし子どもが多い場合には，その表記の例として**図2.7**がある。この方法は場所を多くは取らない。この表記の欠点は，子どもが生まれた順番が把握しにくいことである。たとえば，ジェーンとピーター・フォンダの異母妹であるエイミーはピーターの左に描かれている。しかし，彼女は彼よりも何年も若い。ジェーンとピーター・フォンダの異父姉のパンは，ジェーンよりも5歳年上で，5歳から大学へ入るまで一緒に暮らしていた。彼女は，実際は最年長の子どもであるが，出生順の表記にはなっていない。次のジェノグラムは，フォンダ家のきょうだいを出生順に表記したものである（**図2.8**）。こちらの方が，きょうだいの関係を理解しやすい。こちらの図では，見やすくするために，ブロカウの後妻クレア・ブース・ルースが省略されていることに気づく。複雑な家族の場合には，表記の見やすさと情報量のどちらを重視するか選ばなければならない。もちろん，コンピュータの場合には，多くの関係を記録し，ジェノグラムに誰を記載するかを選ぶことができる。

　カップルが恋愛関係にあったり，同棲していても正式に結婚していなければ，その関係は結婚しているカップルと似たような線で表記するが，その線は実線ではなく点線を使う（**図2.6**でジェーン・フォンダとドナルド・サザーランドで使用）。二人の関係が正式な結婚でなくても，長期的な関係であれば，実線と点線の両方で示す。例として，ジョディ・フォスターの母であるブランディーと彼女のパートナーであったヨセフィンが**図2.9**に記されている。配偶者に男性と女性のどちらともパートナーになっていれば，誰が誰と関わっていたかをわかりやすくするために，関係をつなぐ線を違う位置にずらして記すといいだろう。もしも多くのパートナーが存在をする場合には，最も重要な関係だけを残して，どこまで描くかを考えなければならない。

　図2.9はジョディ・フォスターの家族である。彼女の父親のルシアスは5人のパートナーとの間に子どもたちを得た。3人と結婚し，二人とは正式には結婚していない（誰と

図2.9
ジョディー・フォスター（Jodie Foster）

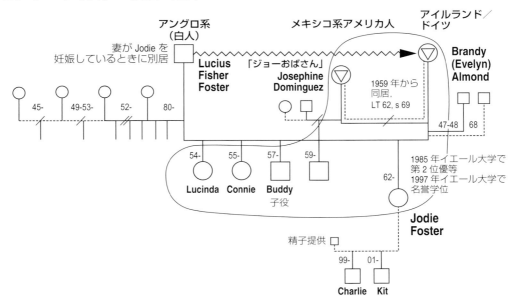

の間に子どもが何人いたかについては線で表記しているが，子どもの性別までは重要でないため表記していない）。カップル関係の特定の年代を表記することは，家族のパターンを把握するために有効である。またコンピュータのソフトウェアを使えば，さらに簡単にカップルの年表を記録し，特定の情報だけ取り出すことができる。たとえば，ジョディは彼女の両親が別居して3年後に生まれていて，それは離婚が成立する直前であった。

ジョディーの母親は，ジョー・ドミンゲスと1959年よりカップル関係にある。1962年から一緒に暮らしている（LT 62）。ジョーの存在は家族にとって重要であった。それゆえ，ブランディーとジョーのカップルを示す線は実父よりも上に表記されている。「ジョーおばさん」と呼ばれ，子どもたちに安心を提供し，彼女は経済的に物質的にそして情緒的なサポートを何年も行っていた。ブランディーとジョーは1969年に別れている。ジョーの夫はより小さく，少し高い位置に記されている。そして，彼の横には彼がその後をともに過ごした女性が記されている。彼はジョーとは離婚しなかったため，再婚をすることはできなかった。そのために，その女性との関係は点線で表記されている。

一人親による養子の表記は，**カラー図2**で見ることができる。このジェノグラムは，ミア・ファローの家族である。彼女には2番目の夫であるアンドレ・プレヴィンとの間に，血縁上の実子（マシューとサシャという二人の双児，そして3人目の息子フレッチャー）と3人の国際養子（スン＝イー，ラーク，デイジー）がいる。彼女は，ウッディ・アレン

図2.10
ジャッキー・ブーヴィエ・ケネディ（Jackie Bouvier Kennedy）の家族

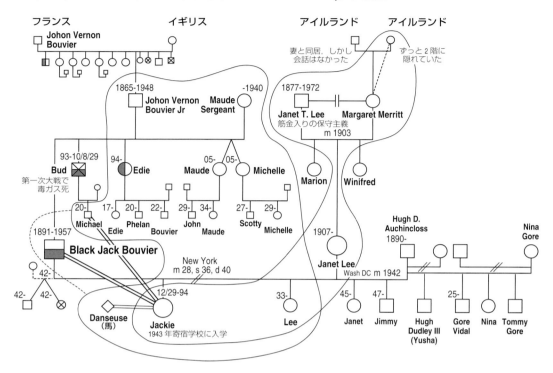

とつきあっている間にも3人の子どもを養子としている（モーゼス，ディラン／エリザ／マロン，タム）。最初の二人を養子として迎えてから，彼らには実子もいる（サッチェル，今の名はシームス）。そして最終的に彼女は，一人で4人の子どもを養子としている。サディアス，フランキー＝ミン，イザイア，カエリである。そして可能であれば，誰にとっても重要なことなので，文化的な背景を記しておくとよい。このジェノグラムはとても複雑なので，色づけをしている（名前は青，障害は赤，出身地や文化的背景は緑，そして他の情報は他の色を使っている）。

生活環境が複雑であるならば，それぞれの世帯ごとに円で囲むとわかりやすい。これは特に子どもたちが複数の家を行き来して生活しているような複合核家族には重要である。例として，**図2.10** は，ジャッキー・ブーヴィエ・ケネディが7歳のときに親が離婚したときの彼女とその姉であるリーのジェノグラムである。学校に通っている頃，姉妹は母親と母方祖父母と曾祖母と一緒にニューヨーク市に住んでいた（しかし曾祖母は「洗練されていない」とされ，ほとんどの時間を家の二階に隠されていた。さらに言えば，祖父母は離婚しなかったが，夕食はともにしていても互いに話すことはなかった）。夏の間，ジャッ

キーとリーはロングアイランドにある大勢の父方親戚たちと一緒に過ごした。それでも父親はたまにしか訪れなかった。

　子どもが祖父母に育てられていたり，あるいは公式でないが養親がいる場合のように，「機能的な」家族が血縁上あるいは法律上の家族と異なる場合には，機能的な構造を把握するために別のジェノグラムを作成することが役に立つ（Watts Jones, 1998）。実親，里親，養親など，いくつかの家族に育てられている子どもの場合には，ある経過のなかでの子どもの複数の家族を理解するために，それぞれ別のジェノグラムを作成するといいだろう。

　カラー図3は，ルイ・アームストロングが生まれた1901年から1918年までの家族を紹介している。彼はこれまでで最も偉大なジャズミュージシャンであるが，素晴らしく創造的で，演奏の技術も高く，並外れた才能をもつ音楽家であった。そして，彼は，ニューオーリンズという場所で，幼い頃から家を転々としながら貧しい生活を送っていた。幸運なことに，比較的早い時期に彼の驚異的な才能が見出され，また賢かったこともあり，彼の才能を創造的に伸ばしていくことができたのである。生まれてすぐに，彼の両親は別れて，彼の父親は他の女性のところに行ってしまったので，彼は父方の祖母のジョセフィーン・アームストロングと暮らすことになった。翌年，両親はまた一緒に暮らすようになり，1903年には彼の妹であるベアトリスが生まれた。しかし，ルイは1905年まで祖母と暮らしていた。1905年に彼の両親が再び別れて，彼と妹は母親とともにママ・ルーシーと呼ばれていた女性と暮らすようになった。彼らは数年の間，彼女と多くのボーイフレンドと暮らした。彼が11歳になった1912年，ある休日にルイは銃を発砲し，そのために逮捕され，ニューオーリンズにある黒人浮浪児ための施設に送り込まれた。1914年までの数年間をそこで彼は過ごした。その後は一度，彼の父親ときょうだいたちと一緒に暮らしたが，すぐに母親との生活に戻り，1918年までそこで暮らした。17歳になったときにシカゴに引っ越して，キング・オリバーのバンドに参加することになった。

　図2.11は，レズビアンのカップルのジェノグラムで，二人には子どもがいて，そのうちの一人のスーとは生物学的な血縁関係があり，もう一人のアンとは養親子の関係である。この図は，精子提供による人工授精によって生まれた子どもの表記を示している。子どもの生物学的な父親を表している小さな四角は精子提供者である。また両親のこれまでの関係がジェノグラムに記されている。スーは結婚と離婚を何度か経験している。そしてアンには事実婚の関係であったパートナーがいた。バークとフェーバー（Burke & Faber, 1997）は，ジェノグラムを応用した「ジェノグリッド」を使って，レズビアンカップルの長期的なつながりをもつ社会的ネットワークを表すことを提案している。ジェノグリッドによって，これまでのいきさつや，初期の感情的で社会的な関係性や，親密な関係性について把握することができる。このジェノグラムは，バークとフェーバーによって主張されている関係を反映している。

図2.11
精子提供者とレズビアンのネットワーク

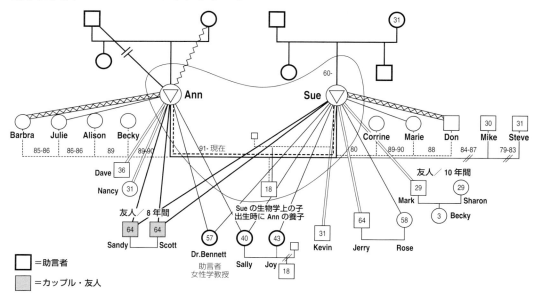

欠けている情報

　ジェノグラムには必ず欠けている情報がある。しかしその欠けている情報は，家族の秘密や断絶などの手がかりになるかもしれない。少しの情報しか明らかにされないときには，このような可能性がある。たとえば，フロイトの家族の場合には，8章で詳しく紹介するが，ジークムントの父親は3回結婚していた。彼には最初の結婚で4人子どもがいた。そしてそのうちの二人は早くに亡くなっている。このことは多くの人に知られているが，彼らについての情報や2番目の妻であるレベッカについては知られていない。他の子どもたちのことやその妻のことが語られないのは何か悪いことがあったとも考えられる。特に，ジークムントの兄たちは，父親と同じように何か知っていたはずである。

ジェノグラム上の家族パターンの追跡

　ときには，異なる情報を表すためにいくつかのジェノグラムを作成することは有意義である。基本的な家族構成を紹介するもの，関係性を表したもの，家族の機能や機能不全，家族のコミュニティとの関係，あるいは家族のある一時点でのもの，たとえば症状が始まった時期などである。

人口動態についての情報（家族構成）――「事実」を把握する

　現在の家族の情報や拡大家族の情報を加える際，最初にそれぞれの家族メンバーについての「事実」に関する情報を得る。これは家族に欠かせない情報で，客観的なデータであり，公共の記録からもたいてい確かめることができるものである。人口動態についての情報には，民族的背景，年齢，生まれた年，亡くなった年，居住地，収入，職業，教育レベルなどが含まれる。これらの情報には決まった書き方がある。現在の年齢，もしくは亡くなった年齢はその人の記号のなかに書き込む。生まれた年はその人の記号の左上に，そして亡くなった年を右上に書く。現在の居住地や収入は生まれた年や亡くなった年の上に書く。その他の情報は，その人の記号の近くの空いているところに記入する。

　カラー図4 はフォンダ家の人口動態的な情報を示している。下記の情報はそれぞれの家族メンバーに関わるものである。残念ながら，フォンダ家についてのこれらの情報をすべて把握できていない。

- 生まれた年，結婚・別居・離婚した年，病気になった年，亡くなった年（死因も含めて）
- きょうだい関係
- 人種，階級，宗教的背景
- 教育，収入，結婚による変化
- 現在の宗教的慣習，宗教に関する変化
- 職業や教育
- 現在の所在地
- 現在の関係性（親しさ，葛藤，絶縁）

　家族に起こったことについて臨床家が尋ねていくと，話のなかに隙間があることに気づくことも出てくるだろう。臨床家は時の流れのなかの家族の進化をジェノグラムに表すことができ，そして家族の視点を広げることができる。そのうちに家族のメンバーが自分のストーリーに興味を抱くようになり，視野を広げて歴史的な探索を始めるかもしれない。家族のメンバーは親戚と話したり，家族で使っている聖書を調べてみたり，地元の地域の歴史を本で読んだり，さらには医療カルテや家系図，その他の公共の記録を探したりすることでより多くの情報を得るようになる。

機能のパターン

　機能に関する情報として，家族のメンバーの医学的，感情的，行動的機能に関する客観的データがより重要である。客観的サインとして，たとえば仕事の欠勤や飲酒癖などは人の機能を把握するのに有効である。このような場合，家族メンバーはそういった家族メンバーを最初は「変わり者」と表現することが多い。素晴らしく成功した人たちも含めるとよい。それぞれについての情報を集めて，ジェノグラムにあるその人の記号の横に書き記す。データベースつきのソフトウェア・プログラムを使えば，ジェノグラムが見づらくないように，それぞれの機能についての詳細を加えることができるようになる。なぜなら，臨床家が重要な情報を隠すか表記するかを選択できるようになるからである。それぞれの人の記号にそれぞれの機能についてジェノグラムに表すことができ，さらに家族が過ごしてきた時間の流れのなかでの機能の変化も表記することができるようになるだろう。

　依存症の場合には，その人を表す丸もしくは四角の下半分を黒く塗りつぶして表す。依存症から回復している人は，左下だけを塗りつぶす。セラピー，断酒会，その他の回復プログラムに通っていたり，もしくは教会や友愛的組織，あるいは何か別の強い組織に加入していれば，セラピストや何らかの組織を長方形で表し，利用者と線で結ぶ。

　カラー図5では，フォンダ家の機能についての情報を記載している。このジェノグラムでは，テッド・ターナーとピーター・フォンダは長方形とつながっており，彼らがセラピーを受けていたことがわかる。アルコールや薬物依存の疑いがある場合には，ピーター・フォンダにあるように記号の下半分に斜線を引く。ピーターの場合，何年も薬物を使っていたことを認めているが，幸運なことに彼は依存症にはならずにすんだようだ（Fonda, 1998）。

　精神疾患や身体疾患がある場合には，その人の記号の左半分を黒く塗る。その際，通常は疾患名をその人の近くに表記する。ジェノグラムのソフトウェアが開発されれば，精神疾患と身体疾患のどちらも把握できるようになる。そして，診断のためにある特定の疾患だけを表示したり，逆に家族の関係性を把握しやすくするために詳細を隠したりすることもできるようになるだろう。もし依存症と精神疾患の両方を患っている場合には，記号の4分の3が黒く塗りつぶされる。ジェーンとピーターの母方の祖父であるユージン・フォード・シーモアがよい例である。精神疾患を患っていて，依存症からの回復途中であるときには，記号の左半分はすべて黒く塗り，さらに横に線を引いて右下を白いまま残しておく。

　家族の機能については，数世代にわたって繰り返されることもある。このような場合，（機能的だろうとなかろうと）ある種の機能の状態や問題への対応はある世代から次の世代へと引き継がれていくものである。この世代間伝達は，直線的に引き継がれるものでは

ない。アルコール依存症の父親の子どもたちは絶対禁酒者となって，さらにその子どもたちが再び酒飲みになることもある。

　家族が抱えている問題は，これまでの世代でも起きていることが多い。アルコールの問題，近親姦，身体的症状，暴力，自殺のように，非常に多くの症状のパターンは，世代をまたいで繰り返される傾向がある。パターンの反復性を記録することで，臨床家が現状への家族の対応ぶりを把握し，あるプロセスを阻止できるかもしれない。たとえば，フォンダ家を示した**カラー図5**を見てみよう。ジェーンは，彼女の母親が美しくなるために整形手術を受け，ジェーンと同じようにボディ・イメージの問題に悩まれていたことを記憶している（Fonda, 2006）。マーガレット・サラヴァンの娘のブリジット・ハワードは，母親が自殺した後，1年もしないうちに自殺した。残された家族には自殺が一つの選択肢であるかのように示されてしまうので，そのような家族には自殺を予防するための特別な対応が求められるかもしれない。

　同じように性的虐待やアルコール依存という症状を抱えていた家族に対しては，家族には予防的な介入が必要かもしない。たとえば，テッド・ターナー（**カラー図6**）は，自分が撃ち方を教わったその銃で父親が頭を撃って亡くなった年齢と同じ1991年，53歳のときに，危機を経験した。テッドも父親のように仕事に追い立てられていて，かなりのお酒を飲んでいた。しかし，テッドは父親のパターンを繰り返さないように懸命に努力した。実際に，人生のなかで彼が重要な変化を成し遂げる年になった。彼はその年にジェーン・フォンダと結婚している。二人とも飲酒をやめ，テッドは父親のように追いつめられるほどの強迫的な仕事ぶりをやめて，人生をさらに充実できるような生活を送った。

　レジリエンスや強み，人生における失敗だけでなく成功なども多世代のパターンに見られることがある（Walsh, 1995, 2006）。この本で紹介する家族も，問題だけでなくレジリエンスについてもアセスメントされるべきである。そのなかでも最も素晴らしい家族を紹介する。一つは，ヘップバーン家（**カラー図17**参照）である。自殺と抑うつが繰り返されながらも，自立した女性たちの力強さとレジリエンスが見られる。またフォンダ／ターナー家では，喪失，自殺，失踪，精神疾患などの問題を抱えながらも，困難を生産的に転換させ，再建することができた。ベル家（**図6.2**参照）の場合，聴覚障害が音に関する発明と多くの資源によって補われていた。フリーダ・カーロ（**カラー図9**）は，文化の違い，混乱，喪失，トラウマ，身体障害を抱えていたが，彼女は強さと創作意欲をもって，素晴らしい能力を発揮している。もう一つ注目すべき家族として，創造的でレジリエンスのあるブラックウェル家（**図2.12**）を紹介する。この家族にはたくましく成功した女性たちのドラマチックなパターンが見られる。彼女の両親は，反組合派教会主義者であり，女性に対する平等な教育を主張していた。この家族は，最初の女性医師，そしてアメリカで最初の女性大臣を輩出していて，他にも多数の医師，大臣，芸術家，婦人参政権論者など成功し

図 2.12
ブラックウェル(Blackwell)家

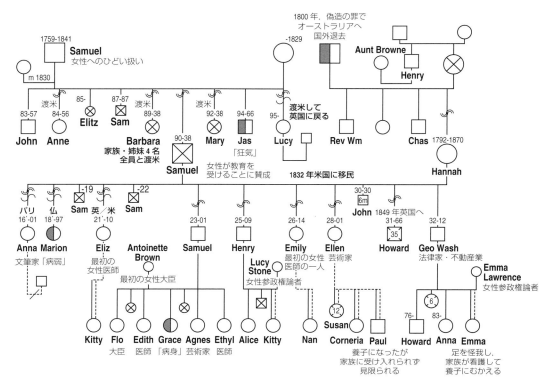

た女性たちがいる。このような家族のなかには，成功と失敗が共存するパターンが多く見られる。それぞれの成功した世代では，先ほど紹介したように素晴らしい活躍をした女性たちもいるが，病弱な娘もいるようだ。サミュエルとハンナの5人の娘たちは，それぞれ，アンナは執筆家，エリザベスはアメリカで最初の女性医師，エレンは成功した芸術家，エミリーもまた女医となっている。2番目の娘マリオンは常に病弱であった。きょうだいのサミュエルは，アメリカでの最初の女性大臣となったアントネット・ブラウンと結婚し，彼らにもまた5人の娘がいる。エディスとエチルは医師になり，フローレンスは優秀な大臣で，アグネスは芸術家になった。しかし3番目の娘グレースは病弱であった。サミュエルとハンナ・ブラックウェルの結婚した3人の息子たちは，3人の素晴らしい女性たちと結婚したことから，人権について特別な認識をもっていたようである。その女性とは，アントネット・ブラウンとルーシー・ストーン（初期の婦人参政権運動の重要なリーダーの一人），エマ・ローレンス（ルーシーのいとこであり，彼女も婦人参政権の活動をしていた）である。次の世代には（幼児期に亡くなった3人の子どもは除いて）全部で16人の子どもたちがいる。そのうちの7人が養子であり，結婚していない娘たちによる養子も

いる。唯一の養息子のポールは，家族の反対を受け，養子を断念した。このような家族では，家族にあるジェンダーに関する制約や促進されるメカニズムが働いていると考えざるを得ないだろう。ブラックウェルの娘たちの誰もが結婚しなかったことは興味深い。姉であるアンナだけが，「ハンサムで裕福，さらに教育のある気だての良い魅力的な男性」と婚約している。しかし，家族は彼を敵視し，彼との結婚をアンナが思いとどまるように力説した手紙を書いている（Hays, 1967, pp.52-53）。もう一人の姉マリオンが弟の友人である若い男性と恋に落ちたときには，エリザベスが彼女に「あなたの結婚は私には無謀なことに思える」と手紙を書いて諦めさせた。そして彼の代わりに自分を恋人とするよう迫った（Hays, 1967, p.53）。

　もう一つの家族機能の共通のパターンは，成功した世代の後に次の世代で大きな失敗が起こるというものである。これは特に有名になった家族で起こりやすい。子どもには親の評判に恥じないようにというプレッシャーが課され，子どもがそれに反発することがある。アダムズ家がその例である。ジョン・アダムズの子どもたちは，一人を除いてみな深刻な問題を抱えていた（**図2.13**）。同じようなことは，一人だけ成功した息子ジョン・クインシー・アダムズの世代にも見られる。彼の年長の二人の息子たちは深刻な問題を抱えていた。4代目では，一人だけ成功した息子チャールズ・フランシス・アダムズが，一人を除いて比較的優秀な子どもたちをたくさん残している。

　多くの人は，家族の状況によって人生の辿る道がほとんど決められていると感じるかもしれない。たとえば，マーティン・ルーサー・キング（**図5.6 参照**）は自分について「私はもちろん信仰心が強い。私は教会で育ち，私の父は牧師で，祖父も牧師で，曾祖父もまたそうであった。私の唯一の弟も牧師で，父の弟も牧師であった。だから私にはあまり選択肢はなかった」（Carson, 2001, p.1）と語っている。

　ある特異な機能パターンが世代を超えて繰り返されることがある。たとえば，カール・ユングの家族（**カラー図7**）を見ると，同じく聖職者が多い。ユングの父，二人の父方おじ，6人すべての母方おじ，母方祖父，そして3人の母方大おじがそうである。そしてユングは父祖の流れを継いで医師になろうとしていたことがわかる。名前を継いだ彼の父方の祖父，そして父方の曾祖父のどちらも医師であった。最後に，ユングは幼い頃から錬金術や超自然的な存在に関心をもっていたが，それは霊的な存在を信じる家族メンバーから受け継いでいる。彼の母も，母方の祖父，母方のいとこのヘレナ・プレイスワクもそうであり，ヘレナは彼が若い頃に参加していた降霊会で，彼女が霊媒者であったと主張している。このような背景を考えると，ユングが医師になり，宗教や超自然的な存在に関心を寄せるようになったことも驚くことではない。彼の家族にある強いパターンにちょうど合っていたのである。もし彼が，仕事において医学や宗教，超自然的なものを無視していたら，もっと驚くことになっただろう。彼の母と父方の曾祖母であるソフィーが精神的な疾患を患っ

図2.13
アダムズ(Adams)家

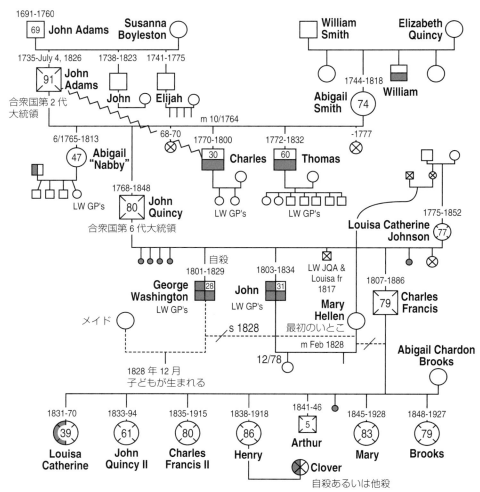

ていたため，彼は精神疾患が遺伝することを怖れていた。そして彼自身も実際に1913年に精神的に衰弱し苦しんだ。

家族の関係と役割

　ジェノグラムを作成するうえで，家族メンバー間の関係の表記は最も推論に基づくものである。どう表現するかは家族メンバーからの聞き取りや直接的な観察によって決まる。多様な線を使って，二人の家族メンバーの関係性を表す。「融合」もしくは「対立」

のようによく使われる記号は，操作的に定義しにくく，臨床家による視点の違いから異なる意味をもつことがある。それでも，臨床現場ではよく使われている。家族の関係は，もちろん時間とともに変化するので，ジェノグラムのなかでこの部分が最も主観的で変化しやすい。さらに，対立した関係にはその根底でつながりがあると言う人もいるかもしれない。その場合，定義によって対立が激しい関係は，対立と同じように融合とも考えられる。断絶もまた激しい対立，もしくは沈黙した疎遠状態とも言える。相手を支配していたり，その人に大きなエネルギーを注いでいたりという関係の場合には，その人物に向けて矢印をつけて太い線で結ぶ。さらに重要な関係である敵意，依存，アンビバレントの場合は，ジェノグラムで表現するのはさらに難しい。身体的虐待のある関係はジグザグ線で結び，誰が誰を虐待しているかわかるように被虐者に向けて塗りつぶされた矢印を線の先に加える。性的虐待の場合も，同じジグザグ線と塗りつぶした矢印を描くが，さらに身体的虐待と区別するためにジグザグ線の外側に直線も追加する。心理的虐待の場合には，ジグザグ線と塗りつぶしていない矢印で示す。

　関係性を示す記号は複雑になりやすいため，別のジェノグラムに分けて示すことも多い。ジェノグラムのソフトウェアを使うと，より簡単に作成できる。またソフトウェアを使うことで，時期に応じた関係性の変化を示すことができる。これは家族のプロセスを辿るには重要である。家族のなかの断絶状態についても，いつ始まりそしていつ解消したかを記しておくといいだろう。なぜなら断絶した状態は，後に病気や機能不全の状態に起こしやすいからである。

関係についての質問

　家族への理解を深めるために関係についてのたくさんの質問をする。その例として以下のようなものがある。

- 家族のなかで互いに話をしない人はいますか。もしくは話さない時期がありましたか。ひどく対立していた／している人はいますか。
- 家族メンバーのなかで極端に関係性が近い人はいますか。
- 助けが必要なときには誰が助けてくれますか。
- 誰に秘密を打ち明けますか。
- どんな夫婦でも何かしらの問題を抱えているものですが，お二人はどのような問題や葛藤を経験しましたか。両親やきょうだいの夫婦関係はいかがですか。
- それぞれの子どもたちとそれぞれがどのように関わっていますか。子どもとの関わりで悩んでいる方はいませんか。
- 家族のなかでの力関係はどのようになっていますか。家族メンバーのなかで脅され

ている人はいませんか。影響力の強い人はいますか。これは，家族のなかでカリスマ的であったり情緒的な影響力があったりする人を表すだけでなく，家族や社会のなかでの地位によって影響力が強い人を表すこともある。それは，ジェンダーや人種，皮膚の色，社会経済的な階級，年齢，性的指向性などによるものである。

　臨床家は家族の関係性についてできるだけ多くの視点をもつべきである。たとえば，夫には「あなたの母親とお兄さんはどのくらい親しくしていましたか」と尋ねて，そして妻にもその関係について彼女の印象を尋ねる。目的は，家族の関係性について同意することと同じように，違いも明らかにすることである。家族について違った見方を知ることで，臨床家も家族もジェノグラムの理解を深めることができる。
　家族メンバーの関係を知ることで，家族のなかの相補的な役割についても把握することができる。家族の構造を明らかにするような質問は次のようなものがある。

- 家族メンバーのなかで世話役割を担っている人は誰ですか。問題を抱えやすい人は誰ですか。「病人」，「悪者」，「変人」，「自分勝手な人」は誰ですか。強者，弱者，支配的，従順な人は誰ですか。成功あるいは失敗したとみなされている人は誰ですか。
- 誰が優しいですか。冷たいですか。よく助けてくれますか。近づきがたいですか。

　家族メンバーで使われるレッテルやあだ名には特に役立つ情報が多い。それぞれの家族には，家族のなかでの地位や権力の強さを表現するような，家族のなかで使われる呼び名がある。たとえば，「暴君（亭主関白）」，「肝っ玉母ちゃん（かかあ天下）」，「スター」，「反逆者」，「ベイビー」などである。このようなレッテルはシステムにおける情緒的な関係を知る手がかりとなる。
　現在の家族のメンバーについて，他の家族メンバーがどのように思っているかについて尋ねるのも有益である。たとえば，「あなたのお兄さんは，あなたとあなたの妻との関係をどのようにみているでしょうか」もしくは「あなたのお父さんは，今のあなたの息子と同じ13歳だったときのあなたをどのようにみていたでしょうか」と質問する。繰り返すが，できる限り多くの視点を集めることによって，家族の理解が深まり，新しい情報を得ることができるようになる。
　親密，距離をおく，対立などの関係性のパターンは世代を超えて繰り返されることがある。ジェノグラムでは，複数の世代にわたって作成しなければわからなかった複雑な関係性のパターンが明らかになることが多い。このようなパターンに気づくことによって，未来の世代で繰り返すことがないように家族を支援することができる。このような繰り返しの一つの例は，それぞれの世代で母親と息子との間に特別な連合がみられ，逆に父親と息

図 2.14
オニール（O'Neill）家で繰り返されるパターン

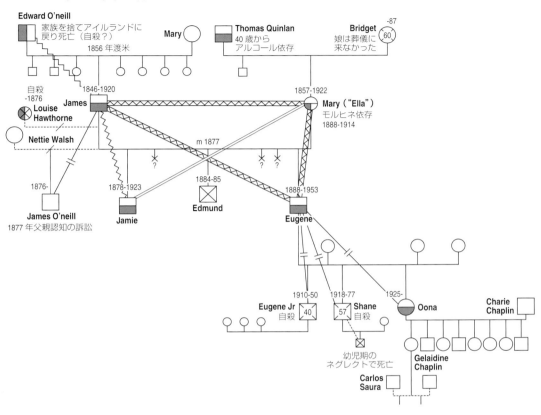

子は否定的で対立関係がみられるような場合である。このように予測できる多世代的に組み込まれたパターンに気づくことによって，このパターンを変えるために息子は意識的に両親との関係を変えようと試みるかもしれない。

　劇作家のユージン・オニールの家族には，父親と子どもたちとの疎遠な関係が多世代にわたってみられる（図2.14）。ユージンの父方祖父は家族を捨てて，アイルランドに戻り，おそらく自殺したと思われる。ユージンと彼の兄のジェイミーは父親のジェームズに対して近づきがたいと感じていた。しかし，二人とも父親には情緒的にも経済的にも依存していて，それぞれが母親の薬物依存について互いに責めていた。次の世代でも，劇作家ユージンは，娘のオーナがチャーリー・チャップリンと結婚してから，彼女に会うことも娘の名前を口にすることとも拒んだ。彼は息子シェーンの長男がネグレクトによって亡くなると，シェーンにも同じことをした。オニールは長男ユージンJrが12歳になるまで一度も会うことがなく，ユージンJrが自殺した40歳のときにも疎遠であった。

ジェノグラムに文脈的要素を加える

　基本的なジェノグラムを作成したら，家族の文脈的な背景が示されているかを確認することが重要である。仕事や友人関係を含めて，家族の文化や宗教，社会経済やコミュニティの価値観やつながりなどである。これらの複雑な文脈的要素を一つの図で表示するのは難しいが，これらの要素のなかから基本的なものは表示する必要がある。またコンピュータが導入されれば，これらの情報を保存し，一度に少しずつ表示できるようになるので，把握しやすくなるだろう。まずは重要な友人関係，仕事上のつながり，所属している宗教，受け継いでいる文化などを表記し，さらに家族の他の要素も可能な限り書き加える。

　他にどんな文脈的要素がその人に影響しているかを把握するために，自由に回答できるような尋ね方をすることで，「社会的正義についての信念」から「買い物」まで，あるいは「音楽」から「社会的地位」のように，より幅広い情報を得ることができるだろう。またジェノグラムのなかで血縁上のつながりのない家族や法律上のつながりのない家族がいるかどうかと同じように，他に何か記すべき大事な情報はないかと尋ねることも重要である。影響を与えるものとして，AA［訳註｜アルコール依存症の自助グループ／断酒会］や医療機関，宗教的なコミュニティなどと関わりのある場合には，それらを長方形で表している。関わりのある家族メンバーと線でつなぎ，その影響力の強さを示すこともできる。ロドリゲス家（**カラー図8**）にあるように，文脈的なジェノグラムでは家族が共通する部分と対立する部分を示すことができる。このケースでは，よく働くことと休日は家族にとって等しく関わりの深いものであったが，スポーツと教育に関して二人の兄の間に緊張をもたらした。そしてホセの妻がユダヤ教徒であることは，彼の母親にとって「物議を醸す」問題であったようだ。なぜなら，母親と父親はカトリック教会と交霊術との間での対立を繰り返していたからである。

　このような文脈的要素との関わりの程度を把握することで，家族が共有している価値観だけでなく，対立を引き起こすものについても家族に気づかせることができる。これは臨床的な介入として重要なことである。文脈的な影響として次のようなものがある。

- **所属団体** | 宗教，職業，政治団体や社会奉仕団体，社交クラブ，専門家組織，軍隊，自助グループ，スポーツ，コーラス，テレビ，インターネット，趣味のサークル
- **身体的／心理的／スピリチュアルな活動** | ジム通い，瞑想，ヨガ
- **サポート・システム**（家族を助けたり，家族によって助けられていたりするもの）| 近隣住民，家政婦，会計士，弁護士，医師，カイロプラクティスト，その他の支援者，美容室，神，子ども，ペット
- **職業や行政機関** | 法的制度，政治的制度，福祉制度，社会的サービス，クレジット

カード会社，保険会社
● **価値観や関心** | 教育，食品，スポーツ，音楽，芸術，アウトドア，株式市場

文化的なジェノグラム
——民族，人種，宗教，スピリチュアリティ，移住への関わり

　ジェノグラムには，クライエントが抱える問題について文化的背景を考慮し文脈的な枠組みから捉えた情報を常に書き入れるべきである（テーマ別参考文献「文化と人種」参照）。したがって，ある意味ではすべてのジェノグラムは文化的なジェノグラムとなる。多くの場合，アメリカのクライエントは文化的な歴史とのつながりを失っている。そのため，兄弟のパターンや早すぎる喪失，多世代の三角関係について質問をするのと同じように，地位，ジェンダー，民族，人種，そして宗教的な文脈についてジェノグラムを使って探っていくことで，自分は何者であるかを理解する手助けとなるのである。

　ジェノグラムは，文化，階級，人種，ジェンダー，宗教，家族のプロセス，移住の歴史などの血縁ネットワークを文脈的に理解する手助けとなる。民族的な視点から自分を説明してもらうことは，自分の文化的コミュニティや文化的なアイデンティティを明らかにしてもらうことになる。ジェノグラムは，家族のパターンや文脈をアセスメントするための実用的で視覚的な道具であると同時に，治療的な介入でもある。臨床家はジェノグラムを使うことで，家族の形やパターンの多様性が増している私たちの社会の状況のなかで，ある個人の文脈を素早く概念化することができるようになる。そしてジェノグラムを作成する過程で，自然とクライエントは自分の話を語り，クライエントの視点を尊重することが重んじられ，また家族メンバーのそれぞれの多角的な視点がわかるようになるのである。

　家族システムを文化的に，歴史的に把握し，これまでのライフサイクルの移行をアセスメントすることで，臨床家は現在の問題を，地理や移住，そして家族のプロセスにおける家族の進化的パターンという文脈から捉えることができるようになる。

　カラー図10では，フリーダ・カーロとディエゴ・リベラの文化的なジェノグラムを示している。彼らの複雑に入り混じった文化的な背景は，南北アメリカ大陸の多くの人々の典型例である（**カラー図12**も同様にイギリス王室の文化的背景を示した図である）。カーロは文化伝承に対して強い思いを抱いていたようで，ジェノグラムを彼女らしい芸術的な手法で描いている。**カラー図9**にあるように，そこには亡くなっていたり，関係を断ったりしている家族メンバーも描かれている。彼女が描いたジェノグラムから，祖父母の文化的混交がみてとれる。そして赤ちゃんのときに亡くしている息子，さらにおそらく母のマチルダが父親との結婚を承諾する前に家族から追い出されて修道院に送られた異父姉たちが

記されている。

スピリチュアリティ・宗教・友愛的組織

　世界の歴史を通して，困難を抱える家族にとって，宗教やスピリチュアルな資源が大きな支えとなってきたにもかかわらず，セラピストたちは臨床的アセスメントのなかでこの領域を見過ごす傾向があった。しかし，宗教的礼拝や信仰は（信仰の変化も含めて）家族の経過のなかで重要である。宗教的信仰は，クライエントの病気や他のストレスへの対処の仕方，同じく依存からの脱却に大きな影響を与えることが知られている。一方で，スピリチュアルな信仰は家族のメンバーをつないだり，遠ざけたりすることもある。ジョージ・ワシントン（**図5.3** 参照）は14歳のときからの日記と手紙（生涯で20巻以上にもなる）を書いていて，名目上はキリスト教徒であったが，一度も「キリスト」と記していない。多くの合衆国建国の父たちと同じように，彼はフリーメイソンという友愛結社に深く関わっていて，それは革命と彼の政治観を築く大きな礎であった（Johnson, 2005, pp.10-11）。このような宗教的政治的社会的な支持のある秘密結社は，ビジネスや友人関係，家族関係にも大きな影響力をもたらすであろう。2004年の大統領選挙の候補者がどちらも，宗教的な基盤をもつエリートの秘密結社のメンバーであったことは間違いなく重要である。この組織はイエール大学のスカル・アンド・ボーンズ結社［訳註｜Skull and Bones, 1832年設立］と呼ばれ，メンバーは死ぬまで互いの友愛的（そして宗教的つながりの）秘密を守ることを誓っていた。ジョン・ケリーはこの組織の設立者の一人の血筋である。そしてジョージ・ブッシュはイエール大学に少なくとも12人通った家族の一人で，その多くがこの秘密結社に所属していた。そこには，彼の父親の世代の4人の男性が含まれている。そして一人娘の夫も，父方祖父，曾曾祖父，そして二人の娘のうちの一人も所属していた。いくつもの世代で，ブッシュ家の近しい友人はスカル・アンド・ボーンズのメンバーであった。そして，その多くが政治や経済，産業，国家情報（CIA）の輪で関わりをもっていた。**カラー図11**にあるように，スカル・アンド・ボーンズのつながりは家族に深く影響し，ビジネスや政治的なつながりのみならず，ジョージ・W・H・ブッシュの名づけ親として，ジョージ・W・ブッシュの「おじさん」として，家族関係のネットワークまで築いていた。こうした家族の臨床的アセスメントは，この秘密結社のメンバーのつながりによる影響力や特権について理解しなければ不可能であろう。

　このような友愛関係は当然であるが，これほど秘密でない宗教的コミュニティも，一見してわからなくとも家族への深い影響力がある。したがって，家族が属するこうした組織についてはジェノグラムに記されるべきである。これらは信念や行動に影響するとともに，資源でもある。ジェノグラムで確認する他の宗教的な問題としては，改宗，離反，宗教的コミュニティからの追放，そして宗教的な違いから起こる家族の葛藤などがある。ビル・

クリントンの場合，彼の家族は宗教にあまり関心をもたなかったが，彼は9歳のときに親友によって洗礼を受けて，それ以降宗教的な礼拝を続けている。彼は自伝のなかで，フリーメイソンの青年部デモレー（Demoley）に参加していたことを記しているが，彼はメイソンに参加しないことを決意した。彼はそのなかで「ジョージ・ワシントンやベンジャミン・フランクリンから続く偉大なアメリカ人たちの長い列に続くよりも……おそらく私は20代の頃は何にも加わりたくない時期で……それにわざわざ秘密をもつために秘密結社に入る必要もなかった。私は実際に秘密を抱えていて，それは父親のアルコール依存と虐待であった」と綴っている（Clinton, 2005, p. 45）。ブッシュとクリントンどちらも，それぞれの理由から人生の違う時期にクリスチャンとしての信仰を新たにしている。

　別の例として印象的なのはマリリン・モンローの例である。彼女は大きな孤立感を感じていて，その改宗がさまざまな意味をもった。彼女は，アーサー・ミラーと結婚したときにユダヤ教に改宗している。しかし，ミラーも彼の家族もこの問題はどうやらあまり気にしていないようであった。そして，彼女は亡くなるまでユダヤ教徒であり続けた（Zimroth, 2002）。モンローの場合には，ミラーと離婚したにもかかわらず，改宗を「引き受けて」，ユダヤ教徒のアイデンティティを亡くなるまで保持した。ジムロス（Zimroth, 2002）によると，おそらく彼女は「アウトサイダー」という新しいアイデンティティの感覚と，その家族や文化とのつながりを通して人生の道理を導いてくれる「歴史的な運命」を得たのである。宗教やスピリチュアルなコミュニティとのつながりがもつ特定の機能は，原点となるコミュニティから離れることの意味と同様に——後に8章で取り上げるエリク・エリクソンが彼のルーツの一部であるユダヤ教から離れたように——常に探求する価値がある。

社会経済的状態についてのジェノグラム

　臨床的なジェノグラムでは，家族メンバーの教育，職業，経済的状態についての情報を含めることが重要である。なぜなら，危機が起こったときに，どのようなことがストレスとなり，またどのようなことが助けとなるかの両方についての多くの情報を把握できるからである。図に工夫を加えれば，家族の社会経済的状態と，それがどのような影響をもたらしたかをジェノグラムに表して作成することができる。

　図2.15は，四世代にわたる家族の階級の変化を記している。両方の家族がよりよい生活に発展している家族であるが，二代目において貧困層から労働者階級に変化できなかったのは，親を早くに亡くしている年少の子どもたちであることが興味深い。次の世代では，6人の子どもたちのすべてが少なくとも中流階級に上昇している。しかし，そのうちの労働者階級の男性と結婚した二人の娘たちは中流階級の地位が脅かされていた。二人の女性

図 2.15
社会経済的階級のジェノグラム

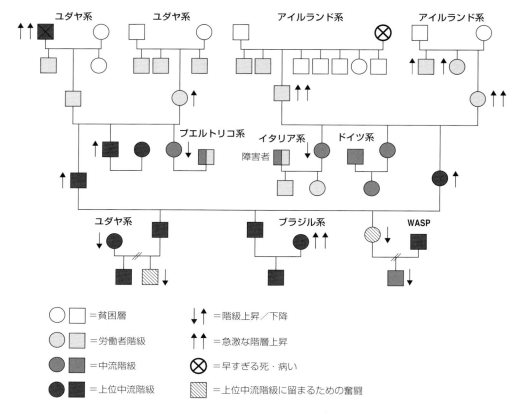

とも教師をしていて，二人の夫はどちらもブルーカラーの労働者であった。上位中流階級になった三代目の夫婦からなる四代目の子どもたちは，自分たちの社会的地位を脅かされていた。労働者階級の女性と結婚した息子は彼女を自分と同じ社会的地位にもち上げることができた。しかし，上位中流階級の男性と結婚した二人の娘たちは離婚によって社会的な地位が下がり，彼らの子どもたちは上位中流階級を維持することができなかった。このパターンは三代目の母方の最年長の姉でもみられる。彼女のイタリア人の夫が若くして障害を負った後，子どもたちは労働階級に逆戻りしてしまった。一般的に，女性は離婚すると階級を落としてしまうが，男性はそうではない。この家族も例外ではない。したがって経済状況，予期せぬ喪失や別れは家族メンバーに長期間におよぶ影響をもたらす。このようなパターンをジェノグラムに記すことは大変重要である。

宗教／スピリチュアリティのジェノグラム

　それぞれの世代の家族において，少なくとも20世紀と21世紀のアメリカにおいては，宗教もしくは宗教的礼拝は変化しやすいものであった。したがって，宗教的ジェノグラムは作成するのは難しい。なぜなら，それぞれの家族メンバーに，ライフサイクルに応じてスピリチュアリティに関する長い歴史が見られる場合があるからである。さらに言えば，改宗が行われた時期が他のライフサイクルの出来事と一致することがあるので，しかるべきアセスメントが重要である。ホッジ（Hodge, 2005a, 2005b）は，臨床で使えるスピリチュアリティについてのアセスメント法をたくさん紹介している。スピリチュアル・ライフマップ（時間軸に沿って個人のスピリチュアル・ライフサイクルを辿るもの）から，スピリチュアル・ジェノグラム（数世代にわたっての家族のパターンを表すもの），スピリチュアル・エコマップとエコグラム（クライエントの現在とこれまでのスピリチュアリティとの関係性を表したもの）まで，一つの図でさまざまに表現することができる。

　これまでの経験とスピリチュアル・ジェノグラムに関する文献（テーマ別参考文献「宗教／スピリチュアリティ」参照）から次のような質問を集めてきた。これらの質問は，クライエントのスピリチュアリティや宗教について尋ねる手助けとなるであろう。得られた情報を図にするには，セラピストとクライエントの創造性が試されることになる。

スピリチュアルな質問

- あなたの日々の生活において，宗教やスピリチュアリティはどのような意味がありますか。またあなたの家族にとって，そして危機や問題に直面しているときにはどうですか。
- あなたはどのような宗教，スピリチュアルな儀式，信仰のなかで育ちましたか。これらを変えることはありましたか。あなたのスピリチュアリティには誰が，もしくは何が影響していますか。
- あなたの宗教／スピリチュアルな信仰は，あなたとあなたの家族をつなぐものですか。それとも対立のもとですか。
- あなたの宗教／スピリチュアルな認識は誰が理解してくれますか。もしくは誰と共有していますか。
- 宗教的礼拝や宗教的儀式に定期的に参加していますか。
- あなたに希望をもたらしてくれるものは何ですか。
- 神についてのあなたの考えはどのようなものですか。
- あなたの良心を汚すような罪にどのように対処していますか。許しを得ますか。
- あなたは人生の出来事について予知を受けたことがありますか。

- あなたの宗教ではジェンダーの役割についてどのような考えをもっていますか。倫理，性的指向性についてはどうですか。このような考えは，あなたや家族に影響を与えていますか。
- 音楽，祈り，瞑想，読書，集団参加，善行は，スピリチュアルな儀式においてどのような役割をもたらしますか。
- あなたの家族が宗教に対して幻滅したり，宗教をめぐってひどく対立したことはありますか。
- あなたもしくはあなたの家族で改宗した人はいますか。もしいたら，そのとき家族はどのように反応しましたか。
- 亡くなった友人や親戚の霊的な経験をしたことはありますか。霊魂や幽霊，天使，悪魔に遭遇したことはありますか。あなたに何かの霊がのりうつったことはありますか。

コミュニティについてのジェノグラム

　家族メンバーがコミュニティとどのようなつながりをもっているかについて，次のように質問する。

コミュニティとのつながりを尋ねる質問
- あなたの家族のメンバーはどのようなコミュニティに所属していますか。
- あなたや家族はどんな方たちと社会的なつながりをもっていますか。
- 学校，仕事，市民グループ，宗教的グループ，友愛会や婦人会とはどのような関わりをあなたや家族はもっていますか。
- 参加したいと思っていたけれど，除け者にされたり，されていると感じたりしたグループはこれまでありましたか。
- あなたと家族の他のメンバーで，立場が異なることはありますか。あなたのコミュニティのなかで，あなたと家族が違う立場にあるようなことはありますか。たとえば，家族は共和党を支持しているのにあなただけ民主党であったり，家族のなかで最も肌の色が濃かったり，大学に唯一行った人であったり，強いアングロ系の家系のなかで一人ユダヤ人であるなどといったことです。

　コミュニティに関しては家族メンバーの関係性も多面的になるため，視覚的にわかりやすくジェノグラムで表すことは難しい。それでも，クライエントのアセスメントや介入においてコミュニティの情報はとても重要なものである（Rigazio-DiGilio et al., 2005）。最善

の方法として，一度に少しずつ見ていくことができるだろう。そして，コミュニティという文脈から家族のつながりや資源，問題を視覚的に示すことには価値がある。これが重要な理由として，リガジオ＝ディジリオと彼女の仲間（Rigazio-DiGilio et al., 2005）が指摘しているように，コミュニティの文脈を含んでいなければ，コミュニティがクライエントの問題にどのように影響しているかを彼らに理解させることが難しくなるのである。それゆえコミュニティという文脈は問題を解決していくための重要な情報である。

　より大きな社会的文脈の話題を含む拡大されたジェノグラム（性的ジェノグラム，文化的ジェノグラム，宗教・スピリチュアリティのジェノグラム，コミュニティのジェノグラム，エコマップなど）について話してきたが，現実的にこのような図を完成するのはとても難しい。単純なジェノグラムでさえ多様な人がいて（少なくとも 10 人），それぞれの人が人生のなかで――それは 90 年におよぶこともある――さまざまな変化を経験しているからである。前述したように，どんなジェノグラムも，明瞭さと複雑さのバランスが問われる。したがって，ジェノグラムに大勢の家族メンバーの性に関する歴史を描いてみると，すぐに圧倒されることになる。これをわかりやすく記すための記号はおそらくないだろう。

　同じことは文化にも言える。一つの文化的側面，たとえば民族だけでも複雑で大変なのに，複数の国で育ち，複数の言語を話し，多様な文化をもつ地域に移住している家族の階級や宗教など，文化の多面性をジェノグラムに表現するとなれば言わずもがなである。一人の民族だけでも複雑であるのに，家族全員となれば当然である。たとえば，タイガー・ウッズの場合には，4 分の 1 はアフリカ系アメリカ人であり，4 分の 1 は中国人，4 分の 1 はタイ人，8 分の 1 はオランダ人，8 分の 1 はアメリカ系インド人である。これを図で示すのは難しいだろう。彼はスウェーデン人と結婚したので，彼の子どもたちはさらに複雑な民族的背景をもつことになる。

　複雑すぎてどうやっても図示できないということも起こる。そのときには，その人や家族のどの部分に焦点を当てるかを決めて，他の情報は図示しないことも必要である。そのような場合でも，包括的なジェノグラムを描くことが難しいという理由で，このような重要な情報をジェノグラムの図から無視してはいけない。

　多くの場合，こういったジェノグラムの文脈的な拡大に関する文献は，臨床過程に言及しており，そこでは基本的なジェノグラムが，単なる図解ではなく，人生の多様な側面について文脈に沿った質問をしていくための基礎として使われている。コンピューターはその過程をより容易にするだろう。時間経過における多様な変化を記録し，ある時点だけを一時的に表示したり，家族の教育の歴史，あるいは文化の歴史のように一つか二つだけの側面をジェノグラムに示したりすることができるようになるからである。

ジェノグラムで表現しにくい問題

　ジェノグラム作成の基盤となるシステム理論においては大変重要であるジェノグラムのパターンでも，表示しにくいものがある。

- **家族が家業に携わっている場合。** 多くの家族メンバーが理事や経営，管理を担っていたり，家族がフルタイムもしくはパートで家業に従事している場合，家族関係の上に組織関係を示すことは大変難しい。
- **家族メンバーと健康管理システムとの関係。** 異なる時期に，家族のなかの異なる人が多様な専門家とそれぞれ違った関係性をもっている家族の場合には図で表しにくい。
- **文化的なジェノグラムの問題。** 移住した理由，祝日や行事，権力に関する価値観，神話や規範（Congress, 1944により推奨）などの多様な問題が文化的なジェノグラムを描きにくくさせる。
- **家族の秘密。** 誰が秘密を知っていて，誰が知らないかは簡単に記せるかもしれない。しかし，秘密が一つでもある家族はほかにも秘密を抱えていることがある。そして，その秘密が誰と共有され，誰には知らされていないかを示すのは大変である（これもコンピュータを使えば記録できるようになり，秘密がいかに家族に作用するかを理解するのに役立つだろう）。
- **ある特別な家族の関係。** ひいき，不平等，三角関係，回避のパターン，侵入，過剰機能／過少機能，過剰責任／過少責任，スケープゴート，依存／自立，纏綿／個体化／隔離などの，家族の微妙な関係。
- **友人関係。** 友人関係もジェノグラムでは表しにくいことがある。その家族のメンバーが自分とって重要な友人を書き加えることは簡単にできるかもしれない。しかし，親の友人関係のパターンについて尋ねていけば複雑になっていくだろう。夫の母親には常に「最高の」友がいて，しかし1，2年すると，ほかの友人や家族を巻き込んで劇的な絶縁状態となるような場合はどうか。両親には「夫婦」共通の友人がたくさんいるが，本当に親しくしているのはそのなかのわずかのような場合はどうか。そしてこの夫婦が離婚したらこの関係はどうなるか。図は急に複雑になり，ついていくのが大変になる。
- **仕事仲間との関係。** 仕事仲間との関係にも同じことが言えるだろう。ある人の一生を把握するだけでも複雑なものになるだろう。さらにそこにきょうだいや両親を加えると，図はすぐに人でいっぱいになる。それでもこのような関係が，家族の重要な局面での鍵となるストレッサーであったり，また資源になることもある。
- **スピリチュアリティに関するジェノグラム。** 多くの人がカップルや家族とスピリ

チュアルな歴史について取り組んだ論文を書いている（テーマ別参考文献「宗教／スピリチュアリティ」参照）。宗教的ビジョンや宗教的体験の度合い，そして宗教団体との関わりを示すために，鳩や聖書やその他の手の込んだ宗教的なシンボルを描いた人もいる。実際には，グラフィックアーティストが描いたり，便利なコンピュータを使ったりしたとしても，ジェノグラムで一人のスピリチュアリティの歴史を追っていくだけでも情報が多すぎると感じるだろう。ましてや家族となればもう無理なことである。たとえそうでも，重要な宗教やスピリチュアルな団体への加入や体験，変化についての表記は必要である。そしてクライエントのスピリチュアリティや宗教の信仰，その歴史についてのアセスメントは，効果的な臨床的アセスメントのためにも必要である。さらにホッジ（Hodge, 2001）は，クライエントが天使，聖人，悪魔，邪悪な精霊，あるいは幽霊などに出会ったことがあるか，もしあればどのような体験であったかについて質問するという興味深いジェノグラム面接を提案している。このような体験はその人が抱える苦悩や希望の源を理解するのに重要である。そして，私たちはこれをジェノグラムにどのように記すかについて考えなければならない。

- **コミュニティに関するジェノグラム。** コミュニティ団体や政治的組織やその他の団体とのつながりは大変複雑なのできわめて図示しにくい。しかしリガジオ＝ディジリオと彼女の仲間は，これらがジェノグラムの質問においてとても重要であると指摘している（Rigazio-DiGilio et al., 2005）。アセスメントと介入において，このような大きな文脈を考慮しなければ，それを人間関係の問題の一つとして隅に追いやって，クライエントが抱える問題の性質についてごまかすことになるだろう。
- **医学的心理的ストレスについて把握すること。** これもジェノグラムにわかりやすく表記するのは難しいかもしれない。なぜなら，家族メンバーの一人ひとりの医学的もしくは心理的な歴史には複雑さが潜在しているからである。にもかかわらず，医療福祉に関わる患者をアセスメントする際には，ジェノグラムは最も実践的で有効な方法である。IPに関わるすべての家族メンバーの健康についての歴史の概略を常に把握している必要がある。その理由として，家族が医療福祉でのリソースとなりうるし，病気によるストレスがもたらす影響も把握するためである。家族メンバーが世話役としてリソースになることもある。また前の世代が病気によるストレスへの対処の見本になることもある。あるいは，病気についての過去の悲観的なシナリオを思い起こして患者の不安を煽ることもあるだろう。
- **エコマップ。** エコマップのなかにジェノグラムを当てはめようとしたものについて，ハートマン（Hartman, 1995）は14の拡大した社会背景（社会保障，健康保健，拡大家族，趣味）と，五つの異なるつながりについての線（太い，細い，ストレス

のある，家族メンバーにエネルギーを向けている，施設や組織や団体にエネルギーを向けている）を提案している。小さな家族であっても，以前述べたように，図はすぐに込みいったものになるだろう。社会的文脈としてさまざまな機関を図に加えていくことは，大変に難しいものになるであろう。

　家族の状況に関するあらゆる側面を一つの図で表すのは不可能なほど複雑ではあるが，それでも私たちは興奮するような新しい時代の始まりにいるのである。コンピュータを使うことによって，私たちは三次元の素晴らしい図を作成することができるようになるだろう。この図では，これまで想像できなかった方法で複雑なパターンを把握できるようになるのである。狙いを決めて，ある特定の領域に関して深く掘り下げて詳細に把握したり，また一度に何千ものジェノグラムを比較したりできるようになるのである。これはまるで，DNAのパターンに関する研究が進んだ現在，地球上のすべての人を比較できるようになったのと同様である。そして，私たちは，友人，家族，コミュニティという，より広い社会的なネットワークについての影響を長期的な視点から研究できるのである。最も素晴らしいのは，私たちは初めて，これまでは一人では把握しきれなかった家族のパターンの詳細な複雑さについて研究ができることである。これによって，これまで家族のパターンに関して私たちがもっている予感や直感について，たくさんの家族から裏づけをとることができるのである。そして，その考えが支持されるか，もしくは人々のつながりと健康やレジリエンス，そして創造性との関連について私たちが見過ごしていた新しいつながりを確認することができるかもしれないのである。

3
ジェノグラム・インタビュー

ジェノグラムに関するインタビューは，目的に応じて，数分で行われることもあれば，数時間，数か月，数年かけて行われることもある。この章では，ジェノグラムの情報に関するいくつもの層について包括的に考えるための枠組みを提供する。読者には，集めたジェノグラムの情報について，取り組んでいる文脈に合うように修正していくことを勧める。ライトとリーヘイ（Wright & Leahey, 1999, p.261）による意見をさらに拡張すると，ヘルスケアに関わるすべての人が「病気は家族問題である」という単純な仮説に同意すれば，ヘルスケアやメンタルヘルスケアのあり方に変化が起こると私たちは信じている。実際に，社会の崩壊と家族やコミュニティからの断絶が，私たちのみる多くの病の原因になっている。したがって，つながりを図示することが治癒の最初のステップにもなるだろう。

社会的サービスや教育，カウンセリングのなかにも，ジェノグラム・インタビューが組み込まれることを望んでいる。ライトら（Wright & Leahey, 1999, p.265）は，基本的なジェノグラムに関する情報は2分ほどのわずかな時間で聴取できると主張している。ここでの情報とは，基本的な人口動態的な情報であり，現在一緒に生活する世帯の家族メンバーや，IPと関わりの深い家族メンバーに関する年齢，職業／学年，民族，宗教的背景，移住してきた年，健康状態，そして重要な臨床的つながりと家族のリソースである。

この章では，ジェノグラムの質問について，より詳細な枠組みを提供するが，これはインタビューをどのように実施するかについての概要を示すものではない。それは，目的や状況，インタビューを進める過程で得られる反応によって異なるものである。むしろ，ここでは検討すべき質問の構造について考えるための枠組みを提供する。ジェノグラムの質問に関して，より詳しいガイドを『また家に帰れますよ――家族関係の理解（*You Can Go*

Home Again: Understanding Family Relationships)』（McGoldrick, 1995）のそれぞれの章の終わりで提供している。そこには，ジェノグラム・インタビューを支える家族システム論と，関係性についての基本的な解説を記述している。

家族に関する情報の網

　家族に関する情報を収集するプロセスは，「情報の網」をより大きな円を描くように投げて，家族やより大きな文脈についての情報を捕まえるようなものである。この網は，さまざまな方向に向かって広がっていくのである。

- ◉ 現在の問題からより大きな文脈へ
- ◉ 今の世帯から拡大家族，そしてより大きな社会システムへ
- ◉ 今の家族がいる状況から，歴史的な家族のイベントに関する年代記へ
- ◉ 簡単で不安を引き起こさない質問から，より不安をかき立てる可能性のある難しい質問へ
- ◉ 機能や関係についての明らかな事実から，家族のパターンに関する考えや仮説

今ある問題と現在の世帯

　家庭医との診察でも，基本的な人口動態的な情報を含むジェノグラムが多くの場合聴取されるだろう。家族療法では，家族のメンバーのそれぞれが何かしらの問題を抱えてやってきていることが多いが，それが臨床家の最初の一歩となる。まずは，家族に彼らに関する基本的な情報が問題を理解するために必要であることを伝える。今抱えている問題や今の家族にどのような影響があるかについて尋ねていくと，このような情報が自ずと表出されてくる。医療とメンタルヘルスの両方の現場において，今一緒に住んでいる家族と問題が起こっている状況から始めることは道理にかなうものである。

- ◉ 誰と一緒に暮らしていますか。
- ◉ それぞれはどのような関係ですか。
- ◉ 家族の他のメンバーはどちらに暮らしていますか。

　臨床家は家族のそれぞれの名前，年齢，性別，職業について尋ねて，現在の家族の構造を把握する。問題について質問しながら，他に関連する情報を明らかにしていく。

- この問題については家族メンバーの誰が知っていますか。
- それぞれはどのように認識していますか。そしてそれぞれはどのように反応していますか。
- 家族のなかで誰か，同じような問題を抱えていたことはありませんか。
- そのときは誰がどのように解決しようとしていましたか。
- 問題はいつから起きていますか。誰が最初に気づいていましたか。誰がいちばん心配していますか。心配していない人はいますか。
- 問題が起こる前と今では家族の関係は異なっていましたか。どのように変化しましたか。この問題が起こる前には何か他に問題がありましたか。この問題が起きてから他にどのような問題が起きていますか。
- 問題に変化は起きていますか。良い変化ですか，それとも悪くなっていますか。どのように変化していますか。

問題に対処するためにこれまでどのような試みがなされてきたかについて，たとえば，これまでの治療法，セラピスト，入院歴，ここを紹介された経緯などを尋ねるのにもよいタイミングである。

現在の状況

臨床家は次に，現在の家族の状況についての情報を集めていく。たいてい，質問は抱えている問題とそれに関わっている人について尋ねていくと自然と続いていくものである。

- あなたの家族では今どのようなことが起こっていますか。
- 家族のなかで最近起きた変化はありませんか（誰か来た人，去った人，病気，仕事上の問題など）。

最近の家族のライフサイクルの変化について尋ねるのと同じくらい，家族に起きている予測される変化（とりわけ家族メンバーの変化——誕生，結婚，離婚，死去，家族メンバーの別れ）について尋ねることもとても重要である。

より広い家族の文脈

臨床家は，拡大家族やソーシャルネットワーク，文化的背景など，すべての大人が関わることについて尋ねることによって，家族のより広い文脈を探求する機会を見出そうとす

る。面接者は，「現在の問題についてより理解を深めるために，あなたの家族についていろいろと質問したいのですが，よろしいですか」と尋ねてこの領域に入っていく。臨床家は，家族の母方と父方のそれぞれの情報について別々に尋ねていく。たとえば，母方について下記のような質問から始める。

- 母方の家族から始めましょう。あなたの母親は何人きょうだいの何番目でしょうか。
- いつ，どこで生まれましたか。
- まだいらっしゃいますか。
- もし亡くなっていたら，いつ亡くなりましたか。どのようにして亡くなったのでしょうか。
- もし今もいらっしゃるようなら，今はどこに住んでいますか。
- 何をしていますか。
- 彼女の学歴は。
- 彼女は退職されていますか。いつ退職されましたか。
- あなたの母はいつどこで父親と出会いましたか。彼らは結婚していますか。もし結婚しているならいつ結婚しましたか。
- それ以前に結婚していたことはありますか。もしあるならそれはいつですか。彼らは別れたのでしょうか，離婚したのでしょうか，あるいは元配偶者は亡くなったのでしょうか。もしそうなら，それはいつのことですか。
- 彼女には父親以外との間で子どもはいましたか。
- 彼女はどんな人物ですか。
- 彼女の健康状態は。
- 彼女とあなたはどのような関係ですか。他の方は彼女とどのように関わっていますか。

というように進める。同じような方法で父親についても尋ねる。その後，それぞれの両親の原家族について尋ねるかもしれない。目標は，少なくとも三世代あるいは四世代前までの情報，具体的にはIPの祖父母，両親，おば，おじ，兄弟，配偶者，子どもについての情報を集めることである。

ジェノグラムを行う際の家族の抵抗に対処する方法

もし家族のメンバーが拡大家族についての質問に否定的に反応したり，あるいはそのような問題は関係がないと不平を口にしたりしたときには，現在の問題と他の家族との関係

や経験についての関連性が明らかになるまでは，話題の焦点を現在の状況に戻すとよいだろう。ジェノグラムに関する情報を明らかにする際に，家族の抵抗をどのように扱うかについては，「未解決の喪失という遺産（*The Legacy of Unresolved Loss*）」というビデオ（www.Multicultural-Family.org から入手可能）で紹介している。時間をかけて穏やかに継続していくことで，たいていは情報を得ることができ，家族との関係もわかるようになるだろう。

宗教と文化に関する歴史

　家族の民族的，社会経済的，政治的，宗教的な背景について把握することは，現在の問題と現在の文脈との関係を理解するためには大変重要である。拡大家族にまで質問が及んできたときには，民族の問題について探求し始めるよいタイミングである。民族や移住の歴史を把握することによって，家族がどのように機能するかについて文化的な背景からも理解することができ，それによって家族の態度や行動がどのような影響を受けているかについて探求する機会にもなる。家族の問題解決やヘルスケア，癒しを理解するうえで，家族の文化的で宗教的な伝統について学ぶことは重要である。そのような伝統的な価値を現在の家族メンバーはどう認識しているかを把握することも重要である。ヘルスケアの専門家との関係についての家族の文化的な期待についても把握しておくことが大切である。これによって，臨床における反応が違ってくるからである。

　さらに言えば，家族メンバー間の階級の違いや，家族メンバーとヘルスケア専門家との間の階級の違いが，関係の難しさを作り出すかもしれない。これらの質問をするときには話し合うことが必要である。社会階級についての質問には，現在の家族の収入だけでなく，コミュニティの文化的な背景や教育，宗教，社会的地位も関わっている。臨床家が，家族に影響する文化的宗教的要素について把握できたならば，よりデリケートな質問をすることができるようになるだろう。そして，女性が自分を犠牲にして他の人のために尽くすような，文化的には許容されているがそのせいで身動きが取れなくなるふるまいに家族が気づけるように支援できるかもしれない（McGoldrick, Giordano, & Garcia- Preto, 2005）。

面接者が抱えやすい問題

　面接者は面接が進むにつれて，家族メンバーと関わることの難しさについて自分を客観的にアセスメントしていくことが重要である。この難しさは，文化，階級，性別，年齢，人種，性的指向性，宗教，スピリチュアリティ，もしくは他の信念による違いと関連しているかもしれない。臨床家は家族と，もしくは家族と他の支援機関——たとえば紹介をしてきた機関，他のセラピスト，セラピストの働くシステム——とのあいだで三角関係に陥

るかもしれない。臨床家は，自分のライフサイクルのステージや自分の文化的背景が家族メンバーと関わるうえで強みになることも，そして不利になることにも意識を向けておくべきである。

文化的信念と経験についての質問

　私たちは常に，勧めた介入に家族が取り組めるように，家族の信念ときちんと一致するようなインタビューを実施する必要がある。問題とその解決について，家族はどのような文化的信念をもっているだろうか。アセスメントと介入において，面接者はこれらの信念に対してどのような反応をするだろうか。

　私たちは，仲間であるケン・ハーディとトレイシー・ラズロフィー（Hardy and Laszloffy, 1995），ダグ・シュニンガー（Schoeninger, 印刷中）と多くの年月をかけて見出した次のような質問が，クライエントが自身の文化的背景について理解するのに役立つことがわかっている。もちろん，このような質問をするタイミングや文脈は，インタビューの文脈に合わせたものでなければならない。

文化的ジェノグラムの質問
- 民族，宗教的儀式，国，人種，職業，専門，コミュニティや他のグループなどで，あなたが帰属意識をもっているものはありますか。
- あなたもしくはあなたの家族は，いつ，そしてなぜアメリカに来たのですか。このコミュニティに来たのはいつ，なぜですか。そのとき家族メンバーは何歳でしたか。アメリカに来てから，家族とあなたは安全だと感じていましたか。家族（あなた）は永住権をもっていますか。家族とあなたは，コミュニティのなかで安心感をもっていますか。
- 家では何語を使っていましたか（いますか）。コミュニティではどうですか。あなたの原家族ではどうですか。
- あなたの人種や民族はどのようなトラウマになるような経験をしていますか。所属する人種や民族は，他の人々に対して犯したことについてどのような重荷を背負っていますか。あなたの人種や民族が犯した，もしくは犯された出来事によって，あなたはどの程度影響を受けていますか。
- あなたの先祖に起こった悲劇によって，あなたはどのくらい傷ついていますか。あなたの先祖が犯した過ちにあなたはどのように関わっていますか。先祖が犯した過ちについて，自分たちの罪悪感，悲しみ，そして責任を言葉にすることはできますか。どのような償いが求められるでしょうか。

- あなたの家族は，アメリカで何にいちばん苦労していますか。
- あなたの文化では，何か助けが必要なとき，家族のメンバーは誰を頼りますか。
- あなたの文化では，どのような価値観をもっていますか。たとえば，女性や男性の役割，教育，仕事や出世，家族とのつながりや家族への世話，宗教的習慣などについてです。家族のなかで，これまでに価値観の変化が起こっていますか。
- 出身国の家族メンバーとも関わりを維持していますか。
- 移民することによって，家族メンバーの教育水準や社会的地位は変化しましたか。
- あなたは出身国の文化についてどのように感じていますか。あなたはアメリカの一般的な文化に属していると感じますか。

　このような質問によって，臨床家は家族が受け継いでいる価値観，生き方を変える力，そして家族の文化的な価値観に合う長期的な目標に向かって取り組む力，こういった家族がもっているレジリエンスを思い起こさせることができる。家族に文化的な文脈について考えさせる質問をすることによって，現在のストレスを抱える状況のなかでも，自分たちの強みに気づくようになるかもしれない。
　家族自身が受け継いでいる強みに気づくために役立つ質問をいくつか紹介する。

文化的な伝統とのつながりを強めるための質問
- 移民を願っていたけれど，来ることができなかったあなたのおじいさまだったら，あなたが今抱えている子どもとの問題をどのように考えるでしょうか。
- 何百年もあなたの先祖は奴隷として生きのびてきました。あなたが今ここにいるのも，彼らには大きな力と勇気があったからです。あなたが先祖から受け継いでいるもので，あなたが抱えている問題を何とかするために役立つ力とはどんなものだと思いますか。
- あなたの曾祖母は21歳のときに移住し，搾取される工場で働きながら，6人の子どもを養い，本当に逞しい。彼女は，曾孫のあなたに何を願ったと思いますか。今の問題に対して，彼女ならどのようにしてほしいと思っているでしょうか。
- あなたのお父さんはアルコール依存で亡くなっていますね。でも彼が18歳でこの国にきたときには，彼には違った将来の夢があったはずです。彼は何を大切にしていたでしょうか。彼は残してきた両親に対してどんな思いをもっていたでしょうか。彼はあなたに今ならどんなことを期待するでしょうか。
- ハンガリーの社交クラブに参加してボランティアを行うことができますか。
- あなたの町には，150年もアメリカにいるあなたとあなたの家族に与えられる権利のために戦ってくれるラテン系の政治団体はありますか。

- あなたがイタリア人で，あなたの妻がアイルランド人であることは，対立への対処の仕方にどのような影響があると思いますか。

文化的臨床アセスメントやこのような質問をする意味は，クライエントを彼らの過去，現在の状況，そして未来から理解するためである。

民族的なことについての質問は，彼らの過去の文化との連続性と不連続性を明らかにすること，家族の文化的アイデンティティのテーマを明確にすることの手助けとなる。このような質問は，他のジェノグラムに関する探求と同じように，それ自体がもちろん治療的介入である。なぜなら，個人をより広い歴史的で社会的な文脈につなぐことができるからである。歴史的で文脈的なアセスメントの情報を集めるためにジェノグラムを使用することは，協働的で，クライエント中心の治療的過程である。この過程には，ストーリーを語ることと，クライエントの視点を尊重しながらそれぞれの家族メンバーの多様な視点を促進することが必ず求められる。家族のシステムを文化的に歴史的に把握し，これまでのライフサイクルの変化をアセスメントすることによって，臨床家は今の問題を地理，移民，文化的変化という家族の進化のパターンの文脈から理解することができるようになる。

- **社会文化的，社会政治的，社会経済的要因。** 家族の機能を妨げる社会文化的要因（社会階級，民族，人種，経済状況，教育水準，働く能力，法律上の身分）はあるか。家族の経済や教育についての社会的な位置づけはどのようなもので，それはコミュニティに適合しているか。これまでの教育，職業，経済はどのような状況であったか。政治的な信条はどのようなもので，それは家族のメンバーに苦しみや衝突を引き起こしてきたか。
- **経済状況。** 多くの場合，今の家族メンバーの誕生した年と亡くなった年の上に，それぞれの年収を書き込む。そして負債（特にクレジットカードの負債。アメリカの多くの家族が抱える問題となっている），予想される相続，他の家族メンバーにかかる金額（明確なもの，もしくは予想されるもの）をジェノグラムの横に書き込む。負債や出世は家族のストレス源になることもある。とりわけ虐げられてきた文化の家族の場合には，労働者階級から初めて「抜け出せた」メンバーは，他の家族メンバーからのプレッシャーを感じるかもしれない。たとえば，嫉妬，怒り，あるいは他を援助することへのプレッシャーなどである。上流階級出身の家族で財産をなくしてしまった場合は，拡大家族に対して特別な恥や葛藤を抱いており，目下の必要を満たそうとする苦労によって，継続的なプレッシャーとストレスを被っている。
- **文化的伝統。** 家族メンバーはどのような民族と人種だろうか。そして，人種差別はどのような影響を与えただろうか。家族は民族的な包領もしくはコミュニティに暮

らしたことがあるか。もしくはアウトサイダーとみなされるコミュニティに暮らしていたのか。彼らのスピリチュアリティもしくは宗教的信仰は，自分たちの民族的伝統が承認される支えとなったか，そうでなかったか。

● **信仰システム，宗教，スピリチュアルな信仰。** 家族の主な信仰はどのようなものか。家族はどのような世界観をもっているか。それは，特定の神話，ルール，スピリチュアルな信仰，もしくは家族の秘密によるものか。家族のこれまでの宗教的信仰や慣習はどのようなもので，信仰が変わったことはあるか。家族内での信仰の違いや，家族と周りのコミュニティの間での信仰の違いがどのような影響をもたらしているか。家族メンバーで改宗した人はいるか。この変化に他の家族メンバーはどのように反応したか。

● **家族メンバーの語学力と文化的適応。** 適応の速度，どの程度伝統を守るか，英語の習得レベルは，家族メンバーによって異なる。出身国の言葉を理解し話すことによって文化も維持される。子どもが育つときに家族はどの言語を使っていたか。家族のなかで，対立や力の不均衡，特に子どもが両親のために通訳を強制され役割の逆転が起こるなど，語学力や文化的適応に違いはみられるか。

● **コミュニティとのつながり。** 家族メンバーはそれぞれ友人関係をもてているか。友人，隣人，宗教的組織，学校，医師，コミュニティの施設，そして他の保健医療やセラピストなどの社会サービス資源をどの程度利用できるか。民族的包領から家族メンバーが転居すると，適応のためのストレスは強く，移住から数世代が経っても続くことがある。セラピストは民族コミュニティのネットワークについて学び，関わりがあるならば，家族での訪問や手紙，新しいソーシャルネットワークを築くことで，気心の知れた社会的つながりの再構築ができるとよいだろう。

● **移民の歴史。** 家族はなぜ移民したか。何を求めていたのか（生存，冒険，富など）。ふり払ってきたものはなにか（宗教的・政治的迫害，貧困など）。セラピストは移民にともなうストレスや民族的なアイデンティティの葛藤に対して，他の家族が抱えるストレスと同じように気持ちを理解できるようにならなければならない（Hernandez & McGoldrick, 2005）。家族の機能不全が文化的なストレスが高いゆえの「正常な」反応なのか，それとも移民によるストレスが度を超えていて，専門的な介入が必要なのかを見極めるために，移民に関するアセスメントは重要である。移民によるストレスは，ときに「葬り去られて」いたり忘れられていたりすることがある。移民の前の文化的な伝統は，抑圧されていたり忘れられていたりするかもしれないが，家族の外見にその名残がみえるかもしれない。しかし，それも新しい環境に適応しようと努力している場合にはわずかなものであるかもしれない。多くの移民たちは民族的な伝統を捨てるように強制されてきた。そのため，自分たちのアイ

デンティティの一部を失っている。この隠された歴史は，隠されたことによってより大きな力をもってしまっているかもしれない。移民する前からその社会でトラウマや惨禍を経験している家族は，冒険や経済的な発展を求めて移民した家族に比べて，新しい生活になじむのに途方もないくらい多くの困難があるだろう。以下は移民である点に特化して探求する質問である。

- **移民するまでの歴史。** 出身国の政治的経済的状況はどのようなものだったか。
- **移民の歴史。** 移民すること自体はどのくらい大変だったか。移民によって，出身文化の喪失以上に大きな喪失がともなったか。
- **移民後の歴史とカルチャーショック。** その家族はアメリカに来てからどのような経験をしているか。言葉，移民手続き，貧困などの問題はないか。社会的地位や仕事の選択肢を失っていないか。文化的な価値観の違いにどのくらいショックを受けたか。支持的なコミュニティに住んでいるか，それとも敵対的なコミュニティに住んでいるか。
- **移民とライフサイクル。** 移民したときに家族メンバーは何歳だったか。母国に残った家族メンバーは何歳だったか。移民したときの年齢が家族メンバーにどのように影響しているか。子どもが両親よりも早く英語が話せるようになったり，子どもに関わる余裕がなかったりして，大人のような位置づけにされた子どもはいたか。ライフステージで両親が子どもよりも新しい文化に溶け込むのに苦労したために，親子のヒエラルキーが逆転するようなことは起こったか。祖父母は英語ができないために苦労したか。家族の適応にライフサイクルの段階がどのような影響を与えたか。

文化と社会的位置づけに関する扱いづらい問題への質問

　これらの文化的な質問は尋ねるのが難しく，多くの臨床的スキルが求められる。それでもこれらはとても重要なことである。たとえばアフリカ系アメリカ人の家族の場合，皮膚の色が家族の関係に大きな影響を与えることは実質的に当然のことである（Boyd-Franklin, 2006）。アメリカの人種差別という文脈からアフリカ系アメリカ人を考えてみると，奴隷制度の歴史の初期から，アフリカ系アメリカ人の文化には皮膚の色による人種差別のイデオロギーが内在化されていて，このような有害な要因によって家族の三角関係も大きな影響を受けている。白人の家族では，自分たちの社会的位置づけが人種による影響をどのように受けているかという意識は，家族メンバーが他の人種のパートナーを選択しない限り現れてはこない。しかしながら，ジェンダーや社会階級による不公正さと同じように，アメリカ社会の人種による不公正さはすべての家族に影響を与えている。アメリカ

では，人種差別，白人至上主義，反ユダヤ主義，性差別，階級ヒエラルキー，同性愛嫌悪が家族に与える影響を過小評価できず，すべての家族においてこれらはアセスメントの一部でなければならない（McGoldrick & Garcia-Preto, 2005）。

非公式な血縁ネットワーク

情報の網は，生物学的・法的な家族の構造を超えて，内縁関係や事実婚の関係，流産，中絶，死産，里子，養子，さらに家族のネットワークで重要な支えとなる人であれば誰でも，公式かどうかにかかわらず広がっていく。友達，名づけ親，先生，近隣住民，友達の親，聖職者，世話をしてくれる人，医師など，家族にとって重要な人もしくは重要であった人についても質問する。そして，これらの情報もジェノグラムに含まれる。家族以外のサポートに関する質問には，次のようなものがある。

- 経済的，情緒的，身体的，スピリチュアルな支えが必要になったときに，あなたは誰に頼りますか。
- あなたの家族にとって，この人はどのような役割を担ってくれましたか。あなたの人生において家族以外で重要な人は誰ですか。
- あなたはコミュニティとどのような関係をもっていますか。
- 乳母，あなたを世話してくれる人，ベビーシッターなど，あなたが愛着を感じていた人はいましたか。彼女，彼はどうなりましたか。
- 家族以外に一緒に暮らした人はいませんか。それはいつのことですか。そして今はどうしていますか。
- 医師や他の支援に関する専門家や機関について，あなたの家族はどのような経験をされてきましたか。

クライエントによってはさらに適した質問を加えるとよい。たとえばゲイやレズビアンのクライエントに対しては次のような質問が重要である（Burke & Faber, 1997; Laird, 1996; Scrivner & Eldridge, 1995; Shernoff, 1984; Slater, 1995）。

- あなたは自分の性的指向性を誰に最初にうちあけましたか。
- あなたを認めてくれない人はジェノグラムにいますか。
- あなたは誰に最もうちあけたいですか。
- 誰が特にうちあけやすい／うちあけ難いですか。

家族のプロセスを辿る

　誕生，喪失，その他の移行に伴う変化を辿ることで，家族の適応スタイルについて仮説を立てることができるようになる。特に重要となるのは，中心となる家族メンバーの突然の，もしくはトラウマになるような喪失である。移行にともなう特定の適応や硬直のパターンに注目する。喪失の後やその他の重要な移行でみられた過去の適応的なパターンにのアセスメントが，家族が現在抱えている危機を乗り越えるために役立つこともあるだろう。家族のこれまでのプロセス，そしてそれに家族がどのように関わってきたかという情報を得ることは，家族のルール，期待，組織的パターン，強さ，資源，レジリエンスについて知る手がかりとなる（Walsh, 2006）。

　特定の問題についてのこれまでの経過は詳しく確認するべきである。それぞれのタイミングで家族のパターンはどのように変化したかに焦点をあてるべきである。問題が起こる前，問題が始まったとき，初めて支援を求めたとき，そして現在というように，それぞれの時期でジェノグラムを作るのもよいだろう（どんな時期にあわせることもできるコンピュータ化されたジェノグラムを使えば，簡単に作成することができるだろう。ストレスや症状が起こった重要なタイミングにあわせて詳しく知ることができるようになる）。この問題が今後どうなっていくと考えているかを家族に尋ねることも有益である。家族を歴史的観点から捉えることによって，過去，現在，そして未来をつなぐことになり，変化に適応してきた家族の柔軟性を確認することができる。次のように質問できる。

- もし問題が続くとしたら，家族に何が起こるでしょうか。
- もし問題がなくなったらどうでしょうか。
- 今後，家族メンバーはどのような変化を実現できると考えているでしょうか。

個人の機能についての聞きづらい質問

　核家族と拡大家族のジェノグラムを作成しながら，臨床家は家族のそれぞれのメンバーがどのような機能，関係，役割を担っているかについて質問し，評価を始めていく。質問には臨床的な感受性と判断力が求められる。これらの質問は，家族が触れられたくない慎重に扱うべき話題の場合もあるので，優しくケアしながら進めるべきである。

　個人の機能をアセスメントするには，臨床的なスキルがかなり求められるだろう。家族のメンバーはある部分では機能的かもしれないが，他ではそうでないかもしれない。あるいはそれを隠そうとするかもしれない。どこまで機能していたかを正しく把握するためには，注意深く質問していくことが必要である。重篤な疾患を抱える家族メンバーでもすば

らしい適応力を発揮する人もいるかもしれないが，ちょっとしたストレスで脆弱さがあらわになるメンバーもいる。個人の機能についての質問は，家族メンバーにとってそれが答えにくいものであったり，答える際に苦痛がともなったりすることもある。そのため，感受性と気配りが重要である。たとえば，飲酒やギャンブル問題の程度のアセスメントはとりわけ難しいことがある。それはクライエントが防衛的にしか答えないというだけでなく，家族メンバーもその問題が明らかになることを恐れていたり，怖がっていたりすることもあるからである。家族メンバーには，事前に答えにくい質問もあること，そしてもし話し合いたくない問題があればそれを教えてほしいと伝えるべきである。もしも家族が，現在抱えている問題に取り組むために必要な質問に答えることを拒否する場合，臨床家は家族にどこまで要求するかについて判断が求められる。恥や羞恥心を引き起こすような問題については，家族メンバーに対して個別に面接することがより有意義なこともある。

　ある家族メンバーが危機に直面するような質問をいつするかについて，面接者は細心の注意を払う必要がある。たとえば，もし暴力が疑われる場合には，夫がいる前で彼の行動について妻に質問するべきではない。たとえ自由に答えられそうな質問であったとしても，控えるべきである。クライエントに危険が及ぶことがないように質問していくことは臨床家の責任である。以下は，個人の機能についての質問のリストである。

深刻な問題
- 家族のなかで，大きな病気や心理的な問題を抱えていたことはありますか。うつ状態や，不安や恐怖症，怒りで我を失ったり，あるいは身体的もしくは性的な虐待などはありませんでしたか。
- あなたを悩ませる問題はほかに何かありますか。その問題はいつ始まりましたか。それについて助けを求めたことはありますか。もしあるならいつですか。そしてどうなりましたか。今，その問題はどうなっていますか。

仕事
- 最近，仕事が変わりましたか。解雇されましたか。
- あなたは自分の仕事を気に入っていますか。
- あなたの家族ではほかに誰が勤めていますか。その人はその仕事を気に入っていますか。

経済状態
- 家族のメンバーはそれぞれどの程度稼いでいますか。そのことで，家族関係が不均衡になっていますか。もしそうであるなら，その不均衡にどのように対処していま

すか。親戚とあなたの経済状態にはどのような違いがありますか。
- 相続を受ける遺産がありますか。今サポートしていたり，あるいは今後あなたが面倒をみたりしければならない家族はいますか。
- 予測外の出費はありますか。大きな借金はありますか。クレジットカードの負債はどの程度ですか。
- 誰がお金を管理していますか。誰がお金の使い方を決めていますか。お金の使い方について，原家族のときと違いがありますか。
- ギャンブルもしくはお金の使い過ぎという問題を誰か抱えていますか。

薬物と飲酒
- 薬を日常的に服用している人はいますか。それはなんのためのどのような薬ですか。誰が処方したものですか。医師と家族の関係はどのようなものですか。
- 飲酒もしくは薬物の問題を抱えている人はいますか。あるいは問題となりそうな人はいますか。どのような薬物ですか。いつ，そして家族はどのように対処しましたか。
- 薬物によって，その人の行動はどのように変化しましたか。他の人の行動はどのように変化しましたか。
- 薬物もしくは飲酒のために運転（飲酒運転）を禁止されたことはありますか。

法に触れる問題
- 誰か逮捕されたことがありますか。どのような理由ですか。それはいつですか。その後，どのようになりましたか。その人は今，法的にどのような状態ですか。
- 運転免許証を取り消されたことがある人はいますか。

身体的・性的虐待
- あなたは家族の誰かを怖いと思ったことはありますか。あなたもしくは他の誰かで叩かれた人はいますか。あなたは家族の誰かに叩かれて脅されたことはありますか。あなたは家族の誰かを脅したり，叩いたりしたことはありますか。あなたは家族の誰かから他の方法で脅されたことはありますか。
- あなたもしくは家族の誰かは，家族の誰かから，もしくは家族以外の誰かから性的にいたずらをされたり，不適切に触れられたりしたことはありますか。それは誰によってですか。アメリカでは，女性にとって身体的暴力を受けることが健康を害する最大の問題として認識されており（McGoldrick, Broken Nose, & Potenza, 2005），臨床家は家族における力関係についてかなり慎重に質問することが重要である。一生を通して，おおよそ25％の女性が親しいパートナーからレイプされたり，身体的な

図 3.1
力と支配のピラミッド

人種差別
異性愛主義
性差別

身体的暴力
蹴る，首を絞める，殴る，
髪を引っ張る，押す，ひっぱたく

性的虐待
虐待的な接触，
性行為の強要あるいは意志に反する性行為，
浮気，HIV 感染のリスク，性行為の対象としてのみ扱う

脅迫，脅し，威圧
見下し，罵り，変人扱い，心理戦でもてあそぶ，
無反応，奴隷扱い，あらゆることを決めてしまう
もしくは家事や育児について責任をとらない

子どもを使う
虐待する，支配する，罪悪感をかき立てる，無責任，
子どもに面会しない

心理的な虐待・男性の特権の行使
自殺や身体的に危害を加えるという脅し，浮気，離婚，
福祉への通報，子どもの連れ去り，心理的なサポートシステムとの断絶，
威圧的な視線や行動・器物損壊・ストーカー行為・乱暴な運転による脅し

経済的虐待
経済的に支配する，家計の情報や資源を共有しない，
あらゆる買い物を非難する．

文化や移民の立場への虐待
相手の不法状態を利用して就職や子供の養育を脅かす，
男性の優位もしくは女性の服従を証明するために文化を誤読する

孤立
いつ，どこで，誰に会うかを制限する

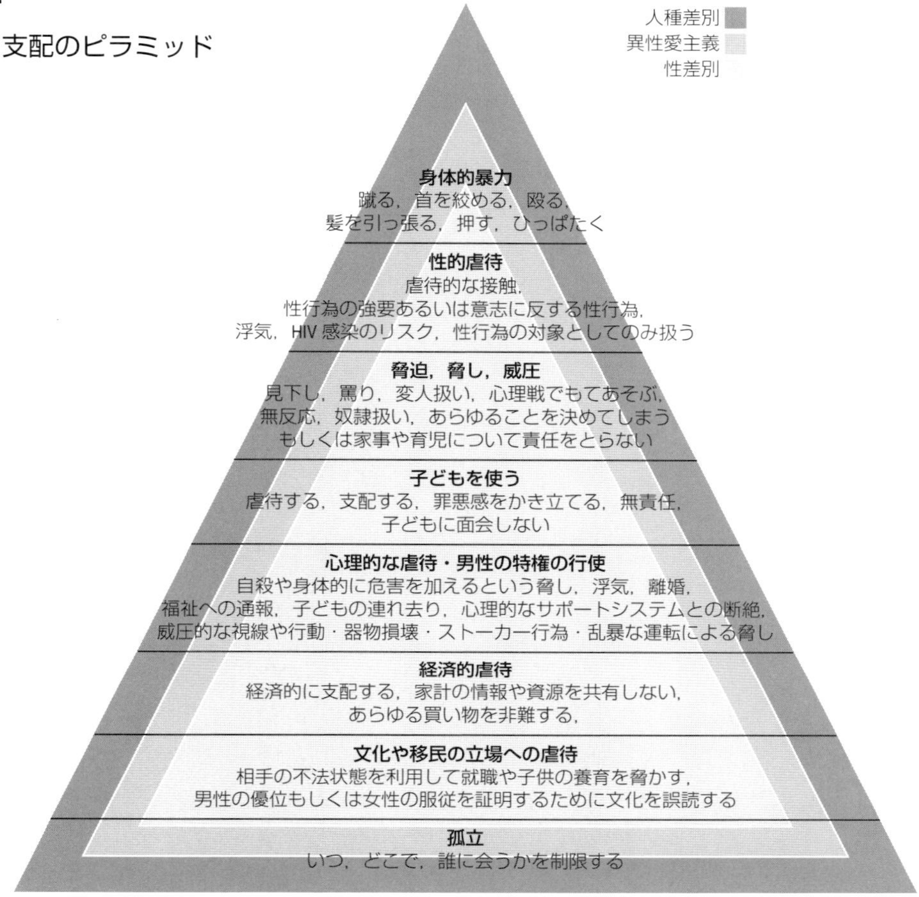

＊家庭内暴力介入プロジェクト（www.duluth-model.org）と Don Coyhis of the Wellbriety Movement（www.whitebeson.org）の図を拡張．

暴力を受けたりしていると推測されている（Tjaden & Thoennes, 2005）。カップルの関係には，さまざまな次元の虐待（経済的，感情的，身体的，心理的な力関係，性生活，家事，余暇活動，子育てなどの仕事や友人，宗教，原家族，子どもなど，あらゆるつながりと関連したカップルを取り囲む境界）が起こりうる。虐待は否定されたり過小評価されたりしやすいため，これらの次元における問題の大きさ，深刻さ，複雑さを把握することで，臨床家が質問をどのくらい慎重に入念に進めるかを考えなければならない。

虐待に関連して，カップルや家族関係のさまざまな領域における暴力や心理的虐待についてアセスメントするときには，ジェノグラムに加えて，力と支配のピラミッド（**図3.1**）が非常に便利である。ピラミッドを（個別の面接の際に）パートナーに渡しておくと，さ

まざまな次元における力関係を自分で検討するのに役に立つであろう。それに加えて，臨床家は次のように質問することもできる。

- 誰が決めるのですか。
- 誰がお金を管理していますか。
- けんかはどのようにおさまりますか。
- 結婚生活における暴力や脅しについてどのように考えていますか。

ジェノグラムの情報を整理するために優先順位をつける

　ジェノグラムによるアセスメントを行う際に最も難しい側面は，ジェノグラムに家族の情報をどこまで含めるか優先順位をつけることである。臨床家はジェノグラムのインタビューが示すあらゆる手掛かりを追求することはできない。基本的なジェノグラムのパターンに気づくことで，何を優先すべきかが見えてくることだろう。これまでの経験から言えば，次のような事実を確認していく。

- 機能，関係，症状など，家族の世代にわたって繰り返されるパターン。三角関係，連合，断絶，対立，過剰機能，過少機能などの繰り返される関係性のパターンはジェノグラムの解釈において中心的なものである。
- 時期の一致。たとえば，家族の死やその人の死を偲ぶ何周忌かの法要と同じ時期に症状が始まることや，ある家族メンバーの症状が始まった年齢と，もう一人のメンバーが問題を抱え始めた年齢との一致。
- 変化や予期しないライフサイクルの移行による影響。特に，家族の危機的な出来事や予期しないライフサイクルの移行（誕生，結婚，早すぎる死）にともなう機能や関係の変化について。

　繰り返されているかもしれないパターンに気づくことによって，臨床家はどんな情報が欠けているかを把握できるようになる。重要な家族メンバーや出来事についての欠けている情報やその情報に関する矛盾は，しばしば家族が心理的に抱えている問題を表していることもある。臨床家は家族のメンバーがどのような多様なストレスとなる事柄と関連しているかについて注意しておくべきである。

簡潔なジェノグラム・インタビューで必要不可欠なこと

簡潔なジェノグラム・インタビューを行う際には，臨床家は最も必要不可欠な情報に焦点をあてる。たとえば，家族メンバーそれぞれに関する年齢，職業／学年，宗教，民族的背景，移住してきた日，現在の健康状態などである。それに加えて，「あなたにとって今の家族以外であなたの助けになってくれる人は誰ですか」，「ストレスとなっているのは誰ですか」，「誰があなたをここに紹介しましたか」，「ほかにどんな機関があなたの家族への支援に携わっていますか」というような質問するとよいだろう。臨床場面に応じて，臨床家は少なくとも三つの重要な質問を家族のメンバーに順番に尋ねられるように考えておくべきであるとライトとリーヘイ（Wright and Leahey, 1999）は推奨している。この質問には次のようなものがある。

- 家族メンバーが最も気にしていることはなんですか。
- 家族メンバーはどのような情報を他の家族と共有したい，あるいはどのような情報を隠したいと思っていますか。
- 家族メンバーにとって，愛情やインスピレーションの源となるのは誰ですか。
- 家族メンバーにとって，最も大きな課題と感じられているのは何ですか。
- 家族メンバーが，臨床家にいちばん答えてほしい疑問は何ですか。

ライトとリーヘイ（Wright and Leahey, 1999）は，臨床家がこの簡潔なインタビューのなかで，家族がもつ強みや資源を少なくとも二つ以上見出し，そのことで家族をほめることを定型的な方針として推奨している。これは大変よい考えであると思っている。特にそれが一度かぎりでなく，何度も見られるものであればさらによい。ほめ方には以下のようなものがある。

- あなたたちの家族はその問題に向き合う勇気を兼ね備えていて，他からの抵抗があってもあなたの家族はこの問題の難しさをきちんと認識しています。
- 性的虐待，暴力，薬物依存，そして精神疾患など，あなたたちはたくさんの問題を乗り越えて，苦難を耐え抜く力があります。
- あなたは怒りや絶望を経験してきたのに，それでもまだ人のことを思う優しさがあると思います。

インタビューを終える前に，家族を悩ませたり，もっときちんと話し合うべき問題がないかをクライエントたちに確認することが重要である。どんな場合でも，インタビュアー

は話を聞かせてくれたことについて，その人もしくは家族に対して感謝を伝える。私たちは作成した図が正しいものであるかを尋ねてから，その図のコピーをクライエントに差し上げている。これ自体が大きな介入でもある。なぜなら，クライエントは自分の家族にあるパターンを見ることができて，作成した図を訂正することができるからである。図のなかに書き込まれた「事実」を見ることによって，家族のシステミックな次元に気づき始めるかもしれない。すべてのジェノグラム・インタビューにおいて，その目的は，クライエントがインタビューを始めたときよりも理解されている，文脈とつながっていると感じられるようになることである。私たちは，人が抱えている問題とその人の周りの人間関係とのつながり，現在と過去のつながりに人々が気づき，そしてこのつながりによって彼らの抱えている困難も将来解決できるという希望がもたらされることを常に願っている。

4 時間と空間のなかの家族のパターンを辿る

ジェノグラムを作成する際には，文化的に，そしてライフサイクルの文脈において，何がその家族を規定しているかについて考えることが重要である。私たちはこの過程を，時間と空間に位置づけられた家族を辿っていくことと考えている。

重大なライフイベント

ジェノグラムでは，ライフサイクルの移行や予測できる人生の節目となるイベントについて辿っていくことは重要である。これらには，転職，家族の誕生と喪失，関係の変化，転居や移住，その他の喪失や成功など家族の重要な変化が含まれる。このような人生に起こる出来事を辿っていくことによって，家族の歴史的な進化や，家族の歴史が個人それぞれにどのような影響を与えているかについても理解できるようになる。イベントのなかには，人口動態のデータとして書き記しておくものもある（たとえば家族の誕生や喪失など）。ほかに恋愛，結婚，別居，離婚，転居，転職がある。将来的に，このように集めた情報をジェノグラムのソフトウェアが保持し，さらにすべての家族メンバーの誕生や死去と同じように，疾患，法的な問題，昇進，その他の重要なイベントを年代順に表示できるようにしたいが，このソフトウェアができるまでは重要なライフイベントについては，それぞれ別々の家族の年表に書き留めておくことが必要である。

ライフサイクルの移行，大きなトラウマ，関係の変化のように，なかには詳細に尋ねていかねばならない重要なライフイベントもある。

- ● 誕生。 家族メンバーが生まれたときに他の家族メンバーはどのように反応したか。キリスト教の洗礼式やユダヤ教の割礼式（bris）に誰が参加したか。誰が誰の名前を受け継いだか。そして洗礼式に参加できなかったけれど，「参加してほしかった人」はいたか。
- ● 死去。 家族のメンバーが亡くなったときに家族はどのような反応だったか。誰が最も悲しんでいたか。容易に受けとめていた人はいたか。葬儀に参加していたのは誰か。「参加すべき」だったが，参加できなかった人はいたか。遺言をめぐって，対立や断絶など何か変化が起きたか。
- ● 移住や移民。 家族はこの国にいつ，どうして移住してきたか。移住に伴う多様な喪失にどのように対処してきたか。家族はアメリカで何世代過ごしてきたか。どのような状況で移民し，新しい環境にどのように適応していったか。これまでどのように暮らしてきたか。移民してきた世代のなかで言語を習得できたのは誰か。言語能力が家族の関係にどのような影響を与えたか。

家族の年表

　ジェノグラムと一緒に，家族の年表（もしくは家族の大事な出来事のリスト）を作成することも重要である。家族の大切な日付の年表は家族のパターンを辿るのにとてもよい方法である。家族の誰かの，もしくはあなたが残しておきたい家族メンバーの組み合わせについて，人口動態の情報を年表のように構成しておくことはとても役に立つ。ある節目となる時点で作成したジェノグラムはとても便利であり，そのときにどんなことが起きていたかを明確にする。誰が一緒に住んでいたか，家族のメンバーは何歳で，どのようなストレスを抱えていたかを把握できる。最近の二つの発展が，これまでにないほど家族の歴史についてのアセスメントの重要性を高めた。一つはヒトゲノム解析計画である。これによって多くの疾患の遺伝的要因が特定されるようになった。もう一つは予防的介入に関する体系的な見解に基づく国家的診療ガイドラインの確立である（Wattendorf & Hadley, 2005）。家族の病歴についての情報を正しく把握することで，家族メンバーが病気になることを予防できたり，より健康でいられたりすることが明らかになったからである。

　特に症状が始まったときなど，決定的な時点の特別な年表を作成すると有益である。また家族メンバーの病気に関連して同時に起こっている出来事や，他の家族メンバーのライフサイクルで同じ時期に起きた出来事を辿ることも役に立つだろう（Barth, 1993; Huygen, 1982）。つまり，ライフサイクルの同じ時期，もしくはその人の親が同じ年齢の時期に，前の世代は何か大きなストレスを抱えていなかったかということを探っていくのである。

　個人の年表も，家族という文脈からある特定の家族メンバーの機能，移行，症状を辿る

のに役に立つだろう。一般的に，それぞれの出来事が年代ごとに並べられる。もし家族メンバーが時期について不確かであれば，おおよその時期を把握して，クエスチョンマークをつけておくといいだろう（例：「?84」もしくは「~84」）。次の年表は，第2章で紹介したテッド・ターナー（**カラー図6**）のジェノグラムで重要となる時期を記したものである。この年表に記載してあることはすべてジェノグラムにも記載されている。しかし，家族の出来事のパターンについてはこの年表の方がわかりやすい。一方で，家族の構造はジェノグラムがなければ想像しにくいだろう。

テッド・ターナーの年表の要約――重大なイベント

- 1944年　6歳のテッドは寮のある学校に送り出される。テッドは見捨てられたように感じ，行動化して追い出される。
- 1947年　家族はサバンナ［訳註｜米ジョージア州チャタム郡の都市］に転居し，テッド（9歳）はアトランタの軍人学校に送られる。
- 1953年　テッドの妹，12歳のメリー・ジェーンは，狼瘡［訳註｜全身性エリテマトーデス。自己免疫疾患で難病に指定されている］がもとで脳炎を患い，脳に障害が生じ暴力的な発作をともなうことになった。父親も息子も彼女の叫びに耐えられなくなり，母親の介護のもと彼女は家の裏の一部屋に隔離されるようになった。
- 1957年　両親は別居する。妹の世話をめぐる対立。母親は彼女を施設に入れたがらなかった。妹は痛みでひどく苦しんでいた。母が娘の単独の親権者となり，アルコール依存で暴力的な父親がテッドの親権を得た。
- 1960年　（12月15日）妹が19歳で亡くなる。父親も兄も何年も彼女に会っていなかった。
- 1961年　（7月）テッドの娘ローラ・リーが生まれる。彼はヨットで忙しく，彼女の誕生には不在であった。
- 1961年　（7月）テッドの父エド・ターナーは，アルコール依存の治療のためシルバー・ヒルの精神病院に入る。
- 1962年　（9月）エド・ターナーは，小さかった彼の広告会社を南部で最も大きい屋外広告会社に成長させ生涯で最大の大金を儲けた。
- 1962年　（12月）エド・ターナーは再び断酒プログラムに参加する。
- 1963年　（1月）エド・ターナーはアルコールプログラムから離脱する。
- 1963年　（3月5日）53歳のエド・ターナーは銃で頭を撃ち抜き自殺した。その銃はテッドに銃の撃ち方を教えたときのものだった。父親と息子は何年もの間さまざまなことで対立していたが，この日もその対立の後であった。息子のテッドは24歳であった。
- 1991年　53歳のテッド・ターナーはうつ病に悩まされ，彼は自分の父親と同じ年に悲劇的な死を迎えるのではないかと怖れていたが，そうはならなかった。彼はセラピーと薬物治療によって安定していった。そして彼はジェーン・フォンダと結婚した。彼女の母もジェーンが17歳のとき42歳で自殺している。

当然，家族の年表の長さや詳細は，人口動態の情報や家族の機能，関係，重要な出来事

に関して入手できる情報の幅や深さによってそれぞれ異なる。もちろん特定のアセスメントにおいて必要な情報も異なる。

　ジェノグラムを使ったアセスメントには，家族の機能において，人生上の出来事や変化がいかに互い関連し合っているかについて理解しておくことが重要である。家族の歴史に関する多くの重要な出来事をジェノグラムは記録しているために，多くのライフイベントや家族機能の変化に関する共通点を臨床家は見出しやすい。家族の過去において，同じ時期に起こった出来事が互いに関係していないように見えても，システム的に関連していて，家族の機能に根本的な影響を与えていることもある。

　家族の長期的な機能の変化について探求することは，家族の重要なライフイベントと関連していることが多いので，大変有益である。いくつも重なるストレスや，トラウマとなる出来事がもたらす影響力，記念日への反応，家族の社会的経済的政治的なイベントとのつながりについて把握するために，私たちはジェノグラムを慎重に調査していくのである。そうして，変化が家族に与える影響や，未来に起こる変化に対する脆弱性をアセスメントすることができるのである。

ライフイベントに関する偶然の一致

　同じ時期に家族の重要な経験が重なって起こるときには，より詳細に尋ねていくとよいだろう。ジェノグラムにも一致した時期を記しておくことが特に重要である。なぜなら，隠れていた関連性や，感情的でシステミックなパターンが明らかになるかもしれないからである。このような「偶然の一致」は，家族の過去におけるストレスの多い時期を表しているかもしれない。他に何もなければ，家族の重要な時期であり，その時期に感情的なしこりがそこに残っていることもある。これは，一つの出来事がまた別のことを「引き起こす」ということを意味しているのではない。ここでは家族のパターンが作られていくうえで，影響力のある出来事の結びつきがどれだけ影響しているかについて話しているのである。エリザベス女王は，王室にストレスとなるたくさんの災いが降りかかったために1992年を「ひどい年」と語っている。息子の一人アンドルーと妻のセーラ・ファーガソンとの別れ，アン王女とマーク・フィリップス大佐との離婚，噂が絶えないチャールズ皇太子とダイアナ妃との夫婦問題，そしてその年の終わりに別れることが公表された。加えて，600万ドルに及ぶ被害を出したウィンザー城のひどい火災が起きた（**カラー図12**）。

　ストレスとなるライフイベントがたび重なったら，家族全員の感情的な反応はもちろんのこと，家族に影響を与えるそれ以外の潜在するストレスにも注意しておくことが必要である。いくつも重なったストレスは身体症状となって現れるかもしれない。実際に，女王がその話題についてスピーチをしたときには，ひどい風邪のために声が出なくなっていた。

偶然かもしれないし，もしくは彼女が抱えているストレスが身体的に現れたのかもしれない。その年，彼女は何か月も不眠状態が続いていたという報道もある。女王も記しているように，彼女の家族のストレスが，そのときの国が抱えている問題によってさらに悪化したと述べている。騒動や不安定な世界情勢が何か月も続き，イギリスでは3年間深刻な不況で，何百万人もの人が失業し，記録的な数の民間企業の倒産や家の差し押さえがなされた。

　他にも，記念日や同じ時期のライフサイクルの移行など，一定の年月をかけて偶然の一致が起こることもある。たとえば，グレゴリー・ベイトソンのジェノグラム（図4.1）にはいくつものおもしろい偶然の一致をみることができる。まず，グレゴリーの両親は母方の祖父の死後，すぐに結婚している。第二に，真ん中の息子のマーティンは，第一次世界大戦で4年前に亡くなっている一番上の兄のジョンの誕生日に自殺を企てた。そして最後に，グレゴリーは彼が母親から縁を切られた直後にマーガレット・ミードに出会っている。

　システムとして捉えると，これらの出来事は偶然とは言えないかもしれない。グレゴリーの両親の婚約は，W・B・ベイトソンが酒に酔っているときにグレゴリーの母ベアトリスによって取り消された。彼女は，自分の父親がアルコール依存だったので，それに反応したのだった。3か月後に，アルコール依存だった父親が亡くなり，ベアトリスはW・B・と再会できることを願って新聞にそのことを掲載し，そして実際に彼は彼女に連絡をしてきた。カップルはその後すぐに結婚した。次の世代で，グレゴリーは母親との縁を切られた後，すぐにマーガレットに出会い，彼女と恋に落ちた。マーガレットと彼女の2番目の夫は，その当時，世界の僻地で人類学の調査をしていた。この家族の子どもたちは，親の死や断絶という形で親と離れなければ，配偶者と結ばれないのではという推測ができる。

　グレゴリー・ベイトソンは，有名なイギリスの遺伝学者のW・B・ベイトソンを父親とする3人息子の末子であるが，彼は3人のなかで最も期待されていない子どもであった。幼少期は病弱で，学生時代も優秀な生徒ではなかった。一番上の兄のジョンは，家族に期待されていた。彼と，2番目の兄のマーティンは1歳しか離れておらず，とても仲良くしていた。5歳年下のグレゴリーは一人で育った。第一次世界大戦で一番年上の兄が亡くなってから，母親はマーティンに「あなたとグレゴリーが私にはまだ残されている。ジョンによって失われた勇気を私が取り戻せるように私を支えてほしい」（Lipset, 1980, p.71）と書いている。

　ジョンの死からマーティンと父親の間には溝ができた。父親は，ジョンが亡くなる2か月前に母親を亡くしたばかりであった。ここにも偶然の一致が見られる。父親は詩人であったマーティンに，動物学者になるようにというプレッシャーをかけるようになった。父親と彼の2番目の息子との関係は悪化していった。それに加えて，マーティンは魅了さ

図 4.1
ベイトソン(Bateson)家

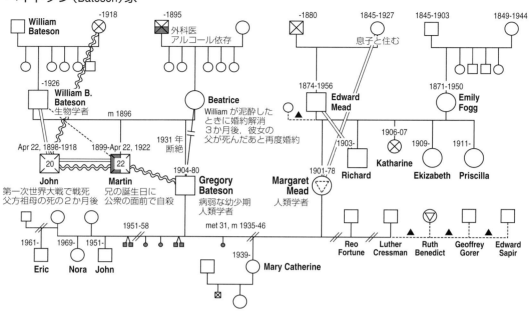

れていた若い女性から拒絶されたと思い込み，彼は銃を持って，トラファルガー広場で，ジョンの誕生日である1922年の4月22日に自分に向けて発砲したのである。この事件は，「これほど劇的でかつ用意周到な自殺はロンドンでは前代未聞だ」と書かれた（Lipset, 1980, p.93）。マーティンが兄の誕生日を自殺の日に選んだのも，記念日反応の一例である。これについては後ほどまた説明する。彼は，自分は兄の代わりになれないということを両親に伝えたかったのだろうか。

重要な生活上の変化，移行，そしてトラウマ

　重要な生活上の変化，移行，トラウマは，家族全体，そして家族メンバーに劇的な影響を与える。私たちは，経験的に喪失に伴う影響（テーマ別文献「喪失」参照）に注目することの重要性を認識している。喪失体験は，他のどんな家族変化よりも，その後立ち直るのが最も難しい。ベイトソン家では，二人の兄の死はいちばん年下のグレゴリーへの影響において互いに結びついていた。ベイトソンの伝記によると，「グレゴリーは親から目をかけてもらえなかった。幼い頃は兄の身代わりで，お下がりばかりであった。ジョンとマーティンは自分よりも優れていると感じていた。……そして二人の死によって，自然科学という不確かな知的遺産を一人で相続し，家族の中心的人物となっていった」（Lipset, 1980, p.90）。彼は母親と家から逃げることになったが，この状況のなかで素晴らしく適応的な方法で対応することができたようである。彼はこれまでで最も偉大なシステム理論家の一人となり，親が息子に対して抱いた願いを多くの方法で叶えることができたのである。

　ケネディ家の場合には，**カラー図13**からもわかるように，トラウマや喪失という経験では突出している。この一家に関して衝撃的なのは，未成年の死や悲劇が多いことである。ケネディの9人の子どものうち4人が，そのうちの一人の配偶者と婚約者も含めて，中年を迎える前に亡くなっている。ジョンは，銃殺される前に少なくとも3回は死にかけたことがある。ローズマリーは20代でロボトミー手術を受けている。キャサリンは最初の夫を戦争で亡くし，さらに再婚させようとする母親との関係を切った直後に，婚約者とともに危険な飛行で命を落とした。そしてテッドは（兄のジョンが銃殺された7か月後に）飛行機の墜落事故で脊椎を損傷したうえ，チャパキディックでの事件を起こし，そこで，同行していたマリー・ジョー・コペクニは溺死した（彼の兄ロバートが殺害された12か月後であった。テッドの脳腫瘍の手術もボビー殺害から40年めの同じ週に行われた）。二人の孫は自動車事故を起こし，被害者に一生の麻痺を残す重傷を負わせた。

　家族における重要なライフイベントは，システム全体に波紋を起こし，さまざまな形で家族に影響を与えるのである。まさにジョンとロバートの暗殺の後のケネディ家にもこれがみられる。先に記述したテッドの事故に加えて，ジャックが暗殺された日にパットは夫と離婚している。29人いる孫のなかで，一人は飛行機の足が壊れていたために命を落としている。一人は薬物の過剰摂取で亡くなり，また一人は癌で片足を失い，一人はスキー中に亡くなっている。二人はレイプの罪で逮捕され，少なくともほかに4人が薬物で逮捕されるか，精神科の病院に入院している。6人の長男のなかの5人がこれに当てはまり，このことから家族のなかでは男の子が重視され，しかも一家の長子へのプレッシャーが特に強かったと考えられる。

　トラウマのパターンは，ローズ・ケネディの原家族にも見られる（**カラー図13**）。彼女の父方の家族を見ると，12人のきょうだいのなかで3人だけが健在であった。二人しかいない娘たちは新生児のときに亡くなっていて，長男もそうである。他の5人には深刻なアルコール依存の問題があり，もう一人の息子はマラリアを患って脳に障害を抱え機能不全の状態となった。母方の家族は，9人のきょうだいのうち，二人の息子が幼少期に病気で亡くなり，もう一人も幼少期に鉄道によって片脚を潰されてしまった。さらに二人は飲酒のために若くして亡くなった。そして最大の悲劇は，ローズの母親ジョシー――まだ8歳だった――が末娘と彼女の友達の子守りを任されている間に，二人が溺れてしまったことである。どんな家族でも子どもの死は打ちのめされる喪失感を伴うが，子どもをきちんと守れず死なせてしまったという罪悪感と自責感の複雑な網によって，その感情はいっそう強まった。特にジョシーはそれが大きかった。

図4.2
セオドア・ルーズベルト（Theodore Roosevelt）の家族のトラウマを伴う多数の喪失体験

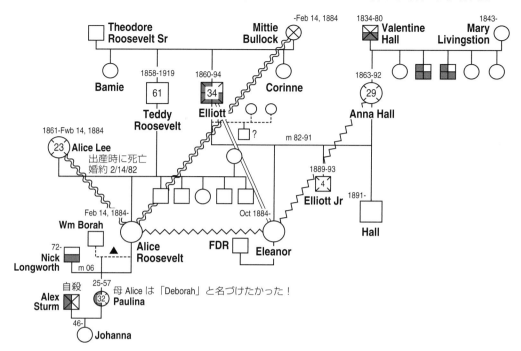

　テッド・ケネディの二度の命を脅かすような事件は，どちらも兄たちの死，1963年のジョン，1968年のロバートからそれぞれ1年以内に起きたものである。これらの出来事はそれぞれ無関係かもしれないが，研究ではストレスとなるようなライフイベントが起こると，事故に遭う確率が増加することがわかっている（Holmes & Masuda, 1974; Holmes & Rahe, 1967）。ジョン・ケネディは11月22日に殺害され，その日は父方の曾祖父たちが亡くなった日でもあった。偶然のことかもしれないが，恐ろしいことである。

　ルーズベルト家（図4.2）は，子どもの発達における重要な時期にトラウマになるような喪失体験がいくつか重なったことを示す一つの例である。エレノアが誕生した頃は，父方家族にとって大変な時期であった。彼女の父方の祖母が数か月前のバレンタインの日に亡くなり，同じ夜，同じ家では，セオドア・ルーズベルトの妻アリスが娘のアリスの出産と引き換えに命を落とした。同じ年に生まれたアリスとエレノア，同じ喪失の後に生まれたが，それぞれ喪失に対して違った反応のなかで育った。アリスの後の語りには，エレノアは「いい子」で，自分は「目立ちたがりや」だったとある（Donn, 2001, p.56）。アリスは継子として育てられ，母親について明かされることはなかった。彼女はエレノアに悪い影響を与えると言われていた。アリスはエレノアが従兄弟であるフランクリンと結婚した

ことに対して憤慨していた。エレノアの若い頃は，彼女の父親が飲酒や入院をして強制的に別居させられていたので，エレノアにとってつらい時期であった。そして彼女は一人で過ごすようになり，幼い頃はとんでもないおじ二人と一緒に祖母の家で育てられた。彼女の母は7歳のときに亡くなり，彼女が9歳のときには弟も亡くし，10歳で父親も亡くした。

ルーズベルト家の年表の一部

1880年	（2月14日）セオドア（テディ）・ルーズベルト（TR）がアリス・リーにプロポーズする。（彼女が一度拒否したために，彼はひどく落ち込み自殺を試みたと言われている）
1884年	（2月12日）アリスは子どもを産み，その子を同じくアリスと名づける。
1884年	（2月14日）アリス・リー・ルーズベルトは23歳で死去。
1884年	（2月14日）TRの母親，ミッティ・ブロック・ルーズベルトが同じ家で亡くなる。
1884年	（2月16日）アリス・リー・ルーズベルトとミッティ・ブロック・ルーズベルトの二人の葬儀（TRは26歳）
1884年	（夏）TRは悲しみを隠して西部開拓と政治に勤しみ，彼の姉のバミーがアリスの世話をする。
1884年	（10月）アリスのおじのエリオットにエレノア・ルーズベルトが生まれる。
1889年	エレノアの弟が生まれる。
1891年	エレノアの末弟ハルが生まれる。
1891年	エレノアの両親がエリオットの飲酒問題のために離婚する。
1891年～	エリオット・ルーズベルトはニューヨークから強制的に追放される。家族と関わりを断たれ，彼は別の女性と暮らし，おそらく子どももうける。
1892年	エレノアの母アンナ・ハルが死去（エレノアは7歳）
1893年	エレノアの弟エリオットが死去（エレノアは9歳）
1894年	エレノアの父が飲酒のために死去（エレノアは10歳）
1894年	エレノアは，何をするかわからないアルコール依存のおじ二人が住む母方の祖母の家に引き取られるが，だれも彼女の面倒はみない。
1904年	エレノアとフランクリンが結婚する。
1906年	TRが大統領として問題を抱える。
1906年	（1月）お気に入りの息子のテディがハーバードでうまくいかない。
1906年	（2月17日）22歳のアリスは34歳の下院議員のニック・ロングワースと結婚する（TRは48歳）。
1907年	アリスの結婚は不幸で，彼女と夫はほとんど一緒にいない状態であった。彼は深刻なアルコールの問題と女性関係を抱えていた。彼は保守的な共和党員であり，一方で彼女の父親は共和党派から離れるような活動に多く関わるようになった。
1919年	TRが死去（61歳）
1923年	アリス（39歳）は上院議員ウィリアム・ボラと浮気する。

1925 年	（2 月 14 日）41 歳の誕生日の 2 日後にアリスは娘を出産する。「デボラ」と名づけたいと思うが，ニックから反対される。名前は，セント・ポール（アリスとウィリアムがお気に入りの教会）に因んでポーリナとする。
1946 年	ポーリナは子どもを産み，ジョハンナと名づける。
1952 年	（11 月）ポーリナの夫アレックス・スターンが自殺する。
1957 年	（1 月 27 日）ポーリナは 31 歳で自殺する。

　ジェノグラム上に，これほど多くの悲惨な出来事を目の当たりにすることで当然推測されることは，エレノアのその後の成長に与える影響である。家族が喪失を経験した後に生まれてくる子どもは，後に機能不全が起こったときに脆弱な場合がある。特に両親が特別な注目を向けていればなおさらである。エレノアの場合はその逆で，彼女自身のレジリエンスを高めたようである。後に彼女は，苦渋に満ち孤独な思春期を送ったことで，彼女が経験できなかったことを埋め合わせるためにも，自分でよい家族を作りたいという気持ちを強くもっていたと語っている。彼女はフランクリン・ルーズベルトと出逢い，それを実現させることができた。おそらく彼女は若い頃に喪失と孤立の経験があったからこそ，多くの人に手を差し伸べることができたのだろう。そしてそれは後に世界中で展開される人道的な活動に発展した。

　家族に起こった出来事についての影響を調査するときには，通常の予測の範囲のなかで行わなければならない（Carter & McGoldrick, 2005b; Walsh, 2003）。その出来事が起こった当時の家族メンバーの年齢や家族の構造は考慮すべき重要なことである。たとえば，親を失うというような重大な出来事が子どもにどの程度の影響を与えるかは，子どもの感情的・認知的な発達のレベルによって異なる。年齢の高い子どもは幼い子どもとは違う経験をする。エレノア・ルーズベルトはいちばん年上だったので，両親を亡くした後，末弟に対して責任を感じて世話をした。弟のピーター・フォンダは母親の自殺に対して自分の感情を強く表したが，姉のジェーンは抑制的で大人の要請に応じた。

　家族にとってとりわけトラウマになることは，赤ちゃんや子どもの死である。有名人のジェノグラムを準備しているときに，きょうだいの死の直前もしくは直後に生まれている人が多いことに気づいた。ベートーヴェン，ダイアナ妃，ベン・フランクリン，ジークムント・フロイト，ヘンリー・フォード，トーマス・ジェファーソン，C・G・ユング，ライト兄弟，フリーダ・カーロ，フランツ・カフカ，グスタフ・マーラー，ユージーン・オニール，ディエゴ・リベラ，そしてハリー・スタック・サリヴァンである。これは単に過去の高い死亡率によるものと考える人もいるかもしれないが，子どもの死によって，生き残った子どもが親にとってより「特別な」存在となると考えられるだろう。もしくは，亡

くなった子どもに一番近い子どもが，その喪失を埋め合わせようと家族のためによりいっそうがんばらなければと思うのかもしれない。いずれのケースでも，彼らのきょうだいは喪失と違った関わりをしている。彼らの「特別さ」は家族構造のなかのある位置づけによって影響を受けているのかもしれない。

　最後に，「よい」出来事も家族に大きな影響を与えることもある。実際に，私たちが調査した多くの家族で，ある人の名声が家族の他のメンバーに対して悪影響を与えていた。プライバシーがなくなるということだけでなく，次の世代の子どもたちは厄介な遺産を引き継ぐことになる。ジークムント・フロイトの息子マーティンは，それを巧みに表現している。「私は出世したいと望んだことは一度もない。……私は親の七光りの恩恵を受けて，十分に幸せで満足している。……天才の息子は所詮天才の息子でしかない。父親とは関係なく努力したと主張しても，人から評価されることは不可能に近い」（Wallechinsky & Wallace, 1975, p.948）。それでも，ついついがんばってしまうのだ！

　ケネディ家の若い世代の年長の 6 人の息子のなかで，唯一薬物の問題や問題行動を起こさなかったスティーブン・スミスは，おじたちの死について，「私と親しくしていた人は私から奪われてしまうという強い感覚をもっていた。それを感じると，今すぐに自分がしなければという気持ちをもつようになる。そうでなければ努力しないことでも，努力するようになる。そして自分の時間をできるだけ最善のかたちで使うことを意識するようになるだろう」（Andrews, 1998, p.167）と述べた。

記念日反応

　いわゆる偶然と言われるものは記念日反応として理解することもできる。つまり，その日が重大でトラウマとなるような出来事と同じ日であるという事実に対して，家族のメンバーが反応するのである。たとえば，家族のメンバーは毎年親やきょうだいが亡くなったその日が近づくと抑うつ的になったりする。それは意識していなくても起こるのである。マーティン・ベイトソンも，亡くなった兄の誕生日に自殺している。彼自身も何に反応しているか知らないまま，記念日であることが彼を自殺に追い込むほど彼の苦しみや喪失感を強めたかもしれない。

　ある出来事の日にさらに何かが起きた場合には，もちろん両方の出来事の意味が強化されることになる。トーマス・ジェファーソンとジョン・アダムズはともに 1826 年 7 月 4 日の独立宣言 50 周年記念日に亡くなっている。あたかも二人はその記念日を待って亡くなったようである。記念日に亡くなったことは，どちらの家族にとっても確実に記念日の意味をより強めることになっただろう。

　記念日反応の例として最もよく記述されているのはジョージ・エンゲル（George Engel,

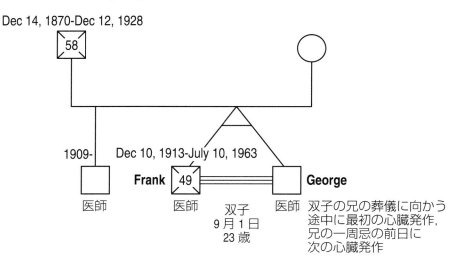

図4.3
ジョージ・エンゲル（George Engel）の記念日反応

1975）で，彼は有名な精神科医であり内科医でもあったが，彼の双子の兄が心臓発作で亡くなった後に，自分の記念日反応について詳しく紹介している。この時間的なつながりは**図4.3**にあるジェノグラムからも理解できる。エンゲルは，彼の双子の兄が亡くなってから1年になる前日，深刻な心臓発作に悩まされた。記念日のストレスに悩まされていたようである。エンゲルはその後，違ったタイプの記念日反応について報告している。日付ではなく年齢によるものである。エンゲルの父親は58歳のときに心臓発作で亡くなっている。エンゲルもこの年に近づくと，さらに不安を抱くようになった。彼は父親が亡くなったときの年齢を何度も間違えて，同じ齢に自分も死ぬのではないかと恐れた。彼自身がそういった経験をすることによって，家族の経験の心理学的要因や，感情的なプロセスから自分を切り離そうとして煙に巻く方法について調べることになった（たとえば，重要な出来事の日付や年を忘れること）。大変興味深いことに，キャサリン・ヘップバーンの弟（**カラー図17**）が自殺した日と状況は，彼女の自伝のなかで80年にわたって，何度も繰り返し間違って記述されているのである（Mann, 2006）。

　言い換えれば，トラウマによって，家族には記念日反応が次の世代の家族のライフサイクルに作られることになる。つまり，家族メンバーがあるライフサイクルの段階に到達すると，前の世代で同じ時期に起きたことが同じように起こるのではないかと予測するのである。たとえば，もしある男性が家から自立するときに父親と断絶したならば，彼も自分の息子が成人期になったときには縁を切られるかもしれないと考えるのである。他の例として，結婚のすぐ後に家族の大切な人が亡くなったことが二つの世代で見られたとする。

この時期のライフサイクルの移行は，次の世代にとって害となるかもしれない。なぜなら，家族メンバーが意識的に，もしくは無意識的にこのような出来事が再び起こるのではないかと不安に思ったりするからである。

したがって，ジェノグラムを作成するときには，偶然に起こったことだけでなく，その日時，年齢，家族のライフサイクルの段階なども把握することが大切である。このような偶然の共通点を把握することで，出来事のつながりや家族の機能に変化をもたらすような影響を理解することができるようになる。これらの共通点に気づいたら，家族に特定の記念日反応が起きる可能性を警告して伝えることができるのである。

歴史的な時間軸に家族をおいてみる
──社会的，経済的，政治的イベント

もちろん，家族の出来事は外界と無関係な真空で起こるものではない。家族の発達は常に歴史的文脈が背景にあるという視点で捉えなければならない。つまり背景にあるのは，家族のウェルビーイングを左右する社会的，経済的，政治的イベントである。ここには，戦争や移民，経済的不況などが含まれる。ジェノグラムに記されている家族のイベントを，それが起こっている文脈と関連づけることが大切である（Cohler, Hosteler, & Boxer, 1998; Elder, 1977, 1986, 1992）。

家族の重大な出来事を辿るだけでなく，歴史的な時間軸に家族の発達を当てはめてみることが重要である。たとえば，1929年に起こった自殺については，株価の暴落による危機という仮説が立つかもしれない。あるいは，1941年に結婚していれば，そのカップル関係に影響を与えるものとして第二次世界大戦による夫の不在といった歴史的な状況を連想するかもしれない。60年代後半もしくは70年代頃に成人した者は，戦争に参加したかどうかはともかく，間違いなくベトナム戦争の影響を受けていることだろう。

ケネディ家に起こった多くの悲劇的な出来事は，当然のことながら，家族が重要な役割を担っていた頃の歴史的政治的な時代の反動として起こったものである。個人的レベルで，ジョン・F・ケネディと彼の弟のロバートの死は，家族にとってものすごい喪失であっただろう。しかし，二人の重要なリーダーの悲劇的な暗殺は国中でも共有された。家族の私的で個人的な出来事が，ベトナム戦争時代に大衆に歴史的な出来事として共有されたことは，ケネディ家が喪失に順応するのに大きな影響を与えたと考えられる。それは，薬物，危険な行為，行動化という問題を抱えた次の世代を見れば明らかである。テッド・ケネディの脳腫瘍の手術は，彼の兄のボビーの暗殺の40周忌の週に行われている。

フリーダ・カーロが，メキシコ革命の時期にメキシコで生まれていることを知らなければ，彼女の家族（**カラー図10**）を理解することはできないだろう。彼女はその政治的時代

図4.4
スコット・ジョプリン（Scott Joplin）の家族

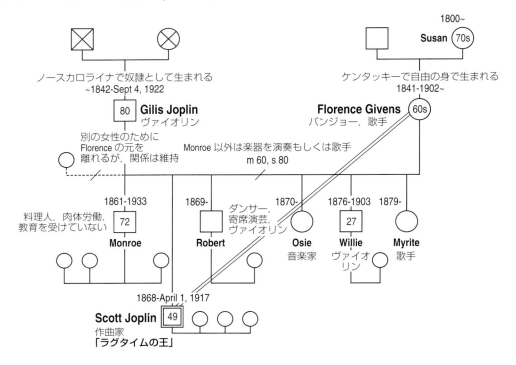

と自分を強く結びつけて，自分は1910年の革命が起きた年に生まれたと語っていたほどである。でも実際には彼女はそれよりも3年早く誕生している。それでも彼女の作品が物語るように，彼女の人生は時勢や文化に関する社会政治的な活動に完全に巻き込まれていった。

　スコット・ジョプリン（**図4.4**）は，完全にアメリカ流の作曲を作り上げた初のアフリカ系アメリカ人の作曲家である。そして，彼は家族のなかで奴隷制度の後に生まれた初めての子どもであった（1868年）。ジョプリンのジェノグラムをみると，たくさんの音楽家のきょうだいがいるなかで，なぜスコットが著名な作曲家になったのかと考えるだろう。両親ともにそしてすべてのきょうだいが音楽的な才能をもっていたようである。彼はそのなかでも大変優れていた。しかし，もしかしたら家族のパターンも彼の特別な才能の開花に影響を与えているかもしれない。ジェノグラムを見てみると，彼は長兄が生まれてから7年後に生まれていることがわかる。そして二人のきょうだいがそのすぐ後（1歳違い）に生まれている。さらにその下は6年と3年あけて子どもが生まれている。1861年に生まれている彼の兄のモンローは，6人きょうだいのなかで唯一学校教育を受けずに，そして唯一音楽家にならなかった。モンローとスコットが生まれる間には南北戦争があり，そ

してスコットは南北戦争後に初めて生まれた子どもである。そのために家族にとって彼の誕生はより特別なものであったかもしれない（たとえ彼らが住んでいたテキサスは1870年まで奴隷制度の廃止を認めなかったとしても）。しかし，最初の二人の兄弟の間に，他にも子どもを妊娠していた可能性がある（完全な情報が欠けている）。もしジョプリンの母親フローレンス・ギブンズがモンローとスコットの間に授かった子どもを亡くしていたとしたら，母親の心のなかで明らかにスコットが特別な存在であったことをより説明してくれる。というのも，子どもを喪失した後にすぐに生まれた子どもだからである。母親は，自分が働いていた家のなかで小さいスコットがピアノを弾かせてもらえるように頼んだだけでなく，夫が他の女性のために家を出ていってしまった時期でも彼のためにピアノを購入したのである。スコットは両親の関係に挟まれて三角関係化していたと言われている。母親の彼に対する「行き過ぎた関わり」が父親を怒らせ，それが離婚に影響したと言われている（Haskins, 1978, p.54）。どんな状況でも，ジョプリンは若い頃から特別感をもっていて，多くの教育を受けることができた。一方で，彼の兄は学校に一度も行かず，ただしジョプリンきょうだいの誰もがそうであったように音楽については学んでいたようである。16歳の頃には，ジョプリンは音楽グループを結成し，25歳になるまでには「ラグタイムの王」と呼ばれていた。

　移住も家族に大きな影響を与えるイベントである（テーマ別参考文献「移民」参照）。たとえば，家族が移住したタイミングという状況を考えると，きょうだい関係について評価することは大切である。母親が出産を控えた時期に移住する場合には，移民の前に生まれた子どもたちとその後に生まれた子どもたちでは様子が異なるかもしれない。移民の後に生まれた子どもたちは，ストレスのある環境で育った移民前に生まれた子どもたちよりも，もっと幸せな環境に育てられているかもしれない。

　マリア・カラス（図4.5）は移住した後に生まれた初めての子どものよい例である。引っ越しによって他にもたくさんのストレスが重なっていたようである。移住と転居によってもたらされたストレスはカラスの家族に大きな影響を与えたようである。マリアのギリシャ人の両親ジョージとエヴァンジェリカは，結婚を認めなかったエヴァンジェリカの父親が1916年に急死した2週間後に結婚している。父親が亡くなってすぐに，母親が娘にジョージと結婚するように言ったのである。カップルには最初に愛娘が生まれ，その後髄膜炎のために3歳で亡くなる息子が生まれた。それはちょうど父親がアメリカに移住するための手だてを整えた後で，さらに偶然にも彼らがアメリカに到着したのは，ハーディング大統領の死で国が喪に服している時期であった。家族は英語が話せなかったので，夫はすぐには薬剤師として働くことができず，生活に困っていた。移民してから5か月後の，この状況のなかでマリアは生まれた。母親は彼女が女の子であることとすべての状況にがっかりして，ときどき彼女の育児を放棄し，彼女の名前を決めるにも両親はなかなか合

図 4.5
マリア・カラス（Maria Callas）の家族

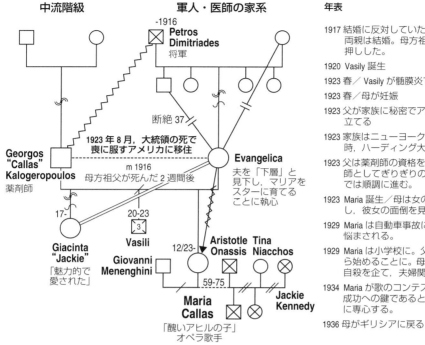

意できずに数年かかった。父親は奮闘し、数年後には薬局を始めて、その後大不況になるまで薬局として生計を立てた。大不況になったのはちょうどマリアが学校に通い始めた頃であった。後に、マリアの姉は大不況が家族にじわじわと与えた影響について記している。

> 大暴落について私が覚えていることは何か。高い建物から身を投げる人たちを見たか。……もちろんそうではない。世界がおかしくなったというイメージを植えつけたニュース映像が何度も繰り返されて、そこから実際の生活を捉えることが難しくなった。私たち子どもがその当時何が起きているのかを理解することはできなかっただろう。……私たちは、増大しつつある専門職階級の子どもであったが、すぐに私たちはこれまで当然だと思っていた多くのことがそうではないことに気づかされた。……どの子も、ある夜学校から帰って経済的な危機が起こっていると気づくまでは、この奇妙な状況とは関係ないと思っていた。……誰もがその後は生き残るのに必死という状況で、父親は負債を抱えるようになった。すべて（母親の）予言通りになった。父親の新しい商売によって、メリガラに残っていたらという喪失

感は一時的に消えていたが，それもそうではなくなった。私たちは最初にここに到着した状態に戻されてしまった。薬局は手放すことになり，……小さなアパートに引っ越した。安売りがあると聞くと，母親はドラッグストアに走っていって，西欧社会の経済不況がまるで彼に責任があるように責め立てるのである。そして父親が彼女に背を向けて立ち去ると，母親は危険な薬棚に駆け込んで，手いっぱいの薬を掴んでそれを飲み込んでいた。……母親の一人よがりの芝居は親の結婚生活の終焉を決定づけた。それからは，同じ屋根の下でイライラした他人として暮らしていた。
（Callas, 1989, pp.42-43）

　家族は再び大混乱となり，その後，夫よりも自分の方が優れていると信じていた母親は，夫をアメリカに残して，娘たちを連れて再びギリシャに戻った。大きなストレスを抱えていたために幼児期はネグレクトされていたマリアとの関係を，両親は解決することはなかった。そして，マリアは母親の「成功への切符」として母親が抱いていた夢を叶えるために，演じることを強制されたのである。それは母親には決して叶えることができない夢だった。

　第2章で紹介したブラックウェル家（図2.12）の最年少で9番目の子どもであったジョージ・ワシントン・ブラックウェルには違ったものが引き継がれたようである。彼もイギリスから家族が移民した後に生まれた唯一の子どもである。彼だけが家族の道徳的な理念に縛られず，さまざまな変化に関わることもなかった。その代わりに，彼は実用的で，経済的に成功したビジネスマンとして，家族のために投資マネージャーになった。おそらく，彼は新しい国で生まれているために，自由に自分の計画を遂行することができたのである（Horn, 1980, pp.138-139）。

　8章でより詳細に紹介するエリク・エリクソンは，1936年に移住したときに名前を変えている。彼は自らのユダヤ教の伝統から離れたかったのかもしれない。アメリカで子どもの理論家として，セラピストとして有名になっていたにもかかわらず，30年後，彼は息子に移民の親の大変さを語っている。「私は，……母親に大変感謝している。それは私が移民であったからだ。彼女はこの国についてすべてを知っていた。ドルというお金の価値からアメリカの子どもたちの願いまで。私は正直に，お前に対して何もしてやれなかったと思う」（Erickson Blolandからの引用，1999, p.54）。これが彼の困難をすべて語っているわけではないが，このじーんと心温まるコメントは，移民の人々が，何年もそこで暮らしていても，文化を「読み解いて」うまく交渉することができるようになったとしても，まだ適応できていないという深い感覚をもっていることを指摘している。

複雑なジェノグラム

　ジェノグラムは複雑になる場合があるため，すべての状況を網羅するようなルールは存在しない。そこで，頻繁に遭遇する問題のいくつかについて，私たちがそれをどのように扱うかを示したい。まずは，先に計画を立てるとよい。

　もし1ページのうち4分の3を父方の3きょうだいのことで埋めてしまったら，母親が12人きょうだいの末っ子だとわかったときに困るだろう。ジェノグラムを書き始める前に，親世代のきょうだいの数と結婚の状況について概要を把握しておくことが有用である。ジェノグラムがどれくらい複雑になりそうかを予想し，どんなふうに書くかを計画する際には，次のような質問が役に立つ。

- 両親はそれぞれ，これまで何回結婚していますか。
- 両親にはそれぞれ，何人のきょうだいがいますか。また，両親の出生順位は。

　たとえば，ジェーン・フォンダの原家族の構造を書く際，基本的な枠組みは**カラー図4**のようになるだろう。ジェノグラムにはジェーンの両親と祖父母が示されている。彼女の両親は二人ともすでに婚姻歴があり，また彼女の父親のヘンリーはその後にも結婚している。それらの婚姻歴は両親それぞれの横に示され，その順番を示すために日付が書かれている。

　一般的に，IPがジェノグラムの中心となることから，その他の人たちについての詳細は，彼らのIPとの関係に応じて示される。したがって，ジェノグラムの複雑さは，そこに含まれる情報の深さと幅によって決まる。たとえば，もしジェーンの核家族の情報や彼女の両親やきょうだいの婚姻関係の詳細に加えて，自殺のパターンや精神科入院歴，トラウマ的な出来事をジェノグラムに含めたら，**カラー図5**のようになるだろう。この複雑で込み入ったジェノグラムは，次のような重要な事柄を示している。

- この家族においては，複数回の婚姻歴は珍しいことではない。
- ヘンリー・フォンダの最初および二人目の妻は自殺している。
- ヘンリー・フォンダが二人目の妻（ジェーンの母親）と別居していたのは，彼女が自殺をする直前のわずか数か月間のことであった。彼はそのときすでに，8か月後に結婚して3人目の妻となるスーザン・ブランチャードとの関係を始めており，1953年に正式に養子縁組するエイミーの父親役割を担っていただろう。
- ヘンリーの3回目の結婚のハネムーン期に，ピーター・フォンダは自分を撃って死にかけている。

- ヘンリー・フォンダには二人の自殺した近しい友人がいた。ピーターの「秘密の恋人」のブリジット・ヘイワードと，彼女の母親マーガレット・サラヴァンである。ブリジットは1960年，マーガレットが自殺した10か月後に自殺している。マーガレットは，ヘンリー・フォンダの最初の妻である。
- 1965年に，ピーターの親友が自殺している。1965年は，彼の父親が5回目の結婚をしたときであり，ピーターの姉のパンとジェーンが初めて結婚した年でもある。

それでも，特に複雑な関係や複数回の結婚が含まれる場合には，ジェノグラムが示すことができる事柄には限界がある。ときには，重要な点を強調するために，再構成することが必要となるだろう。たとえば，フォンダ家のジェノグラムは，ジェーンとピーターの両親としてのヘンリー・フォンダとフランシス・シーモアの結婚関係を強調することができる。ヘンリーは5回結婚している。彼の最初の妻であるマーガレット・サラヴァンは4回結婚している。ヘンリーは彼女の二人目の夫である。3人目の夫のリランド・ヘイワード（彼はヘンリー・フォンダの代理人でもある）もまた5回結婚しており，そのうちの2回は同じ妻との結婚である。同じように，何人かの配偶者は何度も結婚をしている。ある時点でこのような複雑な状況はジェノグラムで表せなくなる。

家族の状況が複雑な場合には，一つ以上のジェノグラムが必要となる場合がある。ジェノグラムは図で表すものであるため，家族の歴史の変遷を詳細にわたってすべて表すことはできない。たとえば，フォンダ家のジェノグラムには，次のような情報は含まれないだろう。

- フランシス・シーモアが自殺したのは，精神病院に入院しているときだった。
- ピーターと仲が良い友人であり，ヘンリーの最初の妻マーガレットの息子でもあるビル・ヘイワードは，4年間，メニンガークリニックに青年患者として入院していた。ビルはピーターにとても強い影響を与えており，ピーターは何年もの間，精神疾患を恐れていた。
- ピーターの浮気相手の女性（タリタ・ゲッティ）は，後に自殺している。
- ヘンリー・フォンダの最初の妻マーガレット・サラヴァンは，3人目の夫でありフォンダ家の代理人でもあったリランド・ヘイワードと一緒に，カリフォルニアにあるフォンダ家のすぐ近くに住んでいた。ヘイワードと別居した後は，彼女は子どもたちと一緒にコネチカットへ引っ越したが，それはフォンダ家のすぐ近くであった。
- ピーター・フォンダの最初の妻は，彼の前代理人と後に結婚している。
- ジェーン・フォンダと，マーガレットの娘であるブルック・ヘイワードは一緒に育った親友であり，いつも彼女らの両親が再婚することを望んでいた。

- ジェーンは母親の死を映画雑誌で知った。ピーターは彼女が自殺によって死んだことを5年間知らなかった。彼がそのことを知ったのは，彼の継母が父親と別居したことを知ったときと同じ週のことだった。彼は継母のことがとても好きだった。母親が亡くなってから10年以上過ぎて，彼は母親が精神病院で死んだことを知った。
- ヘンリーは確実に，妻の死についてピーターとジェーンに話をしていなかった。
- ヘンリーとヘンリーの義母は，ジェーンの母親のためにプライベートな葬式を行ったが，参加したのは彼ら二人だけだった。ヘンリーはその夜，ステージに立っていた。
- 母親が亡くなって8か月後，父親がハネムーンの間に，ピーターは自分のお腹を銃で撃った。ヘンリーは彼に，母親の死について落ち込んでいるか尋ねたことはなかった。ピーターは母親の死を，心臓発作によるものだと聞かされていた。
- 1957年，ヘンリー・フォンダの4回目のハネムーン期に，ピーターは問題行動が多くなり，全寮制の寄宿学校から退学させられた。彼をネブラスカにいるおばのところに送り，精神科的治療を受けられるように調整したのは，彼の大学生の姉であった。
- 何年もの間，ピーターは友人のストーミーから譲り受けた銃を所持していた。ストーミーは1965年に自殺した。ピーターは希死念慮があったが，それを使いたくなかったため，1972年にその銃をセラピストに渡した。
- ピーターは成長するなかで，きわめて重要な資源を有していた。姉のジェーンは彼にとって，とても重要な存在だった。おばのハリエットは何度も致命的な場面から彼を救った。ハリエットの夫でおじのジャックは，サンタクロースのように微笑む人だった。彼の最初の継母であるスーザン・ブランチャードは，彼の生涯を通じて傍にいた人だった。異父兄妹のパンは彼の名づけ親であり，遠くからサポートしていた。彼らは皆，教師やセラピストのように重要な存在だった。

　フォンダ家の人々は自殺と再婚から大きな影響を受けていたことは明らかである。また，ヘイワード家とフォンダ家は密接な関係にあった。おそらく，ピーターとジェーンが見せた尋常でないパーソナリティの強さと力は，彼らが子どもの間に，いくつものトラウマを乗り越えてきたことを反映したものだろう。
　さらに，ジェーンとテッド・ターナーが一緒に発展させてきた関係（**カラー図6** 参照）からは，彼らがいくつもの自殺やトラウマに直面するなかで，彼ら自身や彼らの人生を変えるような資源となる人が（十全には機能しなかったとしても）他にもいた可能性が示唆される。
　自殺はあらゆる死のなかで最もトラウマ的なものである。自殺によって広がる毒がある

とすれば，それにまつわる出来事はフォンダ家を理解するうえできわめて重要である。このような追加の家族情報は，家族の年表として記録されるべきであり，可能であればジェノグラム上に記されるべきである。

複数回の結婚と近親婚

家族のなかに複数回の近親婚（たとえば，いとこ同士や異父母きょうだいの結婚）が見られる場合にも，問題が生じる。このような場合，コンピュータのプログラムは，読みにくい図を描くことなく，複雑な情報の整理をもっと簡単にしてくれる。しかし，臨床家自身が関係の複雑さを整理しておくか，備考としてジェノグラム上に記載しておくことが重要である。ときにはジェノグラムは混乱したものとなるだろう。というのも，ある家族のうちの2名が別の家族の2名と結婚する，というように，家族メンバー間で複数のつながりが見られるからである（第8章のフロイト，**図5.10** のアインシュタイン，**カラー図13** のケネディ，**図5.8** のルーズベルトを参照）。

イギリス王家のジェノグラム（**カラー図12**）は，この問題に関する難しい例の一つを提供してくれる。このジェノグラムは複雑で，1ページ内で示すことができない。地球上のすべての人は「六次の隔たり（six degrees of seperation）」でつながっていると言われている——すなわち，六つのつながりのうちに，すべての人はお互いにつながっているのである。

確かに，フォンダ家はアダム家およびヘンリー8世とつながっており，そしてチャーチルともつながりがあり，さらにはダイアナ妃までつながっていく（**図5.1** 参照）。ヨーロッパの王族たちには複数のつながりがあり，一つのジェノグラムでそのことを示すのは不可能である。ウィンザー家は1917年に，彼ら自身をドイツのルーツから切り離すため，英国化した名前を生み出した。ウィンザー家は本書のなかで取り上げたたくさんの家族とのつながりがある。そこには，ジョージ・ブッシュ（**カラー図11**），ネルー家（**図7.2**），エドウィーナ・マウントバトンを介したロブソン家（**図5.5**），ジャッキーの妹であるリー・ブービエ・ラジウィルの最初の夫，マイケル・キャンフィールド（ケネディ家につながる）を介したブービエ家，およびエドワード7世を介したミア・ファロー（**カラー図2**）が含まれる。エドワード7世はヴィクトリア妃の息子であり，女たらしで，ミアの父方祖父として知られる。

ヴィクトリア妃の時代（**カラー図12**）のイギリス王室のジェノグラムを作成することは大変難しい。ジェノグラム上には，アレクサンドル・プーシキン [訳註 | Alexander Pushkin ロシアの詩人 [1799-1837]]，デヴィッド・ニーヴン [訳註 | David Niven イギリスの俳優 [1910-1983]]，ダニー・ケイ [訳註 | Danny Kaye アメリカの俳優 [1911-1987]]，ノエル・カワード [訳註 | Noel Coward イギリスの俳優・作家・映画監督 [1899-1973]] といった他の著名人とのつながりも示されている。

複数の家庭で育った子ども

カラー図14に示されるように，子どもが複数の家庭で育ったり，居住環境が里親家庭，親戚の家庭，あるいは友人の家庭へと変わったりする場合に，ジェノグラムは複雑になる。このジェノグラムは，ピーター・フォンダが生まれたときから成人に到るまでの，11の居住環境を示している。移り変わりと関係性に関する情報を可能な限りジェノグラム上に記しておくことは有用である。それでも状況は非常に複雑な場合がある。そのような場合には，実際にあなたにとって役立つようにするべきである。子どもたちがどこで育ったかを明確にするためには，それぞれの子どもについて時系列のノートを作成するしか実行可能な方法がないという場合もある。ジェノグラムのコンピュータ・プログラムは，それぞれの人が家庭環境を含め，どこで育ってきたかを追跡可能にするだろう。そしてすべての時点におけるジェノグラムを作成することが可能となり，変化の詳細を追跡することができるようになる。

欠けている情報

ジェノグラムを進めるなかで重要な関心事は，欠けている情報である。どうしてその人は，父親について何も知らないのだろうか。どうしておじさんとおばさんは，母方の人たちからなおざりにされているのだろうか。情緒的な遮断，葛藤，家族における痛ましい喪失に関して，欠けている情報は何を教えてくれるのだろうか。欠けている情報を埋めることは，ときに潜在的な資源についてクライエントに新しい選択肢をひらくことにつながったり，これまで回避されてきた家族ドラマに関する理解を明確化することにつながったりする。たとえばフォンダ家の場合，ピーター，ジェーン，ヘンリーに関する多くの伝記を読み解いたとしても，どちらかの親のそれぞれの最小単位の核家族を書くことさえ不可能だろう。彼らの母親の場合はわかりやすい。というのも，彼女は精神疾患にかかり，早くに亡くなったからである。そしてそれは当然ながら，彼女のいとこや子どもたち全員に深く影響を与えた。確認した限りでは，フランセスの父親，彼女のきょうだい，そしてヘンリーのきょうだいは彼女の葬儀に参列さえしていないのである！　ヘンリーとその妻がいないときには，ヘンリーの妹であるハリエットと彼女の夫のジャックは，精神的支えとして，守護者として，また親役割の代行者として，ピーターの人生における重要な役割を果たした。しかし，ヘンリーのもう一人の妹であるジェーンはほとんど言及されていない。ピーターやジェーンが彼ら自身の歴史を知ることを誰かが手助けしようとしたとき，彼らのおば（そして，存在する場合にはその夫や子ども）は重要な資源となるだろう。ピーターは，彼が自身の家族の歴史に関する真実を知ることが不可能であったことを記し

た。家族の歴史は，世代を超えて「不適切な部分が削除されて」いた。彼が成長するなかで経験した理解し難い出来事に対して，確かに説明があったものの，彼は自身の家族の歴史を探索するのを妨害されているように感じてきた。17歳のときにおばのハリエットと暮らすことになり，「私は闇に，静寂に，そして仕掛け爆弾であった私の『家族』に別れを告げたかった」と彼は言った（Fonda, 1998, p.133）。アクセス不可能であるかのように見える彼の父親の歴史について，彼は次のように述べている。「父親の身には，私たちの知らない何かが起こっていた。彼は打ちのめされたことのない人だった。しかし，彼の身には何かが起こっていた。そのことによって，彼は非常に静かで，とても恥ずかしがり屋になった。彼はそういった彼の性質を，自身のパーソナリティであると定義した。それらは，彼が人生のなかで身にまとった化粧やコスチュームであった。どこかで彼は，何も言わないということがより容易なことだと知った。彼にとって，つまり……より深い感情ほど，より深く彼は隠した。私はもう少し父親について語ることができる，というのも，私はもう少し彼について知っているからである。しかし，私は決して，十分に知ることはないだろう」(p.496)。彼は，自身の家族の歴史について知ることの難しさを議論している。

> 当然のことながら，そういった耳に入らないプライバシーは，母方家族へと広がっていった。母方祖父母について私が知ったすべてのことは——そして，私が12歳の終わりにさしかかる頃まで，彼らは二人とも生きていた——，私の祖父は弱っている（弱りつつある）アルコール依存の人で，突風の吹き荒れる夜に家へ来て，芝を刈り，よろめきながら，市民の不正について罵りの悪態を叫んでいるということだった。私の祖母は彼の失態に耐える人だった。私たちの母親の，数年にわたる段階的な失踪の間，彼女は私たちとともに過ごしていた。……私は父方と母方，両方の人たちから聞かされる家族のストーリーについて，信じるかどうか迷っている。すでに長すぎる時が流れていて，真実を書き換えたり，不適切な部分を削除したりする機会がとてもたくさんあった。そして，ハリエットを私の質問で煩わせたくない。彼女は今や90歳である。父の自伝は，他の人が話すのと同じように，不適切な部分の削除に満ちていて，事実に基づく部分はわずかにすぎない。……父親は，彼の歴史の一部を正直に曝け出そうとするにはシャイすぎたし，秘密主義だった。(p.116)

システムの視点から，ジェノグラムを書いて，失われた情報の詳細（もちろん系譜関係の資料によって埋められる範囲だが）を探索することが，「不適切な部分を削除された」バージョン打開の助けとなるかもしれない。このような失われた情報はしばしば，臨床場面で検討する際の重要な焦点となる。ストーリーの損なわれた部分は，その人を理解する

際の重要な部分となる。ナボコフは次のように述べている。「教わった話は，本当は三重になっていることに心するがよい。語り手が作り，聞き手によって作り直され，肝心のその話の主人公である死者の話は，語り手，聞き手双方の話の中に包み隠されているからだ」(Nabokov, 1959, p.52／富士川義之訳『セバスチャン・ナイトの真実の生涯』講談社文芸文庫，pp.75-76.)。

矛盾する情報

　最後に，矛盾する情報の問題がある。たとえば，誰かが亡くなった日について，3人の家族メンバーがそれぞれ違う日を述べたり，家族間の関係性について矛盾するような記述をしたりする場合には，何が起こっているのだろうか。ビル・クリントンの父親であるビル・ブライスは，謎の多い魅力的な人物であった。彼は常に自分を作り替えたため，彼の人生には，いくつもの矛盾が見られる（**図4.6**）。彼の誕生日さえ疑問の余地がある。彼の家族は，彼は1918年2月27日に生まれたというが，軍隊の記録では1917年2月21日生まれとなっている。彼の妻であるヴァージニアは，彼がシュリーブポート［訳註｜ルイジアナ州の都市］を通り過ぎるときに彼と出会ったというが，軍隊の記録では，彼は彼らが出会う2か月も前からそこにいたとされている。彼はヴァージニアに，彼が1935年の12月に結婚していて翌年に離婚届を出したことも，息子であるヘンリー・レオン・ブライスの出生届を1月17日に出したことも話さなかった。彼が1938年8月11日に結婚し，裁判官の「非常に残酷でひどい義務の放棄」（Maraniss, 1995）という判決による9か月後の2回目の離婚のことも彼女は知らなかった。ヴァージニアはまた，彼の1940年の3度目の結婚についても，彼の子どもを妊娠した4番目の女性との結婚を彼が明らかに避けたことも知らなかった。彼の3番目の結婚相手は最初の妻の妹であった。1941年にカンザスシティへ届けられた，娘であるシャロン・リー・ブライスの出生届もあった。ミズーリ州のウェイトレスとの間に生まれた子どもで，彼らの間にも婚姻関係があった（さらには，彼はビル・クリントンの生物学的な父親ではなかった可能性さえある。一般的には，彼が父親であるとされているが，ビルの母親が妊娠したときに彼の父親はイタリアにいる軍隊にはすでに所属していなかったのではないかという疑問が残されている。ただし，ビル・クリントン本人は彼を生物学的な父親であると考えている）。確かに，クリントン大統領時代のアメリカ合衆国もそうであったように，矛盾を抱えて葛藤とともに生きることは，彼の家族において長い歴史があるようだ。

　矛盾を覆い隠して歴史を改定していくことで自身を改革して生きていたのは，ビル・ブライスだけではなかった。ヴァージニア・ケリー・クリントンもまた，麻酔科看護師としての数年にわたる活動において，職場やコミュニティと衝突し，また，患者二人の死に関

図 4.6
ビル・クリントン（Bill Clinton）の父親に関する矛盾

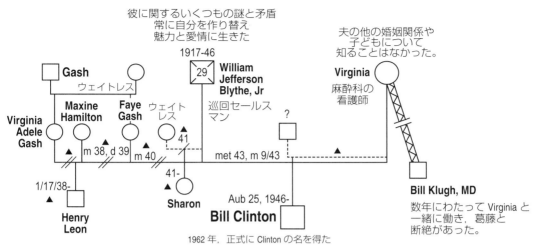

与して訴訟を起こされた。彼女自身の行為も，仕事仲間との間での彼女の態度も問われ，非難や報復が殺到した。彼女は非常に長い間耐えていたが，結局彼女は仕事に行き詰まってしまった。この衝突は，解消するのが非常に難しく，長年にわたって大きな混乱を引き起こした。ヴァージニアの父親もまた，ヴァージニアの2番目の夫であるロジャー・クリントンと違法の酒の商売をしていたにもかかわらず，そのことを否定していた。彼は，妻から不倫について継続的に責められていたが，常に否定していた。家族の事実に関する謎や矛盾はたくさんあったが，家族はとても緊密な関係を数年にわたって維持していた（**カラー図 16** 参照）。

このような家族における矛盾は極端であるが，矛盾があることそのものは一般的なことであり，ジェノグラムにはそのことを示しておく必要がある。これらは，家族にとって情緒的な面において重要なことを示唆している。ブラット（Bradt, 1980）は昔，情報源ごとに色を変えるジェノグラムを提案した。幸いなことに，近いうちにソフトウェアによって，矛盾する情報を辿ることは簡単になるだろう。

このような矛盾，複数の結婚を伴う複雑な家族関係，絡み合った関係，いくつもの移行と変化，そして複数の視点を，限られたスペースに盛り込んだジェノグラムを作成するために臨床家に要求されるのは，技術と工夫である。即興や追加のページがしばしば必要となる。

倫理的なジェノグラム

　ポール・ペルソ（Paul Peluso, 2003）は，倫理的なジェノグラムを用いることを提案している。倫理的なジェノグラムは次に示すような有用なジェノグラム・クエスチョンにつながるものである。

- あなた，もしくはあなたの家族がこれまでに作ってきた，もしくは作るべきである最も強固なモラル，もしくは倫理的な決定はなんですか。それはどのようなものですか。あるいは，どんなふうに扱われてきましたか。
- どのような行動は非倫理的だと考えますか。家族の倫理が守られなかった場合には，どのようなことが起こりますか。家族や倫理的なルールについて，家族のなかで葛藤がありますか。
- あなたが育ってきた間に教わった，倫理的なルールに関するあなたの価値観を変えたことはありますか。
- あなたの家族の倫理は社会の法律と比較してどのようなものですか。あなたの家族で法を犯した人はいますか。もしそういうことがあったとしたら，他の家族メンバーはどのように反応するでしょうか。
- 家族の倫理を破った家族メンバーはいますか。そういったことが起こったら，他の家族メンバーはどのように反応するでしょうか。厳しいでしょうか，寛大でしょうか，一貫しているでしょうか，していないでしょうか。
- あなたの家族において，倫理的な行動に関係する最も強い家族の価値観はなんでしょうか。正直さですか。忠誠心ですか。純潔ですか。公平性ですか。尊敬ですか。正義ですか。

キャリア・仕事のジェノグラム

　ギブソン（Gibson, 2005）は，小学生のときから子どもたちが自分のキャリアをどうしていきたいか考えるのを助けるために，ガイダンスプログラムのなかでジェノグラムを使うことを勧めている。彼女は，子どもたちは4年生か5年生くらいになるとキャリア・仕事のジェノグラムを作ることができるようになると述べている。また，中学校，高校と移るなかでジェノグラムを発展させることができる。家族のキャリアの歴史に関する理解を深めることで，自分自身の志望を発展させることもできる。

　明らかに，もしあなたが家族のなかでそのキャリアを積み上げた最初の人だったとしたら，すでに家族メンバーが積み上げたキャリアを継承する場合とは異なる。

子どもが成長するにつれて、キャリアカウンセリングのジェノグラムを子どもと一緒に作成することで、子ども自身の志望と家族のキャリアの関係や、家族から受け継いだものとの関係における子ども自身のキャリアについての理解が容易になる。

性にまつわるジェノグラム

性と文化にまつわるジェノグラム（Hardy & Laszloffy, 1995; Hof & Berman, 1986; McGoldrick, Loonan, & Wolsifer, 2006）を使えば、症状の機能や怖れ、性に関連する問題行動の理解を深めるのに有用である。性の問題は、私たちがライフサイクルを進んでいくなかで、関係性の文脈のなかで展開していくものであり、性の問題はそのような文脈のなかで考慮されるべきものである。セラピストは、自身の性と文化にまつわるジェノグラムを作ることで、自身が臨床現場へともち込む価値観について、焦点を当てることができる。

これは、基本的なジェノグラムの枠組みに、性にまつわる個人、カップル、家族の歴史——すなわち健康および心理学的な歴史、婚姻情報から離れた家族メンバーの性的および親密な接触、そしてセックスに関する議論や家族メンバーの性的な情報の回避といったテーマが加えられたものである。性と文化にまつわるジェノグラムを作成することは、性と文化の文脈において夫婦が自身やお互いについて理解をするための、きわめて有用な方法となるものである。また性にまつわるジェノグラムは、育ってきたなかでクライエントが身に着けてきた自身の価値観への気づきを得たり、それらの価値観がどのように自身の性的な価値観や行動、不安へと影響しているかを認識したりすることに役立つだろう。

次に示すのは、性にまつわるジェノグラムのための質問リストである（Hof & Berman, 1986, and McGoldrick, Loonan, & Wolsifer, 2006 の内容を敷衍した）。

性にまつわるジェノグラムのための質問

- パートナーが家族から受け取ってきた性に関する明白なメッセージ、もしくは覆われたメッセージはどのようなものでしょうか。親密性については。男性性、女性性についてはどうでしょうか。家族の他のメンバーは、そういったテーマについてどのように話すでしょうか。
- 誰がもっとも性に関して開かれているでしょうか。感情的にはどうでしょうか。身体的にはどうですか。誰が最も閉ざされているでしょうか。それは他の家族メンバーにどのように影響しますか。
- 性や親密性はどんなふうに奨励されてきましたか。あるいは、反対されてきましたか。コントロールされてきましたか。教わりましたか。前の世代の人たちは、彼らが伝えるメッセージと異なりますか。

- 家族のメンバーのなかで，宗教に対して，性や親密性について従わなかった人はいましたか。そのことによる影響はどのようなものでしたか。
- 親密性，セックス，虐待に関する秘密があなたの家族にはありますか。近親姦，性虐待，望まれない妊娠，浮気，結婚前の妊娠，中絶，親戚同士の結婚についてはどうですか。
- あなたの家族のジェノグラムのなかで，セックスや親密性に関して尋ねづらい質問はなんでしょうか。誰が答えてくれそうですか。どんなふうにその人にアプローチしますか。
- 避妊の概念についてはどのように扱ってきましたか。
- 性的な内容を含む本や雑誌のようなものについては，どのように扱ってきましたか。
- ポルノ写真のような性的なメディアはどのように扱ってきましたか。また現在，あなたの関係性のなかでそれらをどのように扱っていますか。
- あなたの経験において，一夫一婦制のルールというのはどのようなものでしたか。他の人に魅力を感じたり，そのことについて話すのは大丈夫でしょうか。
- 浮気，もしくは風俗店の利用は容認されていますか，もしくは話し合われましたか。これらのテーマは，あなたの現在の関係性のなかで，どのように扱われていますか。
- 前の世代に，あなたが見習いたい／見習いたくないと思うような親密な関係性を有する家族のメンバーはいましたか。
- あなたの家族メンバーの性もしくは親密な関係性は，民族性に影響されていると思いますか。富，成功，ジェンダー，性指向，移民，言語の違い，人種による影響についてはどうでしょうか。
- あなたの家族には，民族，階級，宗教といった背景の外で結婚したメンバーが居ますか。そのことは，家族のなかで他のメンバーにどのように影響しましたか。それは彼らの性もしくは親密な関係性に影響を及ぼしたと思いますか。
- あなたの宗教もしくは文化的な価値観は，あなたの性や親密性に関する捉え方に影響しているでしょうか。異なるありかたもあるでしょうか。
- あなたの家族の文化や性の規範に従わない性のパターン，もしくは親密なパターンをもつ人はいますか。家族メンバーの他の人はそういった人に対してどのように反応しますか。
- あなたが家族から受け取ってきた性や親密性に関するメッセージのうち，あなたが次世代に伝える際に変えたいと思うことはどのようなことでしょうか。
- あなたの家族にある規範は，あなたのパートナーの原家族の規範と似ているでしょうか，異なるでしょうか。そういった違いは，あなたの性的もしくは親密な関係性にどのように影響しているでしょうか。

- そのようなとき，あなたはカップルとしてその違いをうまく扱ってこられたと思いますか。性的な事柄について，どのような価値観を共有できましたか。
- 先入観や抑圧といった要因は，あなたの家族や性的な存在としてのあなたの発達にどのように影響してきましたか。
- あなたの最初の性体験はどのようなものでしたか。どのように感じましたか。今振り返ると，どのように感じますか。

　すべての性に関する情報を一つのジェノグラム上に示すのが，きわめて難しいのは明らかである。多世代にわたる浮気のパターンはジェノグラム上に明確になるが，性に関する微妙な事柄は特別な記号や線を使って表示しなければならなくなることがよくある。にもかかわらず，性に関する微妙な事柄はとても重要な情報である。また，ジェノグラムを使った性に関するテーマの追跡は，性の歴史をアセスメントするための最も有効な枠組みである。

　特定のテーマに関するジェノグラムは，さまざまなテーマについて作成することができる。介護，健康と病気，教育，希望とレジリエンス，ユーモア，仕事，ペットと趣味などである。その核心は，人間の体験を歴史の文脈のうえで理解するための枠組みとして，ただ個人に焦点を当てるのではなく，時を超えて家族のなかに見られるパターンを追いかけることが決定的に重要であるということである。

5 家族の構造を理解する

　家族構成やきょうだいの出生順といったさまざまな家族の構成，すなわち家族関係の構造を検討することで，臨床家はテーマや役割，そして家族についてのさらなる質問から引き出されることで見えてくる，関係性についてのさまざまな仮説を立てることができる。

　ジェノグラムを評価する際の解釈の原則は，基本的には家族システム論の原則に基づいている。ここで述べられているアイディアの詳細については，ボーエンの理論（テーマ別参考文献「アセスメント・ジェノグラム・システム理論」参照）や，きょうだいの配置（テーマ別参考文献「きょうだい」参照），あるいはマクゴールドリック（McGoldrick, 1995），ハリエット・ラーナー（Lerner, 1990, 1994, 1997, 2002, 2005），その他，現在起こっている問題を解決する際に家族の歴史を理解することが有用であると考えている家族療法家の書籍を参照されるとよいだろう。

　ジェノグラムにおいて最初に探索されるのは，基本的な家族の構造である。それは，線や記号によって明らかにされる構造のパターンである。記号の構造を検討することによって，家族役割や関係，機能についての仮説を立てることができるようになる。家族の機能は，世帯構成やきょうだいの出生順，例外的な家族のありかたなどに基づく。

　また，家族のパターンは，一つの世代から別の世代へと繰り返されている場合に強調される。前の世代と同じような構成の家族にいるメンバーは，その世代のパターンを繰り返す傾向にある。たとえば，三姉妹の末っ子である母親は，もし彼女に3人の娘がいる場合には，末っ子に過剰に同一化しやすいということがあるかもしれない。あるいは，三世代にわたって家族が別居や離婚を経験している場合には，その人たちは離婚をほとんど普通のこととして捉えているかもしれない。

世帯構成

　世帯構成は，ジェノグラムにおいて最初に注意を払うポイントの一つである。伝統的な核家族なのか，一人親家族なのか，複数世帯の家族なのか，複数家族の世帯なのか，拡大家族なのか，部外者が含まれる家族なのか。

伝統的な核家族

　アメリカにおいては，伝統的な核家族（初婚の夫婦とその子ども）の割合は，1970年の40％から減少する傾向にあり，2003年には23％となっている（Fields, 2003）。このことから，伝統的な核家族という家族構造は，臨床家の注意を引くものではないだろう。しかし，家族が深刻なストレス下にあるときや，夫婦間の深刻な葛藤がある場合には，臨床家はどのような要因や強みによって家族が一緒にいることができたのかを探索したくなる。また，どのような追加の資源が必要もしくは利用可能かということも探索したい。ストレス下において，核家族は拡大家族に比べて柔軟性を失いやすい。

　また核家族は，はっきりと予測可能な両親－子どもの三角関係を有していることがある。それはたとえば，父親に対する関係において母親が子どもにジョイニングする，子どもと同盟を組む片方の親がもう片方の親と対抗する，あるいは別の子どもに対抗する，両親は「病気の」もしくは「悪い」子どものために互いにジョイニングする，子どもたちは両親に対抗して同盟を組む，といったことである。

一人親の世帯

　シングルの親による出産，養子縁組，死別，離婚，別居，あるいは片方の親による養育放棄によって，一人親の世帯，すなわち両親の片方だけが子どもを育てている状況になることがある。ジェノグラム上で一人親世帯の構造を見つけるということは，臨床家にとっては，一人親である理由や一人で子育てをする困難さ，経済的な問題，拡大家族や名づけ親，友人といった利用可能な資源などを探索するための手がかりとなる。

　カラー図15は，ビル・クリントンが生まれた年の様子を示している。彼が生まれたとき，母親のヴァージニアは23歳で，一人親世帯として，彼女は詩人の母親と一緒に暮らしていた。未亡人となったばかりで，仕事のスキルもお金もなく，有している資源も乏しかった。幸いなことに彼女の両親が助けてくれたものの，そこでは母親の両親が子どもとの関係を強めることで母親自身が部外者であるかのように感じるといった，三世代世帯にはよく見られる三角関係がすぐに展開していった。クリントンの母親は次のように述べている（Clinton-Kelley, 1994）。

> 母親は，母親とはどういうものかを私に見せることに夢中だった。彼女が意味するところは良いものであったが，私は自分がもう一度駄目な看護学生になったように感じていた。私の母は神様のようだった。母親がビルのことを独占していない間だけ，私は彼を連れ出して乗り物にのせて遊んだ（pp.61-63）。

ヴァージニアは翌年を，ニューオーリンズで学校を卒業するために費やすことに決めて，ビルを両親の元に残して家を出た。彼女が家に戻って，再び一緒に暮らし始めたときに，関係の問題は大きくなった。

> 母親はだんだんと，誤ったやりかたで私とぶつかるようになった。私は25，26，27歳になっても両親と一緒に暮らしていた。昼間のあいだ，ビルの面倒を見てくれる人がいるというのは，もちろん，感謝すべきことだった。しかし，そこには常に対価が存在していた。私が麻酔科の学校にいるあいだに，母親はビルと信じられないくらい密接な関係を作り上げていた。そして今や，私は働いていて，彼女はビルを支配していた。彼女は彼に服を着せ，食事を与え，彼とともに歩き，彼に物を与えた。彼女の愛する孫のためには，どんなものも，立派過ぎることも高すぎることもなかった。

一人親家族において，このような問題は予測可能である。臨床家は，ジェノグラムに一人親家族を発見したときには，このような典型的なパターンについて尋ねなければならない。また，臨床家の関心は，もう片方の親を喪失することによる家族への影響（とりわけ子どもにとって）や，関係性のパターンおよび三角関係に向けられるだろう。ビル・クリントンのケースでは，子どもの時には幸運なことに，彼はそういった三角関係について気づいていなかったと述べている。

> 私は祖父母に世話されていました。彼らは私に対して，信じられないくらい誠実でした。彼らは私をとても愛してくれました。悲しいことに，それは彼らがお互いに向けている以上の愛情であり，あるいは祖母の場合には，私の母親に向ける以上の愛情でした。後に，私が厳しい状況のなかで育ってきた子どもたちに関心を向けるようになって……私は自分がどれだけ恵まれていたかを知ることになりました。恵まれない状況があったなかで，私の祖父母と母はいつも，私は彼らにとってこの世で最も重要な存在であると思わせてくれました（Clinton, 2005, pp.9-10）。

失われた彼の父親であるビル・ブライスは，次のように述べている。

私の人生は常に，空白を埋めたいと渇望していた。写真や話，雑誌のスクラップなど，私に生を与えた者に関する情報をもたらすあらゆるものに執着した――どのような事実であれ――私がこれまで生きてきたように，50年近くともに過ごした理想化された写真よりも私の父親が複雑な人であったとしても，私は驚かないだろう――私の父は，私が二人のために生きなければならないと感じるように私のもとを去っていった。そして，もし私がそれなりによい生き方ができたとしたら，私は彼の人生の分までも生きたということになるだろう。また，彼の記憶によって，私にはほかの皆よりも若いときから，いつか死ぬ存在であるという感覚がしみこんでいた。若くして死ぬかもしれないという認識は，人生のすべての瞬間にあらゆる力を出し切ろうということ，そして次の大きな挑戦をしようということの，二つの意味で私を突き動かした。私はどこに向かっているかもわからないままに，常に生き急いでいた（Clinton, 2005, pp.5-7）。

しばしば，一人親世帯は，より大きな複数世帯ネットワークの一部として位置づけられる。それは二重核家族（Ahrons, 1998），もしくは複数核家族と呼ばれる。そこでは，子どもはいくつかの異なる家族構造の一部に同時に位置づけられる。そのような家族においては，子どもは複雑な適応スキルを身につけて，異なる文脈を扱い，それぞれの家で交渉することを強いられる。

再婚家庭

離婚や死別の後に，片方，もしくは両方の親が再婚した場合には，継親が家庭に組み込まれて，再婚家庭が形成される。以前の婚姻関係の子どもは同じ世帯に組み込まれるか，異なる世帯に分けられるか，前の世帯と新しい世帯を行ったりきたりすることとなるだろう。

再婚した家族は，特別な問題を扱う必要がある。それは，親権や面会交流，嫉妬，えこひいき，忠誠葛藤，継親および異父・異母兄弟の問題である。臨床家はそれぞれの家族メンバーについて，離婚や再婚の与えた影響を検討しなければならない。こういった家族の固有の関係性のパターンや三角関係は，ビル・クリントンの家族においてみることができる（**カラー図16**）。彼の父親であるウィリアム・ジェファーソン・ブライス・ジュニアは，クリントンの母親であるヴァージニア・キャシディとの結婚の前に数回結婚している。彼女は何年も後にそれらの結婚のことを知った。それは，すでに彼女が死にかけているときのことだった。

そういった家族については，変動する家族構造や住居環境を書き記すのが難しいだろう。1950年，ビルが4歳のときに，ヴァージニアは再び結婚している。彼女の2番目の夫，

クリントンと離婚しているが，その数か月後に再び彼と結婚している。ビル・クリントンは中年になって，ビル・ブライスの以前の関係における半分血のつながったきょうだいについて知ることになった。彼は異母兄には会ったが，異母姉には会わなかった（Clinton, 2005）。

拡大家族ネットワーク

民族によって，家族の定義は非常に多岐にわたる（McGoldrick, Giordano, & Gracia-Preto, 2005）。名づけ親やそれに似たネットワークを含む構造に注目すること，それらの構造から関係のパターンがどのように影響されているかをアセスメントすることは大変重要である。おばさん，おじさん，いとこ，養子，使用人といった人が世帯の一員となる場合がある。特に，家族にとって重要なベビーシッター，親友，そのほかの「部外者（アウトサイダー）」は，しばしば非公式な拡大ネットワークのメンバーであり，ジェノグラムに組み込まれるべきである。私たちはクリントン家の使用人で1953年から働いているコラ・ウォーカーについて，ヴァージニア・クリントンが1994年に亡くなるまで彼女に仕えていたコラの娘メイについて，ジェノグラム上に描いた。さらに，ビル・クリントンの小学校時代の友人で，50年後に彼とともにホワイト・ハウスへ来ることになる，ヴィンス・フォスター，マック・マクラティ，そしてジョー・パーヴィスについてもジェノグラムに含めた。

核家族は祖父母とともに住んでいる場合がある。一人親家庭にとっては，とりわけよく見られる状況である。ヴァージニア・ブライス・クリントンがそうであったように，母方祖母が母親を支援するために一緒に暮らす場合が多い。三世代にわたる世帯が一緒に暮らしている場合には，臨床家は世代間の境界，同盟，葛藤，養育に関する問題を検討する必要がある。ヴァージニア・クリントンの例では，彼女はいつも父親のことを尊敬していたが，母親が過剰に力を有していた。

臨床家は，一緒に住んでいる拡大家族のメンバーの関係性や役割について探索するべきである。個人の役割や家族における構造的なポジションなど，関係性にまつわる問題はさまざまである。ある人にとっては，配偶者の両親，きょうだい，おばさん，おじさん，いとこは邪魔者であるかもしれない。里子や養子は，その子ども自身の性質や家族の性質によって，「特別な人」もしくは「問題がある人」として三角関係に巻き込まれることが予測できる。拡大家族メンバーや他の人が世帯に入ることによって，現在の家族や拡大家族に対して引き起こされる影響について考えることは重要である。

きょうだいの配置

　出生順位，性別，他のきょうだいとの年齢差がいかに重要なことであるかという点については，長い間文献において議論されてきた。しかし，きょうだいの配置の発達における役割について，基本的な合意がなされてきたわけではない（テーマ別参考文献「きょうだい」参照）。出生のタイミングやきょうだいのポジション，民族，暮らしむきなど，さまざまな要因がきょうだいのパターンに影響を及ぼす。加えて，家族の崩壊といった状況の下では，きょうだいはお互いにとって主要な庇護者となり，サポート資源となるだろう。ビル・クリントンの両親が1962年に離婚したとき，ビルは彼の継父の養子に入ったわけではなかったが，彼の名前を公式に変更することを決断した。この変更は，彼を虐待し，アルコールの問題があり，最終的に母と離婚した継父とは関係がないことである。ビルが名前を変更したのは，彼が保護と深い忠誠の感覚をもっていた半分血のつながった弟と同じ名前となるためであった。

　現在では，出産コントロールが可能となり，女性運動，女性の社会進出，家族構造の変化といった出来事による影響から，出産や子育て，家族の構造パターンが変化することによって，きょうだいのパターンは潜在的に重要な変化を遂げている。

　きょうだいの体験は非常に重大なものである。重要なのは，きょうだいは若いときに多くの時間をともに過ごしているという点である。年齢の近い二人の子どもたちは，とりわけ性別が同じである場合には，一般的には一緒に居ることが多い。彼らは両親からの注目を共有し，二人で一つとして育てられる。きょうだいに明らかな年齢差がある場合には，彼らが一緒に過ごす時間は短くなり，共有する体験も少なくなる。彼らは発達していく家族の異なる段階のなかで成長し，さまざまな意味においてまるで一人っ子のように育てられ，発達段階を別々に経験する（Toman, 1976）。こういった理由から，ユング（**カラー図7** 参照）は機能的には一人っ子の例となる。ユングの年上きょうだいは彼が生まれたときには亡くなっており，彼の妹は9歳年下であるため，ユングの体験はおそらくきょうだいというよりは一人っ子としての意味合いが大きかっただろう。

　離婚や再婚が頻繁に起こっている今日では，家族のなかにきょうだい，継きょうだい，異父・異母きょうだいが含まれ，別々の世帯で暮らしていたり，たまたま一緒になったりする。また一人っ子が増えていることから，きょうだいに近い関係性は遊び仲間との間でもたれる。加えて，前の世代よりも多く見られるのは，家族のなかに二人の子どもがいる場合である。その子どもたちの関係は，きょうだいがたくさんいる場合に比べて，より強いものとなる。明らかに，一緒に過ごす時間が長くなるにつれて，二人きょうだいの関係性は強まりがちである。大きなきょうだいグループのなかでは，性別や年齢によって小さなグループができる傾向がある。18か月離れて生まれた兄弟は二者関係を形成し，彼ら

の 5 歳と 7 歳の妹は別の小さなグループを形成する。

　きょうだいはしばしば，とりわけ両親が養育に関するニーズを提供できない場合には，お互いに頼りあうことがある。幼少期から，ジェーン・フォンダとピーター・フォンダは彼ら自身のために，たくさんの事柄を受け流す必要があった。彼らは，両親を情緒的に喪失する体験をしている。彼らの父親はそのパーソナリティによって情緒的な距離があったし，日常的に仕事で不在にしていた。また彼らの母親は精神疾患にかかっており，彼らは母親のトラウマ的な自殺も経験している。彼らは大人になるまでの間に，何度も住居環境が変わっている。きょうだいにこのようなトラウマ的な状況が起こる場合には，きょうだいはお互いにとって，苦痛に満ちた不安定な世界における錨となる。ピーターは，幼少期から父親はほとんど一緒にいなかったと述べている。「そして，忘れているか気づいていないのか，母親は酔っ払った状態で，寝室で過ごす時間が増えていた……ジェーンと私はお互いに引き寄せられていた……私たちは，私たちの部屋の間にある壁に穴を開けて，夜中にお互いに話せるようにした。私たちは，小さな穴を通じてささやきあえるように秘密の言葉をもっていた（いまだにもっている）」(Fonda, 1998, pp.14-15)。「家族が変わるとき，根こそぎ移転する場合，距離というものは近い遠いにかかわらず人生において最もストレスフルなものの一つだ。ジェーンと私は私たちの楽園から追放されたように感じたし，私たちの両親というもの言わぬ十字軍に引きずられていったように感じた」(p.35)。「ジェーンは私の救世主になった。そして，彼女は私を嫌っていると言っていたが，彼女は私が危機的な瞬間にはいつも私のためにそこにいてくれた。姉と弟であり，弟と姉だった」(p.39)。

　彼が 10 歳のとき，自分で自分を撃って傷つけたことがあったが，そのとき彼の父親は 3 回目の新婚旅行で不在にしていて，彼のためにそこにいたのはジェーンだった。彼が 16 歳のとき，退学処分になって，誰も彼のことを守ってくれる人がいなかったが，ちょうど大学が始まる時期に彼のために戻ってきたのはジェーンだった。彼は彼女に言った。「自分にはジェーン以外，誰も居ない。ジェーンは自分にとってのすべてだ」(p.54)。そして数年後，「自分には彼女からの承認が必要だった。ジェーンは承認して欲しい基準において，いつも父親のわずかに下に位置づけられてきたけれど，私たちがより親密になってお互いに気持ちがつながりあうにつれて，彼女からの祝福はより重要なものとなった」(pp.292-293)。

　50 歳を超えて，彼女が人生における一つの危機を迎えたとき，ジェーンはピーターに 5 日間，彼女と一緒に過ごすことを約束させた。彼女が言うには，どんなに些細なことであれ，彼が覚えている事柄のすべてを知るために，彼女は自分たちの幼少期について話す必要があったとのことだった。ジェーンは，二人でともに過ごした幼少期の，バラバラに壊れたパズルのピースを合わせようとした。それができる前に，ピーターを失うかもしれな

いことを怖れたのだった（p.474）。

出生順位

　きょうだいにおける位置づけは，とりわけ原家族における個人の情緒的な位置づけと関連する。また，将来における配偶者や子どもとの関係にも関連する。長男や長女は感情に責任を負ったり良心的であったり親役割を担いがちである。それに対して，末子は子どもっぽかったりケアの提供から自由であったりする。ピーターよりも2歳年上であるジェーン・フォンダは，常に責任感のある子どもだったし，幼少期から役者としての父の後を追っていた。一方ピーターは，数年にわたって権威に対する反抗の役割を担っていた。しばしば年長の子どもは，自分は特別な存在であり，家族の幸福を維持したり，家族の伝統を継承したりする責任があると感じることがある。彼らは，人生において達成すべき英雄的な使命をもっていると感じるかもしれない。加えて，ときに，もっとも年長の子どもは年下のきょうだいに対して腹を立てているかもしれない。年下のきょうだいは部外者であり，彼らが以前独占していた両親からの愛や注目を奪っていくように感じたかもしれない。真ん中の子どもは，間に挟まれていると感じたり，彼ら自身の居場所を探したいと思ったり，異質な存在として自分を定義づけることがある（Sulloway, 1996）。出生順位はまた，将来における配偶者，友人，同僚との間に起こる体験に影響を及ぼすものである。ただし，言うまでもなく，それらは特定のタイプのパーソナリティになることを保証するものではない。きょうだい役割に影響を及ぼす要因はたくさんある。たとえばきょうだいの数，気質，障害，容姿，民族，知性，才能，性別，性的指向，そして他の家族に関する経験——死，転居，疾患，経済状況の変化——のうえに位置づけられる出生のタイミングである。

双子

　究極の共有されたきょうだい体験とは，一卵性の双子である。双子や，それ以上の複数の子どもが同時に生まれることは以前に比べて一般的なこととなりつつある。妊娠全体の8分の1は双子であり，約50人に一人は双子である（Wright, 1995）。彼らは，他の家族メンバーが立ち入ることができない，特別な関係性を有している。

　双子にまつわる想像において私たちをとらえるものは，彼らの存在自体が私たちの固有性への挑戦であるということに関係しているかもしれない（Wright, 1995）。彼らは独自の言語を発達させ，神秘性を維持し，お互いを感じとるテレパシーのようなものを有していることが知られている。双子の片方が死んだときには，もう片方は残りの人生にわたって罪悪感を覚え続ける。二卵性の双生児であっても，彼らは人生の経験を共有するために，しばしば特筆すべき類似性をもっている場合がある。

双子にとっての主たる課題とは，個人としてのアイデンティティを発達させることである。彼らは自分自身の，固有のきょうだいにおける位置づけをもたないため，他の人たちから一括りにされがちであり，お互いから自分を区別するために，極端なことがらに走りがちである。

兄弟と姉妹の異なる役割

　男兄弟と女姉妹は，一般的に，家族において異なる役割を担っている。女の子の女きょうだいは，男の子の女きょうだいとはまったく異なるきょうだいパターンを示す傾向にある。実際，研究の結果が示しているのは，男の子に対する社会的望ましさによって，社会化の過程における男の子と女の子の分離は，幼少期に最も極端である（Maccoby, 1990）ということである。共学の環境では，男の子は同じように注目を獲得しようとしない女の子を無視したり雑に扱ったりする傾向がある。男きょうだいが年長の場合には，優遇されることがしばしばある。男きょうだいが年下の場合には，彼の特別な地位に対して女きょうだいから妬まれたり嫌われたりすることがある。

　ダイアナ妃の例では，彼女の家族の状況が特殊ということもあるが，世界中で見られるような一般的なジェンダーの問題が反映されている（図5.1）。

　彼女は家族のなかで3番目の娘だった。そのとき家族は，跡取りとなる息子を必要としている時期であった。跡取りとなる息子は，彼の父親，すなわちオルソープのアール・スペンサー7世の死後，1億4,000万ドル相当の建物を相続することになっていた。両親は息子をもつことについて絶望していた。もし息子をもたなければ，彼らは家を立ち去らなければならなかった。彼らには一人，息子がいて，ダイアナの前年に生まれたが，生まれてすぐに奇形で亡くなってしまった。ダイアナが生まれたとき，両親は非常にがっかりして，彼女の出生届を出さず，彼女はきょうだいのなかで唯一，皇室の名づけ親をもたない者となってしまった。ダイアナが言うには，「私は落胆そのものであった。私の両親は男の子を望んでいた。彼らは私が男の子であると確信しきっていたし，彼らは私のために（女の子の）名前を考えることさえしなかった」（Campbell, 1998, p.1）。彼女は最終的に，皇室に嫁ぎそうであった祖先の名前を与えられることになったが，彼女の立場は，彼女が不十分な存在であるという感覚と，特別であるというオーラを慎重に育てることにつながっていった。子ども時代を通して，彼女は亡くなった兄の墓へ，彼のことは知らなかったけれども，頻繁に訪れた。息子を必要としながら，その一人を失ったばかりの家族にいる3番目の娘として，彼女は自身の居場所を見つけるために「特別な」存在でいなければならなかったし，そうなっていった。もちろん，彼女の立場は，3年後に彼女の弟が生まれたことで軽減された。確かに，別に驚くことではないが，弟は彼女のお気に入りとなり（両親が離婚した後にはよりその傾向は強まった），二人はお互いに，「最も重要な避難場所」

図 5.1
ダイアナ妃(Princess Diana)の家族

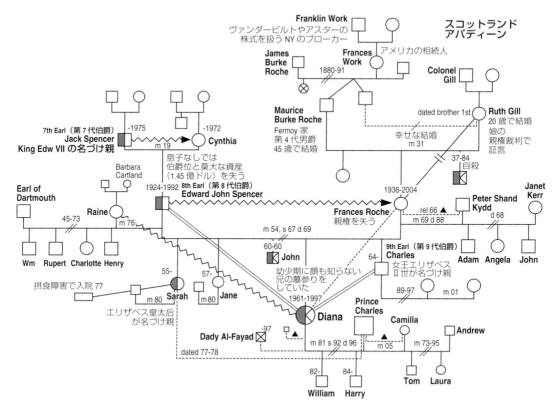

となった。ちょうど、ジェーン・フォンダとピーター・フォンダの関係と同じであった。

　幼少期において、姉妹はしばしば、両親からの注目をめぐってライバルや競争相手となるが、同時に弟たちの世話人ともなる。両親は、良かれと思って、息子たちに娘たちとは別の特別なメッセージを伝えてしまうかもしれない。次に示すのは、ジャッキー・ロビンソンの例である。彼はブルックリン・ドジャースの一塁手で多才であり、ベースボールにおける人種間の融和に尽力した。彼の娘であるシャロンには二人の男きょうだいがいて、彼女は3人きょうだいの真ん中である（**図5.2**）。また、彼の妻であるレイチェルは、シャロンと同じきょうだい配置であった。

　　彼女は、私たちの目には、理想的で完璧な子どもに映った。また実際に彼女のことを知る人たちには、彼女は実際よりも良い子であり過ぎるように見えていた。父親が息子たちに夢中になるときには、彼女にたいへん素晴らしい特別なことが起こっていた。それは同じ——私たちの関係は——あるいは、より深いかもしれない……

図 5.2
ジャッキー・ロビンソン（Jackie Robinson）の家族

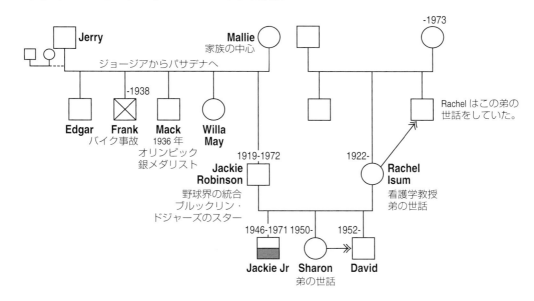

レイチェルは，同じような家族パターンのなかで育った——3人きょうだいの真ん中で，二人の男きょうだいがいた。彼女は忙しく，愛情深い人であったが，常に幸せである必要はなく，家族においては弟の面倒を見る大黒柱であった。私は怖い遊び道具のようなものを見ると，シャロンはどのようなものに直面しても上手に対処できるくらい充分に強いのだと私たちが決めてかかっていたことを思い出す。私たちは何年にもわたって，彼女の発達についてそれが当たり前のことであるように扱ってきた。彼女が悩みを見せたり，大騒ぎすることで彼女の問題に対して注意を引いたりすることは，めったになかった（Robinson, 1972, p.242）。

　反対の方に水を向けようとする両親の努力にもかかわらず，またシャロンの母親は非常に活動的で成功した女性であり，強い役割モデルとなる人であったにもかかわらず，シャロンは典型的な姉としての振る舞いをしていた。彼女は後に，次のように書いている。

　　ジャッキー［彼女の兄］はときどき，私が泣き出すまで，私を地面に押しつけてくすぐることがあった。そんなことがあっても，私は兄弟の守り手の役割を担いがちだった。……母親はいさめていたが，それに反して，兄弟たちが池で釣りをしている間，私は彼らのために丘を越えて，彼らのために水をくみ，食べ物を手に入れて

いた（Robinson, 1996, p.88）。

　女きょうだいの関係の複雑さには，いくつかの理由がある。家族のつながりの強さ，関係の期間，女きょうだいが引き受けがちな養育者としての責任，そして男性からの注目と承認を得るために彼女たちが有している競争力である。女きょうだいの関係にもまた，特別な複雑さと親密さがある。私たちの社会は，基本的にはそういった関係性の重要性を否定している。多くの伝説やストーリーのなかでは，男性が姉妹に挟まれている場合，姉妹は彼の注目をめぐって争う（Bernikow, 1980）。もちろん「シンデレラ」の話にあるように，母親は不和を起こさない限りは，言及されることはほとんどない。文学における姉はいつも悪として描かれる。末娘は「父親の娘」として，子どもっぽいお気に入りとして描かれる。また，忠誠と愛情を向ける対象としての好ましさへの見返りとして，父親からの愛情を受ける。どのように家族のなかで女性がお互いに理解されているかへのこういった否定的な神話の影響は，臨床的アセスメントにおいて重要な問題である。女性のあいだの葛藤は，表面上で起こっている通りに受け入れられることはないが，女性たちがお互いに同盟を組めないことによって誰が利益を得ているのかという観点からアセスメントされるべきである（McGoldrick, 1989）。

　また文化との関係において，きょうだいの性役割（そして他のすべての種の性役割）をアセスメントすることは重要である。娘が男きょうだいを含む他者をケアする役割を担うように育てられるということは，さまざまな文化においてみられる傾向である。アイルランドやアフリカ系アメリカ人の家族においては，さまざまな歴史的背景から，息子たちが過剰に保護され，娘たちはあまり守られないといったことが起こっているかもしれない（Watson, 1998）。他のグループにおいては，特定の期待というものはより少ない。たとえば，アングロ系の家族においては，息子たちも娘たちも等しく仕事を担うものと考えられている。どのようなケースであれ，性役割がどのようにきょうだいのパターンに影響しているかに気づくことが肝要である。

　典型的には，肩入れされている感覚をもたない長男とは異なり，長女はしばしば，自身の責任にまつわるアンビバレントな感情や罪悪感をもっていることがある。彼女たちは何をしても充分ではないと感じていて，家族がうまく機能するようにケアしようと努力することをやめることができない。

第一子

　一般的に，第一子は家族のなかで，過剰に責任をもち，慎重である傾向がある。彼らは弟や妹に対する権威と責任を経験するために，彼らは良いリーダーになる。最初に生まれるということは，ありがたいようなありがたくないようなことである。両親の夢に応える

図 5.3
ワシントン (Washington) 家

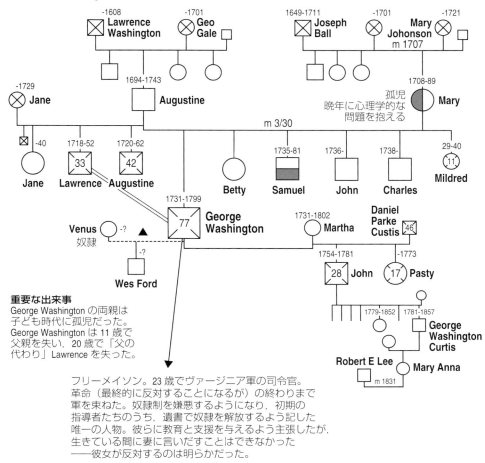

存在として，また新しい家族の始まりとして，第一子は他のきょうだいにはない集中的な注目を受けることとなる。しかし，ときにそれは重責となるかもしれない。第一子は他者に対する責任を当然のことと思いがちであり，集団を優れたものに引き上げようと一所懸命に働く傾向がある。

ジョージ・ワシントン（**図5.3**）は，この傑出した例である。彼は第一子として成長したが，彼には半分だけ血のつながった兄が二人いた（ジョージは青年期まで，彼らのことを知らなかった）。彼らのうちの一人であるローレンスは彼の父親が亡くなった後，彼の守護者となった。ワシントンのリーダーシップを採る能力は，アメリカという国を形成した主要な要因であった。20歳のとき，ワシントンはヴァージニア民兵に参加し，すぐに突出した存在となった。23歳のときには，すべてのヴァージニア民兵の指揮官となった。

図 5.4
チェ・ゲバラ（Che Guevara）

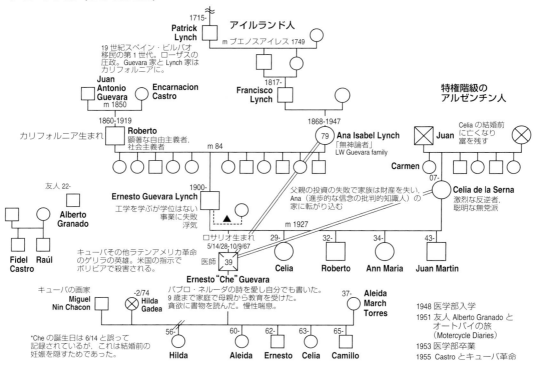

　彼は，仲間たちを戦いに導いて無傷のまま生き残るという奇跡的な能力を有しているように思われた。非常に優れた指導者として，彼はただ彼自身の目的と，仲間を支援し目的を達成するという彼の義務に集中し続けた。そこに孕まれる個人的な犠牲は厭わなかった。それは，彼が生涯を通して年下のきょうだいや他の家族メンバーの支えであり続けたことと同じであった。

　もう一つの典型的な第一子は，チェ・ゲバラである。彼には5人兄弟の一番年上という責任があった（図5.4）。

　チェはジョージ・ワシントンと同様，生まれつきのリーダーであった。チェがキューバや南アフリカにおけるゲリラ革命の英雄となったのは，なんの不思議もないかもしれない。彼は第一子としての役割をまっとうし，彼の両親の社会主義および革命的な価値観に忠実であった。彼の父親であるエルネスト・ゲバラ・リンチは当時，政界における立場を確固たるものとしていた。スペイン内戦の後に流刑にされたスペイン人を助け，彼の都市にスペイン公国の国際的なネットワークの一部分である援助委員会を設立した。チェの母親であるセリア・ゲバラ・デ・ラ・セルナもまた革命家であった。彼女はたくさんの本や

新聞でいっぱいのボヘミアの家庭へ定期的に訪ねていた。そこでは，彼女の子どもたちは自由に喋ることを推奨されていた。チェはスペイン公国に情緒的につながっている人たちに囲まれて育った。体の弱い（彼は幼少期の間，ぜんそくに悩まされていた）長男として，チェは特に母親の近くで育った。母親は彼を家で指導した。幼少期の最初の方から，彼のパーソナリティはさまざまな点で母親の生き写しのようであったことが知られている——決断力があって，主張し，過激で，独立していて，他の人たちに対する強く直観的な忠誠心を有していた（Anderson, 1997, p.17）。

　長女はしばしば，彼女のなかの男性性として，同じような責任感，慎重さ，養育，リーダーシップの感覚をもっている。しかし，娘は一般的に同じような優遇を受けることはなく，また家族も娘に対して，一般的には，同じように優れた者となってほしいという期待はもたない。したがって，長女はしばしば，優遇されたり自尊心を高められたりすることなしに第一子としての責任を背負わされることとなる。きょうだいが全員女性であった場合，長女は優遇されたり，期待されたりすることがあるかもしれない。それは，息子に向けられるものの代わりである。例として，キャサリン・ヘップバーンの母親の運命が挙げられる。彼女は三姉妹の長女であり，彼女が大学に通っている間，妹たちの面倒をみていた。

　長女の下に弟がいる場合，トーマス・ジェファーソン（**カラー図18** 参照）やジョン・クインシー・アダムズ（**図2.13** 参照）のように，彼は第一子としての機能をもつかもしれない。

　また弟や妹は，きょうだいの疾患や障害によって，第一子の役割を担うことがある。キャサリン・ヘップバーン（**カラー図17**）は，彼女が13歳の時，家族のなかで最も年上の生き残った子どもとなった。彼女の兄が，15歳の時に首つり自殺をした後のことである。彼女が第一子としての機能をもつようになったのは，それよりも数年前のことであった。彼女の兄は幼少期の間，うつ病やさまざまな他の問題によって悩まされていたため，彼女はこの兄に対する世話の役割を担っていた。こういった役割に対する反対の影響を与える要因もいくつかあった。彼女の家族において，他にも自殺した男の人が複数いたことや，喪失に直面するなかで生き残り立ち直った女性という英雄的資質である。キャサリン・ヘップバーンの母親であるキット・ホートンは，彼女がまだ13歳だったときに，父親が自殺をしている。また2年後に同じように母親が亡くなったとき，彼女は孤児として残された。彼女は妹たちに教育を受けさせるために尽力してきたことから，生き残るために男性に依存するということをしない人となった。キット・ホートンは彼女のおじとともに法廷で闘い，16歳でブリンマー［訳註｜Bryn Mawr：セブン・シスターズと呼ばれる名門女子大学の一校。］へ行き，二人の妹たちが大学に行きはじめるまで支援し続けた。

末子

　末子はしばしば特別であるという感覚をもっている。それは，第一子が担うような過剰な責任感をもつことなしに，自分自身を甘やかすことができるという感覚である。きょうだいが何人もいる場合には，この感覚はより強いものとなる。二人きょうだいの末子は――年齢差があっても――「一対」であったり双子であったりするかのような感覚を10人きょうだいの末子よりも強くもっているかもしれない。慣習や決まりごとから自由に，彼もしくは彼女のやりかたでことを進めることによって，末子はときに発明や革新へとつながるような注目に値する創造的飛躍を行うことがある。このことは，トーマス・エジソンやベンジャミン・フランクリン，マリー・キュリー，パウロ・フレイレ，ポール・ロブスンといった例のなかに見て取れる（これらの家族に関するさらなる議論は，McGoldrick, 1995; Sulloway, 1996 を参照のこと）。

　注目の中心という特別なポジションを与えられることによって，末子たちは，自分はなんでもできると考えるかもしれない。末子はより自由で，何かを成しとげようとするよりもむしろ楽しむことに満足するかもしれない。兄や姉といったきょうだいと比較して，末子は自分を疑うことをあまりしない。また彼らはしばしば，極端にクリエイティブであり，他の人があえて考えることのないことがらを試そうとする。彼らはまた，甘やかされて自分に熱中するあまり，彼らの権利意識はしばしばフラストレーションや落胆につながるかもしれない。加えて，末子はしばしば，年上のきょうだいたちが家を離れた後，一人っ子のように過ごす時期を経験していることがある。このことは，両親からの注目を独り占めすることを楽しむ機会になりうる一方で，きょうだいから見放されたという感情につながることもある。

　他の末子の一般的な特徴は容易に明らかにされる。末子には，しばしば養育者としての役割を担う年上のきょうだいがいることから，彼もしくは彼女は"赤ちゃん"のままでいるかもしれない。末子は，すべての人たちの注目の的であり，他者に対して助力や支持を期待している。末子は慣習から逸脱しやすいかもしれない。末子は，"赤ちゃん"で居続けることから抜け出すことを強制されていると感じているかもしれない。このことは，エジソンやフランクリンのように，反乱を引き起こすかもしれない。この二人は，思春期に逃げ出した人たちである。

　末子の女の子は守られ，愛情のシャワーを浴び，人生の青写真を渡されるといった傾向がある。彼女は甘やかされ（兄がいる場合には，特にそうである），特権をもっていると感じている。もしくは，拡大家族のなかにいる場合には，自分の番が回ってくるまでいつも待たされることに不満を抱いている。両親は，彼女の番が回ってきたときにはエネルギーを使いはたしている。彼女は周囲の人たちから横柄に指図されることに憤慨し，決し

図5.5
ポール・ロブスン（Paul Robson）

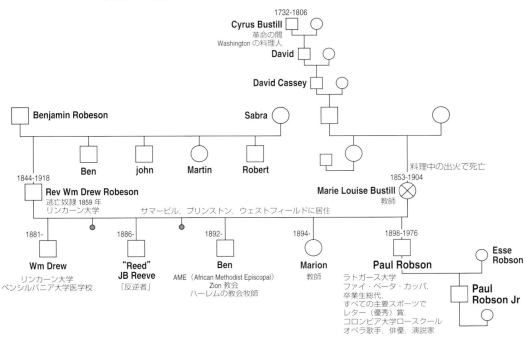

　てそれを真剣に受け止めることはない。もし末子が唯一の女の子であった場合には，さらにお姫様のようになりがちだが，年上のきょうだいに仕える者でもあり，大人になってからは年長のきょうだいたちの相談相手になって，両親に代わって家族をひとまとまりにする。

　ポール・ロブスン（図5.5）は素晴らしくクリエイティヴな末子であり，彼の家族のなかでは，いくつもの才能に恵まれたスターであった。より特別であったのは，家族はアフリカ系アメリカ人であり，人種差別的な社会のなかで生きていたためである。すべてのスポーツにおいて傑出したアスリートであり，「ファイ・ベータ・カッパ」[訳註｜1776年に創立されたアメリカで最も権威のある成績優秀な大学生の友愛会]のメンバーであり，大学では弁護士のクラスを受講していたが，弁護士から世界的に有名な歌手，俳優となり，その後，政治活動家となった。ロブスンは人生のなかで，それぞれの兄弟の重要性を深く知っていた。また，彼は誰もが彼に愛情の余地を残していると言った。誰しもが彼を「来たるべきより良き日々につながる……運命の子」とみなしていた（Robeson, 1988, p.16）。これは一般的な末子の役割であり，とりわけ家族が厳しい状況を経験しているときにはそのようになる。

真ん中の子ども

　真ん中の子どもは,「挟まれている」ため, 基準となる役割を担う第一子の立場をとることも,「赤ちゃん」として末子の役割を取ることもない。したがって, 真ん中の子どもは, 家族のなかで見失われたままとなる危険がある。とりわけ, きょうだいが全員同性である場合にそういったことが起こりやすい。

　一方で, 真ん中の子どもは優れた交渉役になったり, 突き動かされやすい年上のきょうだいと比べてより落ち着いていて成熟していたり, 年下のきょうだいに比べて自分に甘くなかったりする。彼らは注目されていないことを楽しんでいることさえある。

　マーティン・ルーサー・キング（図5.6）は, 真ん中の子どもの例にふさわしい。彼は, さまざまな役割を果たしたり, 複数の人びとを結びつけたりする能力に長けていた。彼の素晴らしいアイディアであった非暴力抵抗グループは, きょうだいの真ん中であるという彼の出生順と適合するものであった。真ん中の子にとって, どちらかの側についてしまわないことや人を結びつける力は, 自然な考え方であった。良い指導者とはなり難い末子と違い, 真ん中の子どもはたいへん優れた協調的なリーダーとなるかもしれない。協働や調整によって複数の派閥をまとめることができるからである。

　真ん中の子どもは, 責任を取ることへのプレッシャーは少ないが, 彼らは特別な役割をもたないために, 一般的により努力しなければならない。

　ロブスン家には, 真ん中の子どもが3人いて, 真ん中の子どもとしてそれぞれ異なる役割を演じていた。長男のウィリアム・ドリューは父親から名づけられ, 彼の志を継ぎ, 医科大学へ通う前には父親と同じリンカーン大学に通った。第二子のリードもまた優れていたが, コミュニティのなかでアフリカ系アメリカ人として生き残るには, 怒りをあらわにしすぎていたため,「迷える」真ん中の子となっていった。ポールは, 逞しくあることについて, 彼から学んだと信じている。3番目の息子であるベンは優れたアスリートで, ポールにとって落ち着いた人のロールモデルであり, 父親と同じように大臣として成功した。4番目の子どもは唯一の娘で, マリオンという。彼女は母親と同じように教師になり, 温かい人物として知られていた。ポールにとって, ベンとマリオン——彼にとって年齢的に最も近い二人——は, 最も重要な指導者であり,「話すときは控えめで, 強い性格をもっていて, 自身の原則に従っていて, いつも年下のきょうだいのために献身的だった」(Robeson, 1988, p.13)。ポールがわずか5歳のときに子どもたちの母親は失火によって非業の死をとげていたことから, このサポートはたいへん重要なものだった。ベンとマリオンは二人とも, 注目を浴びることなく自ら進んで他者の人間関係を促進するという, 真ん中の典型的な特徴を示していた。

　リードからの学びもあった。彼は危ない目にあったときのために, 自己防衛として石の

図 5.6
マーティン・ルーサー・キング（Martin Luther King）の家族

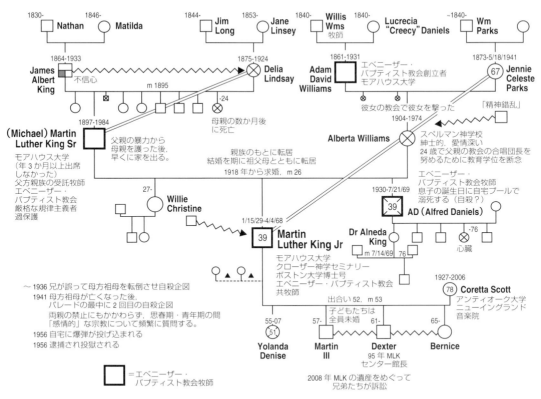

入った小さなかばんをもち歩いていた。ロブソンはこの「荒っぽい」2番目の兄を尊敬していた。また，人種差別や虐待を受けたときに素早く対応するやりかたについても彼から学んでいた。ポールはリードに対して特別な思いをもっていた。リードは，父親からロブソン家の子として高い期待をもたれることなく生きていた。彼は後に，次のように書いている。

> 彼は教室でも，教壇でも駅でも，駄目な人間として扱われていた。しかし，私は彼のことを愛情とともに覚えている。落ち着きなく反抗し，因習を嘲笑し，白人の法律に挑戦した。私はリードのような黒人をたくさん知っていた。私は彼らと毎日会っていた。向こう見ずなやりかたに目をつぶるとしたら，彼らは彼ら自身のために，抜け出す方法を探していた。一人ぼっちで，多人数の肩を借りなければびくともしないような壁に，こぶしと憤怒を打ち込む。すべてが変わるとき……リードのように激しやすい人物でも，穏やかに生きていくことができるだろう。そして，誰

からも眉をひそめられることはなくなるだろう。（Robeson, 1998, p.14）

父であるロブソン牧師は，リードの自由で規律のないやりかたを認めず，彼を法によって徐々に追いやっていき窮地に立たせたが，ポールはリードのことを，自分自身のために立ち上がることを教えてくれた人と捉えていた。リードは，真ん中の子がそうであるように，他の人にはとても表現する勇気がないようなことを表現した。彼の場合，それは人種差別への怒りであった。ロブソン一家についての有名な伝記のなかで，彼は，彼と父親の間で終わらせることができなかった会話が一つだけあると述べていた。それはリードに関することだった。弟の悪い模範になっては困ると父親がリードを家から追放しようとした夜のことを思い出すなかで，ポールは，父親と兄ベンと一緒にリードを探しに出かけ，家へつれて帰ることを想像した。彼は父親からリードを守ることを想像していた。

> ああ，父さん，話題を変えないで……。リードは悪影響なんかじゃなかった。彼が私に言った唯一の恐ろしいことといえば，「おちびさん，お前はしゃべりすぎだ」ということだけだった。彼が私に言ったことのすべてはつまり，立ち上がって，男らしくしろということだった。「他の誰にも出遅れるな，もし誰かに傷つけられたら，それ以上にやりかえせ」。父さん，私は聖書の教えを知っているけど，リードもあなたの息子なんだよ！　あなたはいつも，私のなかにあなた自身を見ていると言うけれど，父さん，あなたはあなたの息子全員のなかにいるんだよ。（Dean, 1989, p.298）

このドラマは，家族のなかでは兄弟がさまざまに異なる役割をはたしていること，そして——家族の一部はその影響を認識していないことさえあるが——そこから誰かが情緒的に遮断されることがいかに重大かを雄弁に物語っている。

真ん中の子どもが第一子や末子の特徴，もしくはこれら二つが組み合わさった特徴を示すことがあるが，それは驚くべきことではない。真ん中の子どもは，唯一の男の子あるいは女の子でない限り，家族のなかで担う役割について葛藤する。真ん中の子どもは，第一子や末子に向けられる特定の利害関係を免れる面もあるが，注目を集めようと奮闘せざるをえないこともある。アルフレッド・アドラー（図5.7）は，真ん中の子のもう一つのよい例である。アドラーは，家族の発達にとってきょうだいの配置が重要であることを初めて理論家した人物の一人であった。彼の考えは，彼の個人的な経験に由来することは明白である。

アドラーによると，家族におけるそれぞれの子どもたちは，他のきょうだいとの関

図 5.7
アルフレッド・アドラー（Alfred Adler）の家族

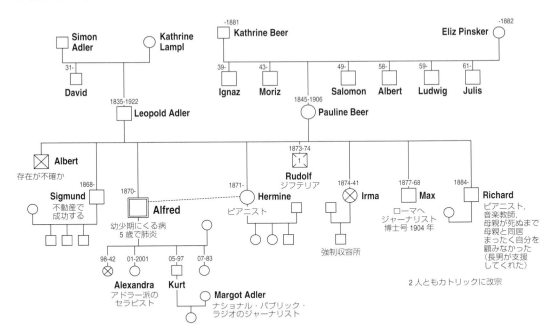

係性のうえで，特別な視点をもちながら育つ。最初から，長男のポジションは年下のきょうだいよりも良い。彼は，より強く，より賢く，最も責任感があると感じるように育てられる。これは，長男が権威や伝統といった概念に価値を置き，彼自身の視点において保守的である理由である。末子の弟は，一方で甘やかされ，家族のなかの臆病な赤ちゃんのままとなる危険性のなかに常にいる。長子が父親の専門性を継ぐのに対して，末子が芸術家になるのは容易である。あるいは，その過補償[訳註｜アドラーの概念。劣等感の克服を過剰なかたちで追及すること]の結果として，すさまじい野心をもち，家族全体の救世主となるべく努力する。第二子は，二つの永続的なプレッシャーを受け続けることになる。それは，年上のきょうだいに勝るよう努力し続けるということと，年下のきょうだいにのっとられるかもしれないという恐怖である。一人っ子と同様に，彼はまた末子に比べて，放って置かれたり甘やかされたりして育つかもしれない。彼が健康であるという両親の先入観は，彼が不安になったり臆病になったりすることにつながる。このようなパターンは，きょうだい間の年齢差や男女の割合，家族におけるそれぞれの立ち位置に応じて変わるものである。もし，長男と妹の年齢が近い場合，彼よりもより速く成熟していくであろう妹に，引き離されてしまうのではという恐怖を感じるときがくる。こういった状況は，男の子ばかりの家族に女の子

が一人居る場合や，女の子ばかりの家族に男の子が一人居る場合に起こる（アドラーによると，これは特に好ましくない状況である）(Ellenberger, 1970, pp.613-614)。

　このことは，アドラー自身の家族における経験に合致するように見える。アドラーは，子どものときに病気を抱えていて（彼はくる病であり，5歳のときに肺炎で死にかけ，車に2度轢かれている），彼は兄の影のなかで育ったと感じてきた。兄のジークムント（!）は成功したビジネスマンで，父親の後を継いでいた。ジェノグラムから読み取れるように，アルフレッドは彼の姉のアーミンのすぐ後を追っていた。大人になってからは，彼らの関係は明らかに希薄になった。彼は彼女に置き去りにされるかもしれないという恐怖のなかで育った可能性がある。アルフレッドが4歳のとき，3番目の小さな弟は彼の隣のベッドで亡くなった。4番目の弟のマックスは，「反抗のために生まれてきた」(Sulloway, 1996)ように見え，明らかにアドラーに対して嫉妬していた。彼はローマに引っ越して，カトリックに改宗することで，家族と距離をとった。リチャードは典型的な末子で，放ったらかされて育ち，自分の面倒をみることができないように見えた。彼は，母親が死ぬまで母親とともに暮らし，芸術家や音楽家になりたいと思っていた。彼は支援が必要で困難に陥り，アドラーと一緒に暮らし，アドラーと長男のジークムントから支援を得ていた。アドラー自身の子どもたちは，アドラー派としてよく知られる人たちで，きょうだいの重要性に関する父親の理論に染まっているが，父親のきょうだいについてすべてを知っているわけではなく，また祖父母についてはさらに知らないことが多かった（個人的な会話，Kurt & Alexandra Adler, 1984）。

　失われた情報はつねに，ジェノグラムにおいて関心をひく。アドラーのケースでは，行動決定におけるきょうだい関係の重要性を彼が明確に信じているにもかかわらず，彼の伝記についてはスケッチが残されただけであり，彼自身のきょうだいの配置については矛盾する情報が残されている（文献の評伝「アドラー」参照）。私たちもアドラーの両親の家族パターンやきょうだいのパターンについて知るところは少ないが，おそらくこの事実は——その研究と心理学上の素質が大きな関心事であるにもかかわらず——フロイト，ホーナイ，そしてユングにとっても正しいことだろう。今後は伝記作家にも，歴史をシステム論の観点から捉えてもらう必要があることは明白である（McGoldrick, 1995）。

一人っ子
　一人っ子は，第一子として真剣で責任感をもち，また末子として特別な存在であるという信念や権利をもつかもしれない。同時に，彼らはより大人との関係を志向しがちで，大人の愛情と承認を求め，その見返りとして自身にのみ向けられる大人からの注目を期待す

る。彼らにとっての主要な課題は、同年代の他者との関係において、どのようにして「親密でありながら個として存在するか」である。彼らはより社会的に依存する傾向を有しがちで、仲間関係をあまり志向せず、小さい頃からより大人っぽい行動をとる。また、両親からの注目と保護の結果として、心配になりやすいかもしれない。彼らはしばしば、人生を通じてとても親密なアタッチメントを両親ともつが、同時に友達や配偶者と親密な関係をもつことがより難しくなる。

インドの二番目の首相であるインディラ・ガンジーは、一人っ子の例として挙げられる（**図7.2** 参照）。彼女はとても孤独に育ち、年長者たちのあいだで生活をしてきて、早くに父親の腹心となった。彼女は明確に第一子としての使命感と責任感をもっていたが、リーダーとして彼女は独裁的で、孤立していくこととなり、彼女は自身の意図を人に明かさなかった。彼女の父親と父方祖父は、一人っ子の機能を有していた。彼女の父親であるジャワハルラール・ネルーは、次の年下のきょうだいと 11 歳離れていた。また、祖父であるモティラル・ネルーは、彼もまたインドの指導者であったが、彼のきょうだいたちとは年が離れていて若かった。彼は成人した兄の下で育った。というのも、モティラルが生まれる前に、彼らの父親は亡くなってしまったからである。ジャワハルラールの母親とインディラの母親の疾患によって、父親および娘はともに一人っ子としての独立心が強まり、父娘の関係も強まったことは疑うべくもない。

きょうだい関係と夫婦関係

きょうだい関係はしばしば――共有や相互依存、成熟度合いにおいて――その後の夫婦関係の下地となる。それはちょうど、パートナーを嫉妬、権力争い、そして競争へと向かわせやすくするようなものである。きょうだい関係は、一般的にはその人にとって最初の仲間関係であることから、出生順位や性別など、きょうだいのパターンに近い関係が、夫婦関係として最も心地良いものとなりがちである。一般的には、配偶者が自分自身のきょうだいパターンを補うような存在であったとき、夫婦関係はよりうまくいくように見える――たとえば、第一子同士の夫婦よりも、第一子と弟もしくは妹の夫婦のように。もし妻が複数のきょうだいのなかで長女として育ち、養育者の役割を担っていたとしたら、彼女は年上の、マネージメントと責任を担ってくれる人に魅力を感じるかもしれない。しかし、時が経つにつれて、彼の自己主張や権威に対して憤慨するようになるかもしれない。なぜなら、きょうだい関係の経験から、彼女は自分自身で意思決定するほうがより心地よいからである。

すべての条件が同じならば（そんなことはめったにないが！）、きょうだい関係にもとづく理想的な夫婦関係は、妹がいる夫と兄がいる妻の組み合わせである。もちろん、養育者とケアを必要とする人の相補性や、引っ張る人とついていく人の相補性は、親密さや幸

図 5.8
エレノア（Eleanor Roosevelt）とフランクリン・ルーズベルト（Franklin Roosevelt）

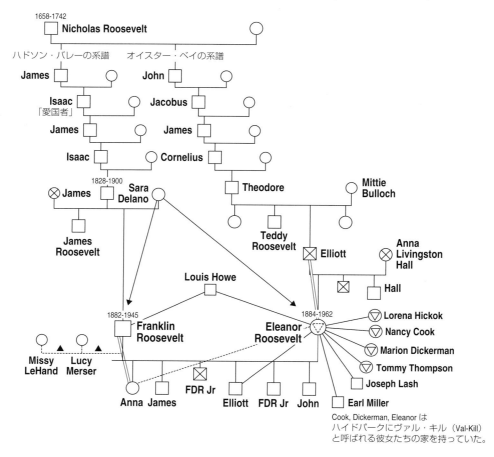

Cook, Dickerman, Eleanor は
ハイドパークにヴァル・キル（Val-Kill）
と呼ばれる彼女たちの家を持っていた。

せな結婚を保障するわけではないが，親しみやすい関係であることは確かである。

　出生順位の相補性に加えて，その人に異性のきょうだいがいるかどうかがカップル関係に影響するようである。最も夫婦になり難い組み合わせは，姉妹における末っ子が兄弟における末っ子と結婚する場合である。二人とも異性と親密である経験を充分にもたない上に，二人ともが「放って置かれた子ども」として養育者を待っている，というようなことが起こる。

　エレノア・ルーズベルトは第一子であり，彼女のいとこのフランクリンは一人っ子であった（**図5.8**）。二人は，たいへん強い意志をもった二人の配偶者同士のよい例である。彼らの結婚生活は，それぞれ異なる活動領域を広げていく彼らの能力によって継続できたように見える。彼らはそれぞれ自分の世界のリーダーであり，休日を除いて別々に暮らす

図 5.9
バートン（Richard Burton）／テイラー（Elizabeth Taylor）（年下きょうだい同士の結婚）

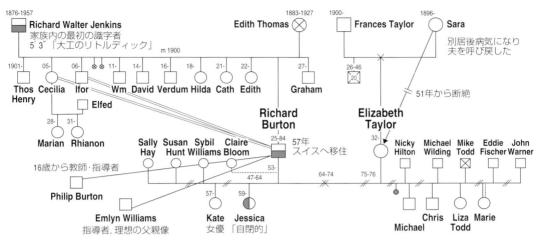

ようになった。結婚の初期の頃は，エレノアはだいたいのことにおいて，フランクリンや，彼の強力な母親で，彼らの生活において重要な役割を担ったサラ・デラーノに対して下手に出ていた。しかし，エレノアが自分自身に対する信頼感を培い，自分自身に対する興味を深めていくなかで，彼女は第一子としての意思決定をするようになった。危機が訪れたのは，エレノアがフランクリンのルーシー・マーサーとの浮気を明らかにする手紙を発見したときだった。エレノアに婚姻関係へ戻るよう，彼らのあいだの契約について交渉したのは，明らかにフランクリンの母親であった（この契約は，公表されていないルーズベルト家の書庫のなかでも唯一の文書である）。第一子と一人っ子は一般的に両親を志向するため，サラは彼らが別居しないようにすることができる唯一の人物であったかもしれない——そして彼女はそうした。

　二人は婚姻関係を続けたが，別居生活を送っており，彼らが共有していたのは政治のことであった。フランクリンがポリオによる麻痺を患った後，エレノアは彼の政治的なキャリアにおいて必要不可欠な存在となった。それでも，彼女は自身の親密な関係があり，自身の政治観をもって政治活動を行い，ハイド・パークにある別居の家を友人とシェアして自身の生活空間をもっていた。

　リチャード・バートンとエリザベス・テイラー（図5.9）は，お互いに二度の結婚と離婚をしている。彼らは，二人ともが「年下」の位置を奪いあい，養育者を求めるという末子の組み合わせの例である。バートンは13人兄弟の下から2番目であったが，末子と離れて育てられてきたため，末子のように扱われてきた。大家族においては，末子に近い年

下の子どもたちはしばしば，末子と同じような特徴を示す。エリザベス・テイラーは二人きょうだいの妹で兄がいる。彼は彼女のスターの地位のため，犠牲になることがしばしばあった。このことは，彼女の特別な地位を固めることになった。バートンとテイラーは大げさな痴話げんかで知られており，その要求や子どもじみた行動は凄まじいものだった。

結婚においては，もちろん，さまざまな種類のきょうだいの組み合わせがありうる。一人っ子の子どもたちは，一人っ子の子どもと結婚しがちであるが，彼らは二人とも親密さをきょうだいと共有する経験をもたないことから，特に困難となることが多い。彼らは他の配偶者たちと比べて，より融合して一つになろうとするか，独立しようとする。真ん中の子どもは複数の役割を経験してきたことから，彼らにとって最も柔軟なパートナーとなりうる。

もちろん，きょうだいの配置を補う配偶者にも問題は起こりうる。とりわけ，より親密な家族関係をもっている場合には，チェックしておくことが重要である。マーガレット・ミードの例がこれに相当する。彼女は第一子であり，末子のグレゴリー・ベイトソン（図 **4.1** 参照）と結婚した。彼らのきょうだいにおける位置づけは，明らかに彼らのパーソナリティのスタイルへ反映されているように見える。ベイトソンは末子だが，彼は二人の兄の死後，彼らの遺産を受け継ぐことを余儀なくされた。ミードとベイトソンの娘であるキャサリンは，彼らの異なるスタイルについてこのように記している。

> 問題を扱う際のマーガレットのアプローチは，幼い頃の成功に基づくものである。これはおそらく，第一子という経験と関連していて，年下のきょうだいをまとめることに成功してきた年月によって増幅されている。グレゴリーの経験は末子としてのものであり，彼を取り巻く環境を変えようとする能力は相対的に低かった。その代わりに，彼は理解されることを求めていた。確かに，彼は医療や政治に関する問題を解決するための努力といったものに対して，嫌悪感のようなものを抱いていた。
> （Bateson, 1984, p.176）

ミードとベイトソンのそれぞれのきょうだいにおける位置づけや問題解決のスタイルは，相補的な援助者——被援助者関係にはつながらなかったが，一方で，互いに対して葛藤したり落胆したりした。年上のパートナーとしてのマーガレットの役割は，彼女がグレゴリーよりも3歳年上であるという事実によって強調されていた（彼女の母親もまた第一子であり，夫よりも3歳年上であった）。キャサリン・ベイトソンは彼女の両親の関係について次のように記述している。

> 婚姻関係において，彼女がパターンを作り出す人だった。グレゴリーは，いろいろ

なことがきちんとされていなかったからである。彼の人生は，縫い合わされていない切れ端のような未解決のことがらで満ちていた。マーガレットにとって，それらの縫い糸は刺繍のための機会となった。(p.27)

彼の人生をなんとかしようとして彼女に反撃していたのは，他ならぬグレゴリー本人だった。……彼女は問題を理解し，彼女の想像は解決へとひっとびであった。(p.111)

［彼は］マーガレットへの反抗を始めた。反抗の一撃は，彼自身の家族，とりわけ母親に対する恨みによるものだった。(p.160)

親からの手厚い指導に続く1922年の彼の兄のマーティンの自殺，その後のグレゴリーへのよりよい選択肢形成への試みが始まった時期が，彼の問題解決への不安や，実際のところ行動を起こす努力全般への不安の構成要素であった，ということだろう。(p.176)

　このベイトソンに関する記述は，きょうだいにおける末子の位置づけをよく反映している。それは，ケアされることを待ちながらも，ケアをしてくれる人（第一子であるマーガレット）に反抗する，ということである。第4章において議論されたように，彼のきょうだいにおける位置づけに関する期待は，彼の二人の兄の自殺というトラウマ的な死によって変化させられた。この出来事は，彼が18歳のときに，彼を一人っ子のポジションへ追いやることとなった。さらに，喪失に耐えている彼の家族によって置き換えられることになった。したがって，成人初期にきょうだいにおけるグレゴリーの位置づけが変わったことは，彼とマーガレットはきょうだいにおける位置づけが相補的であったにもかかわらず，彼らの間にある違和感へとつながっていったかもしれない。
　グレゴリーとマーガレット・ミードの父親の間には，似ているところがあった。グレゴリーは，家族のなかで唯一生き残った子どもとしての役割が増大し，母親との有害な断絶・遮断を生んだ。ミードの父親は，彼の父親が6歳のときに亡くなった後，母親からの溺愛を受けた一人っ子だった。
　青年期における母親からのプレッシャーは，ベイトソンを母親から切り離すことにつながったが，エドワード・ミードの幼少期からの母親との親密さは，彼が母親を結婚後の家庭に迎えることにつながった。母親は余生を息子の家庭で過ごした。

きょうだいの位置づけと養育

　両親は，同じ性別やきょうだい関係の子どもに，過剰に同一化するかもしれない。5人きょうだいの長男である父親は，子どもとしてたいへんな責任を担わされてきたことを重荷に感じていて，弟や妹は「やりたい放題やっていた」と感じているかもしれない。そんな父親に子どもが生まれると，第一子を甘やかして下の子どもは命令に従わせようとする。もし母親が妹を妬んでいたとしたら，母親は末娘に共感するのを難しく感じるかもしれない。両親はまた，他の家族メンバーに似ているという理由から，ある一人の子に同一化するかもしれない。

　きょうだいの位置づけに関係する多世代間の問題は，強い同一化によって両親が家族の古いパターンを続けている場合に起こるかもしれない。たとえば，自分を顎で使う兄を嫌っている母親は，いつも息子を妹を虐めていると責める，ということである。他の場合には，両親の経験があまりに違い過ぎることから，彼らは子どもたちのことを誤解するかもしれない。一人っ子の親は，きょうだい間の普通のケンカを，子どもの病理の現れであると捉えることがある。

成人のきょうだい関係

　きょうだい関係は，成人にとって，特に晩年において重要なつながりとなるものである。しかし，もしネガティヴな感情が続いているとしたら，年老いていく両親のケアは特に難しくなる。そのようなときには，何年も離れていたきょうだいは，新しく馴染みのないやりかたで協働しなければならない。両親に最も近いところに残っていた子どもは，多くの場合それは娘であるが，しばしば最も多く両親のケアを行う責任をもつことになる。このことは，長らく葬られていた嫉妬や恨みを表面化させることにつながるかもしれない。

　両親が死んだときに，きょうだいは初めて本当の意味で独立することとなる。特に，古くからの対立が続いている場合には，このときに仲たがいは決定的なものになる。過去のあらゆる未解決な問題や葛藤によって，強い感情が煽られるだろう。しかし，きょうだいが他者とのよりよい関係をもてば，それだけ，このような心的外傷となる家族の出来事は，きょうだいの仲を分かつものになり難くなる。

きょうだい配置に影響する他の要因

　きょうだい配置に関する仮説を文字通り受け取らないことは重要なことである。典型的なきょうだい配置から予測されるような性格描写に当てはまる人物も多いが，そうでない人物もまた多い。たとえば，きょうだいのパターンがいとこの配置にどれくらい適合するかは，現在のきょうだいのパターンを修正したり強めたりする。したがって，妹がいる兄

としてのウッディ・アレンの役割は，彼の拡大家族におけるいとこが——彼の母親の5人姉妹を含め——全員女性であったことによって強められているかもしれない。実際，高校生活を通じて，彼はいつも近しく仲が良かった女性のいとこと部屋を共有していた。このようなパターンは，妹がいる兄は特別で価値があるものと捉えるような家族パターンを極限まで強めることになるかもしれない。

　ジャッキー・ブーヴィエ・ケネディ（図2.10参照）は，きょうだいの配置がいとこ関係の配置のなかにどのように組み込まれるかを知るために重要な，家族のもう一つの例である。ジャッキーは妹がいる姉で，いつも妹と近しい関係であったが，同時に競争的な関係でもあった。彼女にはまた，母親の再婚を通じてつながった異父きょうだいおよび継きょうだいがいた。加えて，彼女は父方いとこの拡大家族の一部でもあった。彼女たちは幼少の人格形成期に，夏の間だけ一緒に過ごしていた。彼女は同じ年に生まれた3人のいとこの一人であった。ジャッキーは年上の男性のいとこに対して特別な好意をもっていた。9歳年上のマイケルは，彼女が遺言のなかでも思い出した人だった。家族におけるマイケルの特別な役割は，彼の母親がアルコール依存であった父親と離婚したときに強められていった。離婚は家族全体に非常に大きなストレスをもたらすこととなった。なぜなら，彼らはブーヴィエ家のその世代における唯一の男性を失ったと感じていたからである。このような男性のつながりの脆弱さは，前の世代から始まっていた。12人きょうだいのうち男性はたった4名で，そのうちの1名だけが結婚し，子どもをもうけた。きょうだいのうちの5人は長生きしたが，生涯において結婚しなかった。したがって，「おばさんとおじさんの力」は次世代におけるきょうだいの配置に影響を与えることとなった。甥や姪に向けられた過剰な世話と関心は，きょうだいのパターンを強化したかもしれない。おばさんとおじさんは，彼らの達成されなかった夢や家族の遺産を次世代の子どもたちに届けるという重要な役割を果たしたのである。

　家族の歴史における別の経験もまた，きょうだいパターンを修正するものである。たとえば，リチャード・バートン（図5.9参照）は，母親の早い死の後，複雑な家族状況のなかで育った。長女のシス（セシリア）は彼よりも19歳年上で，先だって結婚し，彼やほかのきょうだいにとっての最初の母親像となった。しかし，バートンが述べているように，「シスは素晴らしい人であったが，彼女は私の母親ではなかった」（Bragg, 1990, p.69）。

　　彼の父親は兄［アイフォア］にとって替わられ，そして教師［フィリップ・バートン］に，その後は別の支配的な男性［エミリン・ウィリアムズ］にとって替わられた。……彼の妹たちは彼の姪たち［シスの娘たち］であり，姉たちはおばさんに近く，兄たちはおじさんのようで，いとこたちはきょうだいであり，実のおばは母親のようで……彼にはたくさんの「もうひとつの世界」があった……複雑さ，入念さ，

もうひとつ別のもの，パラレルな生活といったものが常にあった。それが彼にとっての「基準」であった。(Bragg, 1990, p.69)

したがって私たちは，常にきょうだいの配置について，家族生活のあらゆる要因と同じように，錯綜した多くの家族パターンと絡めて探索しなければならない。気質や必要性を除いても，彼らがバートンのためにしたように，きょうだいはしばしばきょうだいではないかのように振る舞い，またきょうだいでない人がきょうだいであるかのように振る舞うことがある。確かに，きょうだい配置に関する実証研究は，ひいき目に見ても結論が出ているとは言い難い。というのも，きょうだい配置による影響を変容させたり修正させたりする要因がたくさんあるからである。にもかかわらず，きょうだい配置に注意を払うことは臨床的に大変有用である。それは，家族における役割をノーマライズする説明を行うことができるためである。また同様に，典型的なパターンが見つからなかった場合には，他の要因を探索することを示唆するという意味もある。加えて，しばしば臨床家は大人のきょうだいを無視してしまうが，セラピーやヘルスケアにおいてきわめて重要なリソースとなりうるものである。

家族の歴史におけるきょうだいの出生のタイミング　ときどき起こることだが，家族の歴史における重要なポイントで子どもが生まれたときには，その子どもに対して，その子どものきょうだい配置に関する典型的な期待に加えて，特別な期待が寄せられる。それらの期待は（第一子がきわめて強い責任感をもつことのように）きょうだい配置の特徴を誇張するものかもしれない。あるいは，（真ん中のきょうだい，もしくは末子が第一子もしくは一人っ子のように機能するように）通常のきょうだい役割を修正するものかもしれない。特に重要な意味をもつのは，家族メンバーの死，もしくは家族形態の移行である。ジークムント・フロイトのように，祖父の一人がなくなった前後に生まれた子どもは，家族において特別な役割を担うかもしれない。彼は再婚後まもなく生まれたばかりでなく，父方祖父の死からちょうど三か月後に生まれている。

子どもの特性　特別な性質をもった子どももまた，家族において期待されるきょうだいパターンを変えるかもしれない。たとえば，もし彼らが非常に才能に恵まれていたり，第一子が病気がちであったりした場合には，子どもたちは第一子としての機能をもつだろう。それは，キャサリン・ヘップバーンが彼女の長兄との関係においてそうであったのと同じである（**カラー図17** 参照）。年上の子どもが（心理学的な，または身体的な障害のように）特別な問題を抱えている場合には，末子のように扱われることもある。

子どもに対する家族の「プログラム」　両親は特定の子どもに対して，特別な課題をもたせるかもしれない。それはたとえば，その子どもの家族におけるポジションに関係なく，責任感のある人になるように，または「赤ちゃん」であるように，といった期待である。

ある家族メンバーに似ている子どもは，その人と同じような人になること，もしくはその人の役割を担うことを期待されるかもしれない。子どもたちの気質は，きょうだい配置に対して奇妙なものとなるかもしれない。注目すべきは，子どもたちが構造的に彼らに対して道筋立ったきょうだい配置の役割を満たすことができないような場合である。子どもたちは，家族からの期待に勇敢に反抗してもがくことがある——第一子は養育者としての責任や家族の旗手となることを放棄し，末子の場合にはリーダーになろうとする。

　加えて，もちろん文化によって，出生順位や性別について期待される役割は大きく異なる。たとえば，アジアの文化においては出生順位や性別に応じて階層的であることが子どもたちに期待される。一方で，ユダヤ系およびアングロ系家族が比較的民主的な傾向がある。一部の家族においては，責任感をもつことが最も快適だという子ども——必ずしも第一子でなくて良い——がリーダーとなる。

　きょうだいの名づけのパターンも，しばしば家族の「プログラミング」の重要なシグナルとなる。たとえば，グレゴリー・ベイトソンは，彼の父親にとっての英雄の一人であるグレゴール・メンデル［訳註｜Gregor Johann Mendel／1822-1884 「メンデルの法則」で有名な遺伝学の祖。］から名づけられた。彼は末子の息子だったが，自然科学者として重要なことを成し遂げるように，おそらく「プログラム」されていた。一方で，ジョン・クインシー・アダムズ（**図2.13** 参照）は，長男をジョンと名づけるという四世代にわたる家族の伝統を，長男をジョージ・ワシントン・アダムスと名づけることで壊した。長男は後に，父親と近しい関係ではなくなる。名前やニックネームは家族による「プログラミング」に関するヒントをくれるが，臨床家は他の指標にも目を向ける必要がある。たとえば，ケネディ家の歴史（**カラー図13** 参照）は，男性は政治的な仕事に就くようにプログラムされていることを示唆している。よく知られているように，ジョセフ・P・ケネディの第一子は，彼の父親によって大統領となることを予定されていたが，そうなる前に死んでしまった。その後，彼の3人の兄弟は全員大統領に立候補し，二人の親戚は副大統領や長官に立候補した。次世代の家族メンバーが省庁を目指したというのは，別に驚くべきことではない。

　もちろん，名前が別の異なる事実を反映していることもある。オシー・デイヴィス［訳註｜1917-2005 アフリカ系アメリカ人の俳優，映画監督，公民権運動の活動家］は，レイフォード・チャットマン・デイヴィスとして父方祖父の名前をとって名づけられた（Davis & Dee, 2000）。しかし国の事務官が名前を尋ねたとき，母親は「R. C. Davis」と答えたが，事務官は彼女が「Ossie Davis」と言ったと考えた。南部ジョージアの人種差別的文脈のなかで，事務官は白人であり母親は黒人であったため，彼女は事務官に訂正を申し出ることができず，そのときからオシーとなってしまったのである！

両親のきょうだいの位置との関係における子どものきょうだいの位置　子どもの家族における位置は，それが同性親の位置の繰り返しである場合に，とりわけ強調されるかもしれない。したがって，長男の長男には，その弟たちには適用されないような特別な期待が

寄せられていることがある。

　彼の父親との人間関係が崩壊した場合，次の世代では同じ位置にある彼の息子との関係もまた悪化する可能性が高い。もちろん，出生順位との関係できょうだいの機能が決められるような強い規則をもつ文化において，よりこのような傾向が認められる（McGoldrick & Watson, 2005）。

まれな家族の配置

　臨床家がジェノグラムを精査していると，ときに決定的な家族のテーマや問題を提示する特定の構造的配置が「目に飛びこんで」くることがある。第2章（**図2.12**を参照）で議論されたように，アメリカで最初の女性医師であるエリザベス・ブラックウェルのジェノグラムでは，いくつかのパターンが描き出された。(a) 成功した専門家の女性が優勢であったこと，(b) サミュエル・ブラックウェルの5人の女きょうだいは誰も結婚をしなかったという事実があり，また彼の5人の娘も結婚せず，4番目の世代にいる12人の女性のうち，ごくわずかだけが結婚したということ，そして（c）ブラックウェル家の女性を含めた養子縁組の頻度である。

　この配置は，非凡なフェミニスト（そのうちの数名は男性である！）や女性の成功者を含むこの家族における性役割の探索を可能にした。このパターンに影響を及ぼすような，この家族におけるルールや態度を知ることは，とても魅力的なことだろう。こういったパターンのうちのいくつかは，ホルン（Horn, 1983）によって提唱されている。それは，家族が結婚をネガティヴなものとして捉えていることと，娘が結婚をするのを積極的に妨げたということである。エリザベスには女性のいとこが3人いた。一人はルーシー・ストーンで，著名な婦人参政権論者である。もう一人はアントワネット・ブラウンで，アメリカで最初の女性の大臣である。彼女たちはオーバリン大学［訳註｜オハイオ州の名門大学。1833年の設立から入学に性別・人種による制限を設けなかった。］で親友となった。結婚はせず，養子縁組をして子どもたちを育てた。しかし，彼女たちはブラックウェル家の非凡な男きょうだいたちと会ったときに，考えを変えた。ブラックウェルの5人の女きょうだいのうち，4人はたいへんな成功を納めた。エリザベスとエミリーは医師として，アンナは文筆家として，エレンは芸術家として成功した。そして，5番目のマリオンは病弱だった。同じように，彼らの男きょうだいであるサミュエルの5人の娘たちのうち，4人はたいへんな成功をおさめた。二人は医師となり，一人は大臣になり，一人は芸術家になった。そしてまた5番目は成功しなかった。このことから，きょうだいもしくはパートナーたちが両極になっている家族に共通してみられる相補性のパターンが明らかになる。ある人が他の人の役割を担っているように見える家族のなかには，より深い力が発揮されているのではないかという疑問がわいてくる——それは，他のきょう

だいたちが創造性や達成のために自由になっている一方で，病気や怒りを通して生き延びていく特定の負のエネルギーを吸収するためかもしれない。

　トーマス・ジェファーソンは第三代アメリカ大統領である。彼のジェノグラムは，同じわずかな家族のなかで，奴隷も白人も含む結婚や内通がみられる尋常でなく複雑なものとなる（**カラー図18**）。このような家族の構成は，奴隷制度の時代にはよく見られることであった。奴隷所有者の白人は，頻繁に奴隷とのあいだに子どもをつくり，親子関係を否定した。このことによって，アフリカ系アメリカ人にとっては，彼らの歴史を知ることが非常に難しくなった（Pinderhughes, 1998）。このようなアフリカ系アメリカ人の搾取の結果として生み出された断絶や葛藤は，私たちの歴史を通じてアフリカ系アメリカ人の文化と家族の歴史を抑圧してきたシステムと同様に，私たちが国家として遺してきたもののうちの恥ずべき部分である。こういった歴史と直面することは癒しの重要な部分であり，そのような搾取のパターンを変えていくためにも重要である。異人種間のこういった構成を理解することは，一つの挑戦である。ピンダーヒューズ（Pinderhughes, 1998）は次のように述べている。

　　アメリカの歴史にアフリカ系アメリカ人が見当たらないことは，アフリカ系アメリカ人についての，また彼らの建国における貢献についての，すべての人——黒人も白人も——の広範にわたる無知につながった。……アメリカの歴史を記述することに対して影響を与えるような力はなく，私たちのストーリーを広めるための資源はごくわずかであった。私たちのことは，ネガティヴなステレオタイプによって歪められたり，見えないままにされていた。私たちは最近まで，私たちの過去について受け入れられている歪み，真実，欠落に挑戦することができないでいた。けれども，私たちは過去についての知識に気づき始めている。それは痛みを伴うものでさえあるが，人々に力を与えることができるものである。この気づきは，それらの記憶を暴き，真実を取り戻すように，私たちを刺激する。いかに残酷でショッキングなことであったとしても，傷痕は治癒しはじめ，私たちは現在によりよく対応し，未来を作っていくことができる（p.170）。

　歴史家たちはトーマス・ジェファーソンの家族のような家族における歴史上の真実に直面することを極端に嫌がった。そこには，秘密の浮気や関係性がたくさんあった。ジェファーソンの白人家族に加えて，白人の多くの歴史家が家族の歴史のこの部分を埋めるためにさまざまなことをした。近年，歴史家は，ジェファーソンとヘミングスの子孫に対して行われたDNA検査によって，自身の人種差別主義に直面させられることとなった。私たちが耳にしてきた歴史を改めて慎重に捉えなおすことは，しばしば，私たちのジェノグ

ラムにおける関係性の真実を理解するために必要なこととなる。

　確かに，ジェファーソンの妻の父は，自分の所有する奴隷ベティ・ヘミングスと長期にわたる秘密の関係をもち，6人の子どもがいた。また，ジェファーソン自身もベティの娘と38年にわたる関係をもち，彼女との間に7人の子どもたちがいた。サリー・ヘミングスは，彼の妻マーサ・ウェイルスの異母姉妹だった。ジェファーソンの娘たちは二人とも，いとこ結婚している。マーサは父方祖母側のいとこと結婚し，マリアは母方の最初のいとこと結婚した。さらに，マーサ・ジェファーソンの最初の夫は，彼女の継母の最初の夫の弟であった。

　まれな家族の配置のもう一つの例は，フロイト／ベルナイス家（**図8.4参照**）のように，二人のきょうだいが別の家族のきょうだいと結婚した家族である。ジークムントはマルタ・ベルナイスと結婚し，彼の妹のアンナはマルタの兄のエリと結婚した。この二組の夫婦は，何年もの間たいへん競争的であった。

　アルバート・アインシュタイン（**図5.10**）は，すでに二重の関係を有していた女性と結婚するために，最初の妻のもとを去った。彼女は彼にとって母方の最初のいとこで，彼の父方の2番目のいとこであった。彼と彼の最初の妻ミレヴァはまた，謎に包まれた第一子，リーゼルをもうけていた。リーゼルは1901年に生まれており（彼らが1903年に結婚する前のことである），その後ほぼ100年にわたって言及されることのなかった人物である！　情報を隠すこと，なかでも誕生，情事，トラウマ的な死に関係する情報を隠すことは，しばしばその家族への影響を強める。リーゼルの存在の発見は，彼女に何が起こったのか，なぜ彼女の存在が秘密にされたのかについての多くの推測につながった。最近，アインシュタインの子どもである可能性があるもう一人の人物が現れた。この人物は，今では60代であるが，アインシュタインと著しく似ており，物理学者として人生を過ごしてきた。明らかに，アインシュタインの2番目の妻は，この子どもを幼児期に手放した可能性がある。

　アインシュタイン家とジェファーソン家ともに，秘密と断絶，そして家族のメンバーの緊密な交差は，並行して融合するプロセスととらえることができるだろうか。同じように，私たちはフロイトの家族について疑問に思うかもしれない。それは，フロイトの父親の，最初の二人の妻たちや他の問題（第8章参照）についての秘密を守ってきたということ，そしておそらく，ジークムントとアンナが二人のきょうだいたちと結婚したことは融合の反映であるかもしれないということである。そして最後に，ジークムントとその息子のマーティンは，妻の女きょうだいと浮気していたという事実がある。ジェファーソン，フロイト／ベルナイス，そしてアインシュタイン家に見られるまれなつながりは，家族内結婚によって設定された三角関係への，そして同時に，グループ外での結婚に反対するメンバーに影響を与える家族の期待への，数多くの推測につながる。ジェファーソンの事例

図 5.10
アインシュタイン(Einstein)家

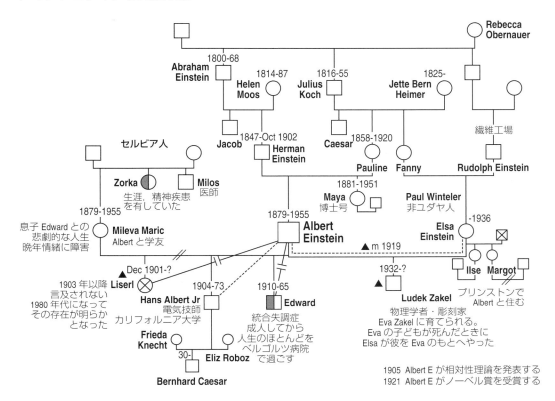

　では，彼の妻は死の床で，彼から再婚しないという約束を引きだしたことを私たちは知っている。彼は妻と4人の子どもを失い，生き残った二人の娘たちに対して保護的で，家族内で結婚することを明確に奨励していた。それは，彼の奴隷に対しても同様であった（Brodie, 1974, p.47）。彼は特に娘のマーサと親密で，そしておそらく驚くことではないが，彼は彼女の夫であるトーマス・マン・ランドルフとの関係においてたくさんの問題を抱えていた。また，彼の別の義理の息子であり，彼の妻の女きょうだいであるエリザベスの息子であるジャック・エッペスに対しては，より近しく感じていた。ランドルフはエッペスに対して嫉妬深くなっていき，ジェファーソンの好みについても敏感になっていった。

　ジェノグラム上に見られるまれな家族の配置は，臨床家にとって，他のパターンについての手がかりとなる。たとえば，複数回の再婚が各世代において起こることや，構造上の対照（たとえば，配偶者の一方は大家族出身に対して，もう片方は一人っ子である，など）は，家族のバランスの欠如などを指し示しているかもしれない。

複数の家族のなかで育った子ども
―― 養育，養子縁組み，孤児院の経験

　両親の離婚，死別，再婚，あるいは特殊な状況によって，子どもたちはさまざまな境遇のなかで育つ。このことは子どもたちに，異なる場所で一時的に，あるいはずっと生きていくことを強いる。臨床家はそういった状況において，ライフサイクルを通じて子どもたちの歴史を追う際に，子どもたちが複数の家族の文脈に身を置いてきたことを考慮に入れていたとしても，ジェノグラムを充分に活用することに失敗することがしばしばある。私たちは，複数の文脈にいる子どもたちを追跡するためのツールとしてジェノグラムが特に有用であると信じている。そうでなければ，子どもたちが複数の異なる家族配置のなかで生きてきたことを頭のなかにとどめておくのは難しい。こういった歴史を臨床家が明確に追跡するほど，複雑であったとしても，子どもたちの実際の経験と彼らが所属してきた複数の形態についてよりよく検証することができるようになる。病気や心的外傷，その他の喪失によって突然の状況の移り変わりが避けられないとき，子どもが経験せざるをえない複数の家庭の変化について，このような図式によって整理に取り掛かることができる。

　フェルナンド・コロン博士はミシガン州アナーバーの家族療法家で，養護施設で暮らす子どもたちにとっての家族の歴史の重要性を何年にもわたって強く主張してきた一人である。コロンは母親を亡くしたあと，いくつかの養護施設のなかで育った。大人になって，彼は自身のジェノグラムを探索することに注力し（Colon, 1973, 1998; Colon-Lopez, 2005），子どもの処遇や児童養護について，周囲が文脈的に思考することを支援してきた（Colon, 1978）。彼は，子どもをライフサイクルを通じて理解する際に，里親家族のジェノグラムが重要であることを明確にした。コロン自身も，彼の3番目の養育里親の母の生物学的な孫とのつながりを保っている。彼らは休日をともに過ごし，一緒に祖母を頻繁に訪ねている。彼らはこの歴史の共有によって多くの共通点をもっているが，それは私たちの里親養育システムや私たちの社会全体では認められないことが多い。ジェノグラムの最も強力な特徴の一つは，複雑な親族関係のもっている豊富な可能性へと私たちを導くことである。それは人生を通じて，結びつきや生活支援の資源へとつながるものである。それは，ただ私たちが歴史を共有したということのみならず，私たちを強くし，私たちの未来を豊かなものとすることができるような現在のつながりでもある。

　コロンは彼のストーリーのすべてをジェノグラムやイラストとともに出版した（Colon-Lopez, 2005）。彼は幼児期の初期から，ほとんど養護施設で育ってきた。コロンは子ども時代のあいだに，事実上，ありとあらゆるきょうだい配置を経験してきた。このことはおそらく，大人としてさまざまな関係性を扱う際に彼のもっている柔軟さへとつながっただろう。彼は3人きょうだいの末子であり，3人きょうだいの年長者であり，3人兄弟の真

ん中であり，二人きょうだいの年長であり，二人きょうだいの年下であり，そしてごくまれに一人っ子であった。ただし，彼は3番目の里親家庭では，高校を卒業するまで一人っ子のようであったが，彼の立ち位置は特別なものであった。同じ時期に，3人の乳兄弟［訳註｜foster brother／両親の実の息子ではないが，一緒に育てられた男兄弟のこと。］が長いあいだ（それぞれ4年間）滞在したが，それが彼にとってより重要であったことは驚くに値しない。とりわけ，彼らはみなコロンと年が近かった。年齢だけではわからないのが，彼と彼の養母がきょうだいのジョニーとつくりあげた特別な関係である。ジョニーはひどく衰弱していて，家族のなかで暮らしたのはわずか4か月だけだった。コロンと彼の養母にジョニーはとても懐き，ジョニーがコロンの名前であるフェルナンドを発音しようとどれだけがんばったか，またジョニーが去ることになったとき，彼と彼の養母がどれほど泣いたかをコロンは明確に覚えている。当時の児童養護システムは，子どもが新しい里親へ移ったら，別の家庭と接触してはならないという原則に基づいていたが，コロンの養母はそういった過去との決別を信用せず，断絶のプロセスを逆流させようと大変な努力を行った。里親にやってきて数日，彼の乳兄弟の一人であるケネスは特に抑うつ的であった。ケネスは4人の男きょうだいの一人で，養母は規則にもかかわらず，彼をきょうだいに会わせ，その後，彼は新しい状況に適応し始めた。コロンは，彼に近しい彼の血縁の父方および母方の家族メンバーとの現在のつながりに加えて，彼の養母の孫ともつながっている。

　関係性は，良いものでも悪いものでも，利益のあるものでも傷つけられるものでも，なくしてしまってはいけない。多くの場合，それらは良いか悪いか白黒はっきりするようなものではない。ジェノグラム上に家族のデータをまとめ上げることは，人々が彼らの人生の多くの部分を意味のある全体へとまとめあげることを可能とする。大人になるにつれて，コロンはプエルトリコとアメリカの彼の家族を発見し，つながり直すために，過去30年にわたってただならぬ努力を続けてきた。彼の父親は，彼の血縁上の母親は亡くなったと言ったが，彼は彼女が生きていた場所を発見した。また，彼女が精神病院で数年を過ごしたことや，わずか数年の行き違いとなっていたこと，その都市のほとんどの人たちとつながっていることを発見した。

　彼の経験は，家族のなかに起こった断絶によって会えなくなった人たちにとって，素晴らしい教えである。私たちの観点では，手放されるべき関係など「存在しない」。というのも，あなたは誰がその断絶につながっているかを知ることはないからである。私たちは，そこに虐待があった場合でさえ，人々に断絶しないように促したい。より好ましいのは，コミュニケーションのつながりを開かれた状態に保つことであり，そうすることで人々は問題に取り組んだり，つながり直したりしようとする。コロンは，彼自身のジェノグラムを創造的に活かす方法を作りだすことで，彼の里親家族とつながったままでいることができ，また後に，原家族のすべての世代と豊かにつながり直すことができた（Colon-Lopez,

図 5.11
聖ヘドウィッグ孤児院の家族

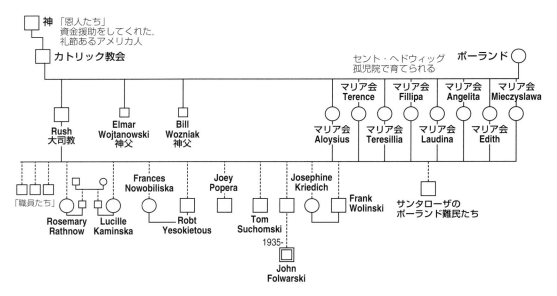

2005）。

　私たちの考えにおいては，家族関係——生物学的なもの，養子，里子，もしくは離婚，再婚家庭——を断ち切るような慣行は，きわめて悲劇的なことである。このことは，しばしばセラピストが，個人の自然システムのなかの別の関係性へとそれを置き換える役割を担うことにつながってしまう。フェルナンド・コロンが自身の家族を用いてとても上手に示していたように，そういった断絶は私たちを抑うつ状態にし，弱らせ，衰弱させる。一人を遮断することは，別の家族メンバーを複数遮断することへとつながり，豊かな関係性が有するポテンシャルを失うことにつながる。それは，織物のような人の人生の全体を弱めてしまう。ジェノグラムを作成し，多くの人々が関与していることを見てとることによって，莫大な喪失を明確にし，過度な単純化や遮断への傾向に抵抗することが可能になる。

　コロンの話が示したように，同じ養育家庭で育った他者とのつながりは，生涯を通じて残るものかもしれない。また，後のライフサイクルのステージでつながり直すことは，特に意義深いことかもしれない。同様のことは，ジョン・フォルワルスキという記者が感動的に描き出したように，孤児院での経験についてももちろん真実であると言える（Folwarski, 1998）。フォルワルスキは，彼にはおよそ3,000人のきょうだいがいると計算した——すなわち，3,000人の子どもたちが一つの世代に同じ家（シカゴにある聖ヘド

ウィッグ孤児院）にいた。彼らには同じ里親および里祖父母——かけずりまわる修道女や司祭たちがいた。**図5.11** が示すのは，フォルワルスキが育つなか（1937-1950）で経験した家族の図である。

　大人として，彼の「きょうだい」の多くは記憶を共有し，また彼らの恩師や養母とつながり直し，彼らのジェノグラムが彼ら全員にとって意味のあるものであるという気づきを通して，家族の感覚を強めた。実際にフォルワルスキは，図を作って眺めること自体が，彼自身の歴史を承認するという点で強力な意味をもつ経験であったと表現している。これは，ジェノグラムのもう一つの重要性，つまり，彼らの経験がどれだけトラウマ的なものであったとしても，人々の生活の真実と複雑さを証明するジェノグラムを作る重要性を，具体的に示したものである。

6
家族のパターンと機能を
アセスメントする

　家族の構造や役割，機能，資源などのバランスやアンバランスのパターンに関するジェノグラムを読むことで，臨床家は家族がどのようにストレスに適応しているかについて仮説を立てることができる。バランスとアンバランスは，家族システム全体の機能を語っている。家族システムは均一なものではない。同じ家族において，対比的な特徴が示されることが普通である。十全に機能している家族では，そのような特性は通常，他方の特徴とバランスが取れているものである。これまで私たちが見てきたように，たとえば最年長者と最若年者の相補関係が挙げられる。年長者が養育者となる傾向と，誰かが養育者の役割を担うよう若年者が動く傾向は，互いにバランスを取っている。

　臨床家は，対比と「突出した」特徴を探すことで，バランスとアンバランスのパターンを発見する。そして，このように問う。「これらの対比と特異性は，どのように全体的な機能につながるのだろうか。どのようなバランスが達成され，バランスの欠如によってどのようなストレスがシステムのなかに現れているのだろうか」。たとえば，ほかの全員がうまくやっているが，一人だけ精彩を欠く人がいる家族があったとして，システム全体においてその機能不全がどのような役割をはたしているかを問うことができる。

家族の構造

　時に，家族の構造における違いは多世代にわたって見られるかもしれない。たとえば，

配偶者間の家族構成が数世代にわたり正反対で，図式として不均衡なジェノグラムを成していることがある。配偶者の一人は拡大家族から来ていて，無数のおばとおじがいるのに対し，もう一人の配偶者は一人っ子同士の親から生まれた一人っ子かもしれない。このことはバランスとアンバランスの両方につながる。まず，配偶者はそれぞれお互いの経験に惹かれるかもしれない。一人は小家族におけるプライバシーを好み，もう一人は拡大家族の多様性を好むのである。一方で，一方の家族には数多くの親戚がいるが，もう一方には少数しかいないというアンバランスさは問題を生み出す可能性がある。一方の配偶者は集団で集まって，複数の関係性をもつ一方で，もう一方はより排他的でプライベートな関係を必要とするかもしれない。もう一つのバランスに関する構造的な問題は，一方の配偶者は離婚や再婚が普通のことである家族から来たのに対して，もう一方は長く続く，初婚の家族関係から来ている場合に起こる。ジェノグラム上の構造的な対比を見ることは，臨床家にとって，配偶者たちの結婚に対する異なる期待を探索する手がかりとなるだろう。

役割

　充分に機能している家族では，家族メンバーは，養育者や独立者，供給者，代表者といった，さまざまに異なる役割を担う。時には，一つの役割に対して，多すぎる人がその役割を担っていることがジェノグラムから明らかになることがある。一人親，祖父母，おば，おじによって育てられた一人っ子は，その例として挙げられよう。まったく反対の状況は，テッド・ケネディが彼の兄の死後にそうであったように（**カラー図13 参照**），一人の家族メンバーが過剰な数の家族メンバーの世話をするポジションにいる時に起こるかもしれない。彼の世代で生き残った唯一の男性であることで，テッドは父親がいない二つの世帯において特別な役割を担うことになった。それは，彼が自身の家族に対して責任を有することと同じであった。このような家族と会う臨床家は，この家族にどのようなバランスが働いていたのか，また関係するたくさんの子どもたちの世話に役立つような別の資源を探索したいと思うだろう。

　現代の結婚では，役割分担が単にジェンダーに基づくことはめったになく，共有されることが多い。したがって両親はどちらも，家族に対して，養育者になったり供給者になったり，代表者の役割を担う可能性がある。しかし，このバランスは自動的に，もしくは容易に達成されるものではなく，稼ぎ手が二人いる家族では特にこのことは葛藤となるかもしれない。

図 6.1
アルコール問題（過剰機能者／機能不全者）

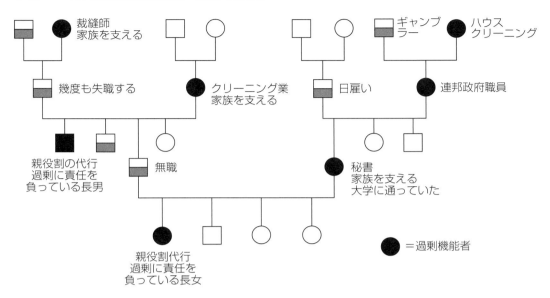

機能の水準とスタイル

　家族のメンバーは異なるスタイルや異なる機能水準で動く。多くの場合，これらのパターンは異なる家族メンバーの機能がそれぞれ適合するようにバランスを保つ。繰り返しになるが，私たちはジェノグラムを機能における対比や突出した部分についてみることで，システムがどのように全体として機能しているかを説明する助けとなる。

　新たに形成された家族は，異なるスタイルや世界との関わり方を互いに適合させていく必要がある。その結果は，より相補的で成長促進的なものになるか，よりそうでないものになるかである。家族のバランスによっては，家族システムの機能不全につながるか，それを引き起こす可能性がある。たとえば，**図6.1**のように，私たちはしばしばジェノグラム上で，アルコール依存症者が過度に機能する配偶者と結婚するという相補的なパターンを見ることができる。

　ここでは，アルコールを飲まない配偶者は，責任をもてないアルコール依存症のパートナーとバランスを取るために，過度に責任をもつように圧力をかけられている。飲酒行動はそれ自体，無責任さへとつながるものであり，もう一方のパートナーはこれで余裕を失う。そうでなければ，子どもが埋め合わせをさせられ，大人の役割を担うことになる。パートナーの世話をしたい気持ちと，もう一方のケアを受けたい気持ちは，関係性を膠着させるかもしれない。時に，家族全体がこの補完的な方法によって，一人のメンバーの機

図6.2
アレクサンダー・グラハム・ベル（Alexander Graham Bell）の家族

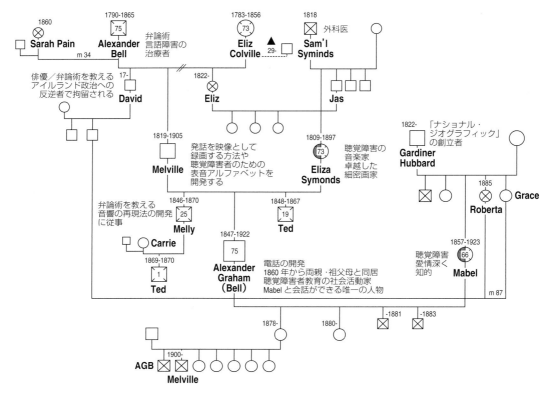

能不全の周囲に組織化されてしまうことがある。

　一つの領域に機能不全がある場合，その家族は普段の困難を補う方法を見つけることがある。このことは，電話の発明者であるアレクサンダー・グラハム・ベルの家族に見ることができる（図6.2）。ベルの母親と妻は，ほとんど耳が聞こえなかった。家族の三世代にわたる男性——ベル自身と，彼の父親とおじ，そして彼の祖父——は，全員，音声投影と演出の専門家であった。ベルの祖父は発音音声の基礎的な教科書を書き，ベルの父親とおじは彼らの父親の理論を教えることに身を捧げた。家族はきわめて発明的であった。アレクサンダーが10代の頃，彼の父親は，彼と彼の兄弟が発話の機械を開発することを提案した。彼らが開発した装置は発音の仕組みをうまく再現したので，隣人は赤ちゃんが泣いていると思い悩まされた。発話と聴力に優れたメンバーもいて，まったく耳が聞こえないために話すことが難しい人を補うことができた。

　あらゆる家族機能のパターンを分析する際には，システムに適合やバランスがあるかどうかを決定することが重要である。家族メンバーの間の極端な対比は，システムの膠着を

図6.3
ケア役割のジェノグラム

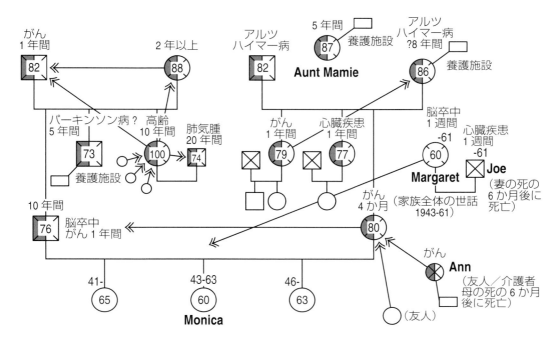

維持しているのか，それとも異なる均衡状態へと家族を動かそうとしているのか。システムが崩れたのは，一人または二人のメンバーの機能不全によるものではなく，システムにバランスのとれた適合をつくりだしていた世話役割がバーンアウトしたことによる場合もある。慢性的な疾患の事例では，家族メンバーは機能不全の人のために短期的にサポートすることはできるが，そのような行動を長期にわたって維持することは難しい。

ケア役割のジェノグラム

喪失に伴う介護をめぐる意思決定を理解するためには，「ケア役割のジェノグラム」を作成することが有用である。これは，どの家族メンバーが亡くなるまでの長期にわたって面倒を見てもらうことを必要としていたか，また誰がその介護を行ってきたかを指し示すものである。私たちはこのテーマがたいへん重要であると考えていたので，主要な世話人と，家族メンバーに対して世話をする責任をもつ者を指し示す記号を考案した（一本の直線と，二本の矢羽）。

たとえば，私（モニカ）の家族では，私の両親および祖父母の世代の家族メンバー全員が，長期にわたる介護を必要としていた（図6.3）。また，それらの介護はすべて女性の手によって行われた。私の母親は，重篤な脳卒中で倒れた後の父親を，10年にわたって世

話した。私のおばは，気腫によってゆっくりと死んでいく夫の面倒を20年にわたって見た。私の父方祖母とおばは，私の祖父を1年間世話した。彼はガンで亡くなった。私のおばは，祖母を死ぬまで数年にわたって世話した。このおばは，数年にわたって夫，おば自身の両親，夫の両親の世話をした。100歳まで生きたが，女性の世話人グループによって自宅で世話を受けた。自宅介護者はすべて有色人種の女性で，介護の政治学を描いている。これは，一般に社会で過小評価されている仕事である。このことは，私たちが臨床現場でジェノグラムを作成するときに，介護のパターンについて注意を払わなければならない理由である。

家族は，自分たちから世話の問題に言及することはないかもしれない。というのも，私たちはみな，社会からの影響を受けるなかで，家族の生活の必要条件を理解していないからである。世話は私たちの社会において価値ある仕事とはみなされていない。それは，最も力が弱く地位の低い者——報われない有色の女性によって，気づかれないままに行われる。

また，次のことも長きにわたって知られている。それは，家族が援助を求める主要な理由の一つは，症状を抱えた家族メンバーが現れたからではなく，世話人がバーンアウトして，これ以上，負担を管理できなくなったからだということである。したがって，介入にはジェノグラム全体のアセスメントが必要になる。これによって，レジリエンスや資源を利用し，家族が元気になるのを助けることができる。

ジェノグラムのもう一つの使い方は，とくに重要なときに，必要とされるケアが家族にどのように影響を及ぼしたかを示すやりかたである（**カラー図19**）。私の家族（モニカ）においては，世話にまつわることが主要な問題となった際に，異なるライフサイクル上の人物がいた。この図から見てとれるように，喪失はどれも不適切な時期に起こったものではなかったため，それが子どもたちに及ぼした影響は最小限にとどまったが，女性の過労は広範にわたっていて，家族システムのさまざまな三角関係に影響を与えた。私にとって明白なのは，母の人生における世話の初期（1957-1966）は，私たちの関係が非常に緊迫した時期だった。祖母たちは二人とも，長い間非常に状態が悪かった。母が彼女の母親とその親戚たちと仲が悪かったことが意味するのは，私の母親は祖母たちが息を引きとる最後の数年間，祖母たちへの関わりから除け者されていたということである。私が今気づくのは，母親の世話の第二期（1969-1979）は，彼女の役割が変わったということのみならず，彼女がシステムのなかで有する力も変わったということである。以前は，彼女にあるリーダーシップを発揮するスキルは，夫の「妻」の役割に制限されていたが，母は私たち全員に対して効果的なリーダーとなった。以前は，彼女は権力をもたないまま，大きすぎる責任をもっていた。彼女が私の父親の世話を始めたとき，彼女は責任を負担したが，彼女は自分自身のお金を管理するようになった。彼女の経済的および個人的な負担にもかか

わらず，彼女はより慈愛的になり，防衛的でなくなった。ジェンダー，権力，ライフサイクルとの関係において，これらの世話のパターンを探索することによって，私は自分自身の家族におけるさまざまな力動について理解できるようになった。

　私自身の家族の介護のジェノグラムを作成することは，将来の介護に関する私の感性を大きく高めた。私たちが誰の世話をする必要があるかを考えることは，誰が私たちの世話のためにいてくれるかを考えることと同じであり，このことは個人的な関係において私たちをより思慮深くさせる。ウォルシュ（Walsh, 1998）が勧めるのは，介護をチームアプローチとして進めることである。それは，男性と女性の家族メンバーを含むことと，介護の負担と喜びを共有するようにきょうだいを励ますことである。

　さまざまな文化において，家族の構造のなかで最も権力が低いのは，親戚関係における娘たちであり，母方親族の介護を行う。また，ジェンダーにまつわる力関係が，それらの関係における葛藤につながっていることがしばしば見受けられる。私たちの社会では，そのような問題のある関係性は，アジアの伝統に最も顕著である。アジアでは，娘たちは成長すると結婚によって原家族を離れ，夫の家族に組み込まれる。妻たちは周辺的な地位に置かれる。アメリカの優勢な社会では，親戚関係の娘たちよりも実の娘たちが介護責任を担うことが多い。しかし，そのようなゆがめられた期待に挑戦することは，きょうだい関係を維持するうえで重要なことかもしれない。きょうだい関係は，大人としての人生を通じて主要な資源となるものである。娘が年老いた両親の介護によって過剰な負担を抱えているときには，家族合同面接や，規則に対して挑戦するように娘を戦略的にコーチングすることで，より機能的にかつ公平に，家族関係のバランスを調整しなおすことができるかもしれない。

　たとえば，アーリーン・アダムス（**図6.4**）は，週末は介護のため3時間かけて母親のところに通わなければならなかったため，1年にわたって不満を抱えていた。母親はガンで死にかけていた。兄のジョンは，母親の家から10分の距離に住んでいたが，月に一度以上母親と会おうとすることはほとんどなかった。アーリーンが着いたとき，母親はジョンと彼の二人の息子が先週何をしていたかについて，誇らしく語った。それは，ジョンの妻から週に1回掛かってくる電話で知ったことだった。一方で，母親はアーリーンに対して，彼女の人生のことや彼女の子どもたちのことについて尋ねることはなく，彼女が毎週の週末を母親と過ごすことに費やすことで大変な犠牲を払っているのは明らかだった。

　時がたつにつれて，アーリーンは，兄と比べて家族のなかで召使いのような役割を取らされていることへの彼女の苛立ちや不満を，別のものに変えることができるようになった。彼女は手紙で，母親や兄と語りあう機会を求め，ついに子ども時代からの家族メンバーの役割について話すことになった。彼女は母親に対して感じていたことを話すことができた。それは，母親が母親の兄や母方祖父の二代目を演じており，それがアーリーンを数年にわ

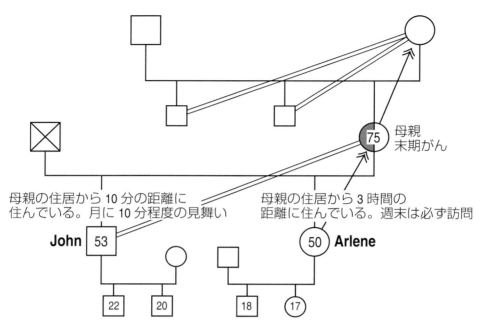

図6.4
アーリーン・アダムス

たって困らせてきたということだった。この洞察に対して最初は抵抗が見られたものの，アーリーンの母親はやがて，週末に彼女に語るための話を考えておくようになった。たとえばそれは，母親の両親は兄を優先してきたことを思い出した，というようなことであった。母と娘は共有によって，このように近しくなっていった。

レジリエンスを追跡する

　喪失，トラウマ，機能不全に直面した際に，家族レジリエンス（Walsh, 2006）を追跡することは，ジェノグラムアセスメントにきわめて大きく関連する。家族レジリエンスとは，生き残ることを可能にするものである。そのような資源がたくさんあることに焦点を当てて，それを強調することはたいへん重要なことである。メキシコのアーティストであるフリーダ・カーロ（**カラー図9** 参照）は，そういったレジリエンスの注目すべき例を示している。彼女の芸術作品は，彼女が経験したトラウマや痛みを，創造的で人生を豊かにする何かへと変換する，信じられないほどすばらしい能力を反映したものである。彼女個人のレジリエンスと彼女の家族のレジリエンスの存在は，彼女たちの歴史のさまざまな点において明らかである。たとえば，彼女はまず6歳のときにポリオにかかり，その後遺症で彼

女の右足は弱く小さいものとなってしまった。18歳のときには，トラウマ的なバスの事故に遭っている。彼女の骨盤を金属のパイプが完全に貫いて背骨を骨折した。たくさんの手術を受けたものの，この事故によって，彼女は残りの人生は慢性的な痛みに見舞われることとなった。偶然にも，彼女と同じ年齢で彼女の父親は転倒に見舞われた。それは彼の脳にダメージと発作を遺した。このことによって，彼は人生のコースを変え，大学で勉強することを望むようになった。彼の事故は，翌年メキシコへ移住する一つの要因となった。彼は名前をウィルヘルム・カールからギレルモ・カーロへと変えた。彼は事故の後遺症に依然として悩まされていたが，メキシコで写真家として知られるようになった。彼の大好きな子どもであるフリーダは，彼女の遭った事故の後に芸術という道を見出した。彼女はそれまでは学者と医師になるという父の望みを受け継いでいたが，その代わりに彼女は芸術家になった。彼女の父親が，そして彼女の母方祖父が以前にしたことと同じであった。

　カーロの両親は二人とも人生の初期に深刻なトラウマを経験している。彼女の母親は，すばらしく魅力的な女性で，スペイン，メキシコ，そしてインディアンの生物学的血筋をもっていた。彼女はドイツ人と恋に落ちたが，その人は彼女の前で自殺してしまった。彼女は一生，彼の手紙を大事にもち続けた。ギレルモ・カーロと結婚し，4人の娘と一人の息子をもうけた後も，彼女は自身がもっていた可能性を生かすことができなかったように見えた。

　ギレルモ・カーロは，ニュルンベルグ大学で勉強を始めたときには多くの期待を背負っていたが，事故の後には勉強を続けることができなくなってしまった。ちょうどそのとき，彼の母親が亡くなってしまった。彼の父親はすぐに再婚し，義理の母親とのつながりはなかったため，カーロはすぐにメキシコへ移住することを決断した。彼はそこで結婚し3人の娘をもうけたが，2番目の娘は生後数日で死んでしまった。そして，彼の妻は3番目の娘を産んだときに悲劇的に亡くなってしまった。カーロはその夜のうちに，2番目の妻と出逢った。この妻は，二人の娘を修道院に入れることを条件に彼との結婚に同意した。この妻はまた，カーロに，彼女の父親とともに写真家として仕事をするよう勧めた。不幸なことに，カーロは彼の初期のトラウマに折り合いをつけるまでには到らなかった。彼がそれまで明らかに有していた能力や当初の自己変革の努力にもかかわらず，数年にわたって彼は苦い思いでひきこもるようになった。そして，より深刻な障害を抱えても，トラウマ的な経験を希望や芸術へと変換するもっとも注目すべき能力を示したのは，彼が愛した娘，フリーダであった。

家族の資源

　お金，健康，活力，技術，意義のある仕事，サポート・システムといった資源は，家族

メンバーによってしばしば異なる。それらの違いが極端にジェノグラム上に現れたときには，システムがどんなアンバランスさをどのように扱っているのかを探索することが重要である。そういった違いが夫婦の間に現れるときには，力関係の不均衡が発生するかもしれない。それは，男性と女性の間に常に存在しているものである。もちろん，お金や健康や仕事で有利な立場や社会的地位を有している女性は，そのような不均衡に反撃を加えることもある。

　カラー図20のジェノグラムに示したのは，階級や職業的背景が異なる夫婦である。次のような質問が浮かぶだろう。

- 彼らはどのように社会経済的な地位や文化的背景の違いに対応しているのだろうか。
- 彼らはどのように収入の違いや生活水準に対する期待の違いを扱っているのだろうか。
- 他の領域にも重要な不均衡は見られるだろうか。価値観に違いがあるだろうか。
- 経済的資源が大きく違うことで，結婚したときに配偶者が受けた衝撃はどのようなものだったか。教育や職業的地位の違い，社会的地位の違いについてはどうか。
- 異なる経済的資源を有していることは，きょうだいにどのような影響を与えただろうか。教育や職業的地位の違い，社会的地位の違いについてはどうか。

　いうまでもなく，他の家族メンバーの反応も，アセスメントを行う上で同様に重要である。二つの異なる家族は，それぞれ結婚についてどのように思っただろうか。出会うことに対して承認があっただろうか，なかっただろうか。そういった次元のことがらについて，ジェノグラムは臨床家に警鐘を鳴らしてくれる。

　一人のきょうだいがほかと比較してより成功した場合に，資源の違いは問題へと変わる場合がある。たとえば，家族のきょうだいの一人が経済や社会的地位の点でほかのきょうだいに比べて非常に成功している場合，そこには不均衡が生じるだろう。成功しなかったきょうだいは家族の期待に応えられないかもしれない。そして成功したことと支援の欠如の両方から，成功者に腹を立てることもある。資源が足りない（経済的な資源と同様に情緒的な資源も）場合には，きょうだいは葛藤を抱えたり断絶したりするかもしれない。特に，両親や病気のきょうだいの介護にまつわるテーマについてこういったことが起こる。家族は，誰が困っている人のためにより多くのことをしたかをめぐる争いに巻き込まれるかもしれない。多くのきょうだいたちはうまくやっていて，きょうだいか親のただ一人だけが資源を必要としているような場合には，成功者に対して過度な負担を課すことなしに，満足のいく均衡状態を作り出すことはより簡単である。いくつかの事例においては，非常に裕福なきょうだいが，経済的には貢献するが時間を割いたり情緒的な介護はしないような場合にも，家族のなかにアンバランスの感覚が生まれることがある。きょうだいがお互

いに，もしくは両親から地理的にどれくらい離れているかもアンバランスを生み出す。特に，両親に介護が必要で，一人のきょうだいだけが介護を行うことが可能な距離に住んでいる場合は，アンバランスにつながる。彼は，あるいは彼女の場合の方が多いが，憤慨しバーンアウトするかもしれない。結婚していないきょうだいや子どもをもたないきょうだいもまた，両親の（特に一人親家庭の親の）介護を不公平に期待されるかもしれない。このような，きょうだいの両親に対する責任に関するアンバランスは探索されるべきことがらであり，不公平への挑戦が行われるべきである。というのも，そういった探索や検討がなされなければ，広範囲に及ぶ悪影響を家族関係にもたらすことになるからである。

7 関係のパターンと三角関係

ジェノグラムを作成することで，臨床家は家族のなかで特に強いつながりのある関係を発見し，また家族の構造やライフサイクル上の位置について知ることができる。このことによって，家族のなかの重要な関係や，境界線のパターンについて仮説を立てることが可能となる。二人の家族メンバーが第三者に対抗する形で手を組む三角関係のパターンについて理解することは，臨床的介入を計画するうえで必要不可欠なものである。「脱三角関係化」は重要なプロセスである。それは，家族メンバーがコーチされることで，強固な三角関係化のパターンから自分自身を自由にすることである。家族関係の複雑さには限りがない。加えて，関係性は時とともに自然と変わっていくものである。そのような複雑さがあっても，ジェノグラムを作成することで，関係のパターンをより探索されたものへと変える提案ができるのである。

　人間のシステムで最小のものは，もちろん二者システムである。ジェノグラムを作成することで，二者関係について分析することができる。その際，「親密」，「融合」，「敵対」，「葛藤的」，「疎遠」，「遮断」といった関係性の線を描く。繰り返される二者関係のパターンは，システムを通して追跡される。ただし，そういった二者関係のパターンは，通常，第三者との関係に二者が入ることによって三角関係へと変わることが多い。

　ジェノグラム上の二者関係にシンプルに焦点を当てた場合には，私たちは次のことに気づくかもしれない。それは，それぞれの世代において，すべての息子は父との間に葛藤的な関係をもっていて，母親との間に親密な関係をもっているということである。娘の場合にはそれが反対になる。つまり母親との間に距離がある，もしくは葛藤的な関係をもっていて，父親との間に親密な関係をもっている。一方で，すべての夫婦は疎遠，もしくは葛藤的な関係がある。それらの関係は，まさに絡み合ったものである。母親と息子の親密さ

は，父親と息子の疎遠な関係と関連している。また夫婦の問題は，両親－子の同盟に関連する。言いかえると，夫婦の距離の相補的なパターンがあるということである。世代間の連合と葛藤はともに進む。このことからは，次のような予測ができるだろう。第三世代の息子と娘は，両親との間で，世代を交えた同盟と葛藤に巻き込まれる。また，両親との葛藤，もしくは互いの間での葛藤は，それを変えようと試みない限り，距離がある関係の結婚をすることや，彼ら自身の子どもとの同盟や葛藤といったパターンを繰り返すことになる。

　複数の二者関係はつながりやすく，また一緒に機能する傾向がある。それは，連動する三角関係のセットとして家族システムを見る助けとなる。この観点からは，父親と娘の仲の良さは，彼の妻との距離として機能し，母親の娘への葛藤をもたらす役割をはたしているのかもしれない。同様のことはこのシステムのなかのどの3人組に対しても仮定することができる。つまり，どのような二者の機能も予測可能な方法で三者の相互関係に結びつく傾向がある。三角関係はシステム論の最も重要な部分の一つである（Bowen, 1978; Caplow, 1968; Carter & McGoldrick, 2005b; Fogarty, 1975; Guerin, Fogarty, Fay, & Kautto, 1996; Kerr & Bowen, 1988）。

三角関係

　この短い本のなかで，ジェノグラムにおける関係パターンの解釈の下敷きであるシステム思考の複雑さをすべて説明し尽くすのは不可能なことと思われるが，ジェノグラムを解釈する際に役立つ関係性の構成のいくつかについて述べたい。家族関係に関する部分的な知識に基づいて，考えうる三角関係を推測するのに，ジェノグラムは有用なツールである。

　私たちが最初に焦点を当てるのは，三角関係もしくは，三つの関係性の集まりである。それは，互いに依存した機能をもっているか，他の二つに対して影響を及ぼすようなものである。家族における三角関係の構成は，3番目の人に対する何かしらの機能を有する二人の人からなる。これは通常，最初の二者関係の緊張感を低減するのに役立つ。たとえば，二人の家族メンバーが3人目の「支援」にまわったとき，その3人目は困った人，もしくは「犠牲者」とみなされるだろう。あるいは，二人の家族メンバーが3人目に対して対抗した場合，その人は「悪役」とみなされるだろう。これは，3人目に対する二人の共謀であり，三角関係の特徴として定義される（Bowen, 1978）。三角関係にある一人の行動は，それがどの一人の行動でも，他の二人の行動の機能である。

　同様に，すべての三角関係は拡大システムのパターンの一部となる傾向にある。したがって，子どものかんしゃくと過度な負担を抱えた母親は，母子関係の機能のみならず——いくつか可能性を並べるとして——おそらく母親－父親のあいだの，あるいはその夫

婦と過干渉な父方祖父のあいだの，あるいは一人か数名の大人と早熟な年上きょうだいとのあいだの機能でもある。ボーエンの理論的枠組みでは，健康な発達は分化もしくは成熟を含むものである。これは，人間が各関係において独立して機能し，誰かと関わる際に，その人の関係における第三者との関係に基づいたパターンに自動的に陥らないことを意味する。

　システムのなかに高い緊張がある場合には，二人の人が第三者とともに三角関係を形成することによって緊張を低減するのが一般的である。分化が意味するのは，その人が他の人たちともっている関係性に基づいて関係をもつようになるのではなく，むしろそれぞれの人に対して個人として関係をもつようになるということである。したがって，娘と父親の関係が親密で，父親と母親が葛藤状態にある場合でさえ，娘は母親との間に親密な関係をもつことができる。このことは，二人の子どもたちが威圧的な両親に対抗する力を持とうとして仲良くすることと区別されなければならない。このような連合は三角関係とは異なる。なぜなら，二人は意図的に自分たちの位置を強化しようと手を組んでいるのであって，圧倒する親とのお互いの関係に彼らの個人としての機能を依存させているわけではないからである。

親子の三角関係

　二人の両親は，彼らの子どもに焦点を当てることで緊張を下げようとする場合がある。特定の情緒パターン（怒り，愛，依存関係）が示されるかどうかとは無関係に，これは，二人が3人目との関係において手を組むことであり，三角関係の定義に合致する。ジェノグラムは，こういった三角関係を認識するためにきわめて便利なツールである。というのも，構造のパターン，ライフサイクル上の情報，そして二者関係における詳細なデータは，三角関係化されやすい三番目の人を明確にするのに役立つからである。ただ3人が関係をもっているからといって，それが三角関係を形成するとは限らない。三角関係化は，3人の相互依存的な機能を示すものである。それぞれの機能は，他の二つに依存する。もし三者関係にある一人が，会話のなかで一人の味方をすることを選んだとしても，必ずしも三角関係とは言えない。ただし，そのような関係のパターンが常に起こるようであれば，おそらく三角関係である。

　ユージン・オニール（図7.1）のジェノグラムに示されるように，しばしば，きょうだいの対抗意識は三角関係を反映していることがある。ジェイミーとユージンの兄弟は，人生を通じて（ジェイミーは45歳で亡くなった），濃密で競争的な関係を有していた。このことをジェノグラム上で理解すると，両親間の緊張があったかもしれないということ，そして第三世代の葛藤がその前の世代の葛藤を偏向し反映したものであることが考えられる。

図7.1
オニール（O'Neill）の家族関係と三角関係

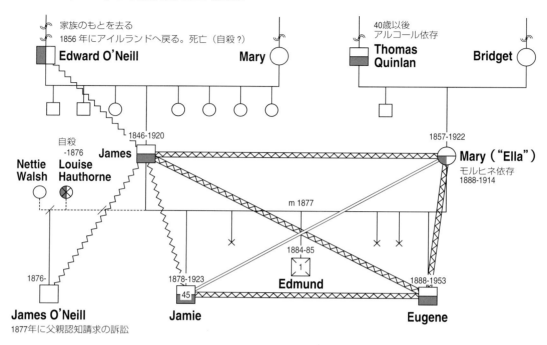

実際のところ，オニールの両親は難しく緊張感のある婚姻関係であった。おそらく，ジェイミーが真ん中の兄弟エドモンドの死について責められたという事実によって，兄弟間の緊張は悪化したと考えられる。エドモンドは，気づかないうちに麻疹にさらされていた。ユージンは母親のモルヒネ依存について責められた。依存が始まったのは，ちょうど彼が生まれたときであった。このきょうだいの葛藤は，ただ両親の葛藤を反映したものではなく，両親の個人的な問題から目を反らすためにもち込まれたことは疑いようもないだろう。

とても一般的な三角関係のパターンは，両親のうちの一人がもう一人の親に対抗して，子どもを共謀に巻き込むときに起こる。その際，もう一人の親は部外者となる。システム的に言えば，もう一人の親と子どもを疎遠化し，圧力をかけることで物事を思い通りにしようとしている，と記述することもできる。そしてこのような場合，子どもは一人の親とは融合した関係をもち，もう一人の親とは対立的な関係をもつことになる。

ところで，息子が母親と極端に親密な関係をもっていることは，それ自体が問題であったり問題の一部であったりするわけではなく，必ずしも不利な経験となるとは限らない。私たちは，これが私たちが調査した有名人たちの間では一般的なことであることを発見した。それは，ビル・クリントン，フランクリン・ルーズベルト，ハリー・トルーマン，フ

図 7.2
ネルー(Nehru)／ガンジー(Gandhi)家

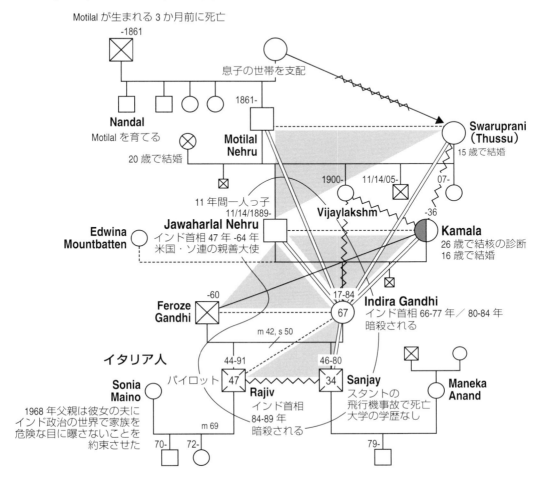

ランク・ロイド・ライト，ダグラス・マッカーサー，ジミー・カーター，チェ・ゲバラほか，多くの有名人に見られる。

しかし，人々の親密な関係と葛藤的な関係，あるいは距離のある関係が三角関係のなかで互いにつながっている場合，機能不全の予測が現実のものとなる。多くの場合，家族関係が埋め込まれた家父長制の配置を考えると，ネルー家の例で描かれているように（図7.2），それらの三角関係は拡大システムにおける問題を反映しているものと考えられる。

ジャワハルラル・ネルーは，彼が育つなかで，両親との間で囚われていたと感じていた三角関係について描写している。彼が幼かったとき，彼は父親からペンを盗み，それを探すために家族全員が巻き込まれたことがあった。

ペンは発見されて，私の罪は世界に向けて宣言された。父親はたいへん怒って，私のことを何度も鞭打ちした。私は痛みと不名誉の悔しさによってほとんど目が見えなくなり，母親の下へ逃げ込んだ。痛みに震える小さな少年に，数日にわたっていろいろな種類のクリームや軟膏が与えられた。この罰について，私は父に対してどんな悪意ももたなかった。彼に対する賞賛や愛情はこれまで通り強かったが，そこには恐怖が一部含まれていた。母親に対してはそうではなかった。私は母親のことは恐れなかったし，彼女は私が何をしても許すことを私は知っていた。また母親の私への愛は過剰で無差別的だったので，私は彼女を独占したいと考えていた。（Ali, 1985, p.8 からの引用）

　長年にわたって，彼は父親との戦いのなかで，母親を味方として取り込んだ。彼がイギリスで勉強しているときには，特にお金のためにそうしていた（Wolpert, 1996, p.8）。アリ（Ali, 1985）はこの三角関係を，彼らの文化的背景である家父長制の性役割の観点から説明する。彼によると，ネルーの父親は唯一の息子を崇拝していたという。

幼い少年に向けられたこの暴力は，古いタペストリーの一部だった。家族は社会全体に存在している権威の関係を，独自のやりかたで再現する。女性が従属することは，このプロセスの最も大きな特徴である。しかし，そこには同じように残酷な次元が存在している。それは，男性の社会化の儀式である。父－息子関係は祀られ，男性の支配関係を象徴する。そこには必ず暴力があって，陰に潜んでいて，ときには隠され，またときには公に実践される。負った傷は，たいてい見てわかるものである。実際の痛みはなくなったとしても，その後の人生にわたって，被害者のなかに抑圧された怒りが残され続ける。このことによる影響は人によってさまざまである。ジャワハルラルの父親に対する愛着は純粋なものであったが，それが曖昧さを免れることはできなかった。(p.9)

　この三角関係は，ネルーの娘インディラとの関係において再現された。インディラは子どものとき，母親と極端に親密だった。彼女はネルー家のなかでは尊敬されておらず，夫からも守られていなかった。母カマラは娘に，男の人を信用せず，自立するように教えた。しかし彼女はインディラが大人になる前，11歳のときに結核が悪化して亡くなってしまった。インディラとネルーは親密になり，その関係はネルーが死ぬまで続いた。インディラはフェローゼ・ガンジーと結婚し，二人の子をもうけたが，夫のもとを離れてしまった。彼は，彼女の父親から継承者として認められず，彼女は息子たちとともに，一緒に暮らすために父親のところへ行ってしまった。それは子どもたちがまだ幼いときのこと

だった。フェローゼは常に，彼の妻は彼女の有名な家族のために，彼のもとを去ってしまうのではないかと恐れていた。そして，第三世代では，インディラは彼女の下の息子サンジェイと極端に親密になった。サンジェイが死んだ後になって，上の息子ラジフと近しい関係になった。すべての第三世代において夫婦の絆は弱く，家族のメンバーはどの世代に対しても世代を超えた三角関係化に陥りやすい脆弱性をもっていた。そして，もちろんそのほかの義理の娘たちとのたくさんの三角関係についてはまだ言及していない。義娘たちとの関係（ラジフのイタリア人の妻ソニアとサンジェイのシーク教徒の妻であるマネカ・アナンドのこと。マネカの父親の死には，サンジェイの関与が示唆されている）や，ネルーのエドウィナ・モーントバッテンとの長期にわたる浮気のことである。エドウィナはイギリス王室のメンバーで，フィリップ王子のおじの妻である（**カラー図12** 参照）。

エレノア・ルーズベルトのジェノグラムは，もう一つのタイプの親子間の三角関係の例である（**図7.3**）。彼女が11歳のときに両親は亡くなってしまったが，エレノアは，母親は父親の苦境に対して冷酷で無神経だったと感じながら，父親と特別な関係を有していたことを覚えている。父親は無責任なアルコール依存者で，母親は彼を施設に入れて，彼と別居することにしたが，エレノアにとっては，彼は英雄で，母親は悪役であった。この三角関係においては，エレノアは父親の肩をもち，母親に対抗している。このような三角関係は，両親が深刻な葛藤状態にあるときによく見られる。

子どもたちは彼らに対して，忠誠心の葛藤をもつようになる。子どもたちは両親をなだめようとしたり，仲介しようとする——確かに不安定な位置である。このタイプの親子間の三角関係は，離婚や再婚の事例において特によく見られるものである（後に議論する）。次の世代では，エレノアの娘であるアンナとの間で三角関係が繰り返される。アンナはエレノアと同様に第一子で，父親のフランクリンが好きで，エレノアのことを過度に厳しい人と捉えていた。思春期を通じて，彼女はエレノアとの間に激しく荒れた関係をもっていた。この状況は，父親がポリオにかかるまで変わらなかった。アンナがホワイト・ハウスやキャンプ・デイヴィッドで，エレノアの見えないところで，フランクリンや彼の女友達を楽しませていることを，エレノアは究極の裏切り行為だと感じていた。幸運なことに，後に，エレノアとアンナはこの母娘の断絶したパターンをひっくり返し，親密になった（McGoldrick, 1995）。

よく見られる夫婦の三角関係

夫婦は子どものみならず，他の人たちや動物（たとえば，家族で飼っている犬）や物事（テレビやアルコールなど）と三角関係をもつことがある。**カラー図21**は，セラピーを開始した時点の家族のジェノグラムである。夫の主要なつながりは，仕事，金融相場，そ

図7.3
エレノア・ルーズベルト（Eleanor Roosevelt）の三角関係

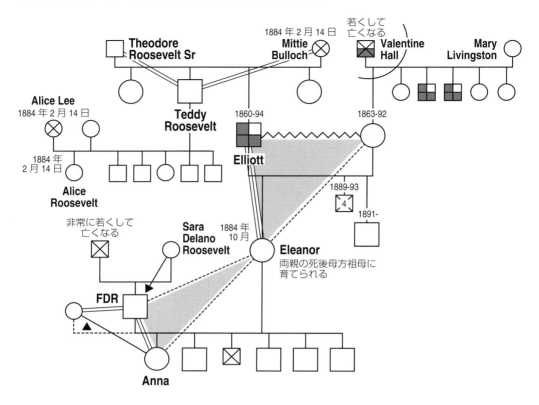

してテレビであった。夫の否認によって後になるまでわからなかったことは，アルコールとのつながりだった（ここでは秘密の親和性として示している）。夫と妻の否認によって，彼がアルコールに強く依存していることは，1年間にわたってセラピストが知ることはなかった。主訴は，夫が妻と関係をもてないと感じていることであった。妻は関係を求めていたが，水面下では夫に対して強烈な怒りをもっていた。彼らは二人とも，数年にわたってお互いよりも別の場所とつながっている状態にあった。夫婦は二人ともアングロ系で，それぞれの原家族は非常に機能不全の状態にあったが，そこから強力に遮断されているということに気づいていなかった。二人とも，自分自身の背景については「普通だ」と表現した。妻は子どもに焦点を当てていて，家庭を維持し，彼女の友達と良い関係を保っていた。夫は子どもたちとのつながりは多くもたなかったが，子どもたちは彼と関係をもちたいと熱望していた。心理療法は，ジェノグラムを用いて，互いの問題のある関係について探索することから始まった。そこではしばしば，ジェノグラム上の遮断を扱うという挑戦

がなされた。

　カラー図21において明らかなように，配偶者たちは二人とも，原家族との関係において重要な変化を起こした。加えて，夫は子どもたちと関係をもつようになり，アルコールと経済市場との関係のもち方を変えた。妻は自分の兄やその元妻とつながり直すとともに，ずっと行きたいと思っていたところへ旅行するようになった。これらの変化は夫婦の葛藤を解決するものではないが，彼らが変容したので，夫は妻に接近し始めることができるようになり，また妻は以前よりも夫に対する怒りに焦点を当てることが少なくなった。この例は，お互いについてそれぞれ不満に思っていることに焦点を当てるものではなく，文脈における夫婦それぞれのすべての関係を見るように夫婦とともに作業を進めるような，典型的なシステミックなアプローチである。夫婦は二人とも，不安を解決するために他のものと三角関係化していた。その不安は，夫婦が互いに自分たちでは扱いきれないと感じていたものであり，夫婦が二人とも原家族において以前には扱えなかったと感じていた問題の複製であった。こういった脱三角関係化は，システム論的心理療法では主要な焦点である。それは，他の関係とどのように相互に影響しているかに関係なく夫婦の関係に焦点を当てるというやりかたではなく，むしろ，文脈における夫婦関係を探索するというものである。

　おそらく，最もよく知られている夫婦の三角関係は，姻戚関係における三角関係だろう。古典的には，お気に入りの息子，彼の母親，そして嫁が関わる。この姻戚関係の三角関係は，それ自体はさまざまな方法で立ち現れる。夫婦は自分たちの葛藤を，夫の母親にある問題に焦点を当てることで回避しようとするかもしれない。あるいは，妻は夫の足らないところを，夫の母である姑に責めを負わせる。一方で，姑は嫁を私の「愛しい息子」を遠ざけていると責めるかもしれない。夫は，妻と母親が戦うのを楽しんでいるかもしれない。彼はおそらく，母親と妻の二人にうまく対応することができないのだろう。もちろん，姻戚関係における三角関係は，夫婦と彼らのいずれかの親との間に起こることがあるが，妻は情緒的に中心の役割を担い，あるいは情緒的に巻き込まれることが多いことから，このような状況のストレスが集中することが多くなる。また，特定の文化，たとえばアジア文化において，伝統的に妻たちが姑と一緒に暮らし，姑のコントロールに従属している場合には，このような三角関係は非常に強調されることとなる。

　もう一つの夫婦によく見られる三角関係は，浮気を含むものである。明らかに，浮気は婚姻関係に対する示唆を含むものであり，婚姻関係が継続した場合でさえ，主要な関心事となることがらである。浮気はパートナーの一人にはけ口を与えたり，夫婦の根本的な問題を反らすことによって，夫婦間の葛藤関係の緊張感を緩和するかもしれない。ユージン・オニールの父親ジェームズに結婚に先立って二つの浮気関係があったように（**図7.1参照**），三角関係化された浮気は過去のものであったり，現在も続いているものであるか

もしれない。ジェームズが関係を絶ったときに最初の女性は自殺した。ネッティ・ウォルシュとの2番目の関係は，彼女が息子の父親はジェームズであると主張し，父親訴訟という結果になった。この父親訴訟にまつわるスキャンダルは，ジェームズとエラの婚姻関係を通じて，問題として残された。

ウィルヘルム・ライヒは，フロイトの信奉者の一人で，人間の発達の力動の中核を成すものとしてセクシュアリティに焦点を当てることに人生をささげた人物である。彼のジェノグラム（**カラー図22**）には，家族の悲劇へとつながった浮気の三角関係が描かれている。ウィルヘルムは母親が彼の家庭教師と浮気しているのを発見し，父親にそのことを告げた。父親は妻に事実を突きつけ，妻は自殺で応じた。おそらくライヒが後に専門家として，罪悪感から自由であるセクシュアリティをあらゆる形で推進したのは，家族の三角関係における悲惨な結果を補う試みであっただろう。悲しいことに，次の世代で，ライヒの息子はちょうど同じ年齢のときに，同じようなトラウマを経験してしまった。FBIがライヒを探しにやってきて，息子は彼がどこにいるか言うよう強いられた。ライヒは収監され，不幸にもその後すぐに亡くなった。

三角関係化は，人と同じように物事との間でも起こる。配偶者が家庭の外に求めるものは，仕事，趣味，アルコール，ペット，インターネットなどであるかもしれないが，そのインパクトは同じである。夫が仕事やアルコール，インターネットと親密になるにつれて，妻のネガティヴな感情は彼自身と彼の「愛するもの」の両方へ向けられるようになる。妻がネガティヴになるにつれて，夫は三角関係化している物事にさらに親密になる。このようなことが起こっているとき，そのことはジェノグラム上に記される必要がある。ピーター・フォンダは犬を極端に愛していた。特に彼の母親が自殺した後はそうで，彼は孤独を強く感じるようになっていた。そのときは父親が去り，祖母が一緒に住むためにやって来たが，彼女は犬にとても悩まされていて，ある日ピーターが不在にしている間に殺してしまった（**図7.4**）。彼は祖母を一生許すことはなかった。

この三角関係は，祖母が扱うことができなかった別の家族の三角関係を反映していることは疑いようがない。犬はおそらく，彼女が悩まされていたさまざまな不満においてスケープゴートにされたのだろう。それは，彼女の娘の精神疾患と自殺，自殺後の処理や子どもたちの世話のために（亡くなった彼女のアルコール依存の夫とヘンリー・フォンダによって）孤独にとり残されたこと，そして彼女の息子の親戚のアルコール依存である。ペットにしばしば起こることだが，この犬はおそらく家族のなかのストレスに反応していて，祖母には扱いきれなかったのかもしれない。このように，三角関係化によって，家族のなかの特定の関係や相互作用のなかにあるストレスがはっきりしてくる。

図 7.4
ピーター・フォンダ(Peter Fonda)の三角関係(犬と祖母)

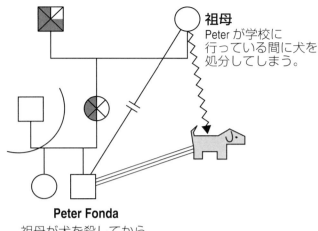

離婚と再婚家庭における三角関係

　別居や離婚がジェノグラム上に現れるときは，ある関係パターンは予測しやすい。たとえばエレノア・ルーズベルトがそうしたように，子どもたちは不在の親を理想化したり，片方の親を喪失したことで親権をもつ親を責めたりするかもしれない（**図7.3** 参照）。子どもたちは両親の争いに巻き込まれ，一方が一方の側に，もう一方が別の側につくことがある。また，義親は配偶者に対抗して自分の子どもの味方をしがちである。

　一方もしくは両方の親が再婚している場合には，探索すべき三角関係が追加される（McGoldrick & Carter, 2005b）。おそらく再婚家庭におけるジェノグラムにそういった三角関係を発見するのがたやすい理由の一つは，関係者のパーソナリティというよりも，普段から状況を規定する家族の構造にある。これにより，三角関係はむしろ予測可能になる。子どもたちは基本的に，死別や離婚によって親を喪失する準備ができていない。両親は代えがたいものである。そして，両親のいずれかが亡くなってから，あるいは失踪してからどれだけの年月が経っても，親は問題であることをやめない。したがって，再婚家庭におけるインサイダー－アウトサイダー構造のパターンはその状況に特有のものであり，三角関係を生み出す傾向がある。子どもたちが継親に対してどのように反応するかは，彼らの性別や離婚に至った際の彼らのライフサイクル上のステージなどさまざまな要因に依存する（McGoldrick & Varter, 2005b）。しかし，特定の三角関係については充分に予測可能である。たとえば，妻を自殺で亡くした後のヘンリー・フォンダとスーザン・ブランチャー

ドとの再婚（**カラー図4**）は，13歳のジェーンよりも10歳のピーターから，より普通でない反応を誘発したように見える。ピーターはいまだ母親を強く必要としていた。ジェーンは思春期初期の段階にいたため，関係が壊れることは彼女にとって予測可能なことだった。フォンダが4年後にもう一度別居したときには，ピーターは14歳，ジェーンは17歳で，大学に入るところだった。ピーターは二人目の母親を喪失する可能性に落ち込んでいた。彼の父親は，ピーターが継母に会うことは，父親と彼の新しい花嫁に対して気遣いがないと主張した。ピーターは，彼がスーザンと離婚しないのであれば，いつでも好きなときに彼女に会うと言い返した（Fonda, 1998, p.84）。再婚家庭という構造の変化によって，組み合わさった三角関係のパターンが発動することに私たちは容易に気づくことができる（**図7.5**）。もちろん，エイミーが生まれた日がヘンリーの妻であるフランシス・シーモアが自殺した日，あるいは近くの日であったことが，三角関係の複雑さにさらなる難しさを追加した可能性がある。

　図7.6で示されているジェノグラムは，再婚家庭における予測可能な三角関係のいくつかを示している。よく見られる三角関係は，家族のなかに子どもがいて，そこに血縁上の父親と，子どもたちとうまく関われない継母がいる状況である。それは驚くべきことではない。継母は血縁上の母親に取って代わることは決してできない。また，子どもの同盟関係は，継親との間よりも血縁上の両親と組まれることがほとんどである。例外は，ピーター・フォンダのような例である。彼はすでに母親を亡くしていたが，まだ子どもで，つながりを必死に求めていた。再婚において親権をもつ父親にとっては，一般的に新しい妻は彼の喪失の後に希望をもたらすものである。子どもにとっては彼女は脅威である。彼女は残っている親を奪ってしまうかもしれない。

　こういった状況においては，さまざまなタイプの三角関係が一般的である。その一つは，子ども，血縁上の父親，継母の間に発生する，子どもと新しい妻の間の敵対である（「いじわるな」継母）。継母はしばしば，彼女の配偶者が彼女よりも彼の子どもに注目するのではないかと脅威を感じている。そして，夫は通常，妻と子どもとの間の忠誠葛藤に巻き込まれている。したがって，このことは彼にとって不安定な三角関係を生み出すこととなる。なぜならば，戦争状態にある他者とつながり続けるのは難しいことだからである。ここで示された構造は，明らかに彼がじたばたともがくことを示している。ただし，この構造はまた解決方法をも示唆している。それは，父親は，まず子どもとの関係をより強くするように自分を位置づけるべき，ということである。なぜならば，新しい結婚関係は，先にあった彼の子どもとの関係に続いて形成されるものだからである。

　もう一つよく知られている三角関係は，通常最初の三角関係と絡み合っているが，子ども，継母，そして実母の間に発生する。子どもたちは，継母が実母にとって代わろうとする努力に怒りを覚える。新しい妻は，自分の家で自分は受け入れられていないと感じ，実

図 7.5
フォンダ(Fonda)家の離婚と再婚の三角関係

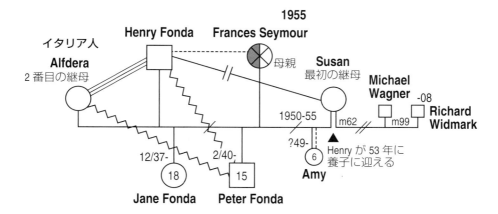

図 7.6
離婚・再婚家族の典型的な三角関係

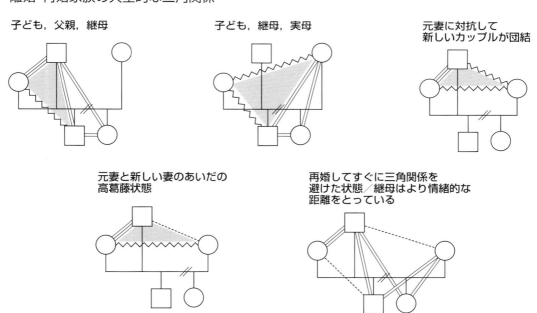

母は新しい妻によって脅かされているように感じる。この三角関係においては，実母と継母の間に明確な葛藤が起こることは珍しいことではない。実際のところ，夫，夫の元妻，そして夫の新しい妻を含む絡み合った三角関係は非常に一般的なものである。新しい夫婦

と元妻の間には緊張があり，元妻は部外者となる。二つのタイプの三角関係は，この点で似ている。新しい夫婦は元配偶者に対抗して団結し，元配偶者を彼らのすべての問題の原因であるとみなす。もしくは，新しい妻と元妻は明確な葛藤をもち，夫は新しい妻に戦うよう励ましさえするかもしれない。それは過去には夫にとっての戦いであったものである。

もちろん，三角関係は実母，その子ども，および継父の間で起こることもある。しかし，私たちの文化においては，父親よりも母親に対する期待がより大きいために，一般的には継母がより困難な経験をすることが多い（McGoldric & Carter, 2005b）。

別の状況でも同様だが，構造は解決方法を示唆している。継親が子どもの生活の中心となることを避ける必要がある。それは，子どもたちが自身の両親との関係において忠誠葛藤をもつことを促進するからである。継親は子どもとの関係において，より距離のある位置に居続けるべきである。代わりに，図7.6のジェノグラムの最後に描かれているように，彼の母親とのつながり，および彼の父親とのつながりを促進するべきである。もう一つ，この関係性のバランスを保つために必要とされることは，離婚した両親が，子どもたちが両親のどちらに対しても忠誠心をもち続けることができるような関係性を維持することである——明らかに，簡単ではない課題ではあるが！

再婚家庭におけるこのような三角関係の余波は，ユージン・オニールのジェノグラム（McGoldrick, 1995）に見ることができる。彼は離婚した後，最初のときと同様に，2回目の結婚でも子どもたちとわずかな関係性しかもたなかった（図7.7）。オニールが彼の二人目の妻アグネスと別居したのは，彼らの末子オーナがまだ3歳のときであった。幻想から覚めた苦々しさのなかで，彼は妻アグネスのみならず，子どもたちとの関係も同様に遮断し，名前を呼ぶことさえ拒否した。彼は，彼が支払うことを期待された「莫大な」対価に憤慨し，アグネスは彼の3番目の妻であるカルロッタに強い嫉妬心をもっていた。オーナが成長して，チャーリー・チャップリンと結婚したとき，オニールは彼女と二度と，いかなる関係をもつことも拒否した。このことは，別の絡み合った三角関係が複合したためかもしれない。アグネスはチャップリンとの間に性的関係をもっていたように見えるが，彼はカルロッタの親友でもあった（Gelb & Gelb, 1987）。再婚家庭おいては三角関係は急速に倍増していくのである！

最後に，義親は再婚に関して中立ではないことが通常である。たとえば，夫の母親と夫の新しい妻との間に非常に強い緊張関係があることがある。したがって，祖父母の世代は再婚の三角関係に巻き込まれやすく，離婚の責めを負わせた元配偶者に対抗して，成人した子どもに肩入れしてプロセスを強化することが多い。

図7.7
再婚したユージン・オニール（Eugene O'Neill）の三角関係

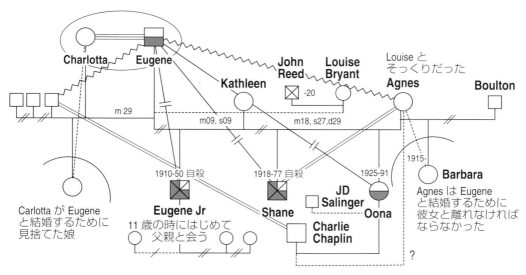

里親家庭や養子縁組の家庭における三角関係

　親子間の三角関係は，子どもたちの一人以上が里子や養子である場合に特に共通して見られる。両親間の緊張関係――おそらく，二人で子どもをもうけることに失敗したことによる――は，養子縁組の前に露呈するかもしれない。このことは，夫婦が養子に対して強く，否定的に焦点化することへとつながる。養子はアウトサイダーとして扱われ，家族を他の心配事から逸らす働きをする。

　里子もしくは養子をもつ家族は，養育家族と血縁上の家族の二つの家族があるという点で，再婚家庭と似ている。このことは，実親が明らかかどうかにかかわらず真実である。というのも，現実の人に対するのと同じように人間は記憶や想像に対して三角関係化することができるためである。たとえば，絡み合った三角関係を示している**図7.8**を考えてみよう。この例においては，二人の息子が異なる家族から養子に迎えられている。兄であるブラッドが父親になったとき，彼は血縁の両親と関係をもち直すことを決めた。彼の実母が彼が大学にいたときに接触してきたことがあったが，彼の養子縁組上の両親は非常にうろたえたため，彼は彼女にもう一度会うことを拒否した。7年の後に，彼に息子ができて，彼は考えを変えた。彼はまた最近，父親と，異母妹と会っていたが，彼の両親は再びとても怒り，彼のそのような接触は，彼らが彼のためにしてきたことすべてに対する裏切りだと言った。このことは，「悪い兄」のブラッドと「良い弟」のボブの間の絡まりあった三

図7.8
養子と実親・養親の三角関係

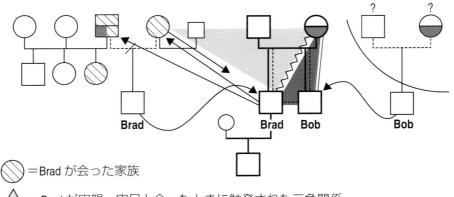

○ =Brad が会った家族

△ =Brad が実親・実兄と会ったときに触発された三角関係

▲ =実親・Brad・そして実親との接触を持たない Bob の間に見られる
互いに絡み合った三角関係

角関係を活性化させた。ボブは血縁上の家族と連絡を取ることにはまったく興味をもっていなかった。

　養子の子どもは，彼／彼女の実親はもっと愛情深い，あるいは寛大であるといった幻想をもつことがある。養子縁組上の両親もまた，血縁上の両親を責める三角関係を幻想化するかもしれない。それは，彼らの養子との困難の場に血縁の両親が不在であることに対する責めである（悪い遺伝子）。生物学上の子どもがいる場合にも同様に，里子／養子縁組の子どもと血縁の子どもたちの間の三角関係は一般的である。

多世代にわたる三角関係

　先に言及した通り，三角関係は複数の世代をまたぐことがある。最もよく見られる三世代にわたる三角関係は，おそらく祖父母と孫が両親に対抗して手を組む場合だろう。これがジェノグラム上に現れた場合には，世代をまたいだ同盟に対して，親は無力なアウトサイダーになっているという三角関係の仮説を立てることができる。ビル・クリントン家（**カラー図15** 参照）に見られるように，両親の一人が不在で，もう一人は，それは通常母親であるが，祖父母と家事を分担しているというときに，このような多世代間の三角関係はよく見られる。子どもの養育に関する責任を祖父母がもつ場合や，祖父母－孫同盟が彼女に対抗して形成される場合には，母親はさらに力をなくすかもしれない。

家族の外部との関係

　家族内の関係性の強さの水準と，家族の部外者との関係も相関する傾向がある。より閉ざされたシステムの場合には，部外者との関係よりも家族内の関係の強さが勝る。したがって，融合した関係のパターンや家族における強力な三角関係がジェノグラム上に見られたときには，家族の外界に対するバウンダリーのありかたを調べることができる。たとえば，ユージン・オニールと彼の 3 番目の妻カルロッタ（**図7.7** 参照）の間の融合関係は，彼らが自身の子どもや拡大家族，そして世界のすべての他者から等しく強力に断絶していることによって強められている。

　ブロンテ家（**カラー図23**）は融合と断絶の同じようなパターンを発達させてきた。それはおそらく，同じように喪失の影響を受けたためである。シャーロットは子どもたちのなかで唯一，家族の人以外との関係性をもっている人である。彼女以外の大人になるまで育った 3 人のきょうだいは，9 か月の間に続々と死んだ。彼らの融合した関係は，お互いの存在なしに生きることを不可能としてしまった。最初にアルコールと薬物への依存があった息子は，家のなかで悲劇的な死を遂げた。彼の葬儀から数日の間に，二番目の妹のエミリーは，二度と家から出ることなく，すぐに亡くなってしまった。そして，末娘のアンナはその後を追った。このようなジェノグラムからは，一家が外界との間に強力なバウンダリーをもっていた理由についての疑問がたち現れる。シャーロット以外，きょうだいはみなごく短い間を除いて家を離れることがなかった。彼らはどこへ出かけても，いつも病気になった。子ども時代に亡くなった二人の女きょうだいは，彼女たちが家を離れてすぐの時期に死に至る病気を悪化させて短期間で亡くなった。実際のところ，最初にシャーロットが父親に結婚の意向を伝えたとき，彼は憤慨して彼の副牧師であった婚約者をクビにした。後に結婚を許したのは，彼らが絶対に彼の元を去らないと誓ったからであった（McGoldrick, 1995）。彼女が結婚し妊娠したとき，彼女の人生を通じて面倒を見てきたタビーと妊娠中の彼女は 2 週間の間に亡くなった。

三角関係の継時変化

　家族のプロセスをよりよく理解するためには，家族の三角関係の変遷を追いかけることが役に立つ。イギリス王室の最近の世代（**図7.9**）を考えてみたい。チャールズ王子は幼い頃，母親とたいへん親密なように見えたが，父親とはそうではなかった。その後，彼はカミラと出会った。彼女は洗練された女性で，彼よりも 2 歳年上であった。彼女は，「私のひいひいおばあさまは，あなたのひいひいおじいさま（エドワード 7 世）の愛人だったの。だから私たちもどう？」と迫ったとされている。彼の母親は，彼らの関係につい

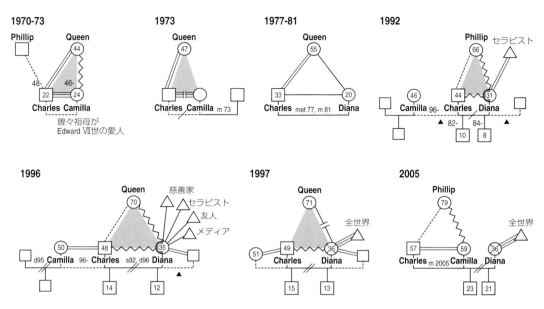

図 7.9
イギリス王室の三角関係

て極端に否定的であるように見えた．そのとき，チャールズが感じたのは，自分は母親をないがしろにするようなリスクは取れない，だからカミラのことは，母親との関係を保つためにあきらめなければならない，ということだった．それから6年後，チャールズが29歳のとき新しい出会いがあった．それは当時デートしていた女性の妹で，16歳のダイアナだった．彼の母親は承認し，二人は結婚した．しかし結婚の後，ダイアナは幸せを感じられず病み，抑うつと過食を呈するようになった．彼女の夢は現実にはならなかった．チャールズもまた不幸になり，母親に支援を求めたが，彼女が手を差し伸べた形跡はなく，彼がまだ状況を扱えていないだけだと告げただけだった．彼は今や深刻な夫婦の問題を抱えていた．一方，ダイアナはセラピーを受け，彼女のセラピストは彼女がたいへん難しい家族と状況のなかで膠着状態にあると伝えた．ダイアナは少しずつ快方にむかった．彼女は恋愛や友人との関係にむかい，慈善事業やメディアに登場するようになった．その間，チャールズはカミラと再会していた．

　長い間，全世界は彼らの関係に，主にダイアナに関心をもった．ダイアナが婚約の後すぐに悲劇的に死んだとき，彼女に対する否定的な三角関係化は止んだ（これは，誰かが不慮に亡くなったときには非常に一般的である．彼らはその後，英雄視される）．チャールズが30年にわたって愛した女性とついに結婚するまで，さらに8年間を要した．彼は，もはや彼の母親から承認を得ていないことについて，気に留めていないように見えた．

もし，私たちが前の世代の王室の三角関係を見直してみるならば，別の三角関係が長きにわたって同様に作用していることがわかる。ヴィクトリア女王はチャールズの曾・曾・曾祖母だが，結婚したときから彼女の母親が亡くなるまで母親から疎外されていた。チャールズの母親は，彼のおじと30年にわたって断絶していた。おじは離婚経験のある女性と結婚したかったために退位した人であった。三角関係化のパターンは，その参加者が置き換わっても，しばしば家族のなかで長期にわたって続いていくものである。このような三角関係の先例は，王室のなかで特別に長い歴史をもっていた。そして，時間の経過とともにチャールズの結婚と彼の子どもに起こることを追跡することが，他の家族と同様に今後の課題である。

　実際のところ，ヴィクトリア女王の世代までさかのぼると，私たちはすべての世代において同様のパターンを王位継承者に見ることができる（**カラー図24**）。ヴィクトリアは道徳規範と規則に厳格だったことで知られている。それは「ヴィクトリアン（victorian）」が厳格な規範［訳註｜ヴィクトリア女王治世の勤勉，禁欲，節制，貞淑などを特徴とする道徳は19世紀に成長した中流階級の理想とピューリタニズムを反映していたとされる。］を指すことに示されている。彼女の長男バーティは，彼が50代になるまで王位に就くことができなかった。彼は青年時代に奔放な生活を愛していたことで知られる人物である。彼の長男は25歳で亡くなったが，多くの人たちは彼のことを幸運だったと言っていた。というのも，彼は規則を守る能力がなかったからである。王位は非常に保守的で圧倒的に若い弟ジョージ5世へと継承された。ジョージは，離婚した人とはどんな人であれ会わなかった。ジョージ王の長男はまた奔放な生活を好む人であったが，2回の離婚経験があるウォーリス・シンプソンと結婚するために退位し，保守的なジョージ6世が彼にとって代わった。ジョージ6世は再び，彼を妻とともに家に入れない立場をとった。したがって，すべての世代において，良い息子と悪い息子，もしくは良い両親と悪い両親からなる重要な三角関係があったと言える。ダイアナとチャールズの三角関係は，非常に長い歴史の一部として組み込まれているのである。

8 ライフサイクルを通じて個人と家族を辿る

臨床アセスメントにおいては，ジェノグラムの情報を集める際に，ライフサイクルの発達について考える必要がある（McGoldrick & Carter, 2005a）。ジェノグラムを作成することで，家族の時間的な変遷を理解することができる。すべての人たちは，変化していく関係性の文脈上で生きていて，その変遷に伴って自分自身を定義し，再定義しなおす。ジェノグラムはこのような進化の文脈において個人を描くものであるため，人生を進んでいく人をアセスメントすることが可能となる。ジェノグラムは人間の発達を辿るのに非常に価値のある道具である。このような深さと幅を兼ね備えたマッピングの道具を使うことなしに，アセスメントを行うのは至難の業である。ジェノグラムと家族史は，生まれてから死ぬまでの発達において世代が変わるにつれて起こるらせん状の家族の進化を辿る，というライフサイクルの観点から家族をアセスメントするのに有用な道具である（テーマ別参考文献「家族ライフサイクル」参照）。家族の進化とは，待ち望まれているがいまだ記されていない交響曲のようなものである。個人の音のもつ意味は，お互いの関係性のリズムとハーモニー，そしてこれまでのメロディの記憶によって決まっていく。ジェノグラムによって家族ライフサイクルを解明することができ，それが今度はジェノグラムを解釈する際の助けになる。ライフサイクルのさまざまな時期において典型的に発生するパターンと，想定可能だがライフイベントの「予定外」で起きる出来事は，いずれも家族の発達のプロセスを理解することと関連している。

エリク・エリクソンのライフサイクル論

　最も有名な人間の発達理論を提唱した一人であるエリク・エリクソンは，人々をライフサイクルの文脈から理解するために役に立つ記述を与えてくれている。エリクソンはその生涯にわたってアイデンティティの概念に熱中していたが，彼は彼自身のアイデンティティについて学ぶ機会をもつことはなかった。彼とその他の人たちは彼の父親のアイデンティティの発見に注力したが，彼はまた真実から学ぶことをためらっていた。彼は最終的に，彼自身のラストネームである「エリクソン（Erikson）」は，「エリク，私の息子（Erik, son of myself）」と言わんばかりだ，という考えにいたった。多くの人たちは，彼の名前の変更は彼のアイデンティティにおけるユダヤ人の部分を隠すものであり，また彼の背景の一部であるドイツ人の部分さえ隠すもので（彼は生まれてからドイツで育った），スカンジナヴィア人として，彼が知らない父親とのつながりや，彼が暮らしたことのない文化とのつながりを強調するものだと言った。

　エリクソンの人間発達に関する理論は幅広く受け入れられているが，これは彼自身の家族や彼のライフサイクルを通じて現れた文化的状況に関する特殊性や弱さを部分的に反映したものであるように見える（Carter & McGoldrick, 2005; Friedman, 1999）。エリクソンのモデルは8段階から成り，それぞれの段階に健康的なパターンと機能不全のパターンを比較したテーマがある。

1. 幼児期／基本的信頼 対 基本的不信
2. 児童期初期／自律 対 恥と疑惑
3. 児童期／主体性 対 罪の意識
4. 学童期／勤勉 対 劣等感
5. 思春期／アイデンティティ 対 アイデンティティ拡散（家族から離れたアイデンティティの感覚として描写される）
6. 青年期／親密 対 孤立
7. 中年期／ジェネラティヴィティ（世代性）対 停滞
8. 老年期／インテグリティ 対 絶望と嫌悪

　エリクソンの理論の最初の段階は，主に対人関係の課題に焦点を当てている。それは，母子の基本的信頼 対 基本的不信である。しかし，続く段階から青年期までは，家族との関わりにおける対人関係やコミュニケーションの発達ではなく，もっぱら自身を管理する能力に焦点を当てている。もしある人が20歳になるまで，自律，主体性，勤勉，そして家族から離れたアイデンティティといったものに焦点を当て続けてきたとしたら，青年期

における「親密」のスキルを達成するのは確かに難しいだろう。さらに，健康な発達において機能不全と考えられている価値――恥と疑惑，罪の意識，劣等感，そしてアイデンティティの拡散――は，親密性につながる健康な対人関係能力にとって実際には必要不可欠なものである。親密性には次のような認知が必要となる。

- 私たちは，すべてのことがらを知っているわけではない（健康な相互依存と劣等感の感覚）。
- 私たちは時に，誤ったことをする（恥や罪悪感につながる。またこれらは，私たちが自身の行動を変化させようとするモチベーションへとつながる）。
- 私たちは自分の考えに疑問の余地を残す必要があり，他者から学ぶために行動する必要がある。
- 私たちは家族や他者とのつながりにおいて，アイデンティティの相互依存の感覚をもつ必要がある。それは，家族や他者から離れる，というものではない。

多くの人たちが，エリクソンの図式は男性だけにあてはまるものであると批判しているが，男性にとってさえ彼の提示する段階は親密性と両立しえない理想である。もしある人のすべての発達的エネルギーが自律への努力に焦点づけられていたとしたら，その人は成熟した親密さや相互依存性に必要となるような対人関係のスキルを発達させることはできないだろう。

エリクソンのジェノグラム（**カラー図25**）は，彼の図式の限界を理解するうえで役に立つ。エリクソンは，生まれて最初の2年間の人生の主題を，母親との基本的信頼関係を発達させることだと述べている。エリクソンの母親はデンマークのユダヤ人だが，彼女の兄弟が催したパーティーで酔っ払った後，エリクソンを妊娠した。誰かが彼女と性交したが，彼女は眠っており，飲みすぎていて何が起こったかわからなかった（Friedman, 1999）。彼女はドイツ旅行の間に妊娠したことを知り，また家族から因果を含められ，不名誉とスキャンダルを避けるためにデンマークには戻らず，その場所で子どもを産んだ。その後，家族は彼女にドイツに残って子どもを育てるよう説いた。誰が父親であるかエリクソンの母親が知っていたかどうかは明らかにされていない。いずれにせよ，彼女は息子に真実を告げることはなく，彼は生涯を通じてこの問いにとらわれていた。エリクソンの娘は後にこのように記している。

> 私の父は知ることはなかった……父親が誰であるかさえ。私にしてみると，最も悲しいことは，彼の母親が，彼にこのいちばん重要な人物の身元を伝えることを生涯を通じて拒否したことだ。彼女が言うには，私の父が3歳のときに結婚した相手に，

この情報は決して明かさないと約束したからだ，ということだった。しかし，このような彼女の説明は，私の父の知りたいという痛切な願いよりも，誰か別の人の望みにより大きな関心を寄せているように見える。（Erikson Boland, 1999, pp.56-57）

　母方の家族は，基本的にエリクソンの母親を3年後の1905年までつまはじきにしていた。それは，彼女がドイツ人のユダヤ系小児科医，テオドール・ホーンブルガーと結婚するまで続いた。そしてそれは，彼女の息子の3回目の誕生日であった——またしても，この行動は彼自身のアイデンティティ形成の欲求を尊重したものではなかった（**カラー図26**）。ホーンブルガーはカーラに一つだけ約束を求めた。それは，彼が実の親であるとエリクに伝えることであった。エリクソンはそれを信じることはなかった。彼は後に次のように述べている。「私はすべてを感知していった……私の出自への疑念……子ども時代を通して……私は静かに，私が別の場所から来たと確信していた」（Friedman, 1999, p.33）。彼との関係を築く際のホーンブルガーの明らかなアンビバレンスは，エリクを法的な息子とするための養子縁組の書類を書くのに5年かかったということからも明らかである。エリクソンの子ども時代の親友であるピーター・ブロス（Peter Blos）は，「養子縁組はエリクソンの存在にまつわる重要なテーマであった」と述べた（Friedman, 1999, p.28）。エリクソンは後に，彼と彼の母親，そして彼女の新しい夫のハネムーン旅行——夫婦は彼を連れていった——の光景の木版を作った。母と新しい夫が陰で抱き合っているところを描写する木版は，彼が悲惨で孤独だったことを物語っている。明らかに，彼の目には，彼の愛する母親は新しい夫に奪われ，彼はそのことについて幸せではなかった。エリクソンの人間発達の理論が，相互のつながりよりも自律や個別化をより強調するのは，おそらく驚くべきことではないだろう。彼の母親は，彼の親となったことで，家族の手助けなしに自分自身を管理することを余儀なくされていた。木版が示すように，彼は母親を新しい夫に奪われたことを受け入れ，幼少期から自分自身を管理する方法を学ばなければならなかった。残りの子ども時代の間，エリクソンは再婚家庭の継子のように，自律性，主体性，そして勤勉さに焦点を当てていたことは，驚くべきことではない。そこに，数年にわたって3人の異父妹が生まれてくる。

　子ども時代（**カラー図26**）。エリクソンは母親と親密なままだったが，とりわけ妹たちと親しくなろうとはしなかった。彼女たちは彼よりもそれぞれ7歳，10歳年下であった（彼に最も年齢が近かった妹は，2歳のときに亡くなった）。家では，家族はドイツ語を話すことを求められた。デンマーク語の話し方を忘れてしまったことで，これはエリクのなかに生涯にわたる後悔の気持ちを生みだした。彼が成長するにつれて，彼は繰り返し母親に父親について尋ねるようになった。彼女はついに，ホーンブルガーが彼の父親ではないことを明かし，彼が14歳のときには最初の夫の息子であると告げたが，彼はそのことも

真実ではないと感じていた。彼は日常的に，友人のピーター・ブロスに彼が想像する父親の性格について話していた。彼の人生を通じて，彼の母親は異なるさまざまなストーリーを彼に話したが，真実を話すことはなかった。彼はこの探究について，「もし父親が私のことを十分気遣ったこともなく，望んでもいなかったならば……どうして今，私は彼のことを調べているのか」（Friedman, 1999, p.39）と述べたが，彼は真実を知ることに恐れさえ抱いていたのに，探索をやめられなかった。

エリクソンは晩年になって，彼の母親と継父が彼にしていたように，秘密をもつことを繰り返した。彼の理論は，子どもの養育という過程を経て生起する段階として「ジェネラティヴィティ（generativity／世代性）」をあげている。文字通りこの時期こそ最も生成的／生殖的（generative）な仕事をなすと一般的には考えられるだろう！ 1944 年に生まれてきたエリクソンと彼の妻ジョアンの 4 番目の子どもニールはダウン症であり，理論のこの部分は彼らの人生が困難を迎えているときに確立された（カラー図27）。

エリクとジョアン・エリクソンは，彼らの 4 番目の子どもニールの存在を秘密にすることに決めた。彼は施設に入れられ，他の子どもたちには彼は死んだと告げることを決めた。けれども，実際のところ彼は 21 歳まで生きていた。彼らはめったに彼に会いに行かなかった。彼が死んだとき，彼らは葬儀に参加せず，また彼の埋葬は，他の子どもたちにその責任を負わせた。彼らの家族の歴史のこの恐ろしい秘密が，ライフサイクルについての彼らの考えに影響を及ぼさなかったかどうか，疑問に思わずにはいられない。特に，彼らの「ジェネラティヴィティ（世代性）」の概念が，子どもを生み育てるライフサイクルの時期を指すのではなく，中年期を指す概念であるという点である。エリクソンは明らかに，ニールのことを「正常発達から外れており，生まれてこないことを願った」存在とみなしていた（Friedman, 1999, p.22）。彼らの悲しいストーリーは，家族の歴史に関する真実を扱うことに個人的に失敗したということだけではなく，社会からの成功への圧力を反映したものでもある。このことはしばしば，障害をもつ子どものいる家族に，承認されず，孤独で，見放された感覚を残すものであり，家族の正常性を取り繕うために嘘をつくことまで強いるかもしれない。家族にかかる社会からの陰気なプレッシャーが，社会のライフサイクルの規範の外にあるいかなる経験についても秘密を保ち，嘘をつくことで彼らの人生を歪めることを強いるものであることが，エリクソンの恐ろしいストーリーからわかる。彼らのストーリーは私たちに，嘘の人生を送っていた数年の間にエリクソンによって示された「正常性」に関する推論に疑問をもたせるものである。彼は，5 人の「完璧な」家族であることを装いながら，そこに適合しない 6 番目のメンバーを秘密裏に除け者にしていた。エリクソンは第一線で活躍する子どもの理論家であり，彼の人間発達の観点は今なお最も広く教えられている。彼の理論の限界は，ライフサイクルの文脈における家族のアセスメント，とりわけ家族の秘密の力を辿る価値を示している。秘密は家族のプロセスを数

世代にわたって歪めるものであり，世界に対して示される外面の像と家族関係の内部の現実の間に機能上のアンバランスをもたらすのである。

　確かに，ジェノグラムは，家族の歴史における節目となる点を辿るのに大変役立つ。ジェノグラムのコンピューター・ソフトウェアは，ライフサイクルを通じて家族を辿ることを可能にするだろう。特定の重要な時点のスナップショットは，家族の節目となる点を理解する助けになる。たとえば，エリクソンが生まれたとき，再婚したとき，あるいは彼の息子ニールが生まれたときが，そういった節目に当たるだろう。

　たとえば，カーラがエリクを妊娠したとき，彼女の家族に何が起こっていたのか，それは最も興味深い，理解したい瞬間であるにもかかわらず，私たちは知らない。彼女が妊娠したときに，彼女とその子どもを支えるよりも除け者にするような何らかのストレスが，彼女の家族にかかっていたのだろうか。何が彼女に影響を及ぼして，若いうちに酔いつぶれ妊娠することになったのか。カーラの母親は彼女が15歳のときに亡くなっているが，彼女の父親と年上の兄弟が彼女の世話をすすんでしていたようには見えなかった。彼らは彼女を父親の年老いた女きょうだいのところへ置いていった。彼女が21歳のとき，父親は亡くなった。ちょうど同じ年に彼女は結婚し，ハネムーン旅行ではトラウマ的に見捨てられた。彼女の兄アクセルは彼女を連れ戻すためにローマへ行かなければならなかった。アクセルは，父親が自分の仕事を手伝うよう圧力をかけたため司法の勉強をあきらめた。家族には，成功を通じてその水面下に情緒的な圧力がかかっていたように見える。もしカーラが実際にきょうだいが開いたパーティで妊娠したのだとしたら，彼らは彼女の妊娠に関与しているように見える。彼らは間接的に彼女への虐待に関与し，家族の恥として彼女を責めたのだろうか。

　どのように両親は亡くなって，早期の喪失がカーラやきょうだいに与えたインパクトはどのようなものだったのか。兄たちは，彼らの社会的な地位が，妹の妊娠とは別の理由によって脅かされると感じたのだろうか。あるいは，当時は典型的なことであったような，家族における性別に関する権力のアンバランスのせいで，彼らは彼女の扱いを誤ったのだろうか。3人の「未婚女性（spinster）」であるおばたちが，彼女を人目につかないところに追いやるようはからう決定をしたのだろうか，あるいはきょうだいたちが決定したのだろうか。数年にわたって彼らにストレスがかかり続けたことが，子どもが生まれた後も彼女を連れ戻さず，子どもとともに外国に残すことにつながったのだろうか。再婚の時点（**カラー図26** 参照）でエリクソンは3歳であり，ホーンブルガーが実の父親ではないことは当然わかる年齢である。

　その後の1944年，ニールに関する秘密を守る決断がなされたときに目を向けてみよう。私たちは，他に3人の子をもつ移民の両親として，ニールの存在を秘密にするという恐ろしい決断をめぐって家族が経験したに違いない悲惨な困難を想像することができる。戦争

が続いている現実も，エリクソンが半分ユダヤ人の移民である事実も決断に影響しただろう。家族の歴史のある瞬間のジェノグラムを作成し，そのときに誰が家に住んでいて，彼らはそのとき何歳であったかを示すことで，そのときのストレスを強調することができる。これによって，その重要な時点における家族の歴史の詳細を辿ることが可能となる。

　エリクソンの娘スーは，彼女の父親の親密性に関する困難に生涯をかけて取り組んだ。彼女は，成熟した発達には「本物の，人との出会い」が必要であり，それは，あなたは「あなたがあなただから受け入れられる」（Erikson Boland, 1999, p.61）というものであると結論した。これは，非常に興味深いことである。彼女は，恥，疑惑，罪の意識，劣等感，そしてアイデンティティの拡散を，発達の失敗を示唆するものとして捉えてきた自分自身の生き方の難点を指摘している。彼女の母親は，自分もエリクソンも，彼の世間の評判のために助けを求めることができなかったと彼女に言った。

　彼の理論は，不十分さを認めること，そしてそれゆえに，必要なときには助けを受け入れることを不可能にしてしまった。スーは次のように述べている。

> あなたが，あなた自身の個人的な経験を否定するような世間体――すなわち，重要な点で，恥にまみれた自分自身とは逆のもの――を作ったとき，それら二つの対比は自己欺瞞の感覚を生み出す。私は，父はひどく苦しんだと思う。というのも，父は，彼がイメージした親密な関係のなかにあることはできなかったので……。父親とつながりたいという私の希望は，自分は不十分であるという感覚を回避したいという父の欲求によって挫折した――それは，彼が幼い頃から発達させてきた恥と抑うつに対する防衛であった。（Erikson Boland, 1999, p.61）

　父親を例に，彼女は以下のテーマが健康な個人の親密さの能力にとっていかに必要不可欠なものであるかを非常に明確に示した。つまり――あなたはすべてのことを知っているわけではないということを知ること（劣等感），あなたは過ちを犯すことがあるということを知ること（罪の意識），あなたの考えや行動を疑うことができること，そして，家族や他者との関係から離れずに，それらとの関係においてアイデンティティの感覚をもつことである。対照的に，エリクソンの母親カーラは完全に彼女一人の力で生き残ることを強いられた。またエリクソンはそういった通常の発達的な資源なしに育つことを強いられた。

　エリクソンの家族に見るように，ライフサイクル上の重要な時点のジェノグラムは，家族の将来的な進化を理解するのに役立つ。ジェノグラムを作成することで，家族ライフサイクルのそれぞれの段階を人々が動いていく際の家族のパターンを辿ることができる。ジェノグラム上のさまざまな構成は，起こりうる三角関係や，それぞれの段階に関連したテーマを示唆する。

家族は一連のマイルストーン，変遷，もしくは発達における節目となる時期を通じて進んでいく。それは，家を離れること，夫婦となること，子どもが生まれること，子育て，子どもが家を出ること，そして引退することなどからなる。ライフサイクル上の節目となるそれぞれの点において，次の段階への移行を成功させるためには，家族は家族自身を再構成しなければならない。そういった変化は，新しい状況に適応することが困難であったり，ある変遷の時点に膠着しがちであったりする家族にとっては，大変難しいこととなる。どのような問題で来談していようと，臨床家は常に，家族がライフサイクルの移行に関する困難を抱えているかどうかをアセスメントする必要がある。ジェノグラム上の年齢や日付は，家族がどのようなライフサイクルの移行に適応しようとしているか，またライフサイクル上の出来事が，通常期待される範囲で起こっているかどうかを知らせてくれる。家族ライフサイクルのそれぞれの段階には，通常期待される範囲がある。たとえば，それぞれの変化の時点における家族メンバーの年齢などである。その規範は変わり続けるものであり，固定されたものとみなすべきではないが，この期待の範囲から外れて出来事が起こったときには，家族はライフサイクルの移行に関する何かしらの困難を経験している可能性があると臨床家は考えるべきである。

　したがって，家族のライフサイクルの段階に対する標準的な年齢から，それぞれの家族メンバーの年齢が大きく外れていないか，ジェノグラムを確認しておくことは重要である。ジェノグラムにおける誕生，死，家離れ，結婚，別居，そして離婚の日付は，この点においてどれも有用である。たとえば，子どもたちが40代になるまで家を離れていない，あるいは最初の結婚をしていないということは，家離れや親密な関係性の形成に関する問題を示唆する。あるいは，夫が27歳で妻が47歳の夫婦に，どのようにして一緒になったのか，またそれぞれの原家族やコミュニティのさまざまなパターンに，この二人の組み合わせはどのように適応したのかを尋ねることができる。43歳で初めて子どもをもうけた女性，70歳で父親になった男性，息子が3人中年期前に死亡している家族——これらライフサイクル上の規範となるパターンから離れているシステムは，さらなる探索に値するということが示唆される。

　すべての文化において，一般的にカップルが結婚するのに適しているライフサイクル上のタイミングが存在している。私たちの社会では，ここ数年の間に初婚年齢の規範となる時期は劇的に遅くなっているが，20代以前に結婚する場合や30代半ばを超えての結婚は，離婚のリスクを増大させる。20代後半から30代半ばで結婚するカップルはますます増えている。その上，精子と卵子を保存することができるようになったことで，子どもをもうけるライフサイクル上の選択肢が拡張された。

　出会い，婚約，結婚のタイミング，そして別居から離婚および再婚までの期間もまた興味深い。ライフイベントの間隔が短い場合は，それらに巻き込まれた家族メンバーは，

情緒的な切り替えに充分な時間をかけられない（McGoldrick & Carter, 2005b）。たとえば，ヘンリー・フォンダは二人目の妻が自殺（**図2.7**参照）した8か月後に再婚している。このことは，未解決の情緒的な問題があること，そして浮気の可能性を示唆している。実際に，ヘンリーは1年前から，未来の妻との関係を始めていた。それどころか，彼女はそのとき，フォンダ家が数年後に養子に迎えることになる子どもを妊娠していた可能性さえあるように見える（子どもの出産が自殺と関連している可能性もあるだろうか。そのため和解するのがさらに難しかったということだったのだろうか）。再婚を急いだことから，以前の婚姻関係を過去のこととすることがヘンリーにとって重要であったことが示唆される。考えさせられるのは，どのようにして家族は，とりわけ子どもたちは，このような急速な家族の変化に適応していったのかという点である。

　ヘンリーがフランセスの自殺について子どもたちと話すことはなかったという事実をふまえると，彼は次の関係へと進む前に，彼自身の悲嘆あるいはトラウマのプロセスを，一人でも子どもたちとも進めることがなかったことがよりいっそう明らかになるのである。

フロイト家のライフサイクル

　ライフサイクルを通じて家族の歴史を辿ることは，個人あるいは家族を理解するための重要な経路である。臨床的にはとりわけ，家族のなかで残されてきたことがらについて理解するために，ライフサイクルの視点からジェノグラムを作ることが，クライエントにとって有用である。フロイトを私たちの心理学の祖先と位置づけ考えたとき，彼の遺産は私たちが受け継いだことがらに重要な光を投げかけてくれる。しかしながら，実際のところ，フロイトは，自分自身のバックグラウンドにためらいや痛みを感じている人々と同じように，彼自身の家族の歴史を過小評価する傾向にあった。そのため，家族の背景を明らかにするためには掘り起こし作業が必要になる。それでも，フロイト家のジェノグラムは，ライフサイクルの観点から彼を理解するのに有用である。

フロイトの両親の恋愛と結婚──家族のジョイニング

　ライフサイクルは円環的で繰り返すものであるため，私たちは家族のストーリーをどこからでも話し始めることができる。フロイト一家については，ジークムント Sigmund が生まれる数年前，彼の両親の恋愛から始めたい。

　結婚や再婚のときのジェノグラムは，二つの別々の家族が一緒になるときであり，夫妻それぞれが自身の原家族のライフサイクルのどこにいるかを指し示す。新しい家族を始めることで，二人のパートナーたちはそれぞれの，およびお互いの原家族と関係をもつこととなる。ジェノグラムは，それぞれの配偶者が自身の原家族においてどのような役割やつ

ながりを有しているかを知る手がかりを与えてくれる。もし配偶者の一方が，もう一方の原家族に対して競争的であった場合（フロイトがそうであったように），もしくはもし両親たちが彼らの子どもの配偶者選択を承認しない場合，義親との関係における三角関係が発展する可能性は高い。ジェノグラムはまた，婚姻関係に影響を及ぼしたり妨げたりするような過去の関係も示す。残念ながら，フロイト家のこの世代における義親との関係については，私たちは何も知らない。

ヤコブとアマーリアの結婚当時のフロイト家の年表

1832 年	ヤコブ・フロイトは，16 歳でサリー・カナーと結婚する。
1833 年	（4 月）ヤコブとサリーの第一子エマニュエルが生まれる。
1834 年	ヤコブとサリーの第二子フィリップが生まれる。
1835 年？	第三子が生まれる。性別，生年月日，死亡日および死因は不明。
1837 年？	第四子が生まれる。性別，生年月日，死亡日および死因は不明。
1852 年	ヤコブの最初の妻，サリー・カナーが生存しているという記録がある。彼らは離婚したのだろうか。彼女は年末に亡くなったのだろうか。
1852 年	ヤコブ・フロイトはレベッカと二度目の結婚をする。ヤコブの妻の記録はレベッカ 31 歳と 32 歳の二つがある（Krull, 1986）。
1853 年	（10 月-12 月）レベッカが死亡する（?）
1853 年	（12 月）ヤコブは仕事上の問題を抱えたように思われる。息子のエマニュエルに彼の事業を相続する。このとき以降，ヤコブがどのような仕事をしたのかは不明である（彼の息子もまた，中年期にキャリアの問題を抱える）。
1854 年	（あるいは，それ以前）エマニュエルは，マリアと結婚する。
1854 年	（あるいは，その少し前）アマーリアの父親は財産を失い，失脚する。
1855 年	（7 月 29 日）ヤコブとアマーリアは結婚する。ヤコブは 1852 年から「男やもめ」であると記録されていた。
1855 年	（8 月 13 日）エマニュエルの第一子（後にジークムントのおい），ジョンが生まれる。

この年表や，1855 年のフロイト家のジェノグラム（**図8.1**）からわかるように，ヤコブ・フロイトとアマーリア・ネイサンソーンの結婚には，いくつかの典型的でない特徴がある。どちらもユダヤ人であり，何百年にもわたって迫害を受け続けた文化のなかで生活してきた。アマーリアはヤコブが 10 年前に仕事をしていた男の娘である（二人の男たちはその前に，深刻な事業上の問題を抱えている）。ヤコブは 40 歳で，3 回目の結婚であった。アマーリアは 20 歳になったばかりだった。実際のところ，ヤコブの最初の結婚で生まれた息子たちよりも彼女は若かった。ヤコブの最初の妻であるサリー・カナーや，最初の結婚でもうけてすでに亡くなっている二人の子どもたちについては，何もわかっていない。ヤコブの二人目の妻として報告されているレベッカについては，さらに知られている

図8.1
フロイト（Freud）／ネイサンソーン（Nathansohn）家（1855年）

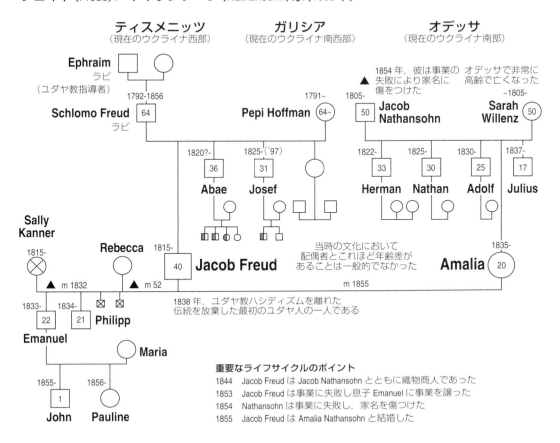

ことは少ない。彼女たちは，離婚したのか，あるいは亡くなったのか，これらの妻たちに何が起こったのか私たちは知らない。加えて，ヤコブの最初の結婚は彼が16歳のときであったことから，望まない妊娠が起こっていた可能性が示唆される（Anzieu, 1986）。2回目の婚姻関係についてはさらにミステリアスである。レベッカは家族のメンバーから言及されることはなく，私たちは唯一，公的な記録から彼女の存在を知ることとなった。彼女の本当のアイデンティティは，彼の弟のヨセフの妻，レベッカ・フロイト・ローニアルで，ヤコブの妻として誤記されて隠された可能性がある。ヨセフは数年後，犯罪を犯し，投獄されている。彼女は1852年にヤコブと結婚したようである。ヤコブの息子エマニュエルとフィリップは成人していたので，明らかに彼女を知っていたと思われる。アマーリアも間違いなく，少なくとも彼女の存在を知っていただろう。同じ町に住んでいたし，ヤコブはアマーリアの父親と仕事をしていたからである。けれども，フロイトは彼女について一

度も言及していない。フロイト家にとって，彼女について何か恥ずべきことがあったのだろうか。精神疾患もしくは自殺だろうか。いずれにせよ，ヤコブとアマーリアは，ヤコブの過去の結婚の影を引きずりながら，そして最初の結婚の4人の子どものうち二人を亡くしたなかで，新しい家族を築き始めている。

　ジェノグラムを検討する際，ライフサイクルのどの段階にいるのか，家族メンバーの年齢に注目することが特に重要である。新婚夫婦の場合，それぞれの家族のライフサイクルのなかでの配偶者の立場に留意する必要がある。ヤコブにはすでに孫がいたが，アマーリアは20歳若く，息子と同世代で，青年期であった。どうしてこの二人は結婚することになったのだろうか。当時，その地方で，これほど年齢差のある結婚は一般的ではなかった（Krüll, 1986）。アマーリアがこれほど年配の男性，しかも結婚歴が2回あり，すでに息子が成人している男性と結婚することに同意したのか，誰もが不思議に思うだろう。もしかしたら，アマーリアの父親が破産したことや家名を傷つけたことによって，彼女が年配の男性と結婚した理由を説明できるかもしれない（Swales, 1986）。いずれにせよ，アマーリアは快活な若い女性で，家族のなかで最年少の一人であった。ヤコブの方は，30代の頃は母方の祖父とともに地方を回る商人として羽振りがよかったものの，中年になって行き詰まっていたようである。ジェノグラムでこうした違いを見るだけでも，次の世代へのライフサイクルの移行期が問題を孕んでいることを予想できる。ライフサイクルの前の段階で未解決の課題があると，ライフサイクルの後の段階に困難な移行や複雑な事態をもたらす傾向がある。こうして，ヤコブの以前の結婚，謎に満ちた過去，二人の年齢差，期待の違い，経済的不安定さ，その地方のユダヤ人が経験していた一般的な抑圧の感覚など，たくさんの未解決の複雑な課題を抱えたまま，ヤコブとアマーリアは結婚に踏み切っている。

　再婚家族のジェノグラムからは，少なくとも二つの三角関係が予想できる。(1) 新しい配偶者二人と，以前の配偶者（あるいは以前の配偶者の思い出）。(2) 新しい配偶者二人と，以前の結婚で授かった子ども。アマーリアとヤコブの前妻の関係はまったく不明である。また，アマーリアとエマニュエルやフィリップの関係も同様である。私たちにわかっているのは，フロイトが大人になってから，自分の空想のなかでは母親とフィリップは恋仲で，結婚して3年たたないうちに父親ヤコブが息子たちをイギリスに移住させたのは，妻との安全な距離を保たせたい気持ちもあったからだ，とコメントを残しているという事実である。

親になること，小さな子どもを抱える家族への移行期

　親になって間もない時期のジェノグラムには，この時期を困難にするストレス源が示されている場合がある。きょうだいの配置を簡単に図式化したジェノグラムは，ある子どもの誕生時の特異な環境や，どのようにしてその環境がその子どもを家族のなかで特別な立

図 8.2
フロイトの家族（1859年）

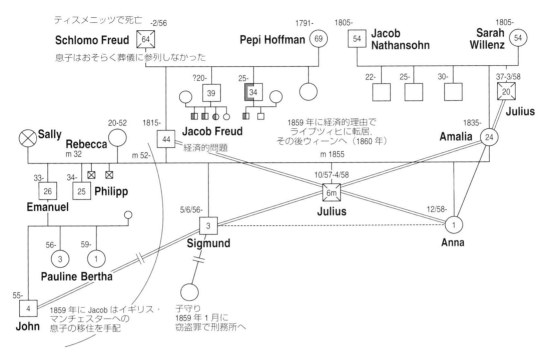

　場にしたのかを明らかにする。加えてそうしたジェノグラムは，この時期に典型的な，母親 – 父親 – 子どもという三角関係を示す。

　ジークムントは1856年にモラビアのフライベルクで生まれた。1859年のフロイト家のジェノグラム（図8.2）と年表からわかるように，彼の誕生時は家族に多くのことが起きている。ジークムントが父親にとって特別な存在になったのは，ヤコブの父親がジークムントの生まれる3か月前に亡くなったからであると思われる。ジークムントは祖父の名前にちなんで，ユダヤ教のラビ（宗教指導者）を意味するシュロモと名づけられた。ジークムントは祖父の足跡に倣い，教師あるいは知的指導者となるように育てられたのではないだろうか。ジークムントが家族のなかで果たした役割には，明らかに生まれつきの優れた才能も影響している。それ以外の要素で，彼の特別な役割を説明するとしたら，家族の期待を一身に背負う状況で生まれたということであろう。ほどなくして，家族は2度の引っ越しを余儀なくされ，ヤコブは決定的な事業の失敗に陥っている。それは絶対に再建不可能と思われる破綻であった。こうした家族の変化による悪影響の矛先は，ジークムントの妹たち，特にアンナとドルフィに向かったようである。

> **フロイト家の年表 1856年〜59年**
>
> 1856年 （2月21日）ヤコブの父親シュロモ・フロイトが死去（ヤコブは40歳。妻は妊娠6か月。最初の子どもであるジークムントを妊娠中。その後，ヤコブはジークムントが40歳のときに亡くなっている！）
> 1856年 （5月6日）ジークムントがヤコブとアマーリアの間にモラビアのフライベルク（現チェコ共和国プシーボル）で誕生。
> 1857年 （10月）ジークムントの弟ユリウスが誕生。
> 1858年 （3月）アマーリアの弟ユリウス・ネイサンソーンが結核で死去（20歳）。
> 1858年 （4月15日）ジークムントの弟ユリウスが死去。
> 1858年 数年にわたってジークムント・フロイトの親友そして「弟」であった，ウィルヘルム・フリースが誕生。ジークムントはフリースを弟ユリウスと重ね合わせていた。
> 1858年 （12月）ジークムントの妹アンナが誕生。
> 1859年 （1月）アマーリアがアンナ出産のとき，ジークムントの異母兄フィリップの告発により，ジークムントの子守りが窃盗罪で刑務所へ。
> 1859年 （8月）ジークムントの異母兄エマニュエルとフィリップは家族と移住。そのなかにジークムントと仲良しだった甥ヨハンもいた。
> 1859年 （8月）フロイト家はフライベルクからライプツィヒに転居。明らかにユダヤ人迫害による経済的破綻のためである。

　同様に重要なことは，ジークムントの弟ユリウスが，ジークムントが17か月のときに生まれ，6か月しか生きなかったことである。子どもの死は，生き残った子どもへの親の思いを強めるに違いない。とりわけ，年齢の近い同性の子どもは，亡くなった子どもの身代わりになることが多いだろう。こうしてジークムントは，二人目の子どもを亡くした母親にとって，さらに大事な存在になったと思われる。この赤ん坊の喪失感は，その死のまさに1か月前に，同じくユリウスという名前のアマーリアの末弟が，20歳にして肺結核で亡くなったという事実によって強められている（Krüll, 1986）。弟の死が近いことを知って，彼女が自分の息子に同じ名前をつけたことは疑う余地がない。この命名の仕方は，非常に興味深い。名誉ある故人の名前を赤ん坊につけるというユダヤ人の慣習に反しているからである。そこには文化の慣習よりもずっと強烈な感情があったのではないだろうか。その感情がジークムントに向けられたのではないだろうか。ジークムントは晩年になって，この弟が生まれたときには「邪な願いや実に幼稚な嫉妬を抱き，そして弟の死が自分に罪悪感という病原菌をもたらした」（Krüll, 1986, p.135 より引用）と述べている。

　長子は，新参者に脅かされたり，排除されたりするのではないかと，後で生まれてくる下のきょうだいに不快感を抱くことがある。幼少の頃から，ジークムントは妹アンナを邪魔者扱いしていて，アンナは家族内で彼が特別扱いされることに憤りを感じていた。母親は二人目の子どもであるユリウスを亡くす1か月前にアンナを妊娠している。妊娠の判明

と同じ時期に赤ん坊の悲劇的な死を経験したことは，アマーリアにとって非常につらかったに違いない。妹アンナに対するジークムントの同胞葛藤は，息子を喪失して最初に生まれた彼女に対する家族の両価的感情が混ざっていたのかもしれない。こうした対抗心は大人になるまで続いた。ジークムントと妹アンナの仲は，決して深まることなく，大人になっても疎遠だった。

　ジークムントの誕生で始まった新しい家族の第一段階は，家族の一部が移住することで終わった。フロイト家がなぜフライベルクを離れたか，詳しいことはわからない。ジークムントが3歳のとき，二人の異母兄とその家族がイギリスに移住し，ヤコブは自分の家族を連れて最初はライプツィヒへ，その後ウィーンへと転居しているが，その一因は経済的問題であったと思われる。偽造問題に巻き込まれたために，夜逃げせざるを得なかった可能性も指摘されている（Swales, 1986）。アマーリアにとって，エマニュエルとフィリップはヤコブの以前の家族を想起させる存在であった。すでに述べたように，もしかするとアマーリアとフィリップの不倫関係があったので，ヤコブは息子たちを遠ざけたのかもしれない。いずれにせよ，ヤコブとアマーリアは，エマニュエル夫妻と子守りを共用していたので，子ども同士は一緒に遊んでいた。そのため，家族の離散は大きな喪失であった。

　ジェノグラムのきょうだい配置を見ると，それ以外にも複雑な要因に気づくことができる。ジークムントは3歳になるまで，1歳年上の甥ジョンの弟のように育てられた。ジークムントはアーネスト・ジョーンズ（Jones, 1953）に対して，この関係性の重要性についてコメントしている。

> 3歳の終わりになるまで，二人はいつも一緒だった。お互いに大好きで，けんかして，そして……。この子どもっぽい関係性は，その後の人生で，私が同年齢の人たちと関わるときの気持ちを決定づけた。(p.8)

ジークムントにとって別の喪失は，母アマーリアがアンナの出産で入院しているときに，子守りが窃盗罪で解雇されたことである。つまり，3歳になるまでに，ジークムントは複数の喪失を経験している——弟の死，子守りの解雇，異母兄とその子どもの移住，妹の誕生（これにより母親を奪われた），そして最終的には家族全員での引っ越し。フロイト家が経済的に安定することは，それ以降二度となかった。

フロイト家の年表 1860年代〜1870年代

1860年　フロイト家がウィーンに定住。
1860年　（3月）ジークムントの妹ローザが誕生。
1861年　（3月）ジークムントの妹マリー（ミッチィ）が誕生。

1862年　（7月）ジークムントの妹ドルフィが誕生。
1863年　（5月）ジークムントの妹パウラが誕生。
1865年　（7月20日）おじヨセフ・フロイトが偽造で逮捕。
1865年　（10月）母方祖父（ヤコブ・ネイサンソーン）が死去。
1866年　（2月）おじヨセフ・フロイトが10年間刑務所へ。
1866年　（4月）ジークムントの弟アレクサンダー（ジークムントが名づけた）が誕生。
1866年　ジークムントがギムナジウム（中等教育学校）に入学。
1873年　ジークムントが医学部に入学。

　ジークムントは8人きょうだいの長子であった（**図8.3**）。ジェノグラムは，ジークムントがギムナジウム（中等教育学校）を卒業し，医学部に入学したところまでを示している。
　第一子の誕生は，結婚そのものを凌ぐ，新しい家族に移行するうえでもっとも大きな変化である。新しい配偶者にとって子どもを授かることは，以前の家族に対する現在の家族の正当性とパワーを意味するだろう。ジークムントが母親の胸の内では特別な存在であったことは疑う余地がない。ジークムントは母親と密接なつながりをもち，母親は常にジークムントを「将来有望なジギちゃん」と呼んでいた。誰もがジークムントを家族の中心とみなしていた。よく知られている家族の逸話がある。妹アンナがピアノを弾きたがったので，母親はピアノを購入した。しかし，ジークムントがピアノの騒音について文句を言ったとたん，すぐに処分したのである。それ以降，妹はピアノのレッスンを受けられなかった。さらに，家族におけるジークムントの特別な地位を示す逸話として，ジークムントが10歳のときに生まれた弟をアレクサンダーと名づける特権を与えられたという事実がある（ジークムントは自分自身の結婚では，6人の子ども全員に自分一人で名前をつけた。すべて男性の英雄の名前やその英雄の家族の女性の名前である！）。その時代，息子を優遇する文化的背景があったことも，家族におけるジークムントの地位をさらに高めていた。

思春期の子どもを抱える家族

　ひとたび思春期に突入すると，子どもは以前ほど親に依存できなくなり，家族は世代間の関係性を質的に変化させる準備を進めることが課題となる。この時期，一般的には，以下の二つの三角関係が発展しやすい。一つ目は，思春期の子ども，その友人，親，であり，二つ目は，思春期の子ども，親，祖父母，である。思春期の子どもがアイデンティティを求め，性的あるいは創造的な潜在力を浮上させるとき，親は仕事と関係性の両面で自分自身の限界に気づいて苦悩している場合がある。そのことによって世代間の衝突の緊張がより高まるだろう。
　フロイトの思春期に起きた家族の出来事については，情報が少ない。しかし，ジェノグ

図 8.3
フロイトの家族（1873年）

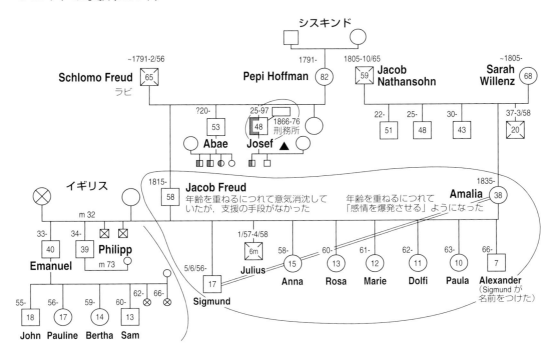

ラムは，家にいる7人の子どもを育てるという育児負担を示唆している。また，ライフサイクルのこの段階で，ヤコブとアマーリアの年齢差がより大きく感じられたのではないかと気になるところである。50代のヤコブは自分の老いを感じていたに違いない。ジークムントがのちに書き残しているが，父親は異母兄エマニュエルとフィリップに対して，どちらかと言えば不平ばかり言い，失望していた。対照的に，20歳年下のアマーリアは，いまだ活力と魅力にあふれ，若かった。年齢，体力，外見の差が，ヤコブとアマーリアの間に緊張や衝突を生み出したかどうかはわからないが，アマーリアがジークムントを溺愛していたことや，大家族の世話が大変であったことを考えると，彼女は夫よりも子どもたちに精力を傾けていたのではないだろうか。ジークムントはのちに，父親の情緒的不在を自分が埋め合わせなければならないと感じていた，と述べている。この時期，ヤコブの弟ヨセフが偽造の罪で刑務所に送られているが，ジークムントによると，父親は苦悩と屈辱で白髪になってしまったという。おじの悪だくみにヤコブは一枚かんでいたと思われる。あるいは，少なくともエマニュエルとフィリップは片棒を担いでいたと思われる。そのため，すでに述べたように，慌ててイギリスに渡るはめになったのかもしれない（Krüll, 1986; Swales, 1986）。

思春期になると，子どもは家族以外の世界，学校や友人に関心をもち始める。ジークムントは成績優秀で，ギムナジウムに在籍した8年間のうち6年間はトップであった。しかし，同級生との付き合いはそれほど目立っていない。誰もがジークムントは内気で人付き合いよりも勉強に専念していたと語っている。ジェノグラムは，ときに子どもの生活における重要な友人や，家族の境界線が部外者を受け入れるために簡単に拡張するかどうかを示す。ジークムントが学校で一人だけエドワルド・シルバーシュタインと親友になり，意気投合し，「秘密結社」を結成したことはわかっている。16歳のとき，ジークムントは友人の妹ジゼラ・フルスに一目惚れしたが，告白できなかった。おそらくジークムントは，学校では成績優秀で，人生で成功するという，家族からの負託に応えようとしていたのだろう。それは家族における自分の特別な地位を正当化することであり，また，ウィーンにきてから稼ぎがなかったと思われるヤコブや異母兄に対する失望を埋め合わせることでもあった。

中年期の家族──子どもを巣立たせ，前に進む

　子どもが自立のために家を離れる巣立ちの段階は，昔は結婚と一体化していた。子どもは結婚するまで家を出なかったからである。現在では，多くの人が独身のまま一人暮らしをしており，その期間は次第に延びている。現代家族のライフサイクルで中核となるこの段階は，引き続く他のすべての段階にとって重要な意味をもつ。この段階は，長短と関係なく，将来のライフサイクルに大きな影響を与える。ジェノグラムは，巣立ちの段階の長さや，巣立ちが遅れる要因をしばしば明らかにする。

　巣立ちの段階に関するフロイト家の情報は非常に少ない。すでに述べたように，ジークムントは家族のなかで非常に高い地位にいた。ときにこうした状況が巣立ちを困難にすることもある。若者が気に入られている地位を離れることをためらい，親が自分たちの特別な子どもを手放そうとしない場合である。これこそまさにジークムントが置かれた状況であった。ジークムントは，マルタ・ベルナイスと結婚して二人のアパートに引っ越す30歳になるまで，親と暮らしていた。当時の慣習に反して，妹ドルフィは結婚しないまま家に残って親の世話をした。ジークムントの娘アンナも次世代で同じことを繰り返している。

　ライフサイクルという観点から興味深い事実のひとつは，ジークムントが医学の勉強を終えるまでにかかった時間である。ジークムントは8年間をかけて医学の学位を取得しているが，その後，数年にわたって仕事をしていない。これは当時としては異例のことである。とりわけ裕福ではない学生なので，なおさら異例のことであった。もしかすると，ジークムントは卒業して自立する次の段階に進むことを逡巡したのかもしれない。あるいは，もしかすると，家で母親に必要とされていると思い込んでいたのかもしれない。いずれにせよ，ジークムントは，マルタと結婚するまで，自立について真剣に考えていなかったこ

とは明らかである。ジェノグラムによって，次の段階に進むことの遅れが示唆される場合，たとえばフロイトの事例のように学生期間の引き延ばしや長い独身生活などが見られるときは，何がライフサイクルの移行期を妨げているのか，臨床家は探求すべきである。フロイトの事例では，経済面そして情緒面の問題があったと思われる。

フロイト家とベルナイス家の年表 1880年代

1855年	ベルナイス家に長男アイザックが誕生。
1856年	ベルナイス夫人が第二子を流産。
1856年	ベルナイス家に次男が誕生。
1857年	ベルナイス家に娘が誕生。
1859年	ベルナイス家の次男が3歳で死去。
1859年	ベルナイス家の娘が2歳で死去。
1860年	ベルナイス家に息子エリが誕生（フロイトの妹アンナと結婚した）。
1861年	ベルナイス家に娘マルタが誕生（フロイトと結婚した）。
1865年	ベルナイス家に末娘ミンナが誕生（フロイトと不倫した）。
1867年	父親ベルマン・ベルナイスが破産し，詐欺で逮捕。
1868年	ベルマンが刑務所へ。
1872年	さまざまな問題を抱えていたマルタの長兄アイザックが17歳で死去。
1873年	ジークムントが医学部へ入学。
1879年	ベルマンが死去。一家に莫大な借金を残す。
1881年	ジークムントが8年間をかけて医学部を卒業。
1882年	（4月）ジークムントがマルタ・ベルナイスと出会う。
1882年	（4月）マルタと出会った後，ジークムントが論文や手紙を破棄。
1882年	エリがアンナと出会う。
1882年	（6月17日）ジークムントとマルタ・ベルナイスが内密に婚約。
1883年	マルタの妹ミンナがジークムントの親友イグナス・シェーンベルグと婚約。イグナスが結核に罹患。
1883年	（6月）エリの手配で，マルタとミンナは母親とともにハンブルグに転居。借金や経済的困窮が理由だと思われる。ジークムントは遠距離に非常に怒り，エリを責めた。
1883年	（9月）ジークムントの友人ネイサン・ウェイスが自殺。
1883年	（10月）マルタの兄エリがジークムントの妹アンナと結婚。ジークムントは結婚式に出席せず，マルタに宛てた手紙のなかでも結婚について言及していない。
1884年	（7月18日）ジークムントはコカインを使用するようになり，人にも勧めている。コカインに関する論文を発表する。1890年代半ばまでコカインを使用し，また人にも勧めていた形跡がある（Isbister, 1895）。
1884年	ヤコブ・フロイトが事業に問題を抱える。
1885年	（4月）ジークムントは再びすべての論文を破棄する。
1885年	（6月）イグナス・シェーンベルグがミンナとの婚約解消。
1886年	シェーンベルグが結核で死去。

1886 年　（9 月 14 日）ジークムントとマルタが結婚。マルタのおばの祝儀で結婚できた。
1887 年　（10 月）ジークムントとマルタの第一子マチルデが誕生（同僚ブロイアーの妻にちなんで名づけられた）
1887 年　ジークムントがウィルヘルム・フリースと出会う。1904 年の盗作告発で絶交するまで，もっとも重要な一番の親友であった。

結婚，次の世代

　フロイト家のライフサイクルにおける数々の移行期を通過してきたが，次の段階にたどり着いた。ジークムント・フロイトとマルタ・ベルナイスの結婚である。結婚時のジェノグラムは，二つの家族の伝統が合流して一つの新しい家族になるときの困難や課題の貴重な手がかりを提示してくれる場合がある。

　マルタ・ベルナイスのジェノグラム（図8.4）と年表を眺めると，フロイト家との確実な著しい類似に気づく。ベルナイス家は，フロイト家と同じように，幼い子どもの死と向き合わなければならなかった。生き残った息子エリは，妹たちの兄であったという点で，ジークムントと非常によく似ている。1867 年，ベルナイス家では，子どもがまだ思春期になる前に，父親が逮捕され，短い間ではあったが詐欺罪で刑務所に入っている。このことで家族が負わされた不名誉は，おじそしておそらく父親と異母兄が偽造に関与したときに，ジークムントと家族が経験した恥辱と非常によく似ている。両家は前の世代でも類似点がある。アマーリアが 18 歳のとき，フロイトの母方祖父が事業で失敗し，家族に没落感と不名誉を残した。他方，マルタ・ベルナイスが 18 歳のとき，父親が心臓発作で亡くなり，家族に莫大な借金を残した。フロイト家ではヤコブが明らかに晩年ずっと無職のままであったが，ベルナイス家がどのようにこの事態を乗り越えたかはわかっていない。マルタの兄エリは，友人への借金返済や破産を避けるために，家族を連れてウィーンへと逃げた。マルタの母親は娘とハンブルグに移った。この転居は，ジークムントを激怒させた。ジークムントは 1882 年にマルタと出会い，その 2 か月後に内密に婚約していたからである。ジークムントとマルタが互いに惹かれ合ったのは，背景にある家族の不名誉や秘密が似ていたからと推察できないだろうか。

　ジェノグラムからすぐにわかることは，フロイトの世代で，フロイト家とベルナイス家の間に珍しい二重結合（二つの結婚）があったことである。こうした珍しい構成は，三角関係の可能性だけでなく，二つの家族の間の複雑な関係を示唆することが多い。すでに述べたように，ジークムントと妹アンナは非常に不仲であった。おそらく，ジークムントが，長子と末っ子によくある同胞葛藤を感じていたのだろう。あるいは，ジークムントが，ア

図 8.4
フロイトの家族（1884年）

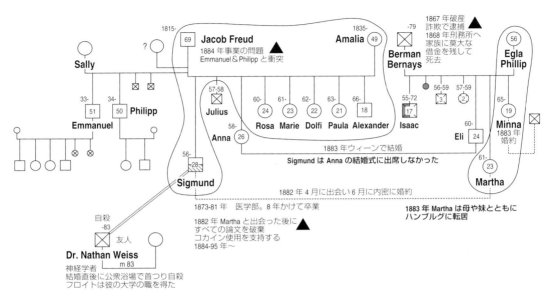

ンナの誕生と，弟ユリウス，おじユリウス，子守り，異母兄，いとこの喪失を結びつけていたのかもしれない。理由がなんであれ，ジークムントは，エリが自分と違ってアンナと結婚するお金をもっていたという事実に憤慨した。実際，ジークムントとマルタがすぐに結婚できなかった理由の一つは，マルタの家族のわずかな遺産をエリが管理していたからである（Young-Bruehl, 1988）。おそらくこうした理由により，ジークムントは彼らの結婚式に出席しなかった。実際，ジークムントは毎日書いていたマルタ宛の手紙のなかで，エリとアンナの結婚式については一言も触れていない。それにもかかわらず，二人の結婚式の直後，家族の出来事としては明らかに重要性の低い，マルタのいとこの結婚式に出席するかどうかについて書き記している。

　妹や義弟に対するジークムントの陰性感情は，その後さらに強まっている。妹夫婦がニューヨークに移住して，自分より学歴のないエリが裕福になり，高学歴の自分が家族を支えるために悪戦苦闘しなければならなかったからである。エリとアンナの家族は，裕福で物質主義的な価値観をもっていた。それに対して，フロイトとその家族は，知的に優れていることを自負していたが，お金に恵まれていなかった。この対極において，三角関係が生じている。

　ライフサイクルのこの段階で出現する三角関係は，一人のパートナーと相手方の家族を含むことが多いが，この事例でもそのような三角関係化が認められる。結婚する前でさえ，

ジークムントとマルタの間には，家族をめぐる問題があった。二人とも経済的問題を抱えた家族の出身であり，経済的な不安により，数年間にわたって結婚できなかった。ジークムントは，自分たちが婚約した年に，エリがマルタを母親や妹とともにハンブルグへ転居させたことを非難した。それにより，長い間，二人が会えなくなってしまったからである。フロイトは，マルタと原家族の関係に脅威を感じた。そして，マルタが兄エリに示す忠誠心に対して過剰に嫉妬し，マルタに要求がましくなり，独占しようとした。ジークムントはマルタへの手紙に書き記している。

> 君はここを去る日についてもう考えているのだろうか。あと 2 週間しかない。延期や中止の可能性はないのだろうか。そうだとしたら，僕のわがままは，ママやエリ・フリッツに向かっていく。僕はみんなに聞こえるように，そして，君にわかるように，大声で主張するつもりだ。君が子どもの立場でやめてほしいと思ったとしても関係ない。今後，君は僕が質に入れた宝石のように，君の家族のなかにあっても，ただの客でいてほしい。僕が裕福になったら，すぐに君を救い出す。遥か昔から，女性は父母のもとを離れ，自分の選んだ男性についていくという決まりになっているだろう。（マルタ宛の手紙。1882 年 8 月 14 日。Freud, 1960, p.23）

ジークムントは，マルタが兄への忠誠心を放棄しなければ，婚約が破棄されるのではないかとさえ恐れていた。彼女への手紙に書き記している。

> 君には二者択一しか残されていない。僕のために家族と縁を切るくらい，僕のことを好きでなければ，君は僕を失い，人生は台なしになり，家族のもとから自立できなくなるだろう。（Appignanesi & Forrester, 1992, p.31）

それにもかかわらず，結婚してからも，マルタは実家と連絡を取り続けた。そして，夫が宗教を拒否していたにもかかわらず，正統派ユダヤ教への信仰を守り通した。結婚してだいぶたってからマルタが語ったことによると，結婚して最初に迎えた金曜日の夜に，ジークムントが安息日のロウソクを灯させなかったことが，人生でもっとも困惑した経験の一つであった（Appignanesi & Forrester, 1992）。

親になること，次の世代

フロイト家の年表 1896 年頃

1887 年　最初の娘マチルデが誕生（同僚ブロイアーの妻にちなんで命名）
1889 年　最初の息子マーティンが誕生（恩師シャルコーにちなんで命名）
1891 年　（2 月）第三子オリバーが誕生（ジークムントが英雄オリバー・クロムウェルにちなんで命名）
1892 年　ジークムントが同僚ブロイアーと疎遠になり始める。
1892 年　（4 月）第四子エルンストが誕生（ジークムントの指導教授エルンスト・ブリュッケにちなんで命名）
1892 年　マルタの兄エリ・ベルナイスがアメリカへ移住。
1893 年　エリがジークムントの妹アンナと家族をアメリカに連れていくために一時帰国（二人の娘ルーシーとヘラがジークムントの家に 1 年間滞在）。ジークムントはエリに旅費の一部を工面。
1893 年　ジークムントの第五子ゾフィーが誕生（指導教授ハンメルシュラークの姪にちなんで命名）。
1894 年　ジークムントが心臓の問題を抱える。しかし，死の恐怖を妻に打ち明けなかった。禁煙を試みる。抑うつ，倦怠感，経済的な問題に苦しむ。
1895 年　（2 月）「エマ・エクスタイン・エピソード」の始まり。友人フリースに自分の患者の手術を依頼。フリースは患部にガーゼを残すミスを犯し，患者が死にかける。
1895 年　（3 月）マルタがアンナを妊娠。
1895 年　抑うつと不整脈の症状を抱えていたジークムントはコカインで自己治療。1 年以上続けた禁煙をあきらめる。
1895 年　（1 月）フリースがジークムントに鼻の手術。
1895 年　ジークムントが自己分析の開始を決意。
1895 年　ジークムントが『夢の解釈』の執筆を始める。
1895 年　（12 月）第六子で末っ子のアンナが誕生。指導教授サムエル・ハンメルシュラークの娘にちなんで命名。彼女はジークムントの患者で未亡人であった（Anzieu, 1986）。ジークムントはアンナの誕生と診療の拡大を結びつけて考えた。
1895 年　（12 月）それまでときどきフロイト家に滞在していたマルタの妹ミンナが同居。
1896 年　ジークムントはブロイアーに対して極度の陰性感情を抱く。
1896 年　（4 月）ジークムントが偏頭痛，鼻汁，死の恐怖について書き記す。
1896 年　（5 月）ジークムントが誘惑理論に関する明確な説明（女性の不安は幼少時の性的虐待に基づくという説）を書き記す。彼の講演に聴衆があきれる。
1896 年　ジークムントの理論は医学界から無視される。
1896 年　ジークムントはエマ・エクスタインの出血を「ヒステリー性」と説明する。
1896 年　（10 月 23 日）ヤコブ・フロイトが死去（当時ジークムントは 40 歳）。ヤコブは 1 か月ほど体調をひどく崩していた。マルタは 10 年ぶりに母親を訪問する初めての旅行に出ていたため，ミンナだけが父親を喪失したジークムントを傍らで慰めた。

1897 年	（1 月）ジークムントは大学での昇格を見送られる。
1897 年	（2 月）ジークムントは最終的には教授という役職を授与すると通知される。
1897 年	（3 月）ジークムントのおじヨセフが死去。
1897 年	（3 月）娘マチルデが重症のジフテリアに罹患。
1897 年	（5 月）ジークムントは再び昇格を見送られる－不安になる。
1897 年	（5 月）ジークムントは娘マチルデと近親姦の夢を見る。
1897 年	（7 月）ジークムントがミンナと最初の休暇旅行にいく（少なくとも 17 回の休暇旅行にいっている）
1897 年	（9 月）ジークムントは「誘惑理論」の見解を撤回（ジークムントは父親が妹アンナと不適切な性的関係をもっていたと考えた）。失意のなかで，自己分析の必要性を感じる。「エディプス理論」の概要をまとめる。
1897 年	（10 月 15 日）ジークムントがエディプス・コンプレックスの着想を発展させる。
1898 年	ジークムント 42 歳，ミンナ 33 歳のとき，夫婦として予約し，二人で 2 週間の休暇旅行にいく（Blumenthal, 2006）。
1899 年	ジークムントが『夢の解釈』を出版。
1900 年	ジークムントの自己分析終了。
1900 年	フリースと旅行中に不仲になり，そのまま仲直りせず。
1900 年	ミンナとイタリア旅行にいく。ミンナがジークムントの子どもを妊娠し，病院で中絶したか。二人の旅行は 1900 年 9 月 12 日から 1901 年 2 月中旬まで長引いた（Swales, 1982）。ジョーンズは彼女が結核の治療を受けていたと述べているが，その病気に罹患していたという証言は他にない。

　幼い子どもを抱えて間もない家族は常に慌ただしく，それゆえ結婚生活に困難がもたらされるものだが，夫婦のエネルギーのほとんどは必然的に育児や仕事に割かれてしまう。**図8.5** と年表に見られるように，ジークムントとマルタは結婚して 8 年間で 6 人の子どもを授かった。マルタが実質的にすべての育児責任をはたしている間，ジークムントは診療拡大に奮闘し，またいくつかのもっとも創造的な知的作業（論文）に取り組み始めた。家族がこのような段階にあるとき，臨床家は育児ストレスや結婚生活の平均的な緊張に注意を払うべきである。

　末子の誕生は，家族の生活にとって重要な転換点になるといえるだろう。マルタは 6 人の子どもの育児にかかりっきりだったが，ジークムントは育児にあまり協力的でなく，義理の妹ミンナに惚れ込んでいた。1894 年 5 月に友人フリースに宛てた手紙のなかでは，「違った意味の親友」と表現している（Masson, 1985, p73）。ミンナがフロイト家で同居を始めたのは，ジークムントの末子で最愛の娘アンナが誕生したのと同じ月であった。その 14 年前，ミンナはジークムントの親友イグナス・ショーンベルグと婚約したが，結核で死去する直前に婚約を解消している。ジークムントの見方では，気が荒く，短気で，わがままな性格という点で自分とミンナは似ていて，イグナスとマルタは温厚で柔軟性があっ

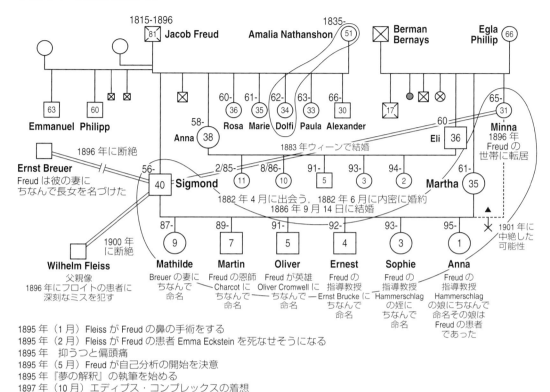

図 8.5
フロイトの家族（1896年）

1895年（1月）Fleiss が Freud の鼻の手術をする
1895年（2月）Fleiss が Freud の患者 Emma Eckstein を死なせそうになる
1895年　抑うつと偏頭痛
1895年（5月）Freud が自己分析の開始を決意
1895年『夢の解釈』の執筆を始める
1897年（10月）エディプス・コンプレックスの着想

た（Jones, 1955）。

　ミンナは結婚しなかった。ジェノグラムに家族メンバーとして親戚が登場するときは，夫婦と子どもを巻き込んだ三角関係の可能性を推測すべきである。ジークムントとミンナはあらゆる面において極端に親しい関係であった。フロイト家では，主寝室を通り抜けないとミンナの寝室に入れなかった（Eissler, 1978）。ミンナとフロイトは二人で一緒に何度も休暇旅行に出かけている（Swales, 1986）。表面上は，二人が旅行好きで共通点も多く，一方マルタは趣味が合わず，少なくともジークムントのペースを楽しめなかったからである（Freeman & Strean, 1981）。また，マルタよりもミンナの方が，ジークムントの着想について議論することに興味をもった。実際，マルタは精神分析について以下のように述べている。「夫がどれだけ真剣に治療に取り組んでいるかは理解していないけれども，精神分析はポルノの一種だと思うわ」（Appignanesi & Forrester, 1992, p.45）。ジークムントとミンナは夫婦として旅行に出るようになった（Blumenthal, 2006; Swales, 1986）。のちにミンナは自分がジークムントと不倫していたことをユングに語っている。1901年に彼女が妊

娠して，中絶した証拠もある（Swales, 1986）。しかし，夫と妹の関係に対するマルタの態度はわからない。興味深いことに，ジークムントの長男マーティンが，自分の妻の妹と不倫することで，このパターンを繰り返している（Freud, 1988）。

　ジークムントは，中年期の父親と同じ変化を繰り返し，ライフサイクルのこの段階で大きな人生の危機を経験した。フロイトの場合，こうした危機が，最大の知的発見である誘惑理論の定式化と，その後の理論撤回をもたらした（Masson, 1992）。また，この時期には，ジークムントが抑うつの症状と「偽性」の心臓問題を呈していた。そして，倦怠感，偏頭痛，その他さまざまな心身の不安を抱えていた。ジークムントが大きな苦悩を抱えていることは明らかであった。一方で，この時期，ジークムントはよく知られている自己分析を開始し，新しい理論体系を構想している。それはもっとも有名な著作『夢の解釈』の出版へとつながっている。

　ジェノグラムを一瞥すると，この時期がジークムントの人生において，波乱に満ちていたが生産的な時期でもあった理由を説明できるだろう。1895年12月に末子アンナが誕生した。マルタは7年間で5回の妊娠に疲れ切っていたため，6回目の妊娠を知って驚き，浮かない気分になった。ジークムントとマルタは，この子どもを最後にしようと決めたようだ。これ以降，二人の性的関係は明らかに大幅に減った（Anzieu, 1986；Roazen, 1993）。フロイトが専門家としての診療を一気に拡大したまさにその時期に，マルタはアンナを妊娠している。ジークムントは自分の患者エマ・エクスタインを友人のウィルヘルム・フリースに紹介した。フリースは鼻の手術をすれば，自慰行為に由来する性の問題を治せると信じていた。フリースは手術で患部にガーゼを残すミスを犯し，女性は死にかけている。フロイトはフリースと非常に親しい仲であったが，この一件で心の底から幻滅し，失望を経験している。

　末子が家族のなかで特別な地位を占めることは多い。アンナの場合も例外ではない。ところで，アンナという名前は，フロイトの妹の名前からではなく，友人であり敬愛する指導教授であったサムエル・ハンメルシュラークの娘にちなんで名づけられている。このアンナ・ハンメルシュラーク・リヒトハイムという若い女性は，フロイトの患者であり，友人でもあった（Krüll, 1986）。アンナ・フロイトは，明らかに自分が愛されている子どもではないと感じて，生涯にわたって父親の承認を勝ち取ろうと途方もない努力を続けている。アンナは，妻のマルタ以上に，病気のフロイトを看病した。1918年，アンナは23歳のとき，フロイトの分析を受け始めた。フロイトの母親の葬儀には代理としてアンナが出席した！　アンナはフロイトの子どものなかで唯一結婚せず，父親に献身し，父親の仕事を受け継ぐことを選択した。

　1896年，アンナが生まれて1年たたないうちに，ジークムントの父親が亡くなった。ジークムントは，父親の喪失は男性の一生のなかでもっとも重大で動揺させる出来事だと

述べている。父親が亡くなったとき，マルタは久しぶりに母親を訪問する初めての旅行で不在だった。そのため，ミンナが父親を喪失したジークムントを慰めている。そのことで二人の不倫が始まったのかもしれない。親の死は，ライフサイクルにおける臨界点となる。喪失の余波で不倫を始める人は珍しくない。ジークムントは父親の死後すぐに次のように書き記している。

> 表向きの意識の背後にある曖昧な経路の一つによって，その老人の死は私に深い影響を与えた。……老人が死に至るまでの人生はとても長かったにもかかわらず，老人の死によって私に去来する思い出はすべて初期の日々である。今の自分は根こそぎにされたように感じている。(Masson, 1985, 1886 年 11 月 2 日の手紙)

喪失に加えて，親の死は，自分自身の死すべき運命や，次の世代へ伝統や責任を引き継がなければならないことを痛切に思い起こさせる。今やジークムントは母親も支えなければならない。さらに，家名を汚したおじヨセフと，マルタのおじの一人が同じ年に亡くなっている。

この頃，ジークムントは自己分析のなかで，友人フリースを父親像として採用している。それはおそらく，家族と彼自身のライフサイクルのなかで起きた多くの出来事によって引き起こされた，中年期の危機を反映していたと思われる。父親の死，末子の誕生，ミンナとの不倫に加えて，ジークムントはキャリアの問題を抱えていた。そして，ジークムントは 40 歳になったばかりであった。ジークムントは大家族の大黒柱として奮闘していた。ちょうど中年期のフロイトの父親が，新しい愛人関係，転職，移住に特徴づけられるのと同様に，ジークムントの中年期の危機も親密な関係性の変化とキャリアの激変が含まれているように思われる。キャリアの安定，著書の出版，約束された教授職，新しい理論の創始者としての名声など，ジークムントはそれを父親よりも前向きに解決できたといえる。

高齢期の家族

家族メンバーが年を取ると，家族は前の世代が亡くなっていくことを受け入れなければならない。各世代の発達階層のレベルが繰り上がっていくたび，すべての関係性は再編成されなければならない (Shields, King & Wynne, 1995; Walsh, 1998)。女性には特別な問題がある。それは（ドルフィとアンナのように）介護者になることであったり，（フロイトの母親アマーリアや妻マルタのように）配偶者に先立たれることであったりする。両親が亡くなると，きょうだい間の関係性は初めて互いに干渉を受けないものとなる。多くの場合，ジェノグラムは，どの子どもが年老いた親の介護者になるのか，また，そうした責任に関する話し合いをめぐってきょうだい間によく見られる三角関係を明らかにする。この時点

の同胞葛藤や関係断絶は，たいていずっと以前のライフサイクルの段階から持続してきた親との三角関係や，とりわけ子どもの頃に可愛がられていたきょうだいとの三角関係を反映する。

言うまでもなく，同居している姉妹間の特別な心理力動や，妹が夫と不倫している相手であるということは，関係性に大変な複雑さをつけ加えるだろう。年月とともにマルタとミンナの関係がどうなっていったのか，また，マルタが妹と夫の不倫に関与していた可能性の程度については，何もわかっていない。しかし，マルタは間違いなく，二人が非常に親密であること，二人で頻繁に旅行していることを知っていた。そして，マルタは家庭のなかで寝室を準備していたに違いない。知られている限り，姉妹は常に仲良しであったが，臨床家であれば，このあたりのことについて探る必要がある。フロイトの息子マーティンが妻の妹と不倫したことを鑑みると，それを探ることが次の世代のためであることがわかる。数年後，そのような裏切りは関係性に漏れ出て，最初の秘密や裏切りに含まれていなかった人や，それに気づいていなかった人を巻き込んでいく場合がある。

フロイト家の年表 1900年以降

- 1902年　（3月5日）ジークムントが特任教授になる。
- 1909年　娘マチルデが結婚。
- 1911年　異母兄フィリップが死去。
- 1911年　アルフレッド・アドラーと絶交。ジークムントは絶交について，「才能ある思想家だが，悪意ある妄想家であるアドラーの恥ずべき背信行為」と説明している（1912年8月20日の手紙。ジェームズ・ジャクソン・プットナム宛。Kerr, 1993, p.416 からの引用）。
- 1912年　信奉者ウィリアム・ステーケルと絶交。
- 1913年　カール・ユングと絶交。
- 1913年　娘ゾフィーが結婚。
- 1914年　初孫の誕生（エルンスト・ハルベルシュタット。その後，精神分析家になり，アーネスト・フロイトと改名）。
- 1914年　異母兄エマニュエルが死去。
- 1918年　ジークムントは娘アンナの精神分析を開始。少なくとも1922年まで継続していたと思われる。
- 1919年　重要な信奉者ヴィクター・タウスクが自殺。
- 1920年　娘ゾフィーが肺炎に罹患して死去。
- 1923年　（5月）ジークムントが癌と診断され，1回目の手術を受ける。
- 1923年　（6月19日）お気に入りの孫（ゾフィーの息子）が結核で死去。ジークムントが初めて涙を流す。ジークムントは自分自身の病気の直後に続いたこの喪失から立ち直れなかった。
- 1923年　（10月4日）ジークムントが2回目の手術を受ける。
- 1923年　（10月11日）ジークムントが3回目の手術を受ける。これ以降，16年間で33回の手術を受けている。

1923 年	エリがニューヨークで死去。ジークムントは自分自身の少ない資産について苦々しく書き記し，今後は妹アンナが4人の困窮した妹たちに援助するのではないかと示唆している。
1924 年	信奉者オットー・ランクと決別。
1924 年	フィレンツィとの間に亀裂。
1926 年	セオドール・ライクが「いんちき治療」で起訴される。
1930 年	ジークムントの母親アマーリアが死去。
1938 年	家族が最終的に移住可能に。
1939 年	ジークムント・フロイトはロンドンで死去。

　ジークムントの父親は1896年に亡くなった。残されたアマーリアは，その後34年間にわたって子どもの世話を受けた。ジークムントと末弟アレクサンダーは，母親と姉妹たちの生活を経済的に支えたが，母親と暮らしたのは，結婚せずに実家にとどまった真ん中の妹ドルフィであった。ジークムントは長寿で83歳（カラー図28）まで生き，娘アンナの世話を受けた。アンナは父親の主な信奉者となり，知性の後継者となった。マルタ・フロイトはまだ健在であったが（1951年まで生きた），顎癌の手術を繰り返す父親の主な介護者はアンナであった。アンナにとっては，前の世代のドルフィと同じように，これは実家を離れるのが不可能であることを意味していた。父親が亡くなったとき，アンナは44歳であった。長年にわたって，フロイトはアンナなしでは何もできなかった。1913年にアンナは従兄エドワード・ベルナイスに一瞬だけ恋心を抱いたが，のちに関係が成就しなかったことはよかったと彼女自身が述べている。なぜなら，彼は二重従兄なので，二重の近親姦になってしまうからだと。小さい頃，アンナは，父親が王，自分が女王で，民衆が政治的な陰謀により二人を別れさせようとしている，という夢を見ている。アンナは，ガラス工芸家の大富豪ルイス・コンフォート・ティファニーの8人娘の末っ子であるドロシー・バーリンガムのパートナーになることを決めた。ドロシーは正式に離婚していなかったが，ドロシーとアンナは余生をともに暮らし，休暇旅行にも一緒に出かけた。二人は戦争孤児の託児所，精神分析の訓練研究所，世界的に有名な児童クリニックを共同運営した（ドロシーの夫は，妻との関係を修復するために彼女を説得しようと試みて失敗したので，1938年に自殺を図った）。

　ジェノグラムは，ライフサイクルのさまざまな段階における重要な出来事に対する家族メンバーの反応を理解したり，予測したりすることに役立つだろう。たとえば，ジークムントは1923年に3歳の孫が亡くなったときに非常に強く反応しているが，その直前に彼自身はがんと診断されていた。

> 孫は本当に魅力的な子どもでした。私自身は，一人の人間を，それも子どもを，これほど愛らしいと思ったことはありませんでした。……この喪失はとても耐えられません。これほどの悲嘆を経験したことはありません。自分自身の病気がショックを強めているのかもしれません。かろうじて必要な仕事はこなしていますが，結局のところ，私にとってすべてはどうでもよくなりました。（Freud, 1960, 1923 年 6 月 11 日）

1 か月後にフロイトは，人生で初めて本当の抑うつに悩まされている，と書き記した（ジョーンズ, 1955, p.92）。そして，3 年後にフロイトは，孫が亡くなってから人生を楽しめなくなった，と婿に手紙を送っている。

> 孫のことを嘆き，人生でもっとも暗い日々を過ごしています。ようやく私は自分自身を取り戻し，静かに孫のことを考え，涙を流さずに孫のことを語れるようになりました。しかし，理性による慰めなど，まったくなんの役にも立ちません。唯一の慰めは，私が年を取っているので，孫と長く会えるわけではなかっただろうということなのです。

ジークムントの言葉は，自分自身の死すべき運命を受け入れる苦悩を示唆している。それは，思いがけないときに孫が亡くなったからだけではなく，孫の母親である娘ゾフィーが 3 年前に 27 歳で亡くなっていたことによって，非常に難しかった。

孫の死に対するジークムントの反応と，7 年後の 1930 年における母親の死に対する反応は，対照的である。

> 表面上，私は二つのことに気づきました。一つ目は，個人的な自由の増大です。というのも，私は，母親が私の死のことを耳にするのではないかという考えに常に脅かされていたからです。二つ目は，母親がこれほど長い人生の末にようやく権利を得て救われたことへの満足感です。10 歳年下の弟が痛々しく経験しているような悲嘆はまったくありません。母親の葬儀には出席しませんでした。フランクフォートのときと同じように，再びアンナが代理になってくれました。私にとって彼女の価値はかけがえのないものです。この出来事は奇妙な仕方で私に影響しました。……苦悩や悲嘆がないことは，状況や高齢であることによって説明できると思います。それは母親の絶望感に対して私たちが抱いていた憐れみの気持ちの終わりでもあります。それは自由や解放の気持ちをもたらしました。自分ではよく理解できると思います。母親が生きている限り，私は死ぬことが許されていませんでした。今

ならば死ぬこともできるのです。どういうことか，人生の価値が心の底で決定的に変化してしまったようです。(ジョーンズ, 1955, p.152 より引用)。

　ジークムントの場合，長年にわたってがんに苦しんだ末に，74歳のとき，自分自身に近づく死を少しは受け入れることができた。ライフサイクルにおいて，まず親の死があって，それから子どもの死がやってくるという順番が守られたことに，安堵しているのである。家族メンバーが思いがけないときに亡くなったり，トラウマを残すような死に方をしたりすると，一般的に，家族にとっては悲嘆の作業がきわめて困難になる。臨床家は，ジェノグラムに見られる不慮の死に慎重に注意を払い，そのような喪失に対する反応として生じた機能不全のパターンを見落とすべきではない（McGoldrick & Walsh, 2004; Walsh & McGoldrick, 2004）。

9 ジェノグラムの臨床的使用

ジェノグラムの臨床的可能性については開発が始まったばかりである。ジェノグラムはそれぞれの臨床家によってさまざまな方法で活用されてきた。家族に参加してもらったり，家族の課題を再構成して解毒したり，システムを活性化したり，家族のパターンを明確化したり，家族を彼らの歴史と結びつけたりしながら，家族をエンパワーして，未来に向けて家族を自由にする。ジェノグラムは，家族が自分たちのパターンを理解し，家族のプロセスを探ることを学ぶための心理教育的ツールとしても使われる。ユニークな年表を提示する3次元マップとしてジェノグラムを紙に描くことは，それ自体，注目に値する治療的介入といえる。家族が自分たちをシステムとして眺めることを可能にするからである。

ジェノグラムの臨床的使用についての文献は増加しつつある（テーマ別参考文献参照）。広範囲にわたる使用法と変形法が提案されている。たとえば，ジェノグラムを使用した家族造形法（Papp, Silverstein, & Carter, 1973; Satir, 1988），文化的ジェノグラム（Congress, 1994; Hardy & Laszloffy, 1995），ジェンダーグラム（White & Tyson-Rawson, 1995），セクシュアル・ジェノグラム（Hof & Berman, 1986），レズビアンとのワークを促進するための社会ネットワークを強調しているジェノグリッド（Burke & Faber, 1997），ファミリープレイ・ジェノグラム（第10章参照），さまざまな年齢層・症状・生活状況に合わせたジェノグラム（テーマ別参考文献参照），などがある。本章では，ジェノグラムの豊かな臨床的可能性について，読者を刺激するために，いくつかの示唆を提示したい。

家族に参加してもらうためのジェノグラム・インタビュー

　ジェノグラム・インタビューは，治療のシステム論的アプローチに，家族全体に参加してもらうための具体的な方法を提示する（Alexander & Clark, 1998; Weber & Levine, 1995）。関連のある家族メンバーには，できるだけ多く参加してもらいたい。そうすると，臨床家も家族メンバーも，家族という文脈で問題を見ることができる。

　ジェノグラム・インタビューは，家族システム全体に関心を向ける。家族に関する情報をジェノグラムに図式化するプロセスは，問題を理解するために状況をより大きな全体像で捉える必要性を含意している。それはシステム論の大前提である。一人の家族メンバーに起きたことはなんであれ，すべての家族メンバーを巻き込むのである。また，家族が過去と未来の両方に，継続的につながっていることを示唆する。

　同じように重要なことは，ジェノグラム・インタビューが，鍵となる家族の伝統や家族にとって特別な懸念となる課題をめぐる関係性を探求することによって，家族メンバーと信頼関係を築くことを促すことである。ジェノグラムを作成するための質問は，家族という経験の核心に迫る――誕生，愛，病気，死，葛藤，絶縁など。ジェノグラムの作成は，病気，喪失，感情的な負荷のかかる関係性といった困難な課題に焦点を当てたり，それらを理解したり，広範囲にわたる家族という経験を議論する枠組みとなる。

　ジェノグラムによって，複雑で感情的な負荷のかかる家族の課題に，すぐに接近できるようになる。そのうえ，ジェノグラムを使用すると，臨床家は，家族に比較的恐れを抱かせることなく，こうした情報を明らかにできる。また，ジェノグラムは，経験に時空を超えた文脈を与え，苦悩，恥辱，秘密，沈黙を乗り越えるための記憶やサバイバルの物語を引き出すことによって，もっとも痛ましいトラウマの毒性を軽減させながら家族の経験を整理する。家族のジェノグラムを完成させるために，打ち解けた雰囲気で事実を確認していくと，率直に情報を開示してくれるだろう。オープンエンドの質問にまったく答えないガードの堅い人でさえ，このような構造化された形式であれば，家族について語ることを厭わなくなる。単に情報収集するだけでなく，情報を整理し，図式化して示すと，家族は感銘を受けるはずである。感情的な負荷のかかる関係性と関連する問題行動を認知的に理解することによって，家族メンバーが自分たちの状況を把握している感覚を強化できる。家族のジェノグラムを作成することは，家族メンバーをエンパワーする協働的な作業になる。家族は自分たちの歴史のエキスパートであり，セラピストはただの記録者，その証人にすぎない。一方，ジェノグラムを作成することは，図式化した家族の物語を，臨床家が家族に伝える機会を与えてくれる。多くの家族にとって，自分たちの歴史が豊かであることは，どれだけつらい要素が含まれていたとしても，現状を肯定する重要な確認となる。

　ジェノグラムを示す場合，臨床家は，黒板，大きな画用紙，コンピューターなどを使用

する。ジェノグラムには神秘的雰囲気があり，家族の関心を引き寄せる重要な「フック」となることもあるだろう。ワクテル（Wachtel, 1982）は，家族のパターンについての推論を臨床家が家族に伝えるとき，ジェノグラムを使用すると，心理テストを使用したときと同じように，重要性と信頼性が加わると述べている。私は初回面接の終了時に，セッション中にコンピューターで作成したジェノグラムを印刷して，クライエントに渡す場合がある。次回の面接までにジェノグラムを修正してきてほしいとクライエントに頼み，アセスメントへの関与に誘うのである。クライエントは，小さな紙片に整理された自分たちの歴史についての情報の豊かさに驚き，興味を引きつけられることが多い。

ジェノグラム・インタビューに対する抵抗への対処

　人は問題をもち込むとき，何が間違っていて，何を変化させる必要があるのかについて，視野狭窄に陥っていることも少なくない。それはシステム論的な見方と違って，症状を呈している人だけが変わればよいとする硬直した思い込みであることが多い。家族が抱えるその他の問題に直接焦点を当てようとすると，家族からその他の問題などないと強烈に否認され，抵抗されることもあるだろう。予約のときの家族の主訴を無視して，初回面接でただジェノグラムを作成するために，さまざまな情報を収集することはできない。そうした一方的なアプローチは，家族を治療から確実に遠ざけてしまうだろう。ジェノグラムを作成するための情報収集は，家族にジョイニングして現在の問題についての糸口を探っていくような，より全体的で段階的なアプローチの一部であるべきである。

　抵抗は，収集される情報に関連して，臨床家が痛ましい記憶や感情に触れたとき，発火することが多い。たとえば，きょうだいの交通事故，祖父母の自殺，未婚の出産といった話題になったとき，さまざまな家族メンバーがセッションの方向性を変えようとするかもしれない。「なぜ古傷を蒸し返すんだ。ここにいるジョーが問題だとわかっているのに」と言われるかもしれない。

　ときには，なんの変哲もない質問が強烈な反応を引き起こす場合もある。たとえば，あるクライエントは，きょうだいは何人ですかと尋ねられただけで，急に泣き出した。その質問は，大好きだった兄の溺死事故を思い出させたのである。表面的な単純な質問が家族の秘密を暴くこともある（Imber Black, 1993, 1998）。たとえば，結婚前に子どもを授かって結婚した夫婦に，「結婚して何年ですか」と質問することで，きまり悪くさせたり，嘘をつかせてしまうかもしれない。「息子さんはどこにお住まいですか」と所在を質問するだけでも，刑務所や精神科病院にいたり，音信不通だったりする息子をもつ親は敏感に反応するだろう。

　家族が最初は情報を隠蔽しても，注意深く気配りしながら状況を探求していけば，克服

できることが多い。抵抗はさまざまな形で示される。直接的で強烈な抵抗もあれば，家族メンバーが退屈したり，落ち着かなくなったり，邪魔したりといったように，間接的な場合もある（Wachtel, 1982）。家族の歴史を話し合うときに抵抗が繰り返されるとき，臨床家は，しばらくの間，抵抗している人に焦点を当てると生産的になることを見いだすかもしれない。その人に，話を聴いてもらえた，と思ってもらうとよいだろう。その人の主訴に，あなたが気づいていること，案じていることをわかってもらおう。あなたの意図をその人に伝えて安心してもらおう。ジェノグラムを作成することが，現在の状況をよりよく理解することに役立ち，支援になることを家族に知ってもらおう。

　ときには，家族メンバーの抵抗が強いために，ジェノグラム・インタビューをしばらくの間先送りしなければならないこともある。そのような場合，いったん主訴に焦点を戻し，可能になったら，主訴と過去の出来事やパターンのつながりを探求すればよい。そうしたつながりは，自分たちよりも大きな何かに属していることを家族に思い起こさせるうえで役に立つ。家族メンバーの目下の懸念が，より大きな家族の文脈と関連していることを繰り返し示すことによって，自分たちだけのせいではないと理解することに役に立つのである。やがて，目下の懸念と歴史的な家族のパターンのつながりを理解し始めるにつれて，家族の抵抗や情報の隠蔽は乗り越えていけるだろう。その後のセッションでは，ジェノグラムを作成するための整理された質問に戻れることが多い。

　以下の事例，ロジャーズの家族（**図9.1**）では，ジェノグラムに関する質問に家族が強い抵抗を示すところからセラピーが始まった（この事例を編集した一部分をビデオテープ「未解決の喪失という遺産（*The Legacy of Unresolved Loss*）」(McGoldrick, 1996) で視聴できる。(www.multiculturalfamily.org あるいは www.psychotherapy.net で入手可能)）。家族の抵抗は，主訴と家族の歴史をジェノグラムで結びつけることを通して，次第に乗り越えられた。最終的に，家族メンバーは自分たちのジェノグラムの「研究者」になった。

　デイビッド・ロジャーズの2番目の妻キャスリーン・ロジャーズが家族のことで最初に予約したのは1995年であった。15歳の継娘ミッシェルが，高校の授業に出なくなり，行動化も見られたため，生活指導のカウンセラーがセラピーを紹介したのである。49歳のデイビッドは，イギリスの裕福な家系出身の弁護士であった。表面的には快活で協力的であったが，権威に対抗する近寄りがたい人物であった。プエルトリコ出身の最初の妻ダイアンは，1991年に2年間の闘病の末に白血病で亡くなっている。二人は18年間の結婚で，現在21歳のジュリアンと15歳のミッシェルという二人の子どもを授かっている。ダイアンの死後10か月たって，息子が14歳のとき，デイビッドはキャスリーンと結婚した。キャスリーンはアイルランド・ドイツ系の女性で初婚であった。現在，彼女は専業主婦で，2歳のジェイドの母親である。キャスリーンの両親は，彼女が9歳のときに離婚している。母親は翌年に再婚し，息子マシューを授かった。母親はマシューをえこひいきした。その

図9.1
ロジャーズ家（1994年）

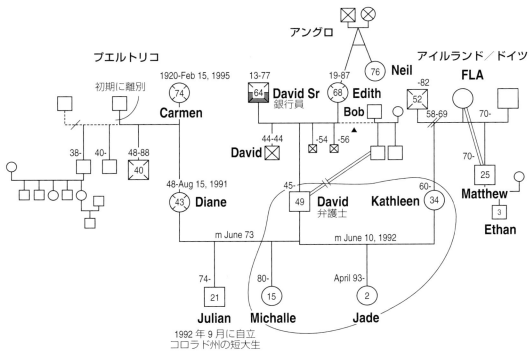

ため、キャスリーンは、継娘と同じように、自分の世代の再構成された家族のなかで「よそ者」だと感じていた。セラピーを開始したとき、キャスリーンは原家族の誰とも基本的に連絡を取っていなかった。3歳の甥イーサンとは、会ったことさえなかった。父親はブルックリンでバーを経営していたが、1982年に心臓発作で亡くなっている。

ミッシェルはプエルトリコ側の家族ともっとも連絡をとっている一人であった。彼女は、母親と兄と一緒に、何年間も夏になるとプエルトリコを訪れていた。11歳のとき、ミッシェルが一人でプエルトリコにいったのは、表面的には療養中の母方の祖母カルメンの世話のためであったが、実際は、母親の病気と死という「悲しみ」からミッシェルを守ろうとする父親の配慮からであった。一方、長男ジュリアンが家に残ったのは、17歳なので母親の死を上手に乗り越えられると父親が判断したからであった。

最初のセッションでは、両親はミッシェルの問題（学校での行動化、「悪い」友人とうろつくこと、けんか腰であること）を解決したいと明白に思っていた。どちらの親も、現在の問題が母親に対する未解決の悲嘆、あるいは、ミッシェルの行動の変化と同時期に起きた、最近亡くなった祖母カルメンと関連しているとは思ってもみなかった。実際、セラ

ピーの過程で明らかになったことだが，1991年に母親の葬式のためにプエルトリコに向かった彼女は，家に戻ってこないために，祖母の死を教えてもらえず，何日もたってからさりげなく伝えられている。最初のセッションで，ジェノグラムを作成するために情報収集しようと試みたとき，父親があからさまに敵意を示し，私は時間の無駄だと言われた。彼は，自分の父親が肝硬変で亡くなったという事実（彼はアルコール依存と関連していると思っていなかった）や，自分の名前デイビッドが最初は乳児期に亡くなった兄の名前だったという事実を含めて，自分の家族についての情報はまったく見当違いだと考えていた。自分の家族の配置が現在の家族パターンとほとんど同じであるからか，キャスリーンは自分の家族に関する質問に対してさらに否定的であった。

少しずつ私は，母親と祖母に対して娘ミッシェルが近しい気持ちを抱いているのに父親が耳を傾けることに成功した。また，ミッシェルに加えて，セッションのために大学から戻ってきた息子も一緒に，家族のジェノグラムの歴史を概観してもらった。そのなかで息子は，母親の死について話し合ったことが一度もなかったことや，あっという間に父親が再婚したことの苦悩を表現した。デイビッドは，子どもたちから初めて母親の墓参りに一緒にいくことを求められた。そして，デイビッドは抑圧してきた自分自身の人生における他の喪失と少しずつ向き合い始めた。当初デイビッドは，自分の子ども時代を幸せで平穏なものと説明していたが，プエルトリコ人と「下方婚」したとき，両親からほとんど勘当されていたことを語ってくれた。セラピーを開始して数か月が過ぎたとき，ついにデイビッドは唯一生存している親戚のおばニールからさらに家族の歴史について学ぶことに同意した。デイビッドはおばニールを訪れるために故郷に旅行した。母親と一卵性双生児であるおばニールと彼は，母親の葬儀以来，8年間会っていなかった。次のセッションにやってきたとき，デイビッドはおばに借りた母親のアルバムと日記を持参し，これまでよりも活気があった。このアルバムと日記を通して，両親の困難と自分の子ども時代の苦痛に初めて触れることができたのである。デイビッドは二つの「秘密」を打ち明けた――一つは父親の飲酒癖で，もう一つは母親が父親の親友と明らかに不倫していたことである。不倫が明るみになったとき，何年もの間とても親しかった二つの家族の関係は，突然終わりを迎え，父親が唯一の親友を失ったのと同じように，デイビッドも子ども時代の最高の親友を失うことになった。自分の歴史を知るにつれて，デイビッドは自分の気持ちと深く結びつき始め，娘や2番目の妻のことを理解できるようになった。物事を変化させる力がなかった二人は，家族のなかであらゆる気持ちを耐えなければならなかったのである。

この事例では，家族の抵抗にもかかわらず，ジェノグラムの基本情報の収集を続行することができ，ジェノグラムの妥当性をもっとも理解していた家族メンバー（ミッシェル）を通して，他の人たちをつなげることができた。ときには，家族メンバーがジェノグラムの情報を話し合うことにとても抵抗するために，家族と関わる方法を見つけるまで，その

課題を離れなければならないこともある。この事例のように，家族との関係を築くことに徐々に成功した状況では，ジェノグラムに埋め込まれた家族の経験についての不安や恐怖から抵抗が生じていることは，明確に見いだされている。たとえば，それは親が自殺したとか，精神科病院に入院していたというスティグマ（傷つき）かもしれない。

　言うまでもなく，家族の歴史について話し合うことが，現在における適切な行動を回避することになる場合もある。ジェノグラムについての話し合い（あるいは，もっと言えば，あらゆる話題）に逃げ込み，親が子どもの現在のニーズを避けようとしていたり，アルコールやドラッグの依存に取り組むことを避けようとしていたりするならば，咎めなければならない。

　ジェノグラムはそうした硬直したシステムに取り組むうえで役に立つだろう。ジェノグラム・インタビューは，誕生，結婚，人生の移行期，病気，死など，家族にとって重要な生活上の経験をめぐる質問で構成されている。そうした出来事に関する情報を収集することは，硬直した家族システムを開放し，麻痺して閉鎖された感情的かつ対人的な課題にクライエントが触れるうえで役に立つ。

　たとえば，イタリア系のカルーソー家は，弁護士からコンサルテーションのために紹介されてきた。弁護士は，ドラッグの販売で逮捕された3人兄弟の長男ジョンの裁判によい影響がもたらされることを期待していた（図9.2）。

　当初，家族は共同戦線を張った。息子は「悪友」の影響で悪いことをしただけで，家族は親密で愛情に満ちていると。家族は息子の犯罪の深刻さを否認し，事実に関する情報をほとんど提供せず，家族関係の問題などないかのように振る舞い，しかし，息子を助けるためならばどんなことでもすると言うのだった。ジェノグラムの基本情報を収集しても，母方のおじの所在を質問するまでは，家族の問題とのつながりはわからなかった。母親カーラ・カルーソーは，弟がどこにいるかなんて知らないと述べていたが，その後，弟が刑務所に服役中で何度も逮捕歴があることを認めた。それにより，ジョンの問題に母方の祖母がどのように反応したかを質問することになり，その時点で，家族の共同戦線は崩れ始めた。ジョンの逮捕を知らせたとき，祖母が「刑務所で衰弱すればいい」と「思いやりのない」反応をしたので，それ以来，祖母とは話していないと両親は渋々認めた。カーラの両親は，息子の保釈金や訴訟費用を払うために，自宅を2回も抵当に入れていた。カーラが述べたところによると，それまでは母親と非常に親しかったが，今では母親に「裏切られた」と見ていた。家族の歴史に関するさらなる詳しい質問により，カーラの弟は23歳で最初に逮捕されたという情報が得られた（ジョンの現在の年齢と同じ）。母方の祖父は，祖母の反対を押し切り，刑務所に入れられた息子の保釈金の支払いを繰り返して，貯金を使いはたしていた。祖母は家族を破壊した息子にとても憤慨していた。ジョンと弟たちが知らなかった家族の秘密である，おじの犯罪行為の詳細を話し合うことを通して，自

図 9.2
カルーソー家

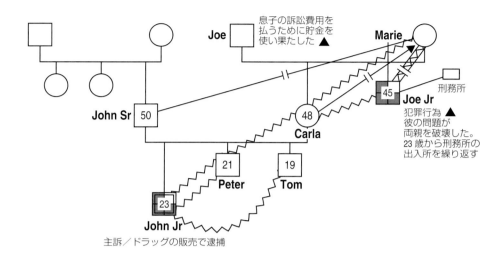

主訴／ドラッグの販売で逮捕

分たちの現況に対する家族の「無関心」が崩れた。カーラは，弟が家族にもたらした恥のことで弟に激怒していることや，何年も母親の苦悩する姿を見てきたつらさを語った。カーラは，両親の経験を追体験することをひどく恐れていたが，母親とこの問題について話し合うことが，過去を繰り返すように家族の「運命」を確定してしまうのではないかと恐れていたので，母親と話していないと述べた。すでに述べたように，ジョンの弟たちはインタビューのなかで初めて，自分たちの貯金を切り崩すか，兄を刑務所に送るかについて決定しなければならない，最悪の立場に家族を追いやった兄に対する恨みを表現した。家族の問題をもっとも強固に否認していた父親は，息子から絶縁されたという背信や失敗の感覚について語った。現在の家族が抱えている葛藤が明らかになったのは，過去の家族の経験を話し合った後であった。

　痛ましい過去の経験や未解決の感情問題に取り組むことを避けようとする試みを通じて，家族の関係も自分たちに対する見方も硬直化する場合がある。穏やかで，脅かさない，「探求型の」質問は，そうした問題について打ち解けて話し合うことを促す。すると，家族メンバーが家族の新しい可能性を遠慮なく話し合うような形で，互いに関わり始めることができる。ジェノグラム・インタビューは，強迫的だったり，無反応だったり，無関心だったりするクライエントと関わるときに，とくに有用である。強迫的なクライエントは細かい事柄に延々とこだわるものだが，ジェノグラム・インタビューを使うと，感情的負荷のかかった重要な話題にすぐに入ることが多い。無反応な家族メンバーも，家族の物語が明らかになるにつれて，いつの間にか話題に入り込んでいる自分に気づくだろう。

おそらく，他の話題よりも家族が麻痺しやすいのは，喪失をめぐる話題である（テーマ別参考文献「喪失」参照）。ノーマン・ポールとベティ・ポール（Paul, N & Paul, B.B., 1986）は，ジェノグラムを使い多世代家族の喪失に焦点を当てることによって，家族システムの障害を取り除く道を切り拓いた。症状の意味は，自分の家族あるいは拡大家族のなかで起きた，死や人生を脅かす経験の意味をクライエントが紡ぐことによって拡張される。ポール夫妻の見方によれば，喪失に伴って生じた家族メンバーの認識における歪んだ見方や「忘却」が，症状の展開にもっとも重要な影響を与える。ポール夫妻は通常ジェノグラムの書式を送付し，初回のセッションの前までに完成させることを求める。これはクライエントが原家族とどのように向き合っているかに関する重要な情報を含んでいる。初回のセッションで，ポール夫妻は三世代にわたって家族メンバーの誕生日，命日，死亡理由を慎重に追跡する。ポール夫妻の経験によれば，たいていのクライエントは，隠れたつながりを見始めるまでは，ジェノグラムの作成にある程度の神秘化をする。

　ポール夫妻は『夫婦のパズル（*A Marital Puzzle*）』で，セラピーの初回のセッションにジェノグラムの情報をもってくるように伝えた夫の事例を詳細に検討している。はっきりと伝えていたにもかかわらず，夫は両親が二人とも死去した事実を図に描いていなかった。それについて問われると，夫はいつ両親が亡くなったか正確に覚えていないと答えた。ポール夫妻のセラピーモデルでは，このような解離した家族経験を再発見することの重要性に焦点を当てる。数年前に，私たちは複数の方法でジェノグラムの情報を記入してもらう家族の書式を開発した。たとえば，祖父母の命日については，3箇所で記入を求められる。回答者のなかには，各箇所に違う日付を記入する場合もある。このことは死という話題がどれだけ感情的な負荷をかけるかを示している。

家族パターンの明確化

　家族パターンの明確化は，ジェノグラム使用の核心である。ジェノグラムを作成するために情報を収集しながら，そのときの家族の理解に基づき，絶えず仮説を構築し，修正していく。私たちは多くの場合，自分たちの観察結果を家族と話し合い，そうした観察結果を暫定的な仮説として示す。そして，家族の歴史を一緒に探求しながら，その仮説を練り上げ，修正していく。

　前述のカルーソー家の事例は，ジェノグラムが家族とセラピストの両者にとって，パターンを理解するためのガイドとなることを示している。未来における代替的な行動の可能性を開示する現在の葛藤を明らかにしているのである。ジェノグラムで見ると，犯罪行為の反復的パターンに気づくことができる。それから，息子とおじの犯罪行為のつながりを確認し，家族の歴史が反復している可能性について指摘した。すると家族は，息子の行

動を家族という文脈において眺め始め，行動を持続させている葛藤や受け継いだ遺産を探求した。家族はパターンを変化させる努力に集中するとよいだろう。

　ジェノグラム・パターンの明確化は，家族メンバーのための重要な教育的機能をもち，自分の人生や行動を家族の歴史と結びつくものとしてみることを促す。加えて，機能不全の行動は，ひとたびその背景にある家族パターンを明確化するや否や，取り除かれることが多い。

家族の問題のリフレーミングと無効化

　家族は自分たちを捉える特別な見方を作り上げている。多くの問題を抱えているとき，家族の見方は硬直化し，変化に対して抵抗する。ジェノグラムは，家族の行動，関係性，世代結合をリフレーミングするための重要なツールとなる。また，自分たちを捉える家族の見方を「無効化」し，標準に戻すことができる。家族の経験について別の解釈を示唆することは，未来における新しい可能性に向かう道を指摘することである。

　ジェノグラム・インタビューは，家族メンバーの状況理解を標準に戻す多くの機会を臨床家にもたらす。単純に課題を指摘し，標準的な見方で捉えてみせるだけでも，「無効化」できることは多い。ジェノグラムで収集した情報を使って，家族システムにおける行動の意味を積極的にリフレーミングすれば，家族メンバーが自分たちを別の見方で捉えることができるようになる（Bowen, 1978; Carter & McGoldrick, 2005b; Gerson, Hoffman, Sauls, & Ulrichi, 1995; Shellenberger & Hoffman, 1998）。家族の構造は行動と関係性に対する標準的な期待を示唆している（たとえば，「あなたの責任感が強いのは驚きではありませんよ。長子とは一般的にそういうものですから」あるいは「たいてい末っ子同士が結婚すると互いに相手から世話してもらうことを期待しがちです。あなたの場合はどうでしたか」など）。同じように，ライフサイクルに合わせて理解することも，標準化された経験をあてがうことになる（たとえば，「あなたたちのように晩婚の人には，自分の生活の型ができあがっているのではないですか。あなたたちもそうでしたか」など）。パターンの反復や出来事の一致は，問題行動の背景にあるより大きな文脈を示している（たとえば，「もしかしたら，あなたの気持ちは，そのとき起きていたストレスフルな出来事と関連があるかもしれませんね」など）。また，関係性のパターンや家族間のバランスは，家族メンバーの相互依存を説明することに役に立つ（たとえば，「仲間外れにされると，多くの人はそのように反応しますよ」あるいは「たいてい，一人が責任を背負いすぎると，もう一人は背負わなくなります」など）。

　ボーエンはジェノグラムを作成するための質問に対する反発を無効化する達人であった。例を挙げよう。以下は，「支配的な独占欲の強い母親」を恐れていた男性とボーエンのや

りとりからの引用である。

ボーエン | 一人っ子だった母親の一人っ子だと, どんな問題があるのですか。
クライエント | 母はとても独占欲の強い人で, 支配しているものは, 私を含めて, 絶対に手放そうとしませんでした。
ボーエン | なるほど。しかし, それは一人っ子ならば, あり得ることではありませんか。そのような関係性のなかにいると, 相手が何を考えているか, 正確にわかるのではないですか……つまり, あなたは強烈な関係性のように話していますが, 母親と一人っ子, とくに夫のいない母親との関係性においては, それほど珍しいことではないかもしれませんよ。あなたのお母さんも一人っ子でしたね。お母さんとその母親との関係性は, どのようだったと思いますか。

　ここでボーエンは, 母親の行動や一人っ子の場合の特別な母子結合をノーマライズするために, 家族の構造を引き合いに出している。ボーエンのセラピーは, 多世代の家族パターンをこのように追跡し, 無効化し, リフレーミングすることに特徴づけられる。

介入を計画するためのジェノグラムの使用

　ボーエンのシステム論アプローチに依拠する家族療法家は, 長年にわたり, アセスメントや治療介入を計画するための主なツールとしてジェノグラムを使ってきた。最近では, さまざまなアプローチのセラピストが, 記録, 家族のアセスメント, 戦略的介入を計画するために, ジェノグラムを使うようになっている。

　ワクテル (Wachtel, 1982) は, 家族の各個人が言葉にしていない不安, 願望, 価値観を明らかにするために, 家族療法のなかで「投影法に類似した技法」としてジェノグラムを使うことを提案している。彼女は, 夫婦のジェノグラムを完成させるために, およそ4時間のセッションを費やすと述べている。彼女は, 基本的な「事実関係のデータ」を得た後, 夫婦それぞれに, 家族メンバーを描写する形容詞のリストを作ってもらい, それから, その形容詞を説明する物語を語ってもらうという。夫婦それぞれがさまざまな家族メンバーに対して抱いている見方を明らかにし, その見方がどのように世代間で受け継がれたかを追跡する。それから, 人々の関係性に対する夫婦それぞれの見方を探求し,「浮かび上がる家族の課題, パターン, 前提, そして, それらと現在の状況の関連可能性」(Wachtel, p.342) についてコメントする。意見の相違はセラピーの話題になり, 夫婦それぞれがセッションの間に不足しているジェノグラムの情報を探すことに駆り立てられるだろう。

　戦略派の臨床家は, 記録や家族のアセスメントのためだけでなく, 戦略的な介入を計画

するための見取り図としてジェノグラムを使ってきた。なぜ家族がそのようなありかただったのか，どのような問題が変化によって浮上するのかを指摘することが，ときに逆説的に変化をもたらす。このセラピーモデルでは最初に，現在の機能不全の状況を，まずは肯定的に理解するために，ジェノグラムのパターンが使われる。すると，逆説的に現在の固着化した硬直にチャレンジすることになる。変化が起きたら，浮上しているパターンを理解するために，そして家族の標準的な発展を強調するために，再びジェノグラムの情報を使う。

　セラピーでジェノグラムを使うことは，最近の移民や有色人種の家族が制度上で経験している不利益に対抗する重要な方法となり，家族が自分たちの歴史に敬意を払って承認することに加えて，他の文脈で使っていた適応戦略を現在の問題を解決するために変換することを助ける（Boyd-Franklin, 2006; Hines, 2005; McGoldrick, Giordano, & Garcia-Preto, 2005）。一般的に，「解決指向型」の社会では，迫害されたグループの歴史は，支配するグループの地位を維持するために抑圧される。モラレス（Morales, p.13）は「個人の記憶と集団の記憶は，社会的な闘争の重要な場である……迫害された者の物語は混乱に陥れる危険な暴露に満ちている。それは不平等の基盤全体を掘り崩す」と述べている。このように，個人の物語や文化の物語を語るよう家族を助けることは，迫害の抑圧から個人と社会が解放されるための重要な一部となる。

　たとえば，私たちは1978年にヨルダンからアメリカに移住した，アーメドというクライエント，そして，彼のイスラム教徒の家族に関わった（**図9.3**）。アーメドは機械製作工としてまじめに働いていたが，妻と娘を虐待した経歴があった。何度か保護命令が出された後で，家族は別々に暮らしていた——娘は里親の家庭，母親は共同住宅，本人は兄と。

　アーメドが受けていた治療プログラムは，自分の行動に責任を取るように複数のレベルで支援するものであった（Almeida, Messineo, Woods, & Font, 1998）。アーメドのサポート・システムを育成するため，私たちはジェノグラムを通して彼の歴史を探求した。同居していた兄モハメドと一緒に行ったこともあった。話し合いの焦点は，家族における彼の立場と，家族の歴史のトラウマに絞られた。最初，兄弟は二人ともジェノグラムの質問を時間の無駄と思っているように見えた。なぜなら，その理由の一つとして，とても大きな家族だったからである——13人のきょうだい，14人のおじとおば，35人の姪と甥について話さなければならなかった。しかし，家族メンバーの話に入っていくと，ジェノグラムに登場する人々とその重要性が「真に迫って」きた。とりわけ，数多くの喪失を経験してきたアーメドにとっては，そうであった。アーメドの誕生の前後で3人の兄弟を喪失していたことが明らかになっただけでなく，長兄ファテも昨年，アーメドの誕生日に訪問してくれたときに「愛情が大きくなりすぎたあまり，心臓が破裂して」亡くなっていた。また，ジェノグラムを作成することによって，アーメドは，子どもの頃に小児麻痺で亡くなった

図 9.3
アーメドの家族

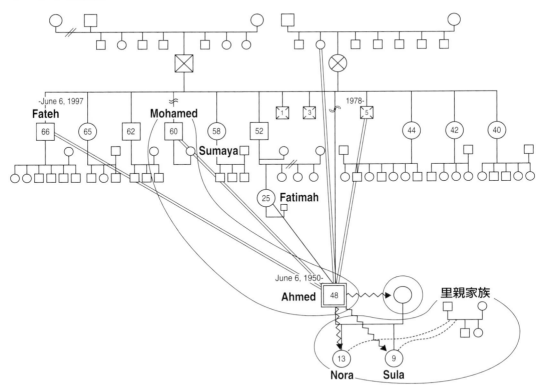

一番年の近い弟のことをどれだけ愛していたかを思い出して，涙を流した。そのような，アーメドの歴史への「所属感」という重要な側面が治療の糸口となり，彼自身の社会資源の豊かさを感じることを助けた。また，治療コミュニティにおいて他者からの支援を受けながら，妻と子どものために正しく振る舞う内なる強さを身につけていった（Almeida et al., 1998）。

実際に，セッションを通して，姪の一人であるファティマが近所に暮らしていることがわかった。彼女はイスラム教徒で，かつフェミニストでもある。彼女はセラピーの重要な資源かつ盟友となってくれた。彼女はアーメドと妻，そして娘の関係性に橋を架けた。

現在の関係性を変容させるためのジェノグラムの使用

セラピーの主な作業は，家族が互いの喪失を直視できるようにエンパワーし，サバイバーであるという感覚や，意味，統制力，連続性といった感覚を回復させることである。

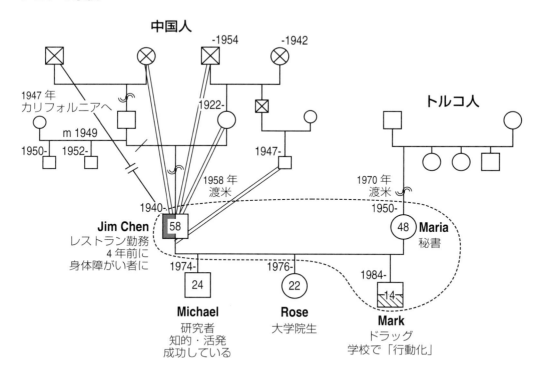

図9.4
チェンの家族

　家族は，自分たち自身に対する見方を拡張する助けを必要としていることが多い。それはより大きな文脈に彼らの歴史を位置づけることである——現在の家族やコミュニティだけでなく，祖先の経験との連続性を見ることであり，次の世代とのつながりを意識することである。私たちの社会では，人から連続性の感覚を奪う多くの力が働いている。連続性を意識することは，死だけでなく，人生全体をよりよい視野に置き，家族が共有する未来に向かって家族を強化する。

　現在の家族メンバーと過去の喪失を結びつけることを目的とした比較的簡単な介入が，自分たち自身に対する感覚や，未来に向かう対処力に相当な違いを生じさせる。チェン家は際立つ形でそのことを私たちに思い知らせてくれた（**図9.4**）。

　彼らは，14歳の息子マークがドラッグに手を出し，学校で「行動化」したために，紹介されてきた。学校は，これまで数回，この家族をさまざまなドラッグ治療施設に紹介していた。また学校は，両親が治療に協力的でなく，学校のなかで非常に悪い影響を及ぼしているとみなされていた息子に，有効なしつけができていないと捉えていた。

　18歳のときに中国から移住し，レストランで働いていた58歳のチェン氏は，4年前に

背中を負傷して身体障害者になった。チェン氏は20歳のときに，トルコから移住してきた妻と出会っている。夫婦は上の二人の子どもを上手に育てた。上の二人は年齢が近く，マークよりもずっと年上である。長男マイケルは19歳で大学を卒業し，近隣の大学で専門的な研究をしていた。娘ローズは近隣の都市にある大学院に在籍していた。マークは，父親が身体障害者になり，レストランで働けなくなったとき，10歳であった。父親は親という役割に強い責任を感じていたが，その頃から，自分は親として不適格で無力という感覚を抱いていた。

息子のドラッグ依存と行動化に関連して家族の歴史を質問していくなかで，私たちは確信したことがある。両親は要求されたすべてに協力していたが，実際は，アラノン（依存症家族会）や紹介された他のプログラムにはつながっていなかった。自分たちの息子がドラッグ依存と「距離を置く」という考え方に納得していなかったからである。彼らは，学校がどうしたらいいかわからないので息子を厄介者扱いしていると感じていた。両親はマークにドラッグの定期スクリーニングを受けさせており，1か月以上問題なしという判定であったが，学校側はそれでも息子に否定的であり，退学してもらいたいと望んでいた。

家族のジェノグラムを作成し始めたとき，チェン氏は結婚の前年に亡くなった父親のことですごく泣いた。このことを考慮に入れて，家族のサバイバルの歴史と関連させて現在の家族をエンパワーするために，家族のジェノグラムの歴史に基づいた儀式を行うことを私たちは決めた。父親の死に関するチェン氏の痛みが現在の状況とどのように関連しているのか確信はなかったが，父親の死に対する感情の発露からなんらかの関連があることは明らかであった。私たちは，チェン氏，チェン氏の妻，マークに，亡くなった祖父宛ての手紙を書いてもらった。それによって，ジェノグラムにみられる関係性のパターンが，現在の関係性にもち込まれることを期待したのである。次の週に3人は自分が書いてきた手紙を読んだ。以下は抜粋である。

――父親の手紙

親愛なる父さんへ

いつもあなたに手紙を書こうと思っていました。日が暮れて薄暗くなるとき，子ども時代を思い出しながら，父さんのことをよく考えます。多くの子どもには黄金の子ども時代があります。でも私はまったく楽しくありませんでした。その代わり，戦争，飢え，孤独がありました。私は学校に通うこともできませんでした。最悪だったのは，私を導いてくれる父親がいなかったことです。こうした思い出は，永遠に私の心に残り続けるでしょう。こうした思い出は，私に深い悲しみをもたらしますが，できることはただ泣くことだけです。心が縄で縛られているように胸が痛みます。父さんには聞きたいことがたくさんあります。父さんは夫であり，父親です。今まで父さんは妻

や子どもに対して責任をはたしてきましたか。中国にいたとき，私たちは何通も手紙を送りましたが，父さんからの返事は一度もありませんでした。子どもの頃は母さんが面倒を見てくれました。母さんは必死で働いて稼いだわずかなお金で，一生懸命私を育ててくれました。おじによると，母さんには再婚のチャンスもあったのですが，私が小さかったので，この子に継父はいらないと再婚しなかったそうです。母さんは伝統に縛られていて，再婚することを自分に許しませんでした。結局，父さんが母さんの人生を台なしにしたのです。

父さんは畑で苗木や野菜を特別に手をかけて育てていましたね。芽が十分に強くなるまで温室で育て，それから畑に植え替えていました。畑に植え替えるとき，雑草がないことをよく確認してから，野菜を植え替えていました。父さんは肥料を撒き，水をやり，とてもとても慎重に野菜を育てていました。野菜が育たないことを心配するほどでした。

私もあなたの種なのですよ。どうして父さんは私に手をかけてくれなかったのですか。私は学校にいきたかった——よい教育を受けるために。肥料や水を必要としている野菜と同じように手をかけてほしかった。父さんは野菜の成長を妨げられないように，雑草がないことを確認していました。私も教育という畑でそうした栄養を必要としていました。そう思いませんか。父さんは私にちゃんとした教育を受ける機会を与えてくれませんでした。私はアメリカにきたとき，こうしたすべてを父さんに話しました。でも，父さんの心は冷たかった。「おまえは18歳だ。ここに連れてきてやったのだから，あとは母親と甥の面倒を見なさい」と言われました。そんなに若い頃から，私は一人で家族の面倒を見るという重い荷物を背負ったのです。父さんは自分の家族に対する関わり方を正しいと思っていますか。恥ずかしくないですか。静かな夜です。考えてください。もう言い残したことはないので，これで終わろうと思います。どうかお元気で。最後になりましたが，私は結婚して，3人の子どもを授かりました。私はよい夫であり，よい父親です。家族に食事や家を用意するだけでなく，子どもにはできるだけよい教育を受けられるようにしてあげています。私は子どもを愛しています。どの子どもにも，してあげられていないことはありません。

あなたの息子

ジム・チェン

——マークの手紙

親愛なるおじいちゃんへ

元気ですか。ひとつ言えるのは，おじいちゃんは本当に「うるさかった」らしいということですが，親父をそのように扱ったからといって別に嫌いではありません。で

も，人生で一度も会ったことがないので，好きと言うこともできません。ただ，おじいちゃんについて聞いたことからすると，息子である親父のことをかわいがっていなかったと思います。じゃ，また。
　　ピース
　　あなたの孫より

──妻の手紙

　親愛なるお義父さんへ
　あなたの息子と結婚する前にお義父さんは亡くなっていたので，私はお義父さんに会ったことがありません。でも，お義父さんが夫やお義母さんをどのように扱っていたか，お義父さんのすべてを知っています。二人のこと，とくに夫のことを考えると，胸が痛みます。その当時，夫がどれだけ悲しかったか，想像に難くありません。お義父さんのせいで，夫は他の子どものような普通の子ども時代を過ごしていないはずですが，夫はいつもお義父さんを許していると言ってました。夫はいつも，許し，愛，平和を信じています。お義父さんは夫と夫の家族に多くの痛みをもたらしました。夫は母親，義理の妹，甥を助けるために働きました。なので，みんないい生活ができています。夫はいつも決して後悔はしていないと言っています。夫は重荷なんかじゃないと思っています。結婚後も夫はおばと甥に仕送りをしていました。どうしてお義父さんは息子をこのように扱うことができたのでしょうか。でも，夫はラッキーでした。夫には素晴らしいおじと素晴らしい祖父がいたからです。夫は祖父から多くのことを学んでいます。今，夫はお義父さんのようではなく，素晴らしい祖父のようになっています。夫はいつも祖父のことを愛情とともに思い出します──祖父はとても厳しい人でしたが，愛情たっぷりに夫を育てました。夫は祖父のように子どもたちを育てています。私はそんな夫を誇りに思っています。そして，子どもたちには，あなたたちはラッキーなのよと言っています。子どもたちにはいつもそばにいてニーズを叶えてくれる素晴らしい父親がいるのです。

　手紙を読み上げる儀式の前は，息子は退屈していて，椅子を回転させながら，会話に関心を示していなかった。ところが，手紙を読み上げる儀式の後，私たちは家族や学校と息子の問題に取り組むことができた。息子は家庭に関わり，1日も休むことなく学校に登校するようになった。
　この事例では，ジェノグラムが，家庭崩壊や断絶のあった家族の歴史とつながるように核家族をエンパワーすることに役立った。手紙を読み上げる儀式は，家族メンバーが家族の歴史を一緒になって直視することを可能にしたが，どれだけ痛ましい歴史であっても，

家庭医療における介入

　以下の事例は，ジェノグラムが医療においてどのように使用できるかを示している。最初の事例は，初回面接で情報を収集することの重要性を示している。

　28歳の化学エンジニアであるタイ・アンダーソンは，2007年8月に胃痛のため地域の家庭医療センターで診療を受けた（図9.5）。ここではすべての新患に対して医師の診察の前にジェノグラムを作成することになっており，看護師がアンダーソンのジェノグラムを描いた。ジェノグラムを見た医師は，患者の胃痛の背景を探ることからアセスメントを始めた。医師はアンダーソン氏にとって今が特につらい時期であることに気づき，最近の家族の出来事が彼と家族にストレスフルな影響を与えたのではないかと仮説を立てた。患者と2番目の妻リタは，いくつかの大きな変化の渦中にあった。二人は数か月前に結婚して転居したばかりで，あと5か月で最初の子どもが生まれる予定であった。加えて，患者の姉とその夫は最近別居したばかりで，その出来事が家族システム全体に反響しているかもしれなかった。

　ジェノグラムには，時間の関連，記念日反応，反復されるパターンなどがいくつも映し出されていたが，それらがアンダーソン氏に近づく出来事のストレスを悪化させているかもしれなかった。彼の最初の妻は2006年8月にがんで亡くなっていた。つまり，彼の症状は記念日反応といえるかもしれない。また，若い女性の死という反復されるパターンがある。彼の母親，母方の祖母，最初の妻は，みんな20代で亡くなっていた。そのため，彼は女性の身体の脆弱性に非常に敏感になっていた。とりわけ，母方の祖母は出産のときに亡くなっており，また姉は最近別居する前に2度流産していたため，彼は近づく妻の出産を特に心配していたように見えた。医師は，彼が母親と同一化して，自分の死を不安に思っているのではないかと推測した。アンダーソン氏が母親と同じきょうだい配置（両者ともに末っ子）で，母親が死んだ年齢と同じ年齢だったからである。医師は夫婦の結婚した時期にも注目した。アンダーソン氏が現在の妻と出会ったのは，最初の妻の葬式の一週間後であり，1年以内に結婚していた。移行期が短いことから，医師はアンダーソン氏が最初の妻の死の悲嘆に取り組んだのかを疑問に思い，ある意味で現在の妻が彼と最初の妻との未解決の関係において部外者となっているような，隠れた三角関係があるのではないかと仮説を立てた。

　最後に，家族のなかの支援のレベルを見ると，アンダーソン氏の家族は地域にいなかったのに対して，妻の両親やすべてのきょうだいは近所にいたため，おそらく夫婦には情緒的資源の不均衡があった。そうした家族の要因について手短に話し合うなかで，アンダー

図9.5
タイ・アンダーソン（2007年）

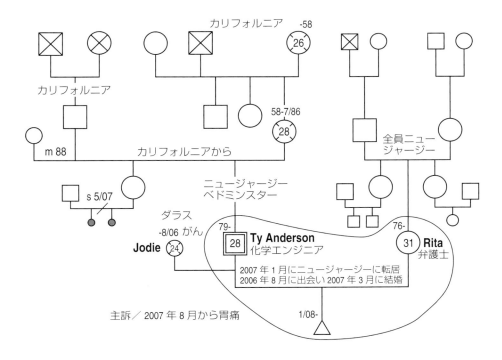

ソン氏は妊娠についての恐怖心を認め，また最初の妻のことを考え続ける罪悪感を語った。彼は家族療法家に紹介されることを受け入れた。身体検査の結果，おそらく情緒的な状態によって悪化したと思われる，胃食道逆流症に罹患していることが示唆された。薬が処方された。患者は2週間後のフォローアップに妻を連れてくるように言われた。それまでに彼は家族療法家の面接を受け，症状は消失していた。彼と妻は明らかに彼の過去の経験についてよく話していた。そして，彼は身体面だけでなく，心理面でもずいぶん調子がよくなったと感じていた。

この事例では，ジェノグラム・インタビューによって対処する必要のあるいくつかの心理社会的ストレッサーが明らかになり，他機関紹介によってアンダーソン氏と家族の重圧がやわらいだ。ジェノグラムは，医師に予防的健康ケアの実践の機会を与えたといえる。

次の事例は，ジェノグラムを作成するための情報収集に対する反応が鈍かった，より複雑な事例である。

49歳の保険セールスマンのダン・ロゴスキー氏は，心臓の動悸を訴えてかかりつけの医師を受診した。医師は器質的な機能不全の証拠を見いだせなかったので，ロゴスキー氏のカルテでジェノグラムを確認した。すると，父親が心臓発作で亡くなっていること，母

図 9.6
ロゴスキー家（2006年）

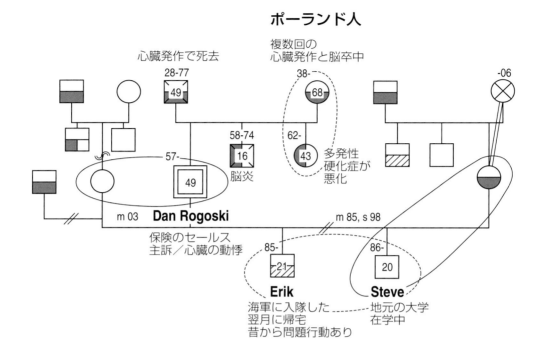

親が複数回の心臓発作と脳卒中に苦しんでいること，病気の妹がいること，弟が亡くなっていることに気づいた。医師はロゴスキー氏の家族の歴史についてさらに調べる必要があると判断し，ジェノグラムを完成させるために追加の質問をした（図9.6）。

医師はジェノグラムを作成するための回答から，ロゴスキー氏に影響を与えていると思われるたくさんの家族の出来事に気づいた。海軍に入隊する前にさまざまな問題行動やドラッグの問題を抱えていたロゴスキーの息子エリックは，まもなく帰宅することになっていた。ロゴスキー氏は息子の問題がまた始まるのではないかと心配していたのかもしれない。ロゴスキー氏の前妻の母親が最近亡くなったことから，悲しみに暮れる前妻が，もはや手に負えなくなっていた飲酒量をさらに増やしていた可能性もある。このことが，一緒に暮らしていると思われる二人の息子に，もしかしたらストレスを加えていたかもしれない。ロゴスキー氏の妹は多発性硬化症に罹患しており，悪化していた。彼女は母親と暮らしていたが，母親は68歳なので，もうすぐ妹の世話をできなくなるだろう。ロゴスキー氏は，きょうだいのなかで唯一健康だったので，妹の世話に責任感を感じていた。また，きょうだいが二人とも病気だったので，彼は自分自身も病気に脆弱なのではないかと恐れていたのかもしれない。

医師は，心臓発作でロゴスキー氏の父親が亡くなった年齢と現在のロゴスキー氏が同じ年齢であることに注目した。さらに，彼の下の息子は20歳だったが，父親が亡くなったときのロゴスキー氏の年齢と同じであった。もしかしたらロゴスキー氏は歴史が繰り返されることを恐れていたのかもしれない。

　最後に，家族には飲酒のパターンがあった。ロゴスキー氏の両親は二人とも飲酒の問題を抱えており，息子，前妻，前妻の家族，現在の妻の家族もそうであった。この歴史からすると，ロゴスキー氏も飲酒の問題を抱えているか，あるいは，家族の誰かがロゴスキー氏に飲酒の問題があると思っている可能性があった。

　ジェノグラムの情報から，医師は，ロゴスキー氏に以下の懸念を一つひとつ質問することができた。息子の帰宅について，前妻について，妹の体調について，父親が亡くなったときと同じ年齢であることについて，彼自身の飲酒について。ロゴスキー氏は飲酒を除いてそうした懸念があることを認めたものの，そうした懸念は自分の身体の状態に影響を与えていない，そんなことは絶対にさせないと断言した。飲酒に関しては，質問されると，妻に飲み過ぎと思われていることは認めたが，妻の父親と最初の夫がアルコール依存症だったので，妻が過敏になっているだけだと答えた。言うまでもなく，この回答から，彼の飲酒の量や程度について，そして妻との関係について，さらに質問することになった。身体検査で悪い結果は出なかったが，医師は，ここで収集された情報と患者の回答から，ロゴスキー夫妻に「心臓の調子を診たいので」と説明し，フォローアップのために2週間後受診するように指示した。

　フォローアップの診察で家族のストレスを確認したとき，夫の不安と飲酒についてのロゴスキー夫人の心配が強くなっていた。医師は，彼らがAA（断酒会）あるいはアラノン（依存症家族会）あるいはセラピーに参加する可能性について言及したが，夫妻はこの考えを即座に拒否した。しかしながら，1か月後，ロゴスキー夫人が電話してきて，緊張がやわらいでいないと感じるので，夫婦で相談できるセラピストを紹介してほしいと言ってきた。そこで医師が，再び彼女にアラノンに参加することを提案したが，彼女はそれは拒否して，地域のセラピストの名前を尋ねてきた。6か月後のフォローアップで，ロゴスキー氏は誇らしげに，50歳の誕生日を祝うことができて気分がいいし，元気になったと宣言した。彼は息子エリックのことで前妻と話し合いを試みたことを報告した。エリックは海軍を離れてから，自立できずに，酒を飲み過ぎていた。

　ロゴスキー氏も彼の妻も家族の状況についての医師の見解にすぐには反応しなかったものの，ジェノグラムは，医師が家族内のストレスや関係性の要因をアセスメントするうえで役に立った。そして，少しずつ，医師の見解は，夫婦にとって重要なリソースになっていった。さらにその後，夫婦はしっかり反応するようになった。今後も，夫婦が医師に頼る必要があることは，疑いの余地がなかった。カルテにジェノグラムを記録することは，

とりわけ，息子エリックの問題について，介護が必要なロゴスキー氏の妹について，ロゴスキー氏と前妻の争いが収まるか続くか，飲酒をめぐる現在の妻との緊張の再浮上など，進行中の変化を追跡し続けることを容易にするに違いない。

家族の一人でも悩みを抱えていると，他のメンバーも同じように反応する兆候がある（Huygen, 1982; Widmer Cadoret & North, 1980）。この事例では，ロゴスキー氏が経験していた複数のストレスを理解することによって，医師はロゴスキー夫人を治療に含める必要があることに気づいた。夫人の反応や夫を支える能力をアセスメントし，利用を望むならば彼らのために他の支援もあるという種子を少なくともまくことができた。これによって，ロゴスキー夫人が今後紹介先を探すことはより簡単になっただろう。医師はすでに状況をよく理解し，彼らを支援するリソースとして自分がいることを示唆していたからである。

医療におけるジェノグラムによるアセスメントは，どのような家族パターンが繰り返されているか，それをどのように予防できるか，病気の一助として患者にどのようなリソースがあるか，医療を受けることでどのような問題が生じるか，どのような家族のストレスが困難を強めているか，他機関への紹介やフォローアップ診察を含めて，どのような心理社会的介入が必要とされているか，といったことを示唆できる。

家族パターン，重要な出来事，同時発生している生活上のストレス，文化の問題

モンテッシーノス／ノーラン家のジェノグラム（図9.7）は，成功と失敗，健康と病気，数世代にわたる深刻な三角関係の極端な形を示している。家族（とくに母親）は，真ん中の娘バーバラの行動をコントロールできないと考えて援助を求めてきた。最初の数回のセッションでジェノグラムが作成され，同盟や三角関係を説明するために家族造形法も行われた。これにより，現在のストレスで役割を担っていると思われる多くの家族要因をすぐに視覚化できた。それらのパターンの概要を以下に示す。

両親の補完的でないきょうだい配置
- ピーターとスーザンはどちらも長子で，相手をコントロールしようと張り合っているように見える（長子同士の結婚に典型的。第5章参照）

記念日反応
- 両方の祖父の死がバーバラの誕生日と1日違い（父方祖父の死は彼女の誕生前／母方祖父の死は彼女が4歳時）。家族が治療に訪れたのも同じ時期。母方祖父とスーザンは生まれたときから非常に仲が良く，祖母が家族と絶縁した後もこっそり訪問し

図 9.7
モンテッシーノス／ノーラン家（2003年）

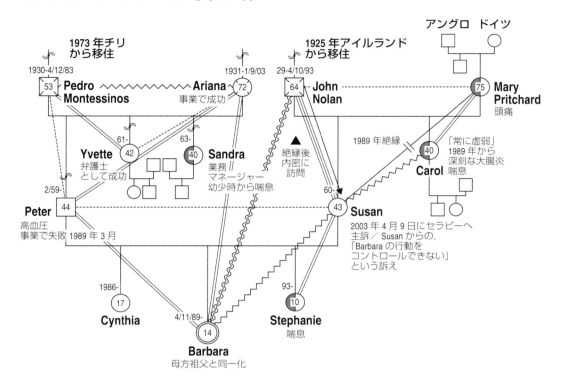

ていた。
- ピーターの家族は彼が14歳のときにチリから移住。現在のバーバラも14歳。
- スーザンが母親と絶縁し，妹キャロルの病気が発症したのは，どちらもバーバラの誕生と同じ年。
- こうしたストレスに加えて，バーバラが生まれた年に，ピーターは事業で失敗している。そして，彼は今再び無職になったばかりである。

数世代にわたる三角関係
- 現在の家族において，バーバラは父親と仲が良く，母親と敵対的な関係にある。両親の距離がある。
- 母親の原家族において，母親は父親と仲が良く，母親と絶縁している。そして，両親の距離がある。

- 父親の原家族において，父親は母親と仲が良く，父親と距離がある。そして，両親は敵対的な関係にある。
- ピーターの妹イヴェットは並行した，しかし正反対の三角関係にあり，父親と仲が良く，母親と距離がある。そのため，ピーターと葛藤があるかもしれない。しかし，現在までは，きょうだいは非常に仲が良い。

生活でストレスとなる出来事の同時発生
- バーバラは父方祖母と非常に仲が良かった。しかし，父方祖母は3か月前に亡くなった。
- ピーターは最近無職になった。バーバラが生まれた年にも事業で失敗している。
- 長女シンシアは今秋から大学進学で家を離れる。このことは残りの家族にとってストレスとなっている。

高機能と低機能のアンバランス
- ピーターの妹イヴェットはとても成功した弁護士である（高機能）。彼女は父親のお気に入りである。一方，ピーターは事業の失敗を繰り返し，現在は無職（低機能）。
- シンシアは高機能である。真ん中の娘バーバラが機能不全になり，末っ子ステファニーが喘息の問題を繰り返しているのと，アンバランスがある可能性。
- 母親スーザンはいつも健康で成功しているが，その妹キャロルはいつも体が弱く，大腸炎になる以前から，母親に過保護にされていた。

パターン
- 家族の末娘はみんな喘息もちであった。ピーターの末妹もキャロルやステファニーと同じように幼少時から喘息に苦しんでいた。
- スーザンの妹キャロルは1989年から深刻な大腸炎を患っているが，発症と同じ年に，スーザンと母親の関係が悪化し，絶縁している。それ以降，父親は内密に家族を訪問し，親しくしていた。
- 真ん中の娘バーバラは，常に家族から母方祖父に似ているとされてきた。バーバラの夢に母方祖父が登場したので，家族は彼女が祖父の生まれ変わりだと信じていた（家族はセラピーの後半になるまでこの夢について語らなかったが，彼女が祖父に似ていることは認めていた）。

経済状況
- 最近ピーターは仕事を失い，無職になった。スーザンは代替教員としてわずかな給

料を稼いでいた。ピーターが再就職しなければ，生活のためにお金を借りなければならなかった。
- シンシアは数か月後に大学進学のために家を離れる予定であった。これは家族にとって大きな出費である。

文化の問題，家族の責任
- ピーターの原家族はチリ人であった。ピーターは相互扶助を重視し，拡大家族に責任をもつラテンアメリカ系家族の価値観をもっていた。スーザンの原家族はイギリス，ドイツ，アイルランド系であり，アメリカに移住して三世代，四世代目であった。スーザンは自立を重視し，子どもの面倒を見るのは大学までというアメリカ文化に支配的な価値観をもっていた。こうした文化の違いは夫婦関係においてストレス源になっていた。
- ピーターは，妹たちの家族ともっと一緒に過ごしたい，娘たちに親戚と仲良くなってもらいたい，と思っていた。スーザンは，核家族として自分たちの自由な時間を過ごしたい，ピーターが自分や娘たちともっと一緒に過ごすようになると結婚生活は良くなる，と考えていた。スーザンは，ピーターが自分と距離を置くために原家族と仲良くしているとみていた。
- スーザンは，1989年から母親と絶縁していた。ピーターは，義母が年老いて病気だったので，このことを心配していた。ピーターはスーザンと母親を仲直りさせたいと思っていた。自分の母親が亡くなってからは，以前にも増して，スーザンが母親と仲直りすることを頑として譲らなくなった。ピーターはスーザンの母親に対する共感の欠如を「冷淡」とみていた。これも結婚生活のストレス源であった。

　ジェノグラムを使用した情報収集のプロセスは，それ自体，治療的である。繰り返される家族パターン，重要な出来事，ジェノグラムの作成中に同時発生している生活上のストレスについての話し合いは，家族が多様な可能性や今後の成り行きを見ていくうえで役に立つ対話を促す。娘バーバラの治療のためにスーザンが診察を受けたとき，彼女の主訴はバーバラの「コントロールできない」行動であった。しかし，家族の物語を語ることを通して，スーザンとピーターは，バーバラの素行不良が，経済状態，大学進学で家を離れるシンシアについての不安，数世代にわたる三角関係，文化の違いと関連する家族ストレスの現れ，あるいは症状であることを見いだせた。
　スーザンは，自分とピーターが原家族のパターンを繰り返していることを発見するにつれて，問題を新しい方法で見始めた。スーザンは娘と良い関係を築きたいと思っており，また自分と母親の関係を繰り返したくないと思っていた。スーザンとピーターは，バーバ

ラとの三角関係において家族の行動パターンを繰り返していることに気づいたとき，自分たちの関係を変化させるために一緒に取り組むことができた。スーザンとピーターが一緒に通うにつれて，バーバラの地位も変化した。バーバラが母親との葛藤において父親に同盟して頼る必要がなくなると，母親は娘との関係を直接扱いやすくなった。

スーザンはピーターとの関係を疎遠と説明していたが，実際は互いに愛し合っており，結婚生活にしっかりコミットしていた。互いの文化の違いを理解することは，自分たちの不仲をよりあたたかい視点で見ることを可能にした。スーザンは，ピーターが妹たちと仲良くしているのは文化的な価値観であると理解し，彼に避けられているのではないと気づいた。同時に，ピーターの方は，スーザンの自立重視が文化的な価値観であることを理解し，彼女が「冷淡」なわけではないと気づいた。二人が親として以前よりも話し合い，子どもをどう育てるかについて合意するようになった頃には，二人は親密になり，結婚生活も改善していた。

最後の事例は，隠れたジェノグラム情報の力によって，クライエントが自分自身を経験する仕方を変容させたことを示している（図9.8）。フランク・ペトルッチは，ビジネスマンとして成功した50歳のイタリア・アイルランド系であり，最近3回目の結婚をした。フランクは前妻と別れるときに，二人の子どもたちソフィアとオフェリアを見捨てた。3回目の家族でフランクは，父親を亡くした3人の息子たちの責任を引き受けた。その父親は，力のある弁護士として成功していたが，衰弱性の病気で数年間の闘病生活ののち亡くなっていた。フランクは新しい妻や息子たちとの暮らしにとても幸せだったが，深い関係から退いてしまう自分自身に気づいた。そのことで妻クリスティーンは欲求不満になり，怒っていた。原家族について質問すると，フランクは話そうとしなかった。フランクは，母親が相手を変えるたびに，頻繁に転居を繰り返し，混乱した環境で育ったことを認めた。彼が24歳になるまでに，母親は7回結婚していた。母親によって1,000マイル離れたところに連れ去られたので，実の父親とは7歳の頃から関係が断絶していた。その後数年間，両親が激しく争っていたために，二人の親の間で「奪い合い」があったことをぼんやりと覚えている。母親は虐待的でアルコール依存症であり，フランクは幼い頃から自分自身だけでなく，母親の世話をしなければならなかった。フランクは，一度だけ父親が再交流を試みてきたことを覚えているが，父親が2番目の妻と息子の写真を取り出したため，フランクは怒って立ち去っている。

怒るフランクが自分のジェノグラムに関心をもつまで，数か月のセラピーを要した。最終的にフランクは，父親が前の年に亡くなっていたことを，探偵を雇って知ることになった。彼は自分の故郷に帰り，自分の生家や父親の墓を見ることを決意した。生家に着いたとき，若いアフリカ系アメリカ人女性がそこに住んでいるとわかった。彼が自己紹介すると，彼女は驚くべき反応を返した。彼女の名前はルーシー・ペトルッチだった。アフリカ

図9.8
ペトルッチ家

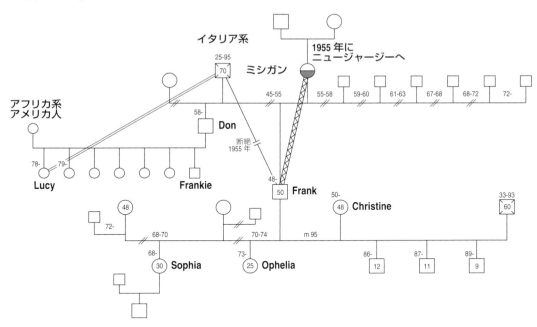

系アメリカ人の女性と結婚したフランクの異母兄ドンの7人の子どもの一人だったのである。その家族の末子で唯一の息子もフランク・ペトルッチと名づけられていた。ルーシーは長女で，フランクの父親である祖父と仲が良かった。祖父は亡くなるまでその家族と一緒に暮らしていた。その夜，その家族はフランクを外食に連れ出し，彼がのちに言うには，自分が求めていたと気づくことさえなかった愛情やつながりを経験させてくれた。新しく知りあった姪ルーシーは，それまでフランクが知らなかった，父親の歴史をたくさん教えてくれた。ルーシーは晩年のフランクの父親と仲が良く，亡くなる前の晩に最後に言葉を交わした一人であった。新しく知り合った異母兄は，父親がフランクのことを思っていたことや，再交流を試みたときにフランクに拒絶された痛みの思い出を分かち合ってくれた。フランクが小さい頃に一緒に住んでいた近所の場所へ，父親が小さな男の子を繰り返し連れていっていたことを聞いて驚いた。フランクが特に驚いたのは，自分がこの黒人の家族にとても親しみを感じたことであった。再びつながることで，子ども時代に断絶が起きたとき，父親だけでなく，多くのものを失ったことに深く気づくことができた。再びのつながりはフランクに影響を与えただけではなかった——彼は家族とその話を分かち合い，彼自身も自分が見捨ててきた子どもたちとつながることを再び考えるようになった。また，妻との関係性の変化がもたらされた。それは彼の考えによると「奇跡」であった。彼女は，

「仲直りしたからといって，人生すべては変わらないけれど，どうしてか，今はフランクがやさしくて紳士的に見えます」と述べた。

10
ファミリープレイ・ジェノグラム*

ジェノグラムを生き生きとしたものにするテクニックのひとつは，ファミリープレイ・ジェノグラムである。このテクニックでは，家族メンバーが，陳列されたミニチュアの人形，動物，物から，それぞれの家族メンバーを選ぶ。このエクササイズは，家族メンバーが互いを，そしてすでに亡くなった家族メンバーをどう見ているかについての興味深い情報をもたらす。選ばれたミニチュアについての話し合いは，家族メンバーの創造性，空想，想像を引き出し，家族の歴史を明確化する一助となり，関係性や葛藤に対する見方を拡張する。ときに家族の物語，逸話，言い伝えが象徴的な表現に影響を及ぼすが，それは直接の体験による知識というより，風評に基づいている。そうした見方がファミリープレイ・ジェノグラムで探求され，展開される。それは家族メンバーが互いに何を語り聞かされてきたかに基づいて，新しい語りをともに紡いでいくことになる。

　老若を問わず家族メンバーは，家族の歴史の秘密やよく知られた逸話を共有する出発点として，ミニチュア人形を使うことができる。家族がある経験を乗り越えた未来はどのように関係性が違っているかを視覚化し，身体的に実演することを参加者に求める家族造形法と同じように，ファミリープレイ・ジェノグラムのエクササイズは，互いの関係や家族の歴史が違っていた場合に期待される想像上のジェノグラムを配置してもらう。ジェノグラムの歴史で現実に生じた事実についての話し合いにメタファーの要素をもち込むと，歴史の出来事は変化させられないとわかっていても，家族メンバーが変化の可能性をより柔軟に想像できる場合がある。

＊エリアーナ・ギル博士（Eliana Gil, Ph. D.）との共著

ファミリープレイ・ジェノグラムは，ジェノグラムによるアセスメントとセラピーの利点を自然に拡張したものである。エリアーナ・ギルが創り出したプレイ・ジェノグラムは，ジェノグラム作成とミニチュア・アイテム（人形，動物，あらゆる種類の物）の楽しい遊びを組み合わせ，子どもと大人が想像上のジェノグラムを配置していく。これは子どものアセスメントや介入ツールとして使える。また，プレイ・ジェノグラムはセラピーとして家族関係を変容させる可能性ももつ。他のプレイセラピーと同じように，それは家族メンバーがミニチュア世界を構築するなかで，内的経験を表現することを促す——家族の他のメンバーや自分自身についての自分自身の考え，気持ち，空想を表現してもらうのである。ミニチュアはどのように家族が結合し，分離し，あるいは相違しているかを示す，生き生きとした楽しい表現を与えてくれる。プレイ・ジェノグラムは，5歳の幼児から85歳になる高齢の曾祖母に至るまで，さまざまな個人と行うことができる。また，互いの関係性に対する見方を理解するために，複数の家族メンバーが一緒に行うこともできる。ジェノグラムは通常，ポスターボード（3×4フィート）や三脚に立てかけた大きな画用紙に，個人や家族が描き込んでいく。家族メンバーは，血縁のある家族や法律上の家族だけでなく，家族の生活において重要な人物であれば，友人やペットを含めて，どんな人物でも描き込んでよい。描き込み終えたら，陳列されたミニチュアから，ジェノグラムの各人物にふさわしいアイテムを，自分たち自身を含めて，クライエントに選んでもらう。それから，ジェノグラム上の円や四角のうえにアイテムを置いてもらう。家族メンバーにはゆっくり時間をかけて選んでもらい，選んだ理由について語ってもらう。小さな子どもは別々にアイテムを選びたがることが多い。両親が選んだアイテムを正しい家族メンバーのところに置くことを助けてあげるとよいだろう。小さな子どもと取り組むときは，治療的な会話になるように，セラピストが子どもに声かけをするとよい。また，セラピストは乗り気でない子どもが参加することを励ますために，具体的あるいは抽象的な選択の例を示してあげるとよい。人によっては，家族メンバーを表現するために複数のミニチュアを選ぶ場合がある。これは関係性の複雑さや両面感情を反映しているかもしれない。里親家庭の子どもや，複数の養育者がいるその他の家族状況で生活する子どもと行うときは，同じ画用紙にいくつかのジェノグラムを描き込むことが助けになる。その際，ジェノグラムが混雑しすぎないように，情報の整理を助け，インタビューのペースを合わせるために，一連の指示を与えるとよい。
　たとえば，家族メンバーは，ペットを含めて現在の家族の各メンバーにふさわしいアイテムを選ぶことを求められる。それから，自分が選択したアイテムについての情報を共有する。この冒頭から，里親家庭の子どもは，以前の家族配置を描く場合がある。ところが，他の家族メンバーは拡大家族の別の部分を象徴するアイテムを選ぶかもしれない。子どもは，友人，セラピスト，教師，ペット，あるいは現在と過去のその他の重要な人間関

係を含める場合がある。これは子どもが自分の世界に優先順位をつけて説明することに役立つうえに，臨床家に，複雑な家族構成であっても，容易に視覚化できるアセスメントを与える。家族メンバーは順番に自分の選択について話をする。これは家族の各メンバーにふさわしいとされたアイテムの意味を練っていくことになる。臨床家は家族がアイテムを選択するときのやりとりも観察する。家族間のやりとりは，言語的なやりとりを超えた関係の仕方の家族パターンについて，臨床家に情報をもたらす。家族メンバーに同時に選択を促すと，広範囲にわたるアセスメント情報を得られるだろう。特定のミニチュアを取り合う家族は，なんらかの活動を一緒にするときに衝突しやすいに違いない。衝突が起きると，臨床家は家族の問題解決のパターンとスタイルを観察できる。家族メンバー全員が選択を終えたら，ファミリープレイ・ジェノグラムを見て，質問したり，感想を言ったりしてもらう。臨床家が家族メンバーになぜそのアイテムを選んだのかを質問するよりも，よりオープンな対話を促すことが役に立つ。すると家族メンバーはアイテムについての情報，各アイテムと家族の人たちの関係を自主的に語る。

　最初に話し始めた人が，提供される情報の種類の色合いを定める傾向がある。したがって，家族メンバー間の対話を促すために，たとえば「もう少しそれについて教えてください」といったような展開的な質問を投げかけることが役立つだろう。

　ミニチュアは，認識されていない家族の特徴やパターンを創造的かつ空想的な形で引き出す魅力的なツールになる。それを可能にしているのは，ミニチュアのもつ象徴的な性質である。たとえ難しい関係性であっても，個人のレジリエンスを明らかにしながらユーモラスに示すことができる。人生で数多くのトラウマ的ストレスを経験してきたあるクライエントは，元夫として小さな男性の人形を選んだ。その選択について話し合っているとき，彼女は，昔は元夫が非常に大きな存在だったけれど，最近では彼女の人生で小さな役割しか担っていないので，この取るに足らない小さな人形でその変化を表していると語った。また彼女は，自分を表すためにアメリカ先住民の人形を選び，その周りに小さな赤ちゃんをたくさん置いた。長年にわたって自分の子どもを育てることに人生の重点があったと感じたから，と彼女は述べた。彼女のアイテム選択は，自身が感じていた重荷とストレスの卓越した表現であった。彼女はその意味を話し合いながら，大笑いした。楽しいプレイと小さなミニチュアが，彼女自身と彼女の状況についてのユーモラスな理解とともに，彼女の感情を表現することを促したのである。一方，彼女の思春期の娘は，母親を「歩く歯」——小さな足で歩くことのできる歯形のミニチュア——で表現した。娘は最近，母親に対して強い憤りを感じていた。歩く歯によって，母親が「しゃべりすぎる」ことに娘が不満を抱いていること，そして，そうした二人のやりとりの馬鹿らしさが表現されていた。互いのアイテム選択を通して，二人は自分自身や自分たちの関係性に関する互いの認識について，また拡大家族に関する認識の類似点や相違点について多くのことを学んだ。ファミ

リープレイ・ジェノグラムの文脈で互いの認識を共有することは，二人の話し合いを明るくした。ふだんであれば，互いの険悪な雰囲気に焦点が当たり過ぎて，感情的になっただろう。このエクササイズは，二人がより大きな文脈に自分たちを位置づけ，二人のつながりを見いだすことを促した。

家族メンバーが自分の選んだアイテムについての物語を語り終えたら，ファミリープレイ・ジェノグラムの写真を撮る許可を得ることがセラピストの助けになる。個人や家族が写真を家庭にもち帰り，さらに会話を続けるかもしれない。臨床家は写真のコピーを保存しておくと，治療的対話を続けるために後日プレイ・ジェノグラムを再開できる。プレイ・ジェノグラムのテクニックは，ジェノグラムによってセラピーを展開する数多くの方法のひとつにすぎない。

治療への家族の参加を促し，関与させ，活性化するためのプレイ・ジェノグラムの使用

ファミリープレイ・ジェノグラムのテクニックによって，クライエントの抵抗を迂回し，自分と他人に対する認識を包み隠さず明らかに開示する反応を引き出せる。抵抗が起きる理由のひとつは，自分自身，自分の家族や子どもについての物語は，特定の情報を排除し，自己補強的になり，固定化するからである。

セラピーで家族と一緒にジェノグラムを作成することは，家族についての情報，とりわけ，家族構成，功績と機能不全の世代間パターン，家族メンバー間の関係性の問題（感情的に疎遠，親密，断絶）を収集し，整理する重要な方法として長い間認められてきた。ジェノグラムは，臨床家と家族がクライエントの家族のシステムや歴史を広範に理解すると同時に，家族のパターンや重要な人生の出来事について整理し，熟考し，新しい洞察を得ることに役立つ。

遊びは空想に積極的に参入することを促す。それは視覚化に似通っている。遊びのプロセスのなかで，クライエントは問題の外在化（言語的なセラピーではより難しい）など，さまざまな肯定的な成果を得ることができる。多くの個人は，自分の問題を語ることについて，文化的ないし個人的な制約を感じている。セラピーに不信感や不安感を抱いたり，開示によって問題が重大とみなされて誇張されることや，弱いとみられることを心配していたりする。遊びはそうした人たちが難しい感情的な素材のなかへと円滑に移行することを促す。

ひとたび自分や他人とコミュニケーションを取るために象徴が利用されたならば，別のプロセスが可能になる。問題に圧倒されているクライエントが問題を「ミニチュア化」することは，問題を取り扱い始めるうえで助けになる。プレイセラピーで起きる他のプロセ

図 10.1
ジェニー

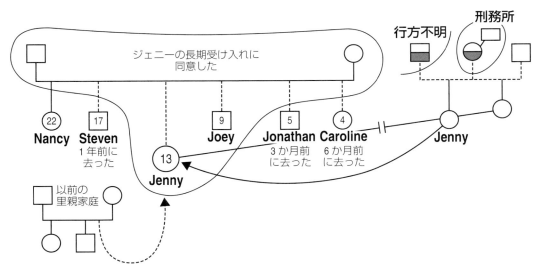

スは，投影やワーキングスルーがある。投影は，クライエントが対象に感情やパーソナリティ特性を吹き込むときに起きる。それは個人的な問題を認識し，理解し，取り組み始めるための，十分に安全な距離を作り出す。

ジェニーとのプレイ・ジェノグラムのセッション

　数年にわたって里親家庭で生活していたジェニーは，家族の問題を探求することに乗り気でなかった（図10.1）。彼女の実母は薬物依存の治療中で，最近ドラッグ密売で数年間の刑務所送りになった。ジェニーの里親家庭は長期の受け入れに同意していたが，彼女にはうつと易怒性があった。彼女は学校でトラブルを起こし，クラスメイトと言い争い，学校の勉強を放棄していた。彼女は個人セラピーにいくことを拒否していた。なぜなら，彼女が言うには，「おしゃべり」は無駄で，何も変化させないからであった。しかしながら，彼女は9歳の乳兄弟であるジョーイと家族療法にいくことは同意した。ジョーイは，里親家庭で現在一緒に暮らしている唯一の里子であった。

　私たちは，ジェニーとジョーイ，里親と実娘ナンシーを出発点に，家族のジェノグラムを大きな画用紙に描いた。二人は，以前一緒に暮らしていた3人の養子（スティーブン，ジョナサン，キャロライン）を描き加えた。次に二人は，自分たちを含めて，家族のみんなについての考えと感情をもっともよく示すミニチュアを選ぶことを求められた。

　ミニチュアを選択する過程で，ジェニーとジョーイは一緒に暮らしていた養子に関する

自分たちの選択について話し合った。二人はナンシーには不思議の国のアリスを選んだ。「なぜなら，彼女はかわいいから」。1年前に家を出たスティーブンには魔法使いを選んだ。「彼は賢いから」。ジョナサンにはハンプティ・ダンプティを選んだ。「丸くて利口だから」。キャロラインには道化師を選んだ。寝るときに道化師の服を着ていたからである。二人は彼女が寝るときにいまでも道化師の服を着ているかを気にしていた（**カラー図29／ファミリープレイ・ジェノグラム／ジェニー**）。

　ミニチュアを選ぶことを終えると，二人はその選択について語ることを求められた。ジェニーは自分自身にはリトル・マーメイドを選んだ。なぜなら，彼女は，誰も彼女を理解しておらず，自分が「水面下」にいるように感じていたからであった。彼女はマーメイドが水上に出て乾いた大地で暮らすことになったら，死んでしまうのではないかと述べた。このメタファーは治療的対話を促した。ジェニーが自分自身の感情について直接話していたら，そのような対話はおそらく無理だったであろう。なぜなら，彼女はおしゃべりは無駄だと思っていたからである。しかし，リトル・マーメイドを通して，彼女は相対的に安全な遊びの状況のなかで，実存的なジレンマについて深い表現を共有した。

　ジョーイは武器をもつ荒々しい人形を選び，もし自分がこの武器をもっていたら，自分は常に勝利するだろうと述べた。明らかに，自分自身を防御する方法をもつことが，彼にとって重要であった。二人の子どもは自分の不安，喪失，見捨てられ感について表現した。また，二人は自分たちの強みについても話した。ジョーイはジェニーを表すためにシンデレラの人形を選んだ。シンデレラは「かわいくて，立派」だからである。ジョーイは自分たちの里母のために花嫁を選び，ジェニーは武器をもつ強い女性の人形を選んだ。ジェニーは里母を「強い女性」と説明した。二人の里父のために，ジョーイは花婿を選び，ジェニーはブルウィンクル［訳註｜米テレビアニメに登場するヘラジカのキャラクター］を選んだ。ジェニーは，里父がおもしろくて，のんきで，漫画のキャラクターのようだと言った。

　13歳のジェニーは，各人についての感情を表現するミニチュアを選択し，メタファーを使うことができた。ジョーイの選択はより具体的で，9歳の子どもに期待されることであった。プレイ・ジェノグラムはさまざまな発達段階にいる子どもや家族と取り組むためのよいツールとなる。今後のセッションで，ジェニーとジョーイは，プレイ・ジェノグラムのなかの人形に言及することによって，怖くない方法で自分たちの感情をプロセスできる。たとえば，リトル・マーメイドがどれぐらい安全・安心か，シンデレラの強みについてなど。私たちはマーメイドのメタファーを使った。他の家族メンバーから疎外されているジェニーの感覚について話しあうために，マーメイドや，「水の中」にいるというメタファーを使った。私たちは，水の「外」にいることは——すなわち，もし彼女が他人からよく理解されていたら——どんな感じかに焦点を当て始めた。私たちは彼女が水から上がると，彼女はプレイ・ジェノグラムのなかでその他の地球上の生物すべてと関わることに

気づいた。私たちはジェニーに，水ではなく固い大地のうえにいることはどんな感じかを尋ねた。彼女はそうなったら人魚ではなく，足をもっているだろうと述べた。「もし足があったら，自分自身で行きたい場所にいけるし，訪問したい場所があると思います。また，遊んだり，走ったりしているかもしれません。足があったときの運転を学んでいません」。彼女は足がコントロールと可動性の感覚をもたらしていたことに気づいた。これは自分自身のために行動する準備を感じることを促している。私たちは理解されることについて少し話し，理解されたいすべての一覧表を作ることを求め，誰にもっとも理解されたいかを尋ねた。これは非常に実り豊かな話し合いになった。彼女が自分自身で抑えていたものをもっと明確に認識することを促した。

ファミリープレイ・ジェノグラムに使用する用具

　ファミリープレイ・ジェノグラムで使用されるミニチュアは，セラピストの想像によってのみ制限される。私たちの研究所（www.multiculturalfamily.org）では，直径1〜2インチのあらゆる種類の動物や人形，ボタンや石など，百円ショップや手工芸品店で購入できるようなミニチュア・アイテムを揃えた小さな携帯用キットを販売している。また私たちは，子どもにファミリープレイ・ジェノグラムを促し，家にもち帰ることができるように，ジェノグラムのコラージュやステッカーを使用してきた。GenoProで作成されたジェノグラムに個人の写真を配置できるのと同じように，家族メンバーがアイテムを選び，ジェノグラムに配置する，ファミリープレイ・ジェノグラムのプログラムがインターネットで使用できるようになるのも時間の問題であろう。

　ファミリープレイ・ジェノグラムでもっとも一般的なアイテムは，インターネットにおけるプレイセラピーのサイト，おもちゃ屋，手工芸品店で購入できる，2〜3インチの人形，木々，動物などである。私たちは，セラピストがクライエントの文化的そして民族的背景に気を配り，多様な関心と文化を反映したアイテムを用意することを勧めたい。人形の肌の色は明らかに問題となる。言うまでもなく，有色人種の家族が白い肌の人形に共感することはより難しいだろう。イスラム教徒の家族は，家族メンバーを人型で描写することに抵抗し，より象徴的な表現を好むかもしれない。多様な人間環境（都市，農村，山村，砂漠など）を表現するアイテムを用意することも，文化的に考慮すべき重要な問題である。また私たちは，クライエントが用意したアイテムのなかに適切なものを見つけられないとき，自分でミニチュアを作ることを後押しするため，粘土や画用紙も準備している。

ファミリープレイ・ジェノグラムの追加エクササイズ

　臨床の状況に応じ，セラピストと家族が想像を逞しくして，ファミリープレイ・ジェノグラムで何を行ってもよい。事例によっては，以下のエクササイズが役立つかもしれない。

- トラウマや困難があった過去の特定の時点で家族のジェノグラムを作成する。たとえば，喪失の時期，思春期の世代間葛藤や断絶など。
- リソースやレジリエンスを表現するジェノグラムを作成する。参加者に人生で特別に意味のあった人物を表すアイテムを選んでもらう。
- 拡大家族における特別な関係を探求することによって，現在の家族における深刻な争いの背景を説明する。
- 選んだミニチュアで想像上の会話を行う。たとえば，セラピストが家族に尋ねる……もし，ハチドリと馬（亡くなったばかりの大好きな祖父を表現するアイテム）が家族について会話するとしたら，あなたが抱えている今の問題についてなんと言うかしら。もし，祈るカマキリ（虐待により親権を失った母親を表すものとして11歳の息子が選んだアイテム）が，鷲のフィギュア（男の子が自分のために選んだアイテム）に話しかけるとしたら，なんと言うかな。それに対して，鷲はなんと答えるかな。鷲は鷲になったカメレオン（男の子の姉）や小さな熊の子（男の子の弟）になんと言うかな。
- 家族メンバーがいったん選んで使用をやめたアイテムについて話し合う。
- 家族メンバーにミニチュアを動かしてもらう。たとえば，思春期のフィギュアに親のフィギュアの方を向いて質問をしてもらう，など。
- クライエントに，自分が選んだミニチュアの姿勢になってもらい，どう感じるかを探求してもらう。

　ある家族では，母親が思春期の子どもたち（上3人は娘，末っ子は息子）の監護権を失い，父親が子育てに追われていた。私（モニカ・マクゴールドリック）は，両親を表すアイテムを子どもたちに選んでもらい，子どもたちを表すアイテムを父親に選んでもらった。そして，それぞれにリソースと思っている人物を表すアイテムを選んでもらった。子どもたちはそれぞれ，母親として，ドラゴン，コブラ，半身ずつ塗り分けられた男性の胸像，そしてロブスターを選んだ。それは子どもたちが母親を信頼して関わることの困難を示していた。しかし，子どもたち，とくに末っ子は，その選択について説明することを嫌がった。また，父親として，ビジネスマン，コンピューター，"平和"と彫られた石，そして時計（父親が常に子どもたちに時間を守らせるために急かしていたから）を選んだ。父親

は自分自身として翼を広げた鷲を選んだ。なぜなら，父親が言うには，常に子どもたちの上空で監視しなければならないからであった。末っ子である息子は，自分自身として自動車を選んだ。一方，娘たちはスポーツとファッションへの関心を表現した。父親は3人の娘たちとして，ローラースケートを履いた少女，ギター，かわいい犬，息子として小さな少年を選んだ。彼らは，現在の家族について話し終えると，現在の状況を助けてくれる人物として選んだミニチュアについて説明した（**カラー図30**／ファミリープレイ・ジェノグラム／シングルファーザー）。

　最初，誰も思いつかないと言っていた父親は，15歳年上の異母姉として高潔な修道女を選んだ。子ども時代に母親が病気だったので，父親にとって彼女は母親像であった。3人の思春期の娘たちは皆，家族の友人を選んだ――慕っていた自分の友人の両親である――母子サル，カンガルー，魔法使いで表現された。一方，息子は自分の犬を選んだ。すると，みんなが笑った。彼らにとって，もっとも愛すべき最高のリソースだと全員が同意したのである！　ファミリープレイ・ジェノグラムを行うことで，家族は助けを求めることができるリソースを見つけることができた。そして，同時に，拡大「家族」とのよい思い出を分かち合うことができた。それは互いがつながりを感じることに役立った。このセッションの数週間後，父親が他の都市に出張にいかなければならないという重大局面に見舞われた。しかし，父親は子どもたちを支えるためにあらゆるリソースに頼ることができた。当初，父親は姉に助けを求めることは想像だにしていなかった。しかし，父親が電話したとき，姉はすごく驚いたが，喜んで助けてくれたのである。

アレクシスの事例――再婚家庭での子どもへの性的虐待

　14歳のドミニカ系アメリカ人のアレクシスは，10歳から13歳になるまで3年間にわたって継父から性的虐待を受けていた（**図10.2**）。彼女がスクールカウンセラーに相談したことで，ようやく虐待は止まった。性的虐待を認めた継父は逮捕され，刑務所に入れられた。その後，アレクシスは，深夜徘徊，喫煙，マリファナ，怠学など，行動化を始めた。彼女はセラピーを6か月続けたが，性的虐待について語ることを拒否していた。彼女が言うには，もうそれについては話したし，過去のことなので，もうなんの気持ちも残っていないということだった。

　セラピーで私（スエリ・ペトリー）は，アレクシスの家族のジェノグラムを作成した。彼女は兄弟に挟まれた真ん中の子どもである。彼女に描き加えたい人はいるかと尋ねると，実の父親ラウルの新しい家族（父親の妻アナと二人の子どもたちジェニファーとラウリー），親友のナンシー，彼氏のジミーを加えた。次に，自分自身を含めて，家族に対する考えや気持ちを示すミニチュアを選んでもらった（**カラー図31**／ファミリープレイ・

図 10.2
アレクシス

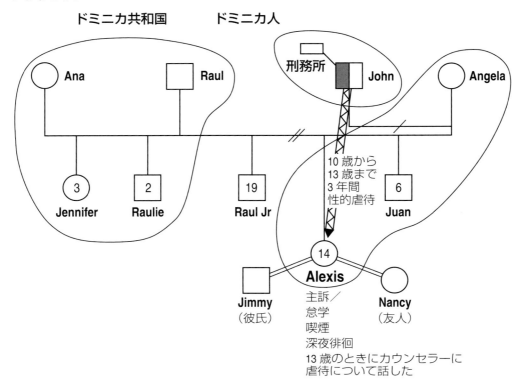

ジェノグラム／アレクシス）。

　アレクシスは，実の父親がアレクシスの家族から目をそらし，2度目の結婚で授かった二人の子どもたちを見ているように置いた。そして，自分自身を表すために，もっとも小さな女性のフィギュアを選んだ。また，母親を表すために女王を選び，継父として武器をもった不気味なフィギュアを選んだ。これらは自分自身や両親に対する気持ちをはっきりと視覚的に表している。私は感想を何も言わず，アレクシスに自分のジェノグラムについて語ってもらった。

　「父親にこのフィギュアを選んだのは，肌が褐色で，とてもハンサムだから」。それから彼女は，なぜそれを選んだかを述べながら，子どもを表すフィギュアをひとつずつ説明した。親友にシンデレラを選んだのは「彼女がかわいいから」で，彼氏に「白い肌の青年」を選んだのは，彼がハンサムで，白い肌だからだと述べた。彼女は異母きょうだいを表す小さな女の子と赤ちゃんのミニチュアを指して，1年前にドミニカ共和国へ父親を訪問したとき，二人とどれだけ楽しかったかを語った。彼女は兄としてアニメのフィギュア，バート・シンプソンを選んだ。なぜなら，彼女が言うには，兄は「いつも高校で問題を起

こしているの。お兄ちゃんは何からも逃げられないわ」ということであった。興味深いことに，彼女は父親の2番目の妻にフィギュアを選ばなかった。

アレクシスは母親と継父として選んだフィギュアについて語っていなかった。そこで，私はフィギュアを指差して，「これらについて話してくれる」と尋ねた。これが話の口火を切った。

「この醜いやつは継父よ。彼は卑しくて怖い」。彼女は継父がずっと刑務所に入っていることを望んでいるとまで言った。彼女は継父が出所して，家に戻ってくることを心配していた。また，彼女は母親として選んだフィギュアについて語った。彼女は母親が自分に対して完全な影響力をもっていると述べた。私がそのことについてもっと話してと尋ねると，彼女は恐怖，怒り，無力感について語った。彼女は実父の役割について，もし父親が自分のそばにいたら，「こんなことは何も起こらなかった」と述べた。父親として選んだミニチュアの視線を自分の家族からそらし，父親が2度目の結婚で授かった子どもたちの方を向けたことは，彼女の見捨てられ感を強烈に視覚化していた。

プレイ・ジェノグラムはアレクシスが性的虐待に関する自分の感情を語る可能性を開いた。もっともアレクシス自身は何も話すことはないと考えていたが。また，彼女は広範にわたる母親の影響力についての両面感情を語った。母親は継父から暴力を受けているときは無力だった。現在，母親は何が起こっていたかを理解し，離婚を申請したので，パワーを取り戻している。アレクシスは，母親が制限を加えるので，自分に対してときどき過干渉であると感じていた。一方で，アレクシスは母親が子どものためにパワーを使おうとしていると述べた。

私たちは記録のためにプレイ・ジェノグラムの写真を撮った。その後のセッションで，アレクシスはこのプレイの体験を使って，女王が知識を得たときにどのように強くなったか，そして，女王のパワーが強くなるにつれて「醜いやつ」が弱腰になったことを語った。さらに，アレクシスは自分自身のフィギュアが小さいと思うようになり，自分が新しい知識を得たら，自分のパワーも増大するのではないかと思うようになった。

野口家――よそ者の家族

野口家（**図10.3**）は14歳の息子ブランドンのことで援助を求めてきた。ブランドンは登校を渋り，夜遅くまで起きていたり，かと思うと一日中寝ていたりした。最低限の規則に従わなかったことで両親が注意すると，家具を壊すこともあった。父親のコウジはグラフィック・デザイナーで，アートを勉強するために日本からアメリカにきていた。母親のテリーはアイルランド系の労働者階級の出身で，アートの教員であった。両親は大学で知り合った。

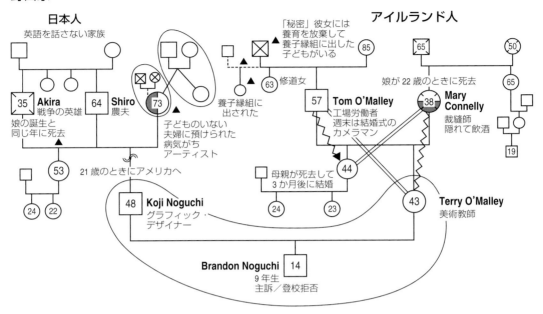

図 10.3
野口家

　コウジとテリーは，自分たちは良い親ではないと思うようになっていた。二人は息子にすべきこと——具体的に言うと，断固としたしつけをすること——を指導されていた。しかし，二人にはそれができずに，失敗のように感じていた。二人は息子に対してはもちろんのこと，互いに対して，また学校に対しても怒っていた。二人は夫婦としての会話がいっさいできなくなっていたが，ブランドンについては話し合おうとしていた。

　両親は素直にジェノグラムの情報を提供したが，家族の歴史の物語に関与しようとせず，セラピーに参加することについて極端に防衛的であった。二人は家族をシステムとみなす考え方に強い抵抗を示した。おそらく，二人が原家族と深く断絶していて，原家族と同一化したくなかったからであろう。そのことによって，二人は息子にどうやって関わればよいか，途方に暮れているように見えた。ブランドンも子どもであることと大人になることの狭間で行き詰っていた。両親が境界を明確化せず，彼がどの世代に属しているかを曖昧にしたままだったので，ブランドンは大人への道をうまく通り抜けられずにいた。セラピストが，両親の加えた制限や，互いの関係に焦点を当てようとすると，二人は身を引き，ムッとするのであった。ブランドンは両親と同席のときも個人面接のときも概して反応しなかった。あるとき，非言語的な方法で彼と関わろうと試みて，セラピストはミニチュアを使って箱庭を作ることを求めた。彼の行き詰まりを雄弁に示しているが，両親がセッションに加わるまで，ブランドンは箱庭に何も置けなかった。父親に励まされて，ブラン

図 10.4
野口家のファミリープレイのフィギュア

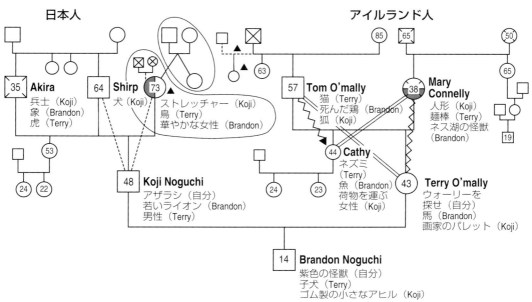

ドンは気乗りしない態度で，いくつかのフィギュアを置いた。

その翌週，セラピストは家族メンバーが自分たちの歴史とつながることを願って，ファミリープレイ・ジェノグラムを行うことを決めた。まず，家族のジェノグラムを大きな画用紙に描いた。家族メンバーはそれぞれ，自分自身のフィギュアと，それから互いのフィギュアを選んだ（**図10.4** と**カラー図32**「ファミリープレイ・ジェノグラム——野口家」）。各自の選択について，たくさんの話し合い，質問，笑いがあった。ブランドンは前の週に行った家族の箱庭で置いたのと同じミニチュアを二つ含めることを主張した。これはセラピーを開始して初めての「参加」と継続性を示していた。テリーは自分の両親を選ぶことで，家族のなかで自分の居場所を見つけることの苦悩について初めて明らかにした。テリーは母親として麺棒を選んでから，自分は父親と相性がよく，姉が「とても退屈な主婦」である母親と相性がよかったことを話した。両親と姉に対するテリーの複雑な気持ちは，姉の結婚と自分が家を出る時期に重なった母親の死によって度合いを増していた。テリーは姉に見捨てられたと感じていた。そして，自分を常に愛してくれた父親に対する罪悪感を感じていた。ブランドンから，なぜ父親に猫を，姉にネズミを選んだのかを尋ねられたとき，テリーは少し感情のこもった口調で，姉は父親が大好きだったけれど，父親はいつも姉に冷たかったからと答えた。

コウジの側のジェノグラムを探ることで，コウジがなぜ原家族と疎遠になったのかについ

いて興味深い話し合いが行われた。コウジは母親の最初の夫であったおじアキラとして兵士を，父親シローとして犬を，母親としてストレッチャーを選んだ。それらの選択についてのテリーの当惑した反応によって，コウジはそれまで彼自身も思い出すことさえなかった，いくつかの経験を説明することになった。彼は自分の家族の歴史を知らずに育っていた。8歳のとき，彼は姉に，なぜ父親の写真が亡くなった親戚の写真と一緒に供え物台に置いてあるのかと尋ねた。姉は笑いながら，そのことを両親に話した。すると，両親は，コウジが戦争で亡くなった英雄のおじアキラと父親シローを混同していることを面白がった。コウジは笑われたことを屈辱と感じ，家族のなかで自分は「よそ者」で，本当の歴史を聞いたらいけなかったのだと意味づけた。コウジは大人になってアメリカに出発するときになって，心臓疾患と関節炎を深刻に患っていた母親から，自分より9歳年下の父親シローが結婚に同意してくれたこと，最初の結婚で授かった小さな娘を受け入れてくれたことに感謝していることを聞いた。母親が言うには，結婚できなかったら，自分はどこにも行けなかっただろうと語った。また，母親はコウジに，双子だった自分は高齢で子どものいない夫婦に育てられ，双子の妹は両親に育てられたことを語った。母親は育ての両親を慕っていたが，体が弱かった両親はどちらも母親がアキラと結婚した後すぐに亡くなった。

　コウジは，母親としてストレッチャーを選んだ理由について，母親が常に病気だったからと述べた。ブランドンは魅力的に着飾った女性のフィギュアを選び，祖母のストレッチャーに置いた。コウジは，父親として犬を選んだ理由について，いつも自分の父親を弱いと考えていたからと述べた。母親に話を聞いた後，コウジは父親が兄の代わりにならなかったことを感じていた。農夫であり，兄よりも教育を受けていなかった父親は，戦争の英雄として亡くなった兄の妻を養う責任を引き受けたが，決して本当の意味で兄の代わりにはならなかった。その意味で，父親もよそ者と感じていた。

　コウジは自分の家族に所属していない感じを抱きながら育った。コウジは自分の歴史を理解しておらず，それについて尋ねることもできなかった。コウジはおそらく，より望ましい境遇のきょうだいと比較すると，両者ともによそ者と感じていた両親の子どもであった。おそらく，自分の家族への所属感が薄かったコウジとテリーがつきあうことになったとき，二人は家族の中心にいることの困難を互いに補い合ったのだろう。ファミリープレイ・ジェノグラムを作成することを通して，二人が自分の物語を互いに語り始めることができるようになると，ブランドンもそれに加わり，両親との新しいつながりの感覚を見いだすことさえできた。

　3人が自分自身，互い，拡大家族として選んだフィギュアの意味を分かち合うにつれて，初めて自分たちの困難な歴史を乗り越えて，互いに所属する方法を見いだすことができる家族として，ひとつになったように見えた。両親は二人とも自分自身として選択したミニチュアについて笑った。テリーの「ウォーリーを探せ」は，自分ではどこに向かっている

かわかっていても，他人からは見つけることが難しい人に見えた。他の二人は，それが彼女の真実を表していることに同意した。コウジはアザラシを選んだ理由として，ときどき自分がアザラシのように滑っているからだけでなく，力強くて速く泳ぐ能力があるからだと述べた。私たちは，両親が自分自身のために選んだミニチュアよりも，相手のために選んだミニチュアの方がより効果的であることに気づいた（コウジは妻としてアーティストのパレットを選び，テリーは夫のために男性を選んだ）。その象徴は，自分が担っている役割と，自分が担いたい役割について語る糸口になった。両親はブランドンとして保護を必要とするものを選んでいた（アヒルと子犬）。ブランドンが自分自身として選んだ紫色の怪獣は，冗談半分で威嚇しているように見えた。フォローアップのセッションで，私たちはコウジの役割について話し合い，コウジがおじと父親を表すために選んだ兵士や犬と，自分自身と妻と息子が提示したシンボル（アザラシ，ライオンの子，男性）の間で，自分自身の立ち位置を見いだせていないのではないかと思った。ファミリープレイ・ジェノグラムにおける彼らの選択は，両親が息子に対してより保護的な，もっと強い役割をとる必要があること，しかしそうすることを家族の歴史が妨げてきたということを明らかにしているように見えた。コウジが母親のシンボルをストレッチャーで表現したことに対して，ブランドンとテリーはある意味で解決を提示しているように見えた。ブランドンは着飾った女性をベッドに置き，テリーは色鮮やかで歌が好きな鳥を提案した。コウジは母親が若い頃は美しい声のもち主で，歌が好きだったことを思い出した。テリーの母親についても同じような提案がなされたように見えた。テリーは母親が主婦の役割に束縛されていることを示すために，母親を麺棒で表したが，それに対してブランドンが選んだネス湖の怪獣は，死を超えた目に見えない力を示唆しているかもしれない。

　このセッションは，手短に言うと，息子に対してより強い立場をとるようにテリーとコウジを励ますことになったという点で，貴重な体験となった。泳ぎ方を教えてもらう必要のある小さなアヒルのような息子を，本当の怪獣ではなく「怪獣を演じている」とみることができるようになったのである。このセッションの後，両親は二人ともブランドンを厳しくしつけ，無断欠席の件で，裁判所にいって裁判官と面会するよう言い渡すことができるまでになった。裁判官は，学校にいくか16歳まで刑務所に入るかと警告し，ブランドンは学校にいき始めた。

　ジェノグラムの歴史と，遊び，想像力，創造性を組み合わせると，家族が自分たちの歴史の深い次元に開かれていく影響をもたらす場合がある。おそらく，遊びの要素が防衛や抵抗を緩めるのだろう。コウジの場合，ミニチュアの選択によって，言葉で表現できない子ども時代の深い感情との無意識のつながりを引き出すことができた。この事例では，ファミリープレイ・ジェノグラムは，ブランドンの両親が原家族で経験した物語を分かち合う枠組みを提供した。ブランドンに明確かつ厳格なしつけが必要だったのと同じように，

両親は自分たちの歴史と向き合い現状を変化させるために，プレイ・ジェノグラムという具体的で侵襲性のない構造が必要だったのである。

11 家族研究におけるジェノグラムの使用

ジェノグラムは，家族療法や家庭医療の分野と同じぐらい古い歴史があるにもかかわらず，研究ツールとしての計り知れない可能性に焦点が当たるのは遅かった。これは，家族に関するたくさんの情報を簡単な図の形式で追跡し保持するジェノグラムの可能性や，患者の文脈を図式化するために臨床家によって非常に広範に使用されているツールであるという事実からすると，驚くべきことである。

研究におけるジェノグラムの可能性は理解が始まったばかりである。現在までに臨床家は，ジェノグラムがシステム論的に思考するために，そして，文脈におけるクライエントの問題を「意味づけ」，家族パターンを図式化するために役立つことを見いだしている。本書の第二版以降の出版物は，ジェノグラムが非常に幅広く使用されている効果的な臨床ツールであることを明らかにしている。ジェノグラムの適用は，広範な臨床状況に拡大されている（Altshuler, 1999; Campbell et al., 2002; Daughhetee, 2001; Dunn & Dawes, 1999; Dunn & Levitt, 2000; Foster, Jurkovic, Ferdinand, & Meadows, 2002; Frame, 2000a, 2000b, 2001; Gibson, 2005; Gordon, Staples, Blyta, & Bytyqi, 2004; Granello, Hothersall, & Osbourne, 2000; Hockley, 2000; Hodge, 2000, 2001, 2005a, 2005b; Malott & Magnuson, 2004; Massey & Dunn, 1999; Niederhauser & Arnold, 2004; Olsen, Dudley-Brown, & McMullen, 2004, 2004; Rogers, 1994 a; Rogers & Durkin, 1984; Wimbush & Peters, 2000; Wright & Leahy, 1999, 2000; Zide & Gray, 2000）。

さらに，臨床業務専用に開発された新しいソフトウェア・プログラムによって，コンピューターに精通した新世代のセラピストが臨床業務と教育で図式を使うことも一般的に

なってきた。それにもかかわらず，私たちは研究におけるジェノグラムの可能性を理解していなかった。ジェノグラムの記号や表記の標準化でさえ，まだ初期の段階にとどまっている。

　文献は，臨床家がジェノグラムを効果的な臨床ツールと認めていることを明らかにしている。家族ジェノグラムの臨床的使用に関する研究の多くは，家庭医療の分野で行われている。ジェノグラムは，医師が患者の心理社会的な課題に対する感度を高める方法，評価・診断・患者のケアの質を向上させる方法，健康管理の重要な局面（たとえば深刻な疾患の診断）において，特定の患者群（たとえば高齢者）をアセスメントし，介入するための枠組みを提供する方法，問題を予防する方法あるいは家族に問題を指摘する方法，として研究されてきた（Alexander & Clark, 1998; Baird & Grant, 1998; Bannerman, 1986; Campbell et al., 2002; Christie-Seely, 1986; Crouch, 1989; Crouch & Davis, 1987; Dumas, Katerndahl, & Burge, 1995; Garrett, Klinkman, & Post, 1987; Like, Rogers, & McGoldrick, 1988; Mullins & Christie-Seely, 1984; Olsen, Dudley-Brown, & McMullen, 2004; Shellenberger, Shurden, & Treadwell, 1988; Sproul & Gallagher, 1982; Troncale, 1983; Wright & Leahy, 1999, 2000; Zide & Gray, 2000）。

　研究は家族が健康や病気に強力な影響を与えることを示している。夫婦関係や家族関係は健康に与える影響において生物学的要因と同程度の重要性をもっている（Campbell et al., 2002）。一般的な病気のリスクを評価するうえで，家族の歴史に価値があることは，次第に認識されるようになっている（Wattendorf & Hadley, 2005）。ヒトゲノム解析計画と多くの疾患の遺伝的原因の同定，そして予防的介入の体系的レビューに基づく診療ガイドラインの確立は，そうしたアセスメントをさらに明白にしている（Wattendorf & Hadley, 2005）。遺伝子研究の進展に伴い，家族に関する各種情報，深刻な疾患の病歴，関係性，遺伝的リスクを示す詳細なジェノグラムは，すべての患者の健康診断の重要な要素となるだろう（Campbell., 2002）。

　シェーガー（Scherger, 2005）は，現在の家庭医療における危機と，家庭医が真に家族指向のケアを提供できるようにその分野を再設計する必要性について書くなかで，ジェノグラムの情報に注目することが大部分を占めるであろうと述べている。シェーガーは，私たちの社会の家族に適切なケアを提供するための唯一の重要な可能性として，新しい情報技術を使って家族背景を追跡し，その問題に対処することを強く主張している。しかし，私たちは，現在の終わりのない書類業務や保険業界主導のヘルスケア・システムの方向を変えるために，医師がシステムとしての家族に取り組み，ジェノグラムを使用するための技術を発展させなければならない。

家庭医療における信頼性研究

　歴史的に見ると，家庭医療において多くの研究が行われてきた。たとえば，プライマリーケアの初診における家族ジェノグラムによるスクリーニングの効果（Rogers, 1994b; Rogers & Cohn, 1987），ジェノグラムの読み方と解釈の仕方（Like et al., 1988），自己記入式ジェノグラムの記入の仕方と信頼性（Rogers, 1990），家族ジェノグラムによる健康リスクの予測（Rogers, Rohrbaugh, & McGoldrick, 1992），専門家による家族ジェノグラムの読み方（Rohrbaugh, Rogers, & McGoldrick, 1992）など。

　ライクら（Like et al., 1988）は，情報収集とアセスメントのツールとしてのジェノグラムの有効性を検証することで，ジェノグラムの読み方と解釈の仕方を研究した。この研究では，臨床的な仮説を生成し検証するために使用できる，六つの情報カテゴリーの概要を示している（**表11.1**）。それらは，(1) 家族構成，(2) ライフサイクルの問題，(3) 世代を超えて繰り返されるパターン，(4) 人生経験，(5) 家族の関係性のパターン，(6) 家族関係におけるバランスとアンバランス，である。また，医師によるジェノグラムの体系的な読み方と解釈の仕方を示すために，三つの臨床エピソードが提示されている。それらのエピソードは，医師が六つの解釈カテゴリーを使用した，体系的なジェノグラムの読み方と解釈の仕方を学ぶ方法を示している。この研究によると，ジェノグラムは豊かな情報源となり，医師にとって馴染みのある臨床的な問題解決のプロセスで使用できる。

　関連した研究において，ロジャーズ，ロールバー，マクゴールドリック（Rogers, Rohrbaugh, & McGoldrick, 1992）は，記述統計的なカルテ精査データと比較し，健康リスクの予測におけるジェノグラムの有効性を評価した。この研究では，ジェノグラムの読み方と解釈の仕方に卓越した経験をもつ6名の家庭医が，実際の20事例の診断と三つの予測を求められた。家庭医たちは，記述統計的なデータだけで予測するよりも，ジェノグラムのデータに基づいて予測するときに，より自信をもっていた。ジェノグラムは，短期的な健康状態を予測するときに，標準的な臨床カルテを精査するより正確ということが示されたわけではないが，医師が鍵となる問題に注意を向けるうえでより効果的であった。

　また，ロールバー，ロジャーズ，マクゴールドリック（Rohrbaugh, Rogers, & McGoldrick, 1992）は，家庭医療においてジェノグラムを使用する医師や家族療法家の専門的診断と診断者間信頼性を検証した。その結果，専門家たちは主要カテゴリーの相対的な重要性については全般的に同意した（家族メンバーと患者の病状，世帯の構成，現在のライフサイクルの段階，世代を超えて繰り返される機能のパターン，きょうだい配置，トラウマとなる病気や人生の出来事）。しかし，それぞれのジェノグラムにおいて何がもっとも重要であるかについては，同意が少なかった。このことは，情報分類スキーマの曖昧さと，ジェノグラムが異なる理論的視点からの解釈にひらかれた，幅広い範囲の家族情報

表 11.1
臨床実践のためのジェノグラムの情報カテゴリー

カテゴリー1／家族構成
- 家族あるいは世帯の構成（たとえば，両親のそろった核家族，一人親世帯，再婚家族，三世帯家族，親戚や非家族メンバーのいる世帯）
- きょうだい配置（たとえば，出生順，きょうだいの性別，きょうだいの年齢差，きょうだいのパターンに影響しているその他の要因—家族の歴史におけるそれぞれの子どもの誕生の時期，子どもの性格，子どものための家族の「計画」，養育態度，性差に関する偏見など）
- 独特な家族構成（たとえば，近親婚，複婚）

カテゴリー2／家族のライフサイクル
- 現在の家族のライフサイクルの段階（たとえば，子どもの自立，新しいカップル，幼い子どものいる家族，思春期の子どものいる家族，高齢者のいる家族）
- 家族のライフサイクルにおける移行期あるいは発達危機
- 家族のライフサイクルにおける「時期外れ」の出来事（たとえば，早過ぎる死，自立の遅れ，大きな年齢差のある配偶者，晩産）

カテゴリー3／世代を超えて繰り返されるパターン
- 繰り返される病気のパターン（たとえば，特別な疾患や症状）
- 繰り返される機能のパターン（たとえば，身体化，否認，薬物依存）
- 繰り返される関係性のパターン（たとえば，纏綿状態，衝突，断絶）
- 繰り返される構造のパターン（たとえば，離婚，再婚）

カテゴリー4／人生経験
- 最近の人生のストレッサー（たとえば，結婚，妊娠，急性疾患）
- 慢性的な人生のストレッサー（たとえば，慢性疾患，貧困，差別）
- 偶然あるいは繰り返し起きる重要な日付，時期，一時的なライフイベント（たとえば，記念日，祝日）
- 文化的，社会的，経済的，政治的，あるいは環境的な要因（たとえば，民族，移民，天災，戦争）

カテゴリー5／家族の関係性のパターン
- 家族の関係性の種類（たとえば，断絶，衝突，疎遠，融合状態，纏綿状態）
- 三角関係（たとえば，親子の三角関係，カップルの三角関係，離婚家族と再婚家族の三角関係，里子や養子のいる家族の三角関係，複数の世代にわたる三角関係）
- 非家族メンバーとの関係の種類

カテゴリー6／家族のバランスとアンバランス
- 家族構成におけるバランスとアンバランス
- 家族役割におけるバランスとアンバランス
- 機能のスタイルあるいはレベルにおけるバランスとアンバランス
- リソースにおけるバランスとアンバランス

を示すという事実を反映しているのだろう。もし，明確で，より正確なカテゴリーが作られたならば，診断者間信頼性は高まるかもしれない。カテゴリー・スキーマとは別に，診断者間信頼性には，診断のための共通の枠組みが必要となることも問題である。（ボーエン派のシステム論に依拠し，よく一緒に仕事をしていた）家族療法家たちは，情緒的断絶，葛藤関係，世代を超えて繰り返される関係性のパターンの評価で，一致度が非常に高かった——これらのカテゴリーは，ボーエンの理論で特別な重要性をもっている。ジェノグラムを解釈するために専門家が使っていた他の理論には，遺伝学的理論（医師が採用する主な枠組み。医学において一般的な家族ストレスや社会的サポートに関する理論）やライフサイクル理論（医学と家族療法で教えられる）がある。最後に，調査研究の助手によって作成されたジェノグラムは，熟練した臨床家が家族の機能不全の報告や不満の訴えを聞きながら，家族と一緒に作成したジェノグラムと比較して，よい評価とはいえないかもしれない。

　その後，ロジャーズ（Rogers, 1994a）は，家族ジェノグラムの情報を使う医師が不安や抑うつのリスクをもつ患者を同定できるかどうかを検証し，ジェノグラムが効果的であったことを見いだした。ロジャーズは，不安や抑うつといった情緒的問題のリスクをもつ患者を分類するために効果的な，家族ジェノグラムの四つの特徴を説明している。(1) 家族構成，(2) 家族の記述属性，(3) 家族のライフイベント，(4) 家族の社会的な問題そして健康の問題。ロジャーズは，不安や抑うつのリスクをもつ患者を分類するために，家族ジェノグラムに記録された基本的な家族の情報を利用することができると結論づけている。

　家庭医療の研究者であるジョリーら（Jolly et al., 1980）は，家庭医療の研修医が16分間のジェノグラム・インタビューの間に「手がかりとなる」家族の情報のほとんどを引き出して記録できること，ジェノグラムによって集められた情報は医師が違っても高い一致度で正確に読み取られること，を見いだした。サンプルは少数かつ同質であり，「手がかりとなる」データは医師によって集められた客観的情報に限られているが，診断者間信頼性が適切であることを示唆する結果であった。ジェノグラム・データの再検査信頼性は，ロジャーズとハロウェイ（Rogers and Holloway, 1990）によって検討された。彼らは家庭医療の患者に対する自己記入式ジェノグラムの信頼性と完成率を調査した。彼らは3か月後に2回目のアセスメントを実施し，再検査信頼性が高いことを見いだした。家庭医療の現場で使うツールの信頼性は，データ収集の際に使われるカテゴリーを洗練させ，コンピューター化されたプログラムを使うことによって高まるだろう。

家族療法における信頼性研究

　驚いたことに，ジェノグラムの信頼性に関する研究は，家族療法の分野では蓄積が少な

い。クープランド，セロビッチ，グレン（Coupland, Serovich, and Glenn, 1995）は，家族療法家によるジェノグラム使用の信頼性を解明する試みのひとつとして，夫婦療法と家族療法の訓練プログラムを受けている博士課程の学生 17 名に対して，架空のシナリオからジェノグラム情報を記録することを求めた。学生は，家族メンバーの名前と記号の記録については非常に正確で，職業，医学的問題，個人的問題の記録についてもほぼ正確であったが，興味深いことに，日付や年齢の記録についてはあまり正確ではなかった。この件について著者らは，学生がジェノグラムに間違った情報を記録していたか，あるいは学生がジェノグラム作成の訓練を受けていなかったことを指摘し，ジェノグラムの評価や批判を含んだ継続的なスーパービジョンの実施を解決策として推奨している。関連する研究において，クープランドとセロビッチ（Coupland and Serovich, 1999）は，マクゴールドリックとガーソン（McGoldrick and Gerson, 1985）のジェノグラム標準化デザインに基づいて標準化された質問紙を使用し，セラピスト記入式ジェノグラム（TAGE）と自己記入式ジェノグラム（SAGE）を比較している。TAGE のほうが治療同盟を強めるかどうかをアセスメントするためである。サンプルは南西部の二つの大きな大学でセラピーを希望している 17 カップルであった。夫婦療法と家族療法のプログラムに在籍する 5 名の学生がセラピスト参加者として採用された。標準化された質問紙は，SAGE に記録された情報のカテゴリーや記号が，フォーマットとして，TAGE における情報と一致するという信頼性を支持した。しかしながら，クープランドとセロビッチは，TAGE と SAGE の間で治療同盟のレベルに有意差を見いださなかった。彼らは，研究のたった 5 回というセッション回数が治療同盟の構築や測定におそらく十分ではなく，そのためにカップルもセラピストもジェノグラムを使うことに特に動機づけられなかったのだろうと主張している。カップルにとっては研究に参加する 5 回のセッションがその時間と努力に見合う動機づけにならず，セラピストの方も，自分自身の治療的な視点に合致せずにカップルのニーズに適切な介入であると信じていないかもしれないとき，研究の目的のために特定の治療的介入を実施するという要件によって，さらに動機づけが低下した可能性はあるだろう。

　これは私たちがジェノグラムの研究を行う中で，常に直面する問題を浮かび上がらせている。研究者の努力は，経済的な理由で制限されるのである。すなわち，セラピストが研究に参加する時間，訓練，回数に制約がかかる。私たちがまだジェノグラムの効力を実証できていないという事実は，それが実証できないということではない。私たちはまだジェノグラムの可能性を理解していない。新しいコンピューター化されたジェノグラム・プログラムによって，多くの研究者がこれらの可能性を探究することが後押しされることを願っている。

　私たちは信頼性を高める努力を支持し，ジェノグラムの標準化が信頼性と有効性を高めると信じている。一方で，さまざまな話題に分岐し，家族メンバーそれぞれの印象を聞き，

異なるテーマや仮説を探り，そのプロセスがもたらす心理学的複雑さに対処する柔軟性を維持することも重要であると考えている。

臨床における有用性の研究

　ロジャーズとコーン（Rogers and Cohn, 1987; Rogers, 1994b）は，プライマリーケア医の初診時にジェノグラムでスクリーニングする影響を判定するために，家族ジェノグラムを用いた最初の実験的無作為化比較試験を計画した。その結果，家族構成，主要な人生の出来事，繰り返される疾患，家族関係については，医師による聞き取りよりもジェノグラムの方がより多くの情報を把握できることを見いだした。彼らが患者に与えた手順は従うことが簡単であった。また，彼らは自己記入式ジェノグラムのために段階的な教示を用意した。それにより，ジェノグラムは概して20分程度で完成した。初診の様子は研究者によって体系的な観察が行われ，二つのデータ収集フォームに記入が行われた。一方のフォームは，患者の主訴と患者の背景についての問診（たとえば，医師が，家族の問題や課題を探るか，家族メンバーとの面談を要求するか，患者を他機関に紹介するか，職業や生活環境について聞き取りをするか，など）が記録された。もう一方のフォームは，医師によって得られた家族の情報をもとに研究者が記入する自己記入式ジェノグラムであった。

　記録された家族の情報の程度を判定するためにジェノグラムが検証された。以下の情報の4カテゴリーが含まれていた。家族構成，人生の出来事，繰り返されるパターン，現在の世帯。三つの研究グループ（ベースライン群，実験群，統制群）のジェノグラムの情報カテゴリーと従属変数（家族や職業上の問題の探究，他の家族メンバーとの面談の要望，カウンセリングの紹介）が比較された。ジェノグラムを検証したところ，（実験群と統制群の）自己記入式ジェノグラムは，医師による通常の聞き取りよりも多くの家族の情報を捉えていた。これは，自己記入式ジェノグラムのためにロジャーズとコーンによって開発された簡単に従える明確な手順があり，影響力の大きい卓越した研究といえる。コンピューター・プログラムはこの類の研究を発展させるだろう。

　ジェノグラムの広範な臨床的および訓練的な使用とボーエンの理論における強力な理論的基盤を考えると，家族療法における研究者の注目をほとんど集めてこなかったことは驚きである。フォスターら（Foster, 2002）は，これはジェノグラムによって生成されるデータの豊富さと解釈の複雑さのためかもしれないと示唆している。彼らはジェノグラム研究を行ってきた数少ない研究者であるが，ジェノグラムの情報それ自体よりも，ジェノグラムの面談を行うプロセスの研究に焦点を当てることを好んだ。

　ジェノグラムを考えるには少なくとも二つの異なる見方がある。第一に，家族の歴史に関するデータを収集して整理する臨床の道具としてのジェノグラムである。第二に，家族

が自分たちを体系的に理解することを支援することによって変化を促進する臨床ツールとしてのジェノグラムである。フォスターら（Foster et al., 2002）は，研究にあたっては後者がもっとも興味深いと述べている。彼らは，患者の家族の歴史の詳細かつ正確な記録を得るだけでなく，システムに精通したセラピストとジェノグラムを共同で作成することが重要であると考えた。フォスターらは，ボーエンのシステムズ・アプローチを用いて，結婚前のカップルのためにマニュアル化された5セッションのジェノグラム・インタビューを開発した。

　初回の目的は基本的なジェノグラムの情報を集めることである。

　初回のインタビューは，パートナーの問題ではなく，それぞれの原家族の問題に主に焦点を当てる。カップルが原家族から関係性に何をもち込んだかを検証することを促すためである。このプロセスは，カップルが自分，相手，自分たちの関係性を見つめるための心理的空間を生み出すことを助ける。

　2回目の焦点は，原家族のパターンが各自や関係性の力動に影響を与える仕方について，カップルの好奇心を高めることである。そして，世代を超えて展開するプロセスの一部として，自分たちの関係性を見ることを促すことである。

　3回目は，カップルが宿題を行うことで何を学んだかに焦点を当てる。相手の家族についてシステム的に考える方が楽で，自分の家族の関係から逸れそうになったときは，自分たちの家族に焦点を当てるよう促される。

　4回目は，カップルが自分たちの関係性と原家族とのつながりを作る支援に焦点を当てる。家族の葛藤を問題視しなかったカップルは，お金，祝日の行事，健康についての態度，親戚との関係性など，自分たちに感情的な影響を及ぼす問題を検討することを促される。

　最終回は，カップルが自分たちの関係の背景にあるより大きな家族の文脈を認識し，ジェノグラムに取り組んだ経験を統合していく方法と背景を理解する方法を探索する。

　こうしたジェノグラム・インタビューは，カップルの互いの関係性や原家族との関係性を改善することが明らかになった。著者らは，このインタビューによって，特別なスキル（たとえば，お金の管理など）を身につけるうえで，カップルの役に立っているのではないかと示唆している。彼らは，患者に体系的に考えることを教えるうえで，ジェノグラム・インタビューは大きな可能性をもっていると確信している。それはジェノグラムの視覚的側面だけが理由ではない。より重要なことは，それが自分たちの関係性や家族の歴史と複数の方法で結びつけるからである。カップルが，宗教，民族，人種，階級，ジェンダーといった背景について，自分たちと家族を位置づけることをファシリテートするうえでも，同じ方法がもっとも価値があると思われる。

臨床実践におけるジェノグラムとエコマップの使用

　文献によると，ジェノグラムを作図するときにクライエントと共同作業する治療的価値は実証されている。それゆえ，クライエントの声に耳を傾け，家族のプロセスについて家族が自分たち自身で発見していくように促すことを推奨している。ダンとレビット（Dunn and Levitt, 2000）は，ジェノグラム作図のプロセスにおける相互的なクライエント－セラピストの共同作業を統合する必要性を述べている。彼らは実践を通してそうした統合がジェノグラムの治療的効果を向上させることを示し，夫婦療法と家族療法のセラピストの訓練にジェノグラムを含めることを提唱している。

　ジェノグラムの使用は，多くの他分野にも拡大している。ジェノグラムはスピリチュアリティ・アセスメント（Dunn & Dawes, 1999; Frame, 2000a, 2000b, 2001; Hodge, 2001, 2005a; Massey & Dunn, 1999），養護施設の子どものセラピー（Altshuler, 1999; Petry & McGoldrick, 2005），緩和ケアとホスピスケアにおける慰めの提供（Hockley, 2000），心臓血管リスクの同定（Wimbush & Peters, 2000），学業成績およびキャリア・カウンセリング（Daughhetee, 2001; Gibson, 2005; Granello, Hothersall, & Osborne, 2000; Malott & Magnuson, 2004）のツールとして受け入れられている。文献は，社会的に構成されたジェノグラムを通して（Milewske-Hertlein, 2001），そして，言うまでもなく，これまで議論してきたように，夫婦療法と家族療法において，家族に複数の定義が認められることを示している（Foster et al., 2002）。さらに，ジェノグラムはエコマップやエコグラムを付加することによって強化されてきた。それは個人や家族システムに影響しているより大きなシステムを描くものである（Hodge, 2000, 2005b; Jordan, 2004）。

　オルセンら（Olsen et al., 2004）は，看護のための健康管理アセスメントを最適化するために，ジェノグラム，エコマップ，遺伝家系図（ペディグリーと呼ばれる）を組み合わせた説得力のある事例を提示している。私たちは，ペディグリーの情報を別にせず，ジェノグラムに組み込むべきと考えている。そうした包括的アセスメントは複数の理由から絶対的に意味がある。オルセンらは包括的アセスメントの具体的な使用例をあげている。

- 危険因子の同定を導く
- 疾患に対するケアマネジメント方略，心理社会的サポート，生殖判断の教育，リスク低減，予防，スクリーニング，診断，紹介，長期的管理のための臨床的判断を患者と家族に伝える
- 検査方略を判断する
- 遺伝的パターンを確認する
- リスクがある家族メンバーを同定する

- 生殖のオプションを決定する
- 他の危険因子から遺伝負因を区別する
- 患者との信頼感を強化する
- 患者と家族を教育する
- コミュニケーションのパターンと障害を検討する
- 世代を超えた文脈において感情的パターンと行動的パターンを探る
- 家族が自分たちのことを重要な点で結びついている相互依存的な集団とみることを援助する
- 家族メンバーが他のメンバーの特徴や独自性を見ることを援助する
- 家族の変化の選択肢を明確化する（たとえば，世帯のメンバーを再考する）
- 一人の家族メンバーが家族全体の構造と関係ない「スケープゴート」として孤立することを防ぐ
- 家族相互のつながりや家族外の機関とのつながりを大まかに描く
- リソースのパターンや利用を示し，どのようなリソースが追加で必要とされているかを明確化する

　また，オルセンら（Olsen et al., 2004）は，情報の正確性に関する重要な問題を指摘している。言うまでもなく，ある患者の記憶が他の家族メンバーの記憶によって，あるいは，診療記録から抜き出されたデータによって確認されると正確性は増す。すなわち，記録がアップデートされるほど，そして，さまざまな臨床場面で繰り返しチェックされるほど，正確性が増すことは明らかである。このことは，ジェノグラム／エコマップ／時系列の情報を，さまざまな家族メンバー，健康管理や社会福祉，その他の機関からの情報と組み合わせて，繰り返し使用することの価値を明らかにしている。

　そうしたアセスメントによって，倫理的かつ法的に引き起こされる結果がある。患者の人間関係と生態学的な世界の拡大された記述を生成することは，守秘とプライバシーの問題を提起し，慎重な吟味を必要とする。親戚や家族メンバーに関する情報は機密情報であり，その個人の同意があったときにのみ開示できる。一方で，患者は親戚の遺伝的情報について，とりわけその親戚あるいはその子どもの将来の健康に影響がある場合は，話し合うことを促されるべきである。誰に何を伝える必要があるかを決めることは，患者と健康管理提供者にとって重要な検討事項である。研究においてプライバシーと守秘義務を保護することも重要である。特に懸念されることは，遺伝的情報に基づいて健康保険が拒否される可能性である。国会議員は，1996年の「医療保険の携行性と説明責任に関する法律（Health Insurance Portability & Accountability Act: HIPAA）」，より最近では2008年の「遺伝情報差別禁止法（Genetic Information Nondiscrimination Act: GINA）」で，患者の権利を

保護する努力を行っている。これらの法律は遺伝情報を使用した保険範囲の拒否または失効を禁じている。

質的研究におけるジェノグラム

　ジェノグラムは質的研究に適していることが実証されている。それは観察，綿密なインタビュー，研究参加者の声を聞くための多様な方法によってデータを収集する（Beitin & Allen, 2005; Jordan, 2006; Petry, 2006）。ジェノグラムは家族療法のクラスでよく使用されるので，家族療法の研究者にとっては自然な選択肢となっている。それが人気のある道具となっているのは，参加者に自分自身の物語を語ることを促すからである。さらに，家族療法の研究者は研究結果を美的な形式で表現することに関心をもっていて（Piercy & Benson, 2005），ジェノグラムの使用はその一つの方法となる。ジェノグラムは広く受け入れられている質的アセスメントツールである（Marshall & Rossman, 1999; Miles & Huberman, 1994; Strauss & Corbin, 1998）。また，データベースつきのジェノグラムのソフトウェア・プログラムは，複雑なデータの保管，管理，分析の機能を向上させるため，ジェノグラムを量的研究の素晴らしいツールにするだろう。

ソフトウェア・プログラム

　ランディ・ガーソンは1982年にオリジナルのマッキントッシュ用に初めて，ジェノグラムをコンピューター化したプログラムを開発した。それ以来，多数のプログラムが開発されてきた。その多くは系図学者のためのプログラムであったが，臨床家のためのプログラムもいくつか開発された。たとえば，ジェノグラムメイカー・ミレニアム（［Genogram-Maker Millennium］2007, www.genogram.org），ジェノプロ（［GenoPro］2007, www.GenoPro.com），ワンダーウェア（［Wonderware］www.interpersonaluniverse.net）など。これらのプログラムは，融合，疎遠，虐待など，重大な家族関係を示すことができる。同様に，これらのプログラムは，別居，離婚，病気，薬物依存，ペットと世帯の構成といった描写に役立つ。そしてもちろん，さまざまな特性の色分けも可能で，チュートリアルと豊富なヘルプファイルが付属している。ジェノプロは，各個人の情報をデータベースに追加し，保存しながら，ハイパーリンクによって同一の家族メンバーを含んだ複数のジェノグラムを描くことができる。プログラムの能力は手描きを凌駕し，データベースを維持することで，新たな研究の可能性を拓いている。研究者はデータベースに保存されているすべてのジェノグラムを分析することで，長年にわたって仮説とされてきたパターンを研究できる。ジェノプロの開発者ダン・モリンは，本書で使用されたジェノグラムのフォーマットと正

確に合致するオプションを製品化している最中である。そのプログラムは2008年初めに購入できる予定である。今後の情報については，上述の彼らのウェブサイトを訪れてほしい。あるいは，ダン・モリン（daniel.morin@danmorin.com）に連絡してほしい。このプログラムは，複数のレベルの個人情報や家族情報，ジェノグラムの共通言語を用いた大きなデータベースを作成する可能性を秘めている。

　ジェノグラムが作成されると自動的にデータベースが上書きされるソフトウェアは，ジェノグラムを用いた量的研究に驚くべき新たな可能性を拓いた。家族療法の分野は研究の遅れについて批判されてきた。その理由は，家族療法の研究が途方もなく複雑で，個人の心理的プロセスについての研究よりも幾何学的に困難だからである。加えて，家族療法の文化は一般的に研究に価値を置かず，多くの家族療法の研究者はエビデンスに基づいたモデルや方法論について訓練を受けていない（Sprenkle, 2003）。データベースつきのジェノグラム・ソフトウェアの開発は，この状況を劇的に変化させるだろう。それは臨床家と研究者の協働の新しい可能性を拓く。なぜなら，臨床のツールが初めて，強力な研究のツールにもなるからである。それは研究者と臨床家の伝統的な疎遠に橋を架ける。研究者と臨床家は，クライエントのデータを収集するときに異なる目的をもっていた。臨床家はそのときどきで臨床的に適切であることを行いたいと思っている。一方，研究者は大規模なデータを効率的に研究するために測定可能な方法でデータを収集したいと思っている。研究者は数値やマニュアル化された治療に関心がある。一方，臨床家は治療のアートに関心がある。今や，家族のものすごく複雑なデータを記録するために臨床家にもっともよく使われているツールが，研究のためにも利用できるようになる。これは，家族に関する研究データに貢献するために，臨床家と患者が特別な書式に記入したり，研究のために用意されたインタビューに参加したりする必要がなくなることを意味している。その代わり，研究者は臨床家が用いるデータを研究できるようになる。それは家族が自分たちの歴史や経験について語るたびに，セッション毎に刷新される。データを収集するツールとしてのジェノグラムは，常にあらゆる質問紙より優れている。なぜなら，最初のアセスメントで収集されたデータが，別の家族メンバーの記憶によって確認されたり，詳細に述べられたりするたびに，繰り返し修正されるからである。今では，この豊富なデータを集約した形で研究することができる。臨床の場面で繰り返し収集される家族パターンについて，臨床で得たより正確な情報に基づいて研究することが可能なのである。

　ジェノグラムのデータベースを用いた研究のシナリオを考えてみよう。データベースには，家族メンバーの年齢（生きている人の年齢と亡くなった人の死去年齢），対人関係，出生地，民族，身体機能と精神機能，教育，職業，宗教，性的指向，収入，臨床家が必要と判断したその他のあらゆる情報が記録されている。

　研究者が特定のテーマを追跡できるジェノグラムのデータベースを想像してほしい――

たとえば,「乳がんとサポート・ネットワーク」など。ジェノグラムにその情報が描き込まれているならば,数回のクリックで,すべての乳がん患者のジェノグラムを特定し,家族や親戚のネットワークのサポートのレベルを比較することが可能だろう。研究者は友人ネットワークの継時的変化を追跡したり,前世代にさかのぼって歴史的な経験を調べたりすることもできる。医療上の問題は,家族のサポートのレベル,ネットワークの関係,その他の危険因子の可能性,患者と家族が利用できる経済的資源の観点からアセスメントすることができる。また,以前の家族の歴史,前世代の強みと資源といった観点から検討できる(たとえば,彼女の祖母とその家族はその問題にどのように取り組んだのか。など)。

研究者はほぼすべてのテーマを選択できる。たとえば,ジェノグラムのサンプルを見て,民族,職業,結婚歴,性的指向に関連した薬物依存のパターンを追跡しようと判断するかもしれない。あるいは,薬物依存と医療上の問題,身体障害,対人関係の問題の相関を検討することもできる。家族の断絶と薬物依存,あるいは薬物依存と身体的虐待／性的虐待のテーマを見たいと判断するかもしれない。データベースの利点は,臨床家が利用可能な限りの情報を入力し,セッションごとに詳細を追加できることである。そして,クライエントのために,あるいは臨床家の探究のために,ある属性をオンまたはオフにして多様な課題を強調しながら,すべての情報をデータベースに保存したままにすることができる。

倫理的および法的な問題

プライバシーを保護する倫理的義務と,医学的そして心理社会的な研究において調査協力者のインフォームド・コンセントを得ることは,標準的な手続きである。しかしながら,情報に家族メンバーが含まれる場合に生じる責任については,特別な配慮が必要となる。実際,このことは家族の家系図を公開する際に明らかになった個人情報に関する懸念事項となり,倫理的問題や訴訟を引き起こしている(Botkin, 2001; Botkin, McMahon, Smith, & Nash, 1998; Frankel & Teich, 1993)。インフォームド・コンセントは患者から日常的に得られているが,ジェノグラムで言及されたすべての家族メンバーの同意が必要とされるならば,意味のある研究を行うことは不可能であろう。それにもかかわらず,家族メンバーが同意していない個人情報を保持しているデータベースは,深刻な倫理的問題をもたらす。ソフトウェアは臨床家が治療のために完全で正確な情報を保持しなければならないが,研究のデータベースは個人情報を隠すための体系的な方法が必要である。家族メンバーの名前を削除するだけでなく,研究者はすべての関係者のプライバシーを守るために予防措置を取らなければならない。

要約すると,ジェノグラムは20年以上にわたって研究に用いられてきたが,その可能性は十分に開花していない。マニュアル化された質問とデータベースを備えたコンピュー

タ化されたジェノグラムは，体系的な研究のための大きな機会を創出するだろう。私たちの見解では，ジェノグラムは家族システムの臨床的アセスメントや研究に利用できる最良のツールにほかならない。

付録

　講師や臨床家の便宜のために，この付録はジェノグラム作成の際の重要な素材や骨格となるフォーマットを概略する。内容は以下の通り。

● ジェノグラム作成のための記号の標準化についての概略
● ジェノグラム・インタビューを行うときの要点
● ジェノグラムを解釈するときの要点

第1部
ジェノグラムのフォーマット

記号
　基本となる家族メンバーと家族構成を表現するために使われる。ジェノグラムには，家族と一緒に暮らしていた，あるいは家族メンバーを世話していた，重要人物（血縁なし）も含まれるべきである。

家族の相互作用のパターン
　関係性の示し方は任意である。関係性の相互作用のパターンを別のシートに描くことを好む臨床家もいるだろう。ジェノグラムのなかでは最も客観性の低い情報であるが，臨床家が覚えておきたい関係性のパターンを示す鍵となる標識かもしれない。

病歴
　ジェノグラムは家族を方向づける地図であるため，最も重要な要素を優先させることが肝心である。大きな病気や慢性疾患や主な問題だけを記入する。必要であれば，日付を書き込む。適切な場合は，DSMの分類や一般的な略語（たとえば，ガンならCA，心臓発作ならCVA）を使う。

家族に関するその他の情報

家族に関する特に重要なその他の情報もジェノグラムに記入すべきである。

- 民族的背景と移住の日付
- 宗教，改宗
- 学歴
- 職業，失業中
- 兵役
- 退職
- 法律上のトラブル
- 身体的虐待，性的虐待，近親姦
- 肥満（人物の右下にO）
- アルコール依存，薬物依存
- 喫煙（人物の右下にS）
- 家族メンバーが家を離れた日付（LH 93／93 年に家を離れる）
- 家族メンバーの現住所
- その文化で主に使用される言語を話すことの困難（人物の右下にL）

ジェノグラムの下方を空欄にして，その他の重要な情報を記入すると役に立つ。ジェノグラム作成後に起きた重大な出来事，家族構成の変化，家族の大きな問題や変化についての仮説や注釈も含まれる。そうした注釈には必ず日付を記入する。ジェノグラムに情報を増やし過ぎると複雑で読みにくくなるため，最小限にとどめるべきである。

第2部
簡易ジェノグラム・インタビューの要点

現在の問題から始める
- 家族は今どのような援助を求めてきたのか。
- 問題はいつから始まったのか。
- 問題に気づいたのは誰か。
- 家族メンバーは問題をどのように捉えているか。
- 家族メンバーはどのように対処しているのか。

- 問題が起きる以前の家族の関係性は。
- 問題は関係性を変化させたか。どのように。
- 問題が続くならば，何が起きるだろうか。

世帯の状況に関する質問に移る
- 世帯に誰が住んでいるか。（名前，年齢，ジェンダー）
- どのような関係性か。
- 他の家族メンバーはどこに住んでいるか。
- 以前に家族のなかで似たような問題が起きたことはあるか。
- 過去にどのような解決策を試みたか。セラピー。入院。医師の診察，宗教関連のヘルパー，家族メンバー。
- 最近，家族のなかで何が起きたか。
- 最近，変化やストレスはあったか。

原家族に関する情報を集める
- 両親と継父母（名前，年齢，職業，婚姻状況，健康状態，命日，死去の理由）
- きょうだい（名前，年齢，出生順，職業，婚姻状況，子ども，健康状態，死の理由）

世代を超えた質問
- 祖父母（名前，年齢，職業，婚姻状況，健康状態，命日，死去の理由）

文化的な変数
- 家族メンバーが受け継いだ文化的な伝統
- 家族メンバーの宗教や精神的指向
- 家族の移住の歴史
- 家族のなかのジェンダー役割と規則

ライフイベントと個人の機能
- トラウマとなる死，早過ぎる死
- 疾患や仕事上の問題といったストレッサー
- 医学的問題，心理的問題
- 依存
- 法律上の問題（逮捕，専門資格の喪失，訴訟の現在の状況）
- 仕事場あるいは学校での業績や困難

家族の関係性
- 家族メンバーの誰かと特に親密か。人の心を読む能力はあるか。
- 深刻な衝突や断絶はあるか。
- 夫婦関係の質，親子関係の質，きょうだい関係
- 身体的虐待，心理的虐待，性的虐待

家族の強みとバランス
- **家族の役割**｜誰が介護者か。誰が病気か。いい人と悪い人。成功者と失敗者。あたたかい人と冷たい人，よそよそしい人，汚い人。
- **家族のレジリエンス**｜希望の源泉は何か。ユーモア，忠誠心，勇気，知性，あたたかさ。
- **リソースとつながる力**｜愛情，友人，コミュニティ，お金，宗教的コミュニティ，仕事など。

第3部
ジェノグラムの解釈

家族構成と構造
カップルの構成
- 一人親世帯は，明らかな喪失という問題に加えて，孤独感，経済的逼迫，育児負担などにより，ストレスが高くなる場合がある。
- どちらか一方あるいは両方の親が死別ないし離婚後に再婚した再婚世帯は，親権，面会交流，リソースのアンバランス，嫉妬，えこひいき，忠誠葛藤，継親葛藤，継きょうだい間葛藤などが問題となりやすい。

きょうだい
- 出生順は，家族のなかにおける感情面そして関係面の役割に関連する場合がある。たとえば，長子は過剰に責任感が強く，実直で，親のようになりがちである。末っ子は甘やかされて育ち，子どもっぽいかもしれない。一人っ子は独立心が強く，仲間関係に向いておらず，早い年齢で大人っぽくなり，ときに不安が高く，長子のように両親の注目を集めることが多い。長子以外のすべての子どもは，自分自身のために居場所を作るなんらかの方法を見出さなければならない。
- きょうだいの誕生と，その当時に家族のなかで他に何が起きていたか。たとえば，

その誕生は喪失の直前だろうか。あるいは直後だろうか。（そうした状況によって，喪失を置き換えようとしたり，埋め合わせようとしたりすることを試みる場合がある）
- 子どもに対する家族の期待あるいは「計画」
- ジェンダーに対する親の態度と偏見。男性の方が優先的な立場を与えられるのか。あるいは，女性は。ジェンダーによって家族のなかに同盟があるだろうか。

ライフサイクルのなかの家族の位置

ジェノグラムを解釈する際，個人と家族が全体としてライフサイクルのどこに位置づけられるのかを把握したくなるだろう。家族は，原家族からの自立，結婚，出産，育児，退職など，一連の段階や移行期を経て前進していく。各段階を通過するとき，家族は自らを再組織化し，次の段階へと上手に移行する必要がある。移行期でパターンに柔軟性が欠けていると，家族は次の段階に適応することが困難になる（Carter & McGoldrick, 2004）。

臨床家は，家族が適応しようとしているのは，ライフサイクルのどの移行期なのか，そして，家族が過去のライフサイクルの移行期の出来事にどのように適応してきたのかを記録すべきである。家族がさまざまな段階をどのように経てきたかという観点から見て，年齢や日付の辻褄が合わない場合は，ライフサイクルのその段階に対処する際の困難の可能性を探究できる。たとえば，成人した子どもが家を離れていない場合，ライフサイクルの新しい段階を始める困難があるかどうかを探究したくなるだろう。あるいは，喪失の直後に結婚している場合，それは未解決の悲嘆という課題を解く鍵となるかもしれない。

世代を超えて繰り返されるパターン

家族のパターンはある世代から次の世代へと連鎖するので，以下の領域に見られる，世代を超えたパターンに注意を怠らないようにしなければならない。

機能のパターン

この家族の機能の仕方は以前の世代にも見られるだろうか。そうしたパターンは適応的だろうか（創造性，レジリエンス，強さ），不適応的だろうか（暴力，児童虐待，アルコール依存，自殺）。

関係性のパターン

世代を超えて繰り返される，親密，疎遠，断絶，衝突のパターンを探す。たとえば，子どもに対抗して，母親と父親が同盟を組んで「三角」関係を形成するパターンが繰り返されているかもしれない。

家族内の立場に関するパターン

以前の世代の家族メンバーと似たような立場にいる人は，同じパターンを繰り返す傾向

がある。たとえば，20代を刑務所で過ごした男性の一人息子は，父親のパターンを繰り返し，20代を刑務所で過ごすかもしれない。あるいは，再婚する人は，自分が育った家族と似たような家族配置を形成するかもしれない。この要因は，同じパターンを繰り返すなかで，対人関係に影響を及ぼすかもしれない。

家族の役割と機能のバランス

うまく機能している家族では，家族メンバーの特徴は互いに補い合う傾向がある。たとえば，社交的なパートナーは家庭的な配偶者によって，責任感の強い長子はおおらかな末っ子によって，バランスがとれているかもしれない。ある人の役割と性格は，他の人と補い合っている。

しかし，ジェノグラムがバランスの欠如を示す場合がある。たとえば，あまりに多くの人が「世話役」という同じ役割を競い合ったり，一人の人が責任を負い過ぎたりする場合がある。アルコール依存症者が世話役と結婚すると，うまく補い合っているように思えるかもしれないが，この状況は世話役にしわ寄せがかかり過ぎている。夫と妻，兄弟と姉妹，有色人種と白色人種の間で，階級，能力，親によるえこひいき，家族の価値観などによって，パワーのアンバランスが示されているかもしれない。バランスの欠如が見られた場合，家族がそれにどのように対処しているのか，そして，より公平なバランスを生み出すために，それを変化させることの意味を探りたい。

文　献

※書誌は三つのセクションに分かれている。最初は「引用文献」，2番目は「テーマ別参考文献」，3番目は姓でアルファベット順に並べた「評伝」である。

引用文献

Ahrons, C. (1998). *The good divorce.* New York: Harper Paperbacks.

Alexander, D., & Clark, S. (1998). Keeping "the family" in focus during patient care. In P. D. Sloane, L. M., Slat, P. Curtis, & M. H. Ebell (Eds.), *Essentials of family medicine* (3rd ed., pp. 25-39). Baltimore: Williams & Wilkins.

Ali, T. (1985). *An Indian dynasty.* New York: Putnam.

Almeida, R., Messineo, T., Woods, R., & Font, R. (1998). The cultural context model. In M. McGoldrick (Ed.), *Revisioning family therapy: Race, culture and gender in clinical practice.* New York: Guilford.

Altshuler, S. J. (1999, November/December). Constructing genograms with children in care: Implications for casework practice. *Child Welfare,* (6), 777-790.

Anderson, J. L. (1997). *Che Guevara: A revolutionary life.* New York: Grove Press.

Andrews, J. D. (1998). *Young Kennedys: The new generation.* New York: Avon.

Anzieu, D. (1986). *Freud's self analysis.* Madison, CT: International Universities Press.

Appignanesi, L., & Forrester, J. (1992). Freud's women. New York: Basic.

Baird, A., & Grant, D. (1994). Families and health. In R. B. Taylor, K. David, T. Johnson, Jr., D. M. Phillips, & J. E. Scherger (Eds.), *Family medicine principles and practice* (4th ed., pp. 10-15). New York: Springer-Verlag.

Baird, A., & Grant, W D. (1998). Families and health. In R. B. Taylor, K. David, T. A. Johnson, Jr., D. M. Phillips, & J. E. Scherger (Eds.), *Family medicine principles and practice* (5th ed., pp. 26-31). Baltimore: Williams & Wilkins.

Bannerman, C. (1986). The genograms and elderly patients. *Journal of Family Practice,* 23,426-427.

Barth, J. C. (1993). *It runs in my family: Overcoming the legacy of family illness.* New York: Brunner/Maze!.

Bateson, C. (1984). *With a daughter's eye.* New York: William Morrow.

Beitin, B. K., & Allen, K. R. (2005). Resilience in Arab American couples after September 11, 2001: A systems perspective. *Journal of Marital & Family Therapy,* 31(3),25-267.

Bepko, C. S., & Krestan, J. (1985). *The responsibility trap: Women and men in alcoholic families.* New York: Free Press.

Bernikow, L. (1980). *Among women.* New York: Harper & Row.

Blumenthal, R. (2006). Hotel log hints' as illicit desire that Dr. Freud didn't repress. *NY Times,* Dec. 24, pp. 1,4.

Botkin, J. R. (2001). Protecting the privacy of family members in , survey and pedigree research. *Journal of the American Medical Association,* 285(2),207-211.

Botkin, J. McMahon, Smith, R., & Nash, J. E. (1998). Privacy and confidentiality in the publication of pedigrees. *Journal of the American Medical Association,* 279(22), 1808-1812.

Bowen, (1978). *Family therapy in clinical practice.*

New York: Jason Aronson.

Boyd-Franklin, (1989). *Black families in therapy: A multisystems approach*. New York: Guilford.

Boyd-Franklin, (2006). *Black families in therapy: Understanding African-Amel/'ican experience* (2nd ed.). New York: Guilford.

Bradt, J. (1980). *The family diagram*. Washington DC: Groome Center.

Bragg, M. (1990). *Richard Burton: A life*. New York: Warner.

Brodie, F. M. (1974). *Thomas Jefferson: An intimate history*. New York: Norton.

Burke, J. L., & Faber, P. (1997). A genogrid for couples. *Journal of Gay and Lesbian Social Services*, 7(1), 13-22.

Callas, J. (1989). *Sisters*. New York: St. Martin's.

Campbell, C. (1998). *The real Diana*. New York: St. Martin's Press.

Campbell, T. L., McDaniel, S. H., Cole-Kelly, K., Hepworth, J., & Lorenz, A. (2002). Family interviewing: A review of the literature in primary care. *Family Medicine*, 34(5), 312-318).

Caplow, T. (1968). *Two against one. Coalitions in triads*. Englewood Cliffs, NJ: Prentice Hall.

Carson, C. (Ed.). (2001). *The autobiography of Martin Luther King*. New York: Warner.

Carter, B., & McGoldrick, M. (2005a). Coaching at various stages of the life cycle. In B. Carter & M. McGoldrick (Eds.), *The expanded family life cycle: Individual, family and social perspectives* (3rd ed., pp. 436-454). Boston: Allyn & Bacon.

Carter, B., & McGoldrick, M. (Eds.). (2005b). *The expanded family life cycle: Individual, family and social perspectives: Classic edition*. Boston: Allyn & Bacon.

Carter, E. A. (1978). Transgenerational scripts and nuclear family stress: Theory and clinical implications. In R. R. Sager (Ed.), *Georgetown family symposium* (Vol. 1975-77). Washington, DC: Georgetown University.

Christie-Seely, J. (1986). *A diagnostic problem and family assessment. Journal of Family Practice*, 22, 329-339.

Clinton, B. (2005). *My life*. New York: Vintage.

Clinton Kelley, V, with J. Morgan (1994). *Leading with my heart: My life*. New York: Pocket Books.

Cohler, B. A., Hosteler, J., & Boxer, A. (1998). In D. McAdams & E. de St. Aubin (Eds.), *Generativity and adult development: Psychosocial perspective on caring and contributing to the next generation*. Washington, DC: American Psychological Association Press.

Colon, F. (1973). *In search of ones past: An identity trip*. Family Process, 12(4), 429-438.

Colon, F. (1978). Family ties and child placement. *Family Process*, 17, 189-312.

Colon, F. (1998). The discovery of my multicultural identity. In M. McGoldrick. (Ed.), *Revisioning family therapy: Race, culture and gender in clinical practice* (pp. 200-214). New York: Guilford.

Colon-Lopez, F. (2005). *Finding my face: Memory of a Puerto Rican American*. Victoria, BC, Canada: Trafford Publishing.

Congress, E. P. (1994). The use of culturagrams to assess and empower culturally diverse families. *Families in Society*, 75(9), 531-540.

Coupland, S. K., & Serovich, J. M. (1999, December). Effects of couples' perceptions of genogram construction on therapeutic alliance and session impact: A growth curve analysis. *Contemporary Family Therapy*, 21(4), 551-572.

Coupland, S. K., Serovich, J., & Glenn, J. E. (1995). Reliability in constructing genograms: A study among marriage and family therapy doctoral students. *Journal of Marital and Family Therapy*, 21, 251-264.

Crouch, M. A. (1986). Working with one's own family: Another path for professional development. *Family Medicine*, 18, 93-98.

Crouch, M., & Davis, T. (1987). Using the genogram (family tree) clinically. In M. A. Crouch & L. Roberts (Eds.), *The family in medical practice: A family systems primer* (pp. 174-192).

New York: Springer-Verlag.

Crouch, M. A. (1989). A putative ancestry of family practice and family medicine: Genogram of a discipline. *Family Systems Medicine, 7(2),* 208-212.

Darkenwald, G. G., & Silvestri, K. (1992). Analysis and assessment of the Newark literacy campaign: A report to the Ford Foundation. (Grant #915-0298).

Daughhetee, C. (2001). Using genograms as a tool for insight in college counseling. *Journal of College Counseling,* 4(1), 73-76.

Davis, 0., & Dee, R. (2000). *With Ossie and Ruby: In this life together.* New York: Harper Collins.

Dean, P. H. (1989). Paul Robeson. In E. Hill (Ed.), *Black heroes: Seven plays* (pp. 277-354). New York: Applause Theatre.

Donn, L. (2001). *The Roosevelt cousins.* New York: Knopf.

Dumas, C. A., Katerndahl, D. A., & Burge, S. K. (1995). Familial patterns in patients with infrequent panic attacks. *Archives of Family Medicine, 4,* 862-867.

Dunn, A. B., & Dawes, S. J. (1999). Spiritually-focused genograms: Keys to uncovering spiritual resources in African-American families. *Journal of Multicultural Counseling & Development,* 27(4),240-255.

Dunn, A. B., & Levitt, M. M. (2000, July). The genogram: From diagnostics to mutual collaboration. *Family Journal: Counseling & Therapy for Couples & Families,* 8(3). 236-244.

Eissler, K. R. (1978). *Sigmund Freud: His life in pictures and words.* New York: Helen & Kurt Wolff, Harcourt Brace, Jovanovich.

Elder, G. (1986). Military times and turning points in mens' lives. *Developmental Psychology,* 22,233-245.

Elder, G. (1992). Life course. In E. Borgatta & M. Borgatta (Eds.), *Encyclopedia of sociology* (Vol 3, pp. 1120-1130), New York: Macmillan.

Elder, G. H., Jr. (1977). Family history and the life course. *Journal of Family History,* 22,279-304.

Ellenberger, H. F. (1970). *The discovery of the unconscious: The history and evolution of dynamic psychiatry.* New York: Basic.

Engel, G. (1975). The death of a twin: Mourning and anniversary reactions: Fragments of 10 years of self-analysis. *International Journal of Psychoanalysis,* 56(1),23-40.

Erikson Bloland, S. (1999, November). Frame: The power and cost of a fantasy. *Atlantic Monthly,* 51-62.

Fields, J. (2003). America's families and living arrangements: 2003. *Current Population Reports. P20-553.* Washington, DC: U.S. Census Bureau.

Fink, A. H., Kramer, L., Weaver, L. L., & Anderson, J. (1993). More on genograms: Modifications to a model. *Journal of Child and Adolescent Group Therapy,* 3,203-266.

Fogarty, T (1975). Triangles. *The Family Journal,* 2, 11-19. New Rochelle, NY: Center for Family Learning. .

Folwarski, J. (1998). No longer an orphan in history. In M. McGoldrick (Ed.); *Revisioning family therapy* (pp. 239-252). New York: Guilford.

Fonda, J. (2006). *My life so far.* New York: Random House.

Fonda, P. (1998). *Don't tell dad.* New York: Hyperion.

Foster, M. A., Jurkovic, G. J., Ferdinand, L. G., & Meadows, L. A. (2002, January). Impact of the genogram on couples: A manualized approach. *Family Journal: Counseling & Therapy for Couples & Families,* 10(1), 34-40.

Frame, M. W. (2000a). Constructing religious/spiritual genograms. In R. E. Watts (Ed.). *Techniques in marriage and family counseling, Vol. 1. The family psychology and counseling series* (pp. 69-74). Alexandria, VA: American Counseling Assoc.

Frame, M. W (2000b). The spiritual genogram in family therapy. *Journal of Marital and Family Therapy,* 26(92), 211-216.

Frame, M. W (2001, April). The spiritual genogram in training and supervision. *Family Journal: Counseling & Therapy for Couple & Families,* 9(2), 109-115.

Frankel, M. S., & Teich, A. H. (Eds.) (1993). *Ethical and legal issues in pedigree research.* Washington, DC: Directorate for Science and Policy Programs, American Association for the Advancement of Sciences.

Freeman, E. L., & Strean, H. S. (1981). *Freud and women.* New York: Fredrick Ungar.

Freire, P. (1994). *The pedagogy of hope.* New York: Continuum.

Freud, E. L. 1960. *The letters of Sigmund Freud.* New York: Basic.

Freud, S. (1988). *My three mothers and other passions.* New York: New York University Press.

Friedman, H., Rohrbaugh, M., & Krakauer, S. (1988). The timeline genogram: Highlighting temporal aspects of family relationships. *Family Process,* 27, 293-304.

Friedman, L. J. (1999). *Identity's architect.* New York: Scribner.

Friesen, P., & Manitt, J. (1991). Nursing the remarried family in a palliative care setting. *Journal of Palliative Care,* 6(4), 32-39.

Garrett, R. E., Klinkman, M., & Post, L. (1987). If you meet Buddha on the road, take a genogram: Zen and the art of family medicine. *Family Medicine,* 19, 225-226.

Gelb, A., & Gelb, B. (1987). *O'Neill.* New York: Harper & Row.

Genogram-Maker Millennium (2007). Online at *www.genogram.org.*

GenoPro (2007). Online at *www.genopro.com.*

Gewirtzman, R. C. (1988). The genogram as a visual assessment of a family's fugue. *Australian Journal of Sex, Marriage and Family,* 9, 37-46.

Gibson, D. (2005). The use of genograms in career counseling with elementary, middle, and high school students. *Career Development Quarterly,* 53, 353-362.

Gordon, J. S., Staples, J. K., Blyta, A., & Bytyqi, M. (2004). Treatment of posttraumatic stress disorder in postwar Kosovo high school students using mind-body skills groups: A pilot study. *Journal of Traumatic Stress,* 17(2), 143-147.

Granello D. H., Hothersall, D., & Osborne, A. (2000, March). The academic genogram: Teaching for the future by learning from the past: *Counselor Education and Supervision,* 39(3), 177-188.

Grimberg, S. (1997). *Frida Kahlo.* North Dighton, MA: World Publications Group, Inc.

Guerin, P., Fogarty, T. F., Fay, L. F., & Kautto, J. G. (1996). *Working with relationship triangles.* New York: Guilford.

Hardy, K. V, & Laszloffy, T. A. (1995). The cultural genogram: Key to training culturally competent family therapists. *Journal of Marital and Family Therapy,* 21(3), 227-237.

Harmon, A. (2006, June 11). Who's your great-great-great-great-granddaddy? *New York Times,* section 4, p. 1.

Haskins, J. (1978). *Scott Joplin: The man who made ragtime.* Briarcliff Manor, NY: Scarborough.

Hays, E. R. (1967). *The extraordinary Blackwells.* New York: Harcourt Brace.

Hayden, T. (Ed.) (1998). *Irish hunger.* Boulder, CO: Roberts Reinhart.

Hayden, T. (2001). *Irish on the inside: In search of the soul of Irish America.* New York: Verso.

Hernandez, M., & McGoldrick, M. (2005). Migration and the family life cycle. In B. Carter & M. McGoldrick (Eds.), *The expanded family life cycle, Classic Edition* (pp. 169-174). Boston: Allyn & Bacon.

Hines, P.M. (2005). The family life cycle of African-American families living in poverty. In B. Carter & M. McGoldrick (Eds.), *The expanded family life cycle: Individual, family and social perspectives* (pp. 327-345). Boston: Allyn & Bacon.

Hockley, J. (2000). Psychosocial aspects in palliative

care: Communicating with the patient and family. *Acta oncologica,* 39(8), 905-910.

Hodge, D. R. (2000, April). Spiritual ecomaps: new diagrammmatic tool for assessing marital and family spirituality. *Journal of Marital and Family Therapy,* 26(2),217-228.

Hodge, R. (2001 January/February). Spiritual genograms: generational approach to assessing spirituality. *Families in Society,* 82(1), p. 35-48.

Hodge, D. (2005a). Spiritual life maps: client-centered pictorial instrument for spiritual assessment, planning, and intervention. *Social Work,* 50,77-87.

Hodge, D. (2005b). Spiritual ecograms: A new assessment instrument for indentifying clients' spiritual strengths in space and across time. *Familys in Society,* 86, 287-296.

Hof, L., & Berman, E. (1986). The sexual genogram. *Journal of Marital and Family Therapy,* 12(1), 39-47.

Holmes, H., & Masuda, M. (1974). Life change and illness susceptibility. In B. S. Dohrenwend & B. Dohrenwend (Eds.), *Stressfullife events: Their nature and effects* (pp. 45-72). New York: Wiley.

Holmes, T. & Rahe, (1967). The social adjustment rating scale. *Journal of Psychosomatic Research,* 11, 213-218.

Horn, (1980). Family ties: The Blackwells, a study in the dynamics of family life in nineteenth century America, (Ph.D. Dissertation, Tufts University).

Horn, (1983). Sisters worthy of respect: Family dynamics and women's roles in the Blackwell family. *Journal of Family History,* 8(4), 367-382.

Huygen, F.J. A. (1982). *Family medicine: The medical life history of families.* New York: Brunner/Mazel.

Imber Black, E. (Ed.). (1993). *Secrets in families and family therapy.* New York: Norton.

Imber Black, E. (1998). *The secret life of families.* New York: Bantam.

Ingersoll-Dayton, B., & Arndt, B. (1990). Uses of the genogram with the elderly and their families. *Journal of Gerontological Social Work,* 15(1-2), 105-120.

Johnson, P. (2005). *George Washington: Founding father.* New York: Harper Collins.

Jolly, W M., Froom, J., & Rosen, M. G. (1980). The genogram. *Journal of Family Practice, 10(2), 251-255.* Jones, E. (1953, 1954, 1955). *The life and work of Sigmund Freud* (3 volumes.). New York: Basic.

Jordan, K. (2004). The color-coded timeline traumagenogram. *Brief Treatment and Crisis Intervention,* 4(1), 57-70.

Jordan, K. (2006). The scripto-trauma genogram: An innovative technique for working with trauma survivors' intrusive memories. *Brief Treatment and Crisis Intervention,* 6(1), 36-51.

Kerr, M. E., & Bowen, M. (1988). *Family evaluation.* New York: Norton.

Krull, M. (1986). *Freud and his father.* New York: Norton.

Kuehl, B. P. (1995). The solution-oriented genogram: A collaborative approach. *Journal ofMarital and Family Therapy,* 21(3), 239-250.

Laird, J. (1996). Family-centered practice with lesbian and gay families. *Families in Society: Journal of Contemporary Human Services,* 77(9), 559-572.

Lerner, H. (1990). *The dance of intimacy.* New York: Harper Collins.

Lerner, H. (1994). *The dance of deception.* New York: Harper Collins.

Lerner, H. (1997). *The dance of anger.* New York: Harper Collins.

Lerner, H. (2002). *The dance of connection.* New York: Harper Collins.

Lerner, H. (2005). *The dance of fear.* New York: Harper Collins.

Like, R. C., Rogers, J., & McGoldrick, M. (1988). Reading and interpreting genograms: A systematic approach. *Journal of Family Practice,* 26(4), 407-412.

Lipset, D. (1980). *Gregory Bateson: The legacy of a*

scientist. Englewood Cliffs, NJ: Prentice.

Maccoby, E. E. (1990). Gender and relationships: A developmental account. *American Psychologist*, 45(4), 513-520.

Malott, K. M., & Magnuson, S. (2004). Using genograms to facilitate undergraduate students' career development: A group model. *The Career Development Quarterly*, 53(4), pp. 178-186.

Mann, W J. (2006). *Kate: The woman who was Hepburn.* New York: Henry Holt.

Maraniss, D. (1995). *First in his class: The biography of Bill Clinton.* New York: Touchtone.

Masson, J. (Ed.). (1985). *The complete letters of Sigmund Freud to Wilhelm Fleiss: 1887-1904.* Cambridge, MA: Belnap.

Masson, J. (1992). *The assault on truth.* New York: Harper Collins.

Massey, R. F., & Dunn, A. B. (1999). Viewing the transactional dimensions of spirituality through family prisms. *Transactional Analysis Journal*, 29(2), 113-129.

McGill, D. M. (1992). The cultural story in multicultural family therapy. *Families in Society: Journal of Contemporary Human Services*, 73, 339-349.

McGoldrick, M. (1989). Sisters. In M. McGoldrick, C. Anderson, & F. Walsh (Eds.), *Women in families* (pp. 244-266). New York: Norton.

McGoldrick, M. (1995). *You can go home again: Reconnecting with your family.* New York: Norton.

McGoldrick, M. (1996). *The legacy of unresolved loss: A family systems approach.* New York: Norton.

McGoldrick, M. (Ed.). (1998). *Revisioning family therapy: Race, culture and gender in clinical practice.* New York: Guilford.

McGoldrick, M., Broken Nose, M., & Potenza, M. (2005). Violence and the family life cycle. In B. Carter & M. McGoldrick (Eds.), *The expanded family life cycle: Individual, family and social perspectives, Classic edition* (pp. 470-491). Boston: Allyn & Bacon.

McGoldrick, M., & Carter, B. (2005a). Self in context: The individual life cycle in systemic perspective. In B. Carter & M. McGoldrick (Eds.), *The expanded family life cycle: Individual, family and socialperspective, Classic edition* (pp. 27-46). Boston: Allyn & Bacon.

McGoldrick, M., & Carter, B. (2005b). Remarried families. In B. Carter & M. McGoldrick (Eds.), *The expanded family life cycle: Individual, family and social perspectives, Classic edition* (pp. 417-435). Boston: Allyn & Bacon.

McGoldrick, M., & Garcia-Preto, N. (2005). Cultural assessment. In M. McGoldrick, J. Giordano, & N. Garcia-Preto (Eds.), *Ethnicity and family therapy* (3rd ed., pp. 757-763). New York: Guilford.

McGoldrick, M., Giordano, J., &. Garcia-Preto, N. (Eds.). (2005). *Ethnicity and family therapy* (3rd ed.). New York: Guilford.

McGoldrick, M., Loonan, R., & Wolsifer, D.(2006). Sexuality and culture. In S. R. Leiblum (Ed.), *Principles and practice of sex therapy* (4th ed., pp. 416-441). New York: Guilford.

McGoldrick, M., & Walsh, F. (2004). A time to mourn: Death and the family life cycle. In F. Walsh & M. McGoldrick (Eds.), *Living beyond loss* (2nd ed., pp. 27-46). New York: Norton.

McGoldrick, M., & Watson, M. (2005). Siblings through the life cycle. In B. Carter & M. McGoldrick (Eds.), *The expanded family life cycle: Individual, family and social perspectives, Classic edition* (pp. 153-168). Boston: Allyn & Bacon.

McIlvain, H., Crabtree, B., Medder, J., Strange, K. C., & Miller, W L. (1998). Using practice genograms to understand and describe practice configurations. *Family medicine, 30(7)*, 490-496. McMillen, J. C., & Groze, V. (1994). Using placement genograms in child welfare practice. *Child Welfare*, 73(4), 307-318.

Medalie, J. (1978). *Family medicine: Principles and applications.* Baltimore: Williams & Wilkins.

Milewski-Hertlein, K. A. (2001, January/February). The use of a socially constructed genogram in clinical practice. *American Journal of Family Therapy*, 29(1), 23-28.

Moon, S. M., Coleman, V. D., McCollum, E. E., Nelson, T. S., & Jensen-Scott, R. L. (1993). Using the genogram to facilitate career decisions: A case study. *Journal of Family Psychology*, 4, 45-56.

Mullins, M. C., & Christie-Seely, J. (1984). Collecting and recording family data: The genogram. In J. Christie-Seely (Ed.), *Working with the family in primary care* (pp. 79-81). New York: Praeger.

Nabokov, V (1959). *The real life of Sebastian Knight*. Norfolk, CT: New Directions.

Niederhauser, V. P. & Arnold, M. (2004). Assess health risk status for intervention and risk reduction. *Nurse Practitioner*, 29(2), 35-42.

Oestreich, J. R. (2006, February). The asterisks tell the story: What tangled webs operas can weave. That's where a five page diagram comes in. *New York Times,* p. C2.

Olsen, S. Dudley-Brown, S., & McMullen, P. (2004). Case for blending pedigrees, genograms, and ecomaps: Nursings' contribution to the "big picture." *Nursing & Health Sciences,* 6(4),295-308.

Papp, P., Silverstein, 0., & Carter, E. A. (1973). Family sculpting in preventive work with well families. *Family Process,* 12(25), 197-212.

Paul, N., & Paul B. B. (1986). *A marital puzzle*. New York: Norton.

Peluso, P. (2003). The ethical genogram: A tool for helping therapists understand their ethical decision-making roles. *The Family Journal,* 11(3), 286-291.

Petry, S. S. (2006). The impact on male therapists treating sex offenders: A phenomenological study with a focus on gender, race, and ethnicity. *Dissertation Abstracts International: SectionB: The Sciences and Engineering,* 66(9-B), 5143-5367.

Petry, S. S., & McGoldrick, M. (2005). Genograms in assessment and therapy. In G. P. Koocher, J. C. Norcross, & S. ,S. Hill (Eds.), *The psychologists' desk reference* (2nd ed., pp. 366-373).

Piercy, F. P., & Benson, K. (2005). Aesthetic forms of data representation in qualitative family therapy research. *Journal of Marital & Family Therapy,* 31(1), 107-119.

Pinderhughes, E. (1998). Black genealogy revisited: Restorying African-American family. In M. McGoldrick (Ed.), *Revisioning family therapy: Race, culture, and gender in clinical practice* (pp. 179-199). New York: Guilford.

Rainsford, G. L., & Schuman, S. H. (1981). The family in crisis': A case study of overwhelming illness and stress. *Journal of the American Medical Association,* 246(1), 60-63.

Rakel, R. E. (1977). *Principles of family medicine*. Philadelphia: WB. Saunders.

Rigazio-DiGilio, S. A, Ivey, A. E., Kunkler-Peck, K. P., & Grady, L. T. *(2005). Community genograms: Using individual, family, and cultural narratives with clients.* New York: Teachers College Press.

Roazen, P. (1993). *Meeting Freud's family*. Amherst, MA: University of Massachusetts Press.

Robeson, P. (1988). *Here I stand*. Boston: Beacon.

Robinson, J. (1972). *I never had it made*. New York: Putnam.

Robinson, S. (1996). *Stealing home*. New York: Harper-Collins.

Rogers, J. C. (1990). Completion and reliability of the self-administered genogram (SAGE). *Family Practice,* 7, 149-151.

Rogers, J. C. (1994a). Can physicians use family genogram information to identify patients at risk of anxiety or depression? *Archives of Family Medicine,* 3, 1093-1098.

Rogers, J. C. (1994b). Impact of a screening family genogram on first encounters in primary care. *Journal of Family Practice,* 4, 291-301.

Rogers, J. C., & Cohn, P. (1987). Impact of a screening family genogram on first encounters in primary care. *Journal of Family Practice,* 4,291-301.

Rogers, J. C., & Durkin, M. (1984). The semi-structured genogram interview: 1. Protocol, 11.

Evaluation. *Family Systems Medicine, 2(25),* 176-187.

Rogers, J. C., Durkin, M., & Kelly, K. (1985). The family genogram: An underutilized clinical tool. *New Jersey Medicine,* 82(11), 887-892.

Rogers, J. C., & Holloway, R. (1990). Completion rate and reliability of the self-administered genogram (SAGE). *Family Practice,* 7, 149-51.

Rogers, J. C., Rohrbaugh, M., & McGoldrick, M. (1992). Can experts predict health risk from family genograms? *Family Medicine,* 24, 209~215.

Rohrbaugh, M., Rogers, J. C., & McGoldrick, M. (1992). How do experts read family genograms? *Family Systems Medicine, 10(1), 79-89.*

Satir, V. (1988). *New peoplemaking.* Palo Alto, CA: Science and Behavior Books.

Scharwiess, S. O. (1994). Step-sisters and half-brothers: A family therapist's view of German unification and other transitional processes. *Contemporary Family Therapy,* 16(3), 183-197.

Scherger, J. E. (2005). The end of the beginning: The redesign imperative in family medicine. *Family Medicine,* 37(7), 513-516.

Schoeninger, D. (2007). *Cultural legacies.* Manuscript in preparation.

Scrivner, R., & Eldridge, N. S. (1995) Lesbian and gay family psychology. In R. H. Mikesell, D. Lusterman, & S. McDaniel (Eds.), *Integrating family therapy: Handbook of family psychology and systems therapy* (pp. 327-345). Washington, DC: American Psychological Association.

Shellenberger, S., Shurden, K. W, & Treadwell, T. W (1988). Faculty training seminars in family systems, *Family Medicine, 20, 226-227.*

Shellenberger, S., Watkins Couch, K., & Drake, M. (1989). Elderly family members and their caregivers: Characteristics and development of the relationship. *Family Systems and Health,* 7, 317-322.

Sherman, M. H. (1990). Family narratives: Internal representations of family relationships and affective themes. *Infant Mental Health Journal,* 11, 253-258.

Shernoff, M. J. (1984). Family therapy for lesbian and gay clients. *Social Work,* 39, 393-396.

Shields, C. G., King, D. A., & Wynne, L. C. (1995). Interventions with later life families. In R. H. Mikesell, D. Lusterman, & S. McDaniel (Eds.), *Integrating family therapy: Handbook of family psychology and systems therapy* (pp. 141-158). Washington, DC: American Psychological Association.

Sloan, P. D., Slatt, L. M., Curtis, P., & Ebell, M. (Eds.). (1998). *Essentials of family medicine* (2nd ed.). Baltimore: Williams & Wilkins.

Sprenkle, D. (2003). Effectiveness research in marriage and family therapy: Introduction. *Journal of Marital & Family Therapy,* 29(1), 85-96.

Sproul, M. S., & Gallagher, R. M. (1982). The genogram as an aid to crisis intervention. *Journal of Family Practice,* 14(55), 959-960.

Steinglass, P., Bennett, L., Wolin, S., & Reiss, D. (1987). *The alcoholic family.* New York: Basic.

Sulloway, F. J. (1996). *Born to rebel: Sibling relationships, family dynamics and creative lives.* New York: Pantheon.

Swales, P. (1982). Freud, Minna Bernays, and the conquest of Rome: New light on the origins of psychoanalysis. *The New American Review,* 1(2/3), 1-23.

Swales, P. (1986). *Freud, his origins and family history.* UMDNJ-Robert Wood Johnson Medical School. November 15.

Taylor, R. B., David, A. K., Johnson, T. A., Jr., Phillips, D. M., & Scherger, J. E. (Eds.). (1998). *Family medicine principles and practice* (5th ed.). Baltimore: Williams & Wilkins.

Thomas, A. J. (1998)e . Understanding culture and worldview in family systems: Use of the multicultural genogram. *The Family Journal: Counseling and Therapy for Couples and Families,* 6(1), 24-31.

Tjaden, P., & Thoennes, N. (2000). *Full report of the prevalence, incidence, and consequences of violence against women* (Research Report). Washington, DC: National Institute of Justice and the Centers for Disease Control Prevention.

Toman, W. (1976). *Family constellation* (3rd ed.). New York: Springer.

Tomson, P. (1985). Genograms in general practice. *Journal of the Royal Society of Medicine Supplement,* 78(8), 34-39.

Troncale, J. A. (1983). The genogram as an aid to diagnosis of distal renal tubular acidosis. *Journal of Family Practice,* 17, 707-708.

Wachtel, E. F. (1982). The family psyche over three generations: The genogram revisited. *Journal of Marital and Family Therapy,* 8(35), 335-343.

Wallechinsky, D., & Wallace, I. (1975). *The people's almanac.* New York: Harper & Row.

Walsh, F. (Ed.). (2003). *Normal family processes* (3rd ed.). New York: Guilford.

Walsh, F. (1995). From family damage to family challenge. In R. H. Mikesell, D. D. Lusterman, & S. McDaniel (Eds.), *Integrating family therapy: Handbook of family psychology and systems therapy* (pp. 587-606). Washington, DC: American Psychological Association.

Walsh, F. (2006). *Strengthening family resilience* (2nd ed.). New York: Guilford.

Walsh, F. (Ed.). (1999). *Spiritual resources in family therapy.* New York: Guilford.

Watson, M. (1998). African-American sibling relationships. In M. McGoldrick (Ed.), *Revisioning family therapy: Race, culture and gender in clinical practice* (pp. 282-294). New York: Guilford.

Wattendorf, D. J., & Hadley, M. S. (2005). Family history: The three generation pedigree. *American Family Physician,* 72(3), 441-448.

Watts Jones, D. (1998). Towards an African-American genogram. *Family Process,* 36(4), 373-383.

Weber, T., & Levine, F. (1995). Engaging the family: An integrative approach. In R. H. Mikesell, D. D. Lusterman, & S. McDaniel (Eds.), *Integrating family therapy: Handbook of family psychology and systems therapy* (pp. 45-71). Washington, DC: American Psychological Association.

White, M. (2006). Personal communication.

White, M. B., & Tyson-Rawson, K. J. (1995). Assessing the dynamics of gender in couples and families: The gendergram. *Family Relations,* 44, 253-260.

Widmer, R. B., Cadoret, R. J., & North, C. S. (1980). Depression in family practice: Some effects on spouses and children. *Journal of Family Practice,* 10(1), 45-51.

Wimbush, R B., & Peters, R. M. (2000). Identification of cardiovascular risk: use of a cardiovascular-specific genogram. *Public Health nursing,* 17(3), 148-154.

Wolpert, S. (1996). *Nehru.* New York: Oxford University Press.

Wonderware (2007). Online at *www.interpersonaluniverse.net.*

Wright, L. (1995, August). Double mystery. *New Yorker Magazine,* pp.44-62.

Wright, L. M., & Leahey, M. (2000). *Nurses and families: A guide to family assessment and intervention* (3rd ed.). Philadelphia: R A. Davis.

Wright, L. M., & Leahey, M. (1999). Maximizing time, minimizing suffering: The 15-minute (or less) family interview. *Journal of Family Nursing,* 5(3), 259-274.

Young-Bruel, E. (1988). *Anna Freud: A biography.* New York: Summit.

Zide, M. R., & Gray, S. W. (2000). The solutioning process: Merging the genogram and the solution-focused model of practice. *Journal of Family Social Work,* 4(1), pp. 3-19.

Zimroth, E. (2002). Marilyn at the Mikvah. In Y. Z. McDonough (Ed.), *All the available light: A Marilyn Monroe reader* (pp. 176-183). New York: Simon & Schuster.

テーマ別参考文献

- アセスメント・ジェノグラム・システム理論
  Assessment Genograms and Systems Theory 276
- キャリアカウンセリング
  Career Counseling 278
- 年代記・時間・時間軸
  Chronologies, Time, and Timelines 278
- コーチング／原家族ワーク
  Coaching: Family of Origin Work 278
- コンピュータ化されたジェノグラム
  Computerized Genograms 279
- カップル
  Couples 279
- 文化と人種
  Culture and Race 280
- 離婚と再婚
  Divorce and Remarriage 281
- 薬物とアルコール依存
  Drug and Alcohol Abuse 282
- 家族ライフサイクル
  Family Life Cycle 282
- 子ども
  With Children 283
- 思春期
  With Adolescents 283
- 若年成人
  With Young Adults 283
- 妊娠中の家族
  With Expectant Families 283
- 老年
  With Aging 283
- ファミリープレイ・ジェノグラム
  Family Play Genograms 284
- 里親，養子縁組，児童福祉
  Foster Care, Adoption, and Child Welfare 284
- ジェンダーとジェンダーグラム
  Gender and Gendergrams   284
- さまざまなジェノグラム，エコマップ，系図，ソシオグラム
  Genogram Variations, Ecomaps, Pedigrees, and Sociograms 285
- ヘルスケア，医療，看護，ストレス，疾患
  Healthcare, Medicine, Nursing, Stress, Illness 285
- レズビアンとゲイの家族とネットワーク
  Lesbian and Gay Families and Networks 288
- 喪失，終末期，死とトラウマ
  Loss, Hospice, Death and Trauma 288
- 移民
  Migration 289
- 宗教／スピリチュアリティ
  Religion/Spirituality 290
- ジェノグラムの研究
  Research on Genograms 291
- 学校およびより大きなシステム
  Schools and Other Larger Systems 292
- きょうだい
  Siblings 292
- スーパーヴィジョンとトレーニング
  Supervision and Training 294
- さまざまなセラピー
  Therapy From Multiple Orientations 294
- ジェノグラムのビデオ
  Videotapes on Genograms 295
- 暴力／身体的・性的虐待
  Violence: Physical and Sexual Abuse 295

アセスメント・ジェノグラム・システム理論

Banmen, J. (2002, March). The Satir model: Yesterday and today. *Contemporary Family Therapy*, 24(1), 7-22.

Bowen,.M. (1978). *Family therapy in clinical practice*. New York: Jason Aronson.

Bradt, J. (1980). *The family diagram*. Washington, DC: Groome Center.

Byng-Hall, J. (1995). *Rewriting family scripts*. New York: Guilford.

Caplow, T. (1968). *Two against one: Coalitions in triads*. Englewood Cliffs, NJ: Prentice Hall.

Carter, B., & McGoldrick, M. (Eds.). (2005). *The expanded family life cycle: Individual, family and social perspectives, Classic Edition*. Boston: Allyn & Bacon.

Carter, E. A. (1978). Transgenerational scripts and nuclear family stress: Theory and clinical implications. In R. R. Sager (Ed.), *Georgetown family symposium*. (Vol. III, pp. 1975-1977). Washington, DC: Georgetown University.

Christie-Seely, J. (1986). A diagnostic problem and family assessment, *Journal of Family Practice*, 22, 329-339.

Erdman, H. P., & Foster, S. W (1986). Computer-assisted assessment with couples and families. *Family Therapy*, 13(1),23-40.

Fleck, S. (1994). The family in health and disease. *New Trends in Experimental and Clinical*

*Psychiatry, 10(1),*41-51.

Fogarty, T. (1973). *Triangles. The Family.* New Rochelle. NY: Center for Family Learning.

Forster, J., Gilman, M., Gipson, D., Jackson, P., Reed, A., Wheeler, J., & Wray, M. (2000). On using genograms in therapy and training contexts. *Context,* 49, pp. 9-10.

Galindo, I., Boomer, E., & Reagan, D. (2006). *A family genogram workbook.* Kearney, NE: Morris Publishing.

Guerin, P.J. (Ed.). (1976). *Family therapy.* New York: Gardner.

Guerin, P., Fogarty, T. F., Fay, L. F., & Kautto, J. G. (1996). *Working with relationship triangles.* New York: Guilford.

Guerin, P. J., & Pendagast, E. G. (1976). Evaluation of family system and genogram. In P. Guerin (Ed.), *Family therapy* (pp. 450-464). New York: Gardner.

Haley, A. (1974). *Roots: The saga of an American family.* New York: Doubleday.

Hartman, A. (1995). Diagrammatic assessment of family relationships. *Families in Society,* 76(2), 111-122.

Karpel, M. A. (1994). *Evaluating couples: A handbook for practitioners.* New York: Norton.

Kent-Wilkinson, A. (1999). Forensic family genogram: An assessment and intervention tool. *Journal of Psychosocial Nursing and Mental Health Services,* 37, 52-56.

Kerr, M. E., & Bowen, M. (1988). *Family evaluation.* New York: Norton.

Krasner-Khait, B. (2000, Jan/Feb). Focusing beneath the surface: Genograms add insight to family research. *Ancestry,* 18(1), pp. 28-31.

Lewis, K. G. (1989). The use of color-coded genograms in family therapy. *Journal of Marital and Family Therapy,* 15(2), 169-176.

Lieberman, S. (1979). *Transgenerational family therapy.* London: Croom Helm.

Like, R. C., Rogers, J., & McGoldrick, M. (1988). Reading and interpreting genograms: A systematic approach. *Journal of Family Practice,* 26(4),407-412.

Magnuson, S., & Shaw, H. E. (2003, January). Adaptations of the multifaceted genogram in counseling, training and supervision. *Family Journal: Counseling & Therapy for Couples & Families,* 2(1), 45-54.

Marlin, E. (1989). Genograms. Chicago: Contemporary Books.

McGoldrick, M. (1980). Problems with family genograms. *American Journal of Family Therapy,* 7, 74-76.

McGoldrick, M. (1995). *You can go home again: Reconnecting with your family.* New York: Norton.

McGoldrick, M. (Ed.). (1998). *Revisioning family therapy: Race; culture and gender in clinical practice.* New York: Guilford.

Milewski-Hertlein, K. A. (2001, January/February). The use of a socially constructed genogram in clinical practice. *American Journal of Family Therapy,* 29(1), 23~38.

Papadopoulos, L., Bor, R., & Stanion, P. (1997). Genograms in counselling practice. *Counselling Psychology Quarterly,* 10(1) 17-28.

Pendagast, E. G., & Sherman, C. O. (1977). A guide to the genogram. *The Family,* 5, 3-14.

Petry, S. S., & McGoldrick, M. (2003). Genograms in assessment and therapy. In G. P. Koocher, J. C. Norcross, & S. S. Hill (Eds.), *The psychologists' desk reference* (2nd ed., pp. 366-373). New York: Oxford University Press.

Richardson, R. W (1987). *Family ties that bind: A self-help guide to change through family of origin therapy* (2nd ed.). Bellingham, WA: Self Counsel Press.

Satir, V (2000). *Conjoint family therapy.* Palo Alto, CA: Science and Behavior Books.

Satir, V (1988). *New people making.* Palo Alto, CA: Science and Behavior Books.

Stanion, P., Papadopoulos, L., & Bor, R. (1997). Genograms in counselling practice. *Counselling*

Starkey, P. J. (1981). Genograms: A guide to understanding one's own family system. *Perspectives in Psychiatric Care*, 19, 164-173.

Stone, E. (1988). *Black sheep & kissing cousins: How our family stories shape us.* New York: Times Books.

Tomson, P. (1985). Genograms in general practice. *Journal of the Royal Society of Medicine Supplement*, 78(8), 34-39.

Van Treuren, R. R. (1986). Self perception in family systems: A diagrammatic technique. *Social Casework*, 67(5), 299-305.

Visscher, E. M., & Clore, E. R. (1992). The genogram: A strategy for assessment. *Journal of Pediatric healthcare*, 6, 361-367.

Wachtel, E. F. (1982). The family psyche over three generations: The genogram revisited. *Journal of Marital and Family Therapy*, 8(35), 335-343.

Walsh, F. (2003). *Normal family processes: Growing diversity and complexity* (3rd ed.). New York: Guilford.

Weber, T., & Levine, F. (1995). Engaging the family: An integrative approach. In R. H. Mikesell, D. D. Lusterman, & S. McDaniel (Eds.), *Integrating family therapy: Handbook of family psychology and systems therapy* (pp. 45-71). Washington, DC: American Psychological Association.

キャリアカウンセリング

Gibson, D. (2005). The use of genograms in career counseling with elementary, middle, and high school students. *Career Development Quarterly*, 53, 353-362.

Heppner, M. j., O'Brien, K. M., Hinkelman, J. M., & Humphrey, C. F. (1994). Shifting the paradigm: The use of creativity in career counseling. *Journal of Career Development*, 21(2), 77-86.

Magnuson, S. (2000, October). The professional genogram: Enhancing professional identity and clarity. *Family Journal: Counseling & Therapy for Couples & Families*, 8(4), 299-401.

Malott, K. M., & Magnuson, S. (2004). Using genograms to facilitate undergraduate students' career development: A group model. *Career Development Quarterly*, 53(4), pp. 178-186.

Moon, S. M., Coleman, v D., McCollum, E. E., & Nelson, T S. (1993). Using the genogram to facilitate career decisions: A case study. *Journal of Family Psychotherapy*, 4(1), 45-56.

Okiishi, R. W (1987). The genogram as a tool in career counseling. *Journal of Counseling and Development*, 66(3), 139-143.

Splete, H., & Freeman-George, A. (1985). Family influences on the career development of young adults. *Journal of Career Development*, 12(1), 55-64.

年代記・時間・時間軸

Elder, G. H., Jr. (1977). Family history and the life course. *Journal of Family History*, 22, 279-304.

Elder, G. (1986). Military times and turning points in mens' lives. *Developmental Psychology*, 22, 233-245.

Elder, G. (1992). Life course. In E. Borgatta & M. Borgatta (Eds.), *Encyclopedia of sociology* (VoL 3, pp. 1120-1130). New York: Macmillan.

Hodge, D. R. (2005). Spiritual ecograms: A new assessment instrument for identifying clients' spiritual strengths in space and across time. *Families in Society*, 86, 287-296.

Jewett, C. (1982). *Helping children cope with separation and loss.* Harvard, MA: Harvard Common Press.

Stanton, M. D. (1992). The time line and the "why now?" question: A technique and rationale for therapy, training, organizational consultation and research. *Journal of Marital and Family Therapy*, 18(4), 331-343.

コーチング／原家族ワーク

Bowen, M. (1978). *Family Therapy in Clinical Practice.* New York: Jason Aronson.

Carter, B. (1991). Death in the therapist's own family. In M. McGoldrick, C. Anderson, & F. Walsh (Eds.), *Living beyond loss: Death in the family* (pp. 273-283). New York: Norton.

Carter, B., & McGoldrick, M. (2005). Coaching at various stages of the life cycle. In B. Carter & M. McGoldrick (Eds.), *The expanded family life cycle: Individual, family, and social perspectives* (3rd ed. pp. 436-454).

Boston: Allyn & Bacon. , Colon, F. (1973). In search of one's past: An identity trip. *Family Process,* 12(4), 429-438.

Colon, F. (1998). The discovery of my multicultural identity. In M. McGoldrick (Ed.), *Revisioning family therapy: Race, culture and gender in clinical practice* (pp. 200-214). New York: Guilford.

Colon, F. (2005). *Finding my face: Memoir of a Puerto Rican-American.* New York: Trafford.

Crouch, M. A. (1986). Working with one's own family: Another path for professional development. *Family Medicine,* 18, 93-98.

Ferber, A. (Ed.), (1972). *The book of family therapy.* New York: Science House.

Folwarski, J. (1998). No longer an orphan in history. In M. McGoldrick (Ed.), *Revisioning family therapy* (pp. 239-252). New York: Guilford.

Friedman, E. H. (1987). The birthday party revisited: Family therapy and the problem of change. In P. Titelman (Ed.), *The therapist's own family* (pp. 163-188). New York: Jason Aronson.

Herz, F. (Ed.). (1994). *Reweaving the family tapestry.* New York: Norton.

Lerner, H. (1990). *The dance of intimacy.* New York: Harper Collins.

Lerner, H. (1994). *The dance of deception.* New York: Harper Collins.

Lerner, H. (1997). *The dance of anger.* New York: Harper Collins.

Lerner, H. (2002). *The dance of connection.* New York: Harper Collins.

Lerner, H. (2005). *The dance of fear.* New York: Harper Collins.

Lowenstein, S. F. (1982). A feminist perspective. *Education and methods for clinical practice.*

Mahboubi, J., & Searcy, A. (1998). Racial unity from the perspective of personal family history: Where black or white entered our families. In McGoldrick (Ed.), *Revisioning family therapy: Race, culture, and gender in clinical practice* (pp. 229-238). New York: Guilford.

McGoldrick, M. (1998). Belonging and liberation. Finding a place called "home." In McGoldrick (Ed.), *Revisioning family therapy: Race, culture, and gender in clinical practice* (pp. 215-228). New York: Guilford.

McGoldrick, M., & Carter, B. (2001). Advances in coaching: Family therapy with one person. *Journal of Marital and Family Therapy, 27(3),* 281-300.

Pinderhughes, E. (1998). Black genealogy revisited: Restorying African-American family. In M. McGoldrick (Ed.), *Revisioning family therapy: Race, culture, and gender- in clinical practice* (pp. 179-199). New York: Guilford.

コンピュータ化されたジェノグラム

Chan, D. H., Donnan, S. P. B., Chan, N., & Chow, G. (1987). A microcomputer-based computerized medical record system for a general practice teaching clinic. *Journal of Family Practice,* 24, 537-541.

Ebell, M., & Heaton, C. (1988). Development and evaluation of a computer genogram. *Journal of Family Practice,* 27, 536-538.

Gerson, R., & McGoldrick, M. (1985). The computerized genogram. *Primary Care,* 12, 535-545.

カップル

Carter, B. (1996). *Love, honor and negotiate: Making your marriage work.* New York: Pocket Books.

Coupland, S. K., & Serovich, J. M. (1999, December). Effects of couples' perceptions of genogram construction on therapeutic alliance and session impact: A growth curve analysis. *Contemporary Family Therapy,* 21(4),551-572.

Evans, C., & Stewart-Smith, S. (2000). Looking backwards, looking forward. *Context: The History and Future of Transgenerational Family Therapy,* 49, 23-24.

Foster, M. A., Jurkovic, G. J., Ferdinand, L. G., & Meadows, L. A. (2002, January). The impact of the genogram on couples: A manualized approach. *Family Journal: Counseling & Therapy for Couples & Families,* 10(1), 34-40.

Gerson, R., Hoffman, S., Sauls, S., & Ulrici, M. (1993). Family-of origin frames in couples therapy. *Journal of Marital and Family Therapy,* 19, 341-354.

Golden, E., & Mohr, R. (2000, July). Issues and techniques for counseling long-term, later-life couples. *Family Journal: Counseling & Therapy for Couples & Families,* 8(3), 229-235.

Hof, & Berman, E. (1986). The sexual genogram. *Journal of Marital and Family Therapy,* 12(1), 39-47.

McGoldrick, M., & Garcia Preto, N. (1984). Ethnic intermarriage: Implications for therapy. *Family Process,* 23(3), 347-364.

McGoldrick, M., Loonan, R., & Wolsifer, D. (2006). Sexuality and culture. In S. R. Leiblum (Ed.), Principles and practice of sex therapy (4th ed., pp. 416-441). New York: Guilford.

Paul, N., & Paul, B. B. (1986). *A marital puzzle.* New York: Norton.

Peluso, P. R. (2003). The technical genogram: A tool for helping therapists understand their ethical decision-making styles. *The Family Journal: Counseling and Therapy for Couples and Families,* 11(3), 286-291.

Scarf, M. (1987). *Intimate partners: Patterns in love and marriage.* New York: Random House.

Sherman, R. (2000). The intimacy genogram. In R. E. Watts (Ed.), *Techniques in marriage and family counseling, 1/01. 1. The family psychology and counseling series* (pp. 81-84). Alexandria, VA: American Counseling Association.

Wood, N. S., & Stroup, H. W (1990). Family systems in premarital counseling. *Pastoral Psychology,* 39(2), 111-119.

文化と人種

Boyd-Franklin, N. (1995). Therapy with African-American inner city families. In R. H. Mikesell, D. Lusterman, & S. McDaniel (Eds.), *Integrating family therapy: Handbook of family psychology and systems therapy* (pp. 357-371). Washington, DC: American Psychological Association.

Boyd-Franklin, N. (2006). *Black families in therapy: Understanding African-American experience* (2nd ed.). New York: Guilford.

Congress, E. P. (1994, November). The use of culturagrams to assess and empower culturally diverse families. *Families in Society,* 531-540.

Draper, C. V (1999). Intra familial skin color socialization, racial identity attitude, and psychological well-being in African-American women. Dissertation Abstracts International: Section B: The Sciences & Engineering. 60 (I-B), July, 0363. US, Univ, Microfilms International.

Dunn, A. B, & Dawes, S. J. (1999). Spiritually-focused genograms: Keys to uncovering spiritual resources in African-American families. *Journal of Multicultural Counseling & Development,* 27(4), 240-255.

Eddington, A. (1998). Moving beyond white guilt. *Transformation,* 13(3), 2-7.

Estrada, A. U., & Haney, P. (1998). Genograms in a multicultural perspective. *Journal of Family Psychotherapy,* 9(2), 55-62.

Frame, M. W (1996, October). Counseling African-Americans: Integrating spirituality in therapy. *Counseling & Values,* 41(1), pp. 16-29.

Hardy, K. V, & Laszloffy, T. (1992). Training racially sensitive family therapists: Context, content and contact. *Families in Society, 73(6),* 363-370.

Hardy, K. V, & Laszloffy, T. A. (1995). The cultural genogram: Key to training culturally competent family therapists. *Journal of Marital and Family Therapy*, 21(3), 227-237.

Hodge, D. R. (2004a). Social work practice with Muslims in the United States. In A. T. Morales & B. W Sheafor (Eds.), *Social work: A profession of many faces* (10th ed., pp. 443-469). Boston: Allyn & Bacon.

Hodge, D. R. (2004b). Working with Hindu clients in a spiritually sensitive manner. *Social Work*, 49, 27-38.

Hodge, D. R., & Williams, T. R. (2002). Assessing African-American spirituality with spiritual eco-maps. *Families in Society*, 83,585-595.

Kaslow, F. (1995, September). Descendants of holocaust victims and perpetrators: Legacies and dialogue. *Contemporary Family Therapy*, 275-290.

Keiley, M. K., Dolbin, M., Hill, J., Karuppaswamy, N., Liu, Ting Natrajan, R., Poulsen, S., Robins, N., & Robinson, P. (2002, April). The cultural genogram: Experiences from within a marriage and family therapy training program. *Journal of Marital and Family Therapy*, 28(2), 165-178.

Kelly, G. D. (1990). The cultural family of origin: A description of a training strategy. *Counselor Education and Supervision*, 30(1), 77-84. Lappin, J. (1983). On becoming a culturally conscious family therapist. *Family Therapy Collections*, 6, 122-136.

McGill, D. M. (1992). The cultural story in multicultural family therapy. Families in Society: *Journal of Contemporary Human Services*, 73, 339-349.

McGoldrick, M., Giordano, J., & Garcia-Preto, N. (Eds.). (2005). *Ethnicity and family therapy* (3rd ed.). New York: Guilford.

McIntosh, P. (1998). White privilege: Unpacking the invisible knapsack. In M. McGoldrick (Ed.), *Revisioning family therapy: Race, culture and gender in clinical practice* (pp. 147-152). New York: Guilford.

Odell, M., Shelling, G., Young, K. S., Hewett, D. H., et al. (1995). The skills of the marriage and family therapist in straddling multicultural issues. *American Journal of Family Therapy*, 22(2), 145-155.

Parnell, M., & Vanderkloot, J. (1992). Mental health services 2001: Serving a new America. *Journal of Independent Social Work*, 5(3-4), 183-203.

Poole, D. L. (1998). Politically correct or culturally competent? *Health & Social Work*, 23(3), 163-167.

Preli, R., & Bernard, J. M. (1993). Making multiculturalism relevant for majority culture graduate students. *Journal of Marital and Family Therapy*, 19(1), 5-16.

Rigazio-DiGilio, .S. A., Ivey, A. E., Kunkler-Peck, K. P., & Grady, L. T. (2005). *Community genograms: Using individual, family, and cultural narratives with clients*. New York: Teachers College Press.

Salgado de Bernal, C., & Alvarez-Schwarz, M. (1990). The genogram as a training instrument for family therapists. *Revista Latinoamericana de Psicologia*, 22(3), 385-420.

Scharwiess, S. O. (1994). Step-sisters and half-brothers: A family therapist's view of German unification and other transitional processes. *Contemporary Family Therapy*, 16(3), 183-197.

Thomas, A. J. (1998). Understanding culture and worldview in family systems: Use of the multicultural genogram. *The Family Journal: Counseling and Therapy for Couples and Families*, 6(1), 24-31.

Watts Jones, D. (1998). Towards an African-American genogram. *Family Process*, 36(4), 373-383.

Woodcock, J. (1995). Healing rituals with families in exile. *Journal of Family Therapy*, 17(4), 397-409.

離婚と再婚

Friesen, P., & Manitt, J. (1991). Nursing the remarried family in a palliative care setting. *Journal of Palliative Care*, 6(4), 32-39.

McGoldrick, M., & Carter, B. (2005). Remarried families. In B. Carter & M. McGoldrick (Eds.),

The expanded family life cycle: Individual, family and social perspectives. (3rd ed., pp. 417-435). Boston: Allyn & Bacon.

Peck, J. S. (1988). The impact of divorce on children at various stages of the family life cycle. *Journal of Divorce,* 12(2-3), 81-106.

Sager, C. J., Brown, H. S., Crohn, H., Engel, T., Rodstein, E., & Walker, L. (1983). *Treating the remarried family.* New York: Brunner/Mazel.

薬物とアルコール依存

Barthwell, A. G. (1995). Alcoholism in the family: A multicultural exploration. In M. Galanter (Ed.), *Recent developments in alcoholism: Vol. 12: Alcoholism and women* (pp. 387-407). New York: Plenum.

Bepko, C. S., & Krestan, J. (1985). *The responsibility trap: Women and men in alcoholic families.* New York: Free Press.

Dardia, T. (1989). *The thirsty muse: Alcohol and the American writer.* New York: Tichnor & Fields.

Darmsted, N., & Cassell, J. L. (1983). Counseling the deaf substance abuser. *Readings in Deafness,* 7, 40-51.

Hurst, N. C., Sawatzky, D. D., & Pare, D. P. (1996). Families with multiple problems through a Bowenian lens. *Child Welfare, 75(6),* 693-708.

Nowinski, J., & Baker, S. (1998). *The twelve-step facilitation handbook: A systematic approach to early recovery from alcoholism and addiction.* San Francisco: Jossey-Bass.

Stanton, M. D., & Heath, A. W (1995). Family treatment of alcohol and drug abuse. In R. H. Mikesell, D. D. Lusterman, & S. McDaniel (Eds.), *Integrating family therapy: Handbook of family psychology and systems therapy* (pp. 529-541). Washington, DC: American Psychological Association.

Steinglass, P., Bennett, L., Wolin, S., & Reiss, D. (1987). *The alcoholic family.* New York: Basic.

Vukov, M. G., & Eljdupovic, G. (1991). The Yugoslavian drug addict's family structure. *International Journal of the Addictions,* 26(4), 415-422.

Wolin, S. J., Bennett, L. A., & Jacobs, J. S. (1988). Assessing family rituals in alcoholic families. In E. Imber-Black, J. Roberts, & R. Whiting (Eds.), *Rituals in families and family therapy* (pp. 230-256). New York: Norton.

家族ライフサイクル

Campbell, T. L., McDaniel, S. H., Cole-Kelly, K., Hepworth, J., & Lorenz, A. (2002). Family interviewing: A review of the literature in primary care. *Family Medicine,* 34(5), 312-318.

Erlanger, A. (1997). Changing roles and life cycle transitions. In T. D. Hargrave & C. Midori Hanna (Eds.), *The aging family: New visions in theory, practice, and reality* (pp. 163-177), New York: Brunner/Mazel.

Gerson, R. (1995). The family life cycle: Phases, stages and crises. In R. Mikesell, D. Lusterman, & S. McDaniel (Eds.), *Integrating family therapy: Handbook of family psychology and systems therapy* (pp. 91-111). Washington, DC: American Psychological Association.

McAdams, D., & de St. Aubin, (Eds.), *Generativity and adult development: How and why we care for the next generation.* Washington, DC: American Psychological Association.

Hadley, T., Jacob, T., Miliones, J., Caplan, J., & Spitz, D. (1974). The relationship between family developmental crises and the appearance of symptoms in a family member. *Family Process,* 13, 207-14.

McGoldrick, M. (2005). History, genograms and the family life cycle: Freud in context. In B. Carter & M. McGoldrick (Eds.), *The expanded family life cycle: Individual, family and social perspectives* (3rd ed., pp. 47-68). Boston: Allyn & Bacon.

Norris, J. E., & Tindale, J. A. (1994). *Among generations: The cycle of adult relationships.* New York: W H. Freeman.

子ども

Altshuler, S. J. (1999, November/December). Constructing genograms with children in care: Implications for casework practice. *Child welfare,* 78(6), 777-790.

Carr, A. (1997). Involving children in family therapy and systemic consultation. *Journal of Family Psychotherapy,* 5(1),41-59.

Fink, A. H., Kramer, L., Weaver, L. L., & Anderson, J. (1993). More on genograms: Modifications to a model *Journal of Child & Adolescent Group Therapy,* 3(4),203-206.

Goodyear-Brown, P. (2001). The preschool play geno-game. In H. G. Kaduson & C. E. Schaefer (Eds.), *101 more favorite therapy techniques* (pp. 225-228). Northvale, NJ: Jason Aronson.

思春期

Cole-Kelly, K., & Kaye, D. (1993). Assessing the family. In M. I. Singer, L. T. Singer, & Anglin (Eds.), *Handbook for screening adolescents at psychosocial risk* (pp. 1-40). New York: Macmillan.

若年の成人

Daughhetee, C. (2001). Using genograms as a tool for insight in college counseling. *Journal of College Counseling.* 4(1), 73-76.

Magnuson, S. (2000, October). The professional genogram: Enhancing professional identity and clarity. *Family Journal: Counseling & Therapy for Couples & Families,* 8(4), 299-401.

Malott, K. & Magnuson, S. (2004). Using genograms to facilitate undergraduate students' career development: A group model. *The Career Development Quarterly,* 53(4), 178-186.

Santa Rita, E., & Adejanju, M. G. (1993). The genogram: Plotting the roots of academic success. *Family Therapy,* 20(1), 17-28.

Splete, & Freeman-George, A. (1985). Family influences on the career development of young adults. *Journal of Career Development,* 12(1), 55-64.

Vinson, (1995). Employing family therapy in group counseling with college students: Similarities and a technique employed in both. *Journal for Specialists in Group Work,* 20(4), 240-252.

妊娠中の家族

Condon, J.J. (1985). Therapy of the expectant family: The fetus as a force to be reckoned with. *Australian & New Zealand Journal of Family Therapy,* 6(2), 77-81.

Evans, C., & Stewart-Smith, S. (2000). Looking backwards, looking forward. *Context,* 49, 23-24.

Holtslander, L. (2005). Clinical application of the IS-minute family interview: Addressing the needs of postpartum families. *Journal of Family Nursing,* 11(1), 5-18.

老年

Bannerman, C. (1986). The genogram and elderly patients. *Journal of Family Practice,* 23(5), 426-428.

Erlanger, M. A. (1990). Using the genogram with the older client. *Journal of Mental Health Counselling,* 12(3), 321-331.

Golden, E., & Mohr, R. (2000, July). Issues and techniques for counseling long-term, later-life couples. *Family Journal: Counseling & Therapy for Couples & Families,* 8(3), 229-235.

Gwyther, L. (1986). Family therapy with older adults. *Generations, 10(3),* 42-45.

Ingersoll-Dayton, B., & Arndt, B. (1990). Uses of the genogram with the elderly and their families. *Journal of Gerontological Social Work,* 15(1-2), 105-120.

Shellenberger, S., Watkins-Couch, K., & Drake, M. A. (1989). Elderly family members and their caregivers: Characteristics and development of the relationship. *Family Systems Medicine,* 7(3), 317-322.

Shields, C. G., King, D. A., & Wynne, L. C. (1995). Interventions with later life families. In R. H. Mikesell, D. Lusterman, & S. McDaniel (Eds.), *Integrating family therapy: Handbook of family psychology and systems therapy* (pp. 141-

158). Washington, DC: American Psychological Association.

ファミリープレイ・ジェノグラム

Gil, E. (2003). Play genograms. In C. E. Sorit & L. L. Hecker (Eds.), *The therapist's notebook for children and adolescents: Homework, handouts, and activities for use in psychotherapy* (pp. 97-118): New York: Haworth Press.

Goodyear-Brown, P. (2001). The preschool play geno-game. In H. G. Kaduson & C. E. Schaefer (Eds.), *101 more favorite therapy techniques* (pp. 225-228). Northvale, NJ: Jason Aronson.

Petry, S. S., & McGoldrick, M. (2005). Genograms in assessment and therapy. In G. P. Koocher, J. C. Norcross, & S. S. Hill (Eds.), *The psychologists' desk reference* (2nd ed., pp. 366-373). New York: Oxford University Press.

里親，養子縁組，児童福祉

Allen, M. (1990). *Training materials for post adoption family therapy.* Iowa City, IA: National Center on Family Based Resources.

Altshuler, S. J. (1999, November/December). Constructing genograms with children in care: Implications for casework practice. *Child welfare,* 78(6), 777-790.

Colon, F. (1978). Family ties and child placement. *Family Process,* 17, 289-312.

Finch, R., & Jaques, P. (1985). Use of the genogram with adoptive families. *Adoption and Fostering,* 9(3), 35-41.

Flashman, M. (1991). Training social workers in public welfare: Some useful family concepts. *Journal of Independent Social Work,* 5(3-4), 53-68.

Groze, V., Young, J., & Corcran-Rumppe, K. (1991). *Post adoption resources for training, networking and evaluation services (PARTNERS): Working with special needs adoptive families in stress.* Washington DC: Department of Health and Human Services.

Hoyle, S. G. (1995). Long-term treatment of emotionally disturbed adoptees and their families. *Clinical Social Work Journal,* 23(4), 429-440.

McMillen, J. C., & Groze, V. (1994). Using placement genograms in child welfare practice. *Child welfare,* 73(4), 307-318.

Pinderhughes, E. E., & Rosenberg, K. (1990). Family-bonding with high-risk placements: A therapy model that promotes the process of becoming a family. In L. M. Glidden (Ed.), *Formed families: Adoption of children with handicaps* (pp. 209-230). New York: Haworth.

Sandmeier, M. (1988). *When love is not enough: How mental health professionals can help special needs adoptive families.* Washington, DC: Child Welfare League of America.

Young, J., Corcoran-Rumppe, K., & Groze, V. K. (1992). Integrating special needs adoption with residential treatment. *Child welfare,* 71(6), 527-535.

ジェンダーとジェンダーグラム

Holmes, S. E., & Anderson, S. A. (1994). Gender differences in the relationship between differentiation experienced in one's family of origin and adult adjustment. *Journal of Feminist Family Therapy,* 6(1), 27-48.

Howe, K. (1990). Daughters discover their mothers through biographies and genograms: Educational and clinical parallels. *Women and Therapy,* 10(1-2), 31-40.

McGoldrick, M. (2005). Women through the family life cycle. In B. Carter & M. McGoldrick (Eds.), *The expanded family life cycle: Individual, family, & social perspectives* (2nd ed., pp. 106-123). Boston: Allyn & Bacon.

McGoldrick, M., Anderson, C., & Walsh, F. (1989). *Women in families: A framework for family therapy.* New York: Norton.

Rekers, G. A. (1985, summer). The genogram: Her story of a woman. *Women & Therapy,* 4(2), 9-15.

Softas-Nall, B. C., Baldo, T D., & Diedemann, T. R. (1999). A gender-based, solution-focused genogram case: He and she across the generations. *The Family Journal,* 7, 177-190.

White, M. B., & Tyson-Rawson, K. J. (1995).

Assessing the dynamics of gender in couples and families: The gendergram. *Family Relations, 44,* 253-260.

さまざまなジェノグラム，エコマップ，系図，ソシオグラム

Burke, J. L., & Faber, P. (1997). A genogrid for couples. *Journal of Gay and Lesbian Social Services,* 7(1), 13-22.

Friedman, H., Rohrbaugh, M., & Krakauer, S. (1988). The timeline genogram: Highlighting temporal aspects of family relationships. *Family Process,* 27, 293-304.

Friesen, P., & Manitt, J. (1991). Nursing the remarried family in a palliative care setting. *Journal of Palliative Care,* 6(4), 32-39.

Hardy, K. V, & Laszloffy, T. A. (1995). The cultural genogram: Key to training culturally competent family therapists. *Journal of Marital and Family Therapy,* 21(3), 227-237.

Hartman, A. (1995). Diagrammatic assessment of family relationships. *Families in Society,* 76(2), 111-122.

Hodge, D. R. (2000, April). Spiritual ecomaps: A new diagrammatic tool for assessing marital and family spirituality. *Journal of Marital and Family Therapy,* 26(2), 217-228.

Hof, L., & Berman, E. (1986). The sexual genogram. *Journal of Marital & Family Therapy,* 12, 39-47.

Holtslander, L. (2005). Clinical application of the IS-minute family interview: Addressing the needs of postpartum families. *Journal of Family Nursing,* 11(1), 5-18.

Lewis, K. G. (1989). The use of color-coded genograms in family therapy. *Journal of Marital & Family Therapy,* 15(2), 169-176.

Magnuson, S., & Shaw, H.E. (2003, January). Adaptations of the multifaceted genogram in counseling, training and supervision. *Family Journal: Counseling & Therapy for Couples & Families,* 2(1), 45-54.

McIlvain, H., Crabtree, B., Medder, J., Strange, K. C., & Miller, W L. (1998). Using ractice genograms to understand and describe practice configurations. Family Medicine, 30(7), 490-496.

Olsen, S., Dudley-Brown, S., & McMullen, P. (2004). Case for blending pedigrees, genograms and ecomaps: Nursing's contribution to the 'big picture.' *Nursing and Health Sciences,* 6, 295-308.

Peluso, P. (2003). The ethical genogram: A tool for helping therapists understand their ethical decision-making roles. *The Family Journal,* 11(3), 286-291.

Praeger, S. C., & Martin, L. S. (1994). Using genograms and ecomaps in schools. *Journal of School Nursing,* 10, 34-40.

Rigazio-DiGilio, S. A, Ivey, A. E., Kunkler-Peck, K. P., & Grady, L. T. (2005). Community genograms: Using individual, family, and cultural narratives with clients. New York: Teachers College Press.

Sherman, R., & Fredman, N. (1986). *Handbook of structural techniques in marriage and family therapy.* New York: Brunner/Mazel.

Watts Jones, D. (1998). Towards an African-American genogram. *Family Process,* 36(4), 373-383.

White, M. B., & Tyson-Rawson, K. J. (1995). Assessing the dynamics of gender in couples and families: The gendergram. *Family Relations,* 44(3), 253-260.

Wright, L. M., & Leahey, M. (1999). Maximizing time, minimizing suffering: The IS-minute (or less) family interview. *Journal of Family Nursing,* 5, 259-274.

Wright, L. M., & Leahey, M. (2000). *Nurses and families: A guide to family assessment and intervention* (3rd ed.). Philadelphia: F. A. Davis.

ヘルスケア，医療，看護，ストレス，疾患

Alexander, D., & Clark, S. (1998). Keeping "the family" in focus during patient care. In P. D. Sloane, L. M. Slatt, P. Curtis & M. H. Ebell (Eds.), *Essentials of family medicine* (3rd ed., pp. 25-39). Baltimore: Williams & Wilkins.

Baird, M. A., & Grant, W D. (1998). Families and health. In R. B. Taylor, A. K. David, T. A. Johnson, Jr., D. M. Phillips, & J. E. Scherger (Eds.), *Family medicine principles and practice* (5th ed., pp. 26-31). Baltimore: Williams & Wilkins.

Barth, J. C. (1993). *It runs in my family: Overcoming the legacy of family illness.* New York: Brunner/Mazel.

Berolzheimer, N., Thrower, S. M., Koch-Hattem, A. (1993). Working with families. In P. D. Sloan, L. M. Slatt, & P. Curtis (Eds.), *Essentials of family medicine* (2nd ed., pp. 19-29). Baltimore: Williams & Wilkins.

Blossom, J. (1991). The personal genogram: An interview technique for selecting family practice residents. *Family Systems Medicine, 9(2),* 151-158.

Campbell, T. L., McDaniel, S. H., Cole-Kelly, K., Hepworth, J., & Lorenz, A. (2002). Family interviewing: A review of the literature in primary care. *Family Medicine,* 34(5), 312-318.

Christie-Seely, J. (1981). Teaching the family system concept in family medicine. *Journal of Family Practice,* 13, 391.

Craddock, N., McGuffin, P., & Owen, M. (1994). Darier's disease cosegregating with affective disorder. *British Journal of Psychiatry, 165(2),* 272.

Crouch, & Davis, T. (1987). Using the genogram (family tree) clinically. In M. A. Crouch & L. Roberts (Eds.), *The family in medical practice: A family systems primer* (pp. 174-192). New York: Springer-Verlag.

Crouch, (1989). A putative ancestry of family practice and family medicine: Genogram of a discipline. *Family Systems Medicine, 7(2),* 208-212.

Doherty, J., & Baird. A. (1983). *Family therapy and family medicine.* New York: Guilford.

Dudley-Brown, S. (2004). The genetic family history assessment in gastroenterology nursing practice. *Gastroenterology Nursing,* 27, 107-110.

Duhamel, F., & Dupuis, F. (2004). Guaranteed returns: Investing in conversations with families of patients with cancer. *Cancer Journal of Nursing,* 8, 68-71.

Engelman, S. R. (1988). Use of the family genogram technique with spinal cord injured patients. *Clinical Rehabilitation,* 2(1), 7-15.

Faucett, C. S. (Ed.). (1993). *Family psychiatric nursing.* St. Louis, MO: Mosby.

Fohs, M. W (1991). Family systems assessment: Interventions with individuals having a chronic disability. *Career Development Quarterly,* 39(4), 304-311.

Fossum, A. R., Elam, C. L., & Broaddus, D. A. (1982). Family therapy in family practice: A solution to psychosocial problems? *Journal of Family Practice,* 15, 461.

Garrett, R. E., Klinkman, M., & Post, L., (1987). If you meet the Buddha on the road, take a genogram: Zen and the art of family medicine. *Family Medicine,* 19, 225-226.

Glimelius, B., Bilgegard, G., Hoffman, K., Hagnebo, C., Krale, G., Nordin, K., Nou, E., Persson, C., & Sjoden, P. (1993). A comprehensive cancer care project to improve the overall situation of patients receiving intensive chemotherapy. *Journal of Psychosocial Oncology,* 11(1), 17-40.

Greco, K. E. (2004). Nursing in the genomic era: Nurturing our genetic nature. *Medsurgical Nursing,* 12, 307-312.

Haas-Cunningham, S. M. (1994). The genogram as a predictor of families at risk for physical illness. *Dissertation Abstracts International, 54(9*b) 4590.

Hockley, J. (2000). Psychosocial aspects in palliative care: Communicating with the patient and family. *Acta oncologica,* 39(8), 905-910.

Holmes, T. & Masuda, (1974). Life change and illness susceptibility. In B. S. Dohrenwend & B. Dohrenwend (Eds.), *Stressful life events: Their nature and effects* (pp. 45-72). New York: Wiley.

Holmes, & Rahe, T. (1967). The social adjustment rating scale. *Journal of Psychosomatic Research,* 11, 1967, 213-218.

Howkins, & Allison, A. (1996). Shared learning for

primary healthcare teams: success story. *Nurse Education Today,* 17(3),225-231.

Huygen, F. J. A. (1982). *Family medicine.* New York: Brunner/Mazel.

Huygen, F.J. A., van den Hoogen, H.J. M., van Eijk,J. T. M., & Smits, A. J. A. (1989). Death and dying: A longitudinal study of their medical impact on the family. *Family Systems Medicine,* 7, 374-384.

Jolly, W. M., Froom,J., & Rosen, M. G. (1980). The genogram. Journal of Family Practice, 10(2),251-255.

Josse, J. (1993, May 1). The use of family trees in general practice. *Postgraduate Update,* 775-780.

Levine, R B. (1997). The girl who went on strike: A case of childhood diabetes. In S. H. McDaniel, J. Hepworth, & WJ. Doherty (Eds.), *The shared experience of illness: Stories of patients, families, and their therapists* (pp. 58-72). New York: Basic.

Liossi, C., Hattira, P., & Mystakidou, K. (1997). The use of the genogram in palliative care. *Palliative Medicine,* 11(6), 455-461.

Massad, R. J. (1980). *In sickness and in health: A family physician explores the impact of illness on the family.* Philadelphia: Smith, Kline & French.

McDaniel, S. (1997). Trapped inside a body without a voice: Two cases of somatic fixation. In S. H. McDaniel, J. Hepworth, & W J. Doherty (Eds.), *The shared experience of illness: Stories of patients, families, and their therapists* (pp. 274-290). New York: Basic.

McDaniel, S. H., Hepworth, J., & Doherty, W J. (1992). *Medical family therapy.* New York: Basic.

McWhinney, I. R. (1981). *An introduction to family medicine.* New York: Oxford University Press.

Medalie, J. H. (1978). *Family medicine: Principles and applications.* Baltimore: Williams & Wilkins.

Milhorn, H. T. (1981). The genogram: A structured approach to the family history. *Journal of the Mississippi State Medical Association,* 22(10), 250-52.

Mullins, M. C., & Christie-Seely, J. (1984). Collecting and recording family data: The genogram. In J. Christie-Seely (Ed.), *Working with the family in primary care* (pp. 179-181). New York: Praeger.

Nieferhauser, V, P. (2004). Assess health risk status for intervention and risk reduction. *The Nurse Practitioner,* 29(2), 35-42.

Norwood, W (1993). An initial exploration through the use of the genogram of the premorbid functioning of families with a person with a head injury. *Dissertation Abstracts International,* 54(3-A), 870.

Penn, P. (1983). Coalitions and binding interactions in families with chronic illness. *Family Systems Medicine,* 1(2), 16-25.

Puskar, K. (1996). Genogram: A useful tool for nurse practitioners. *Journal of Psychiatric and Mental Health Nursing,* 3, 55-60.

Rakel, R. E. (1977). *Principles of family medicine.* Philadelphia: W B. Saunders.

Richards, W R., Burgess, D. E., Peterson, F. R., & McCarthy, D. L. (1993). Genograms: A psychosocial assessment tool for hospice. *Hospital Journal,* 9, 1-12.

Richardson, H. B. (1945). *Patients have families.* New York: Commonwealth Fund.

Rolland, J. (1994). *Families, illness, and disability.* New York: Basic.

Rolland, J. (2005). Chronic illness and the family life cycle. In B.

Carter & M. McGoldrick (Eds.), *The expanded family life cycle: Individual, family and social perspectives* (3rd ed., pp. 492-511). Boston: Allyn & Bacon.

Rosen, G., Kleinman, A., & Katon, W (1982). Somatization in family practice: A biopsychosocial approach. *Journal of Family Practice,* 14, 493.

Schilson, E., Baron, K., & Hudson, A. (1993). Use of genograms in family medicine: A family physician/family therapist collaboration. *Family Systems Medicine,* 11(2), 201-208.

Schmidt, D. D. (1978). The family as the unit of medical care. *Journal of Family Practice, 7*, 303.

Shellenberger, S., & Phelps, G. (1997). When it never stops hurting: A case of chronic pain. In S. H. McDaniel, J. Hepworth, & W J. Doherty (Eds.), *The shared experience of illness: Stories of patients, families, and their therapists* (pp. 231-241). New York: Basic.

Sloan, P. D., Slatt, L. M., Curtis, P., & Ebell, M. (Eds.). (1998). *Essentials of family medicine* (2nd ed.). Baltimore: Williams & Wilkins.

Smilkstein, G. (1984). The physician and family function assessment. *Family Systems Medicine, 2*(3), 263-278.

Stavros, M. K. (1991). Family systems approach to sexual dysfunction in neurologic disability. *Sexuality and Disability, 9*(1), 69-85.

Taylor, R. B., David, A. K., Johnson, T. A., Jr., Phillips, D. M., & Scherger, J. E. (Eds.). (1998). *Family medicine principles and practice* (5th ed., pp. 26-31). Baltimore: Williams & Wilkins.

Wattendorf, D. J., & Hadley, M. S. (2005). Family history: The three generation pedigree. *American Family Physician, 72*(3), 441-448.

Wimbush, F. B., & Peters, R .M. (2000). Identification of cardiovascular risk: Use of a cardiovascular-specific genogram. *Public Health Nursing;* 17(3) 148-154.

Wright, L. M., & Leahey, M. (1999). Maximizing time, minimizing suffering: The IS-minute (or less) family interview. *Journal of Family Nursing, 5*, 259-274.

Wright, L. M., & Leahey, M. (2000). *Nurses and families: A guide to family assessment and intervention* (3rd ed.). Philadelphia: F. A. Davis.

レズビアンとゲイの家族とネットワーク

Lesbian and Gay Families and Networks Burke, J. L., & Faber, P. (1997). A genogrid for couples. *Journal of Gay and Lesbian Social Services,* 7(1), 13-22.

Feinberg, J., & Bakerman, R. (1994). Sexual orientation and three generational family patterns in a clinical sample of heterosexual and homosexual men. *Journal of Gay and Lesbian Psychotherapy,* 2(2), 65-76.

Laird, J. (1996a). Family-centered practice with lesbian and gay families. *Families in Society: Journal of Contemporary Human Services, 77*(9), 559-572.

Laird, J., & Green, R. J. (Eds.). (1996). *Lesbians and gays in couples and families.* San Francisco: Jossey-Bass.

Magnuson, S., Norem, K., & Skinner, C. H. (1995). Constructing genograms with lesbian clients. *The Family Journal: Counseling and Therapy for Couples and Families, 3*, 110-115.

Scrivner, R., & Eldridge, N. S. (1995). Lesbian and gay family psychology. In R. H. Mikesell, D. D. Lusterman, & S. McDaniel (Eds.), *Integrating family therapy: Handbook of family psychology and systems therapy* (pp. 327-345). Washington, DC: American Psychological Association.

Shernoff, M. J. (1984). Family therapy for lesbian and gay clients. *Social Work, 39*, 393-396.

Slater, S. (1995). *The lesbian family life cycle.* New York: Free Press.

Weinstein, D.L. (1993). Application of family therapy concepts in the treatment of lesbians and gay men. *Journal of Chemical Dependency Treatment, 5*(1), 141-155.

喪失, 終末期, 死とトラウマ

Boss, P. (2004). Ambiguous loss. In E Walsh & M. McGoldrick (Eds.), *Living beyond loss: Death in the family* (pp. 237-246). New York: Norton.

Bowen, M. (2004). Family reaction to death. In F. Walsh & M. McGoldrick (Eds.), *Living beyond loss: Death in the family* (pp. 47-60). New York: Norton.

Crosby, J. F. (1989). Museum tours in genogram construction: A technique for facilitating recall of negative affect. *Contemporary Family Therapy, 11*(4), 247-258.

Duhamel, F., & Dupuis, F. (2004). Guaranteed returns: Investing in conversations with families of patients with cancer. *Cancer Journal of Nursing*, 8, 68-71.

Early, B. P., Smith, E. D., Todd, L., & Beem, T. (2000). The needs and supportive networks of the dying: An assessment instrument and mapping procedure for hospice patients. *American Journal of Hospice and Palliative Care*, 17, 87-96.

Engel, G. (1975). The death of a twin: Mourning and anniversary reactions. Fragments of 10 years of self-analysis. *International Journal of Psychoanalysis*. 56(1), 23-40.

Ferra Bucher, J. S. (1991). Family interaction and suicide: Case studies from a transgenerational perspective. *PSICO*, 21(1), 41-64.

Gajdos, K. C. (2002). The intergenerational effects of grief and trauma. *Illness, Crisis & Loss*, 10(6), 304-317.

Jordan, K. (2004). The color-coded timeline trauma genogram. *Brief Treatment and Crisis Intervention*, 4(1), 57-70.

Jordan, K. (2006). *The scripto-trauma genogram: An innovative technique for working with trauma survivors' intrusive memories.* Oxford University Press.

Kuhn, J. (1981). Realignment of emotional forces following loss. *The Family*, 5(1), 19-24.

McDaniel, S. H., Hepworth, J., & Doherty, W J. (1992). *Medical family therapy*. New York: Basic.

McGoldrick, M. (2004a). The legacy of loss. In F. Walsh & M. McGoldrick (Eds.), *Living beyond loss: Death in the family* (pp. 104-129). New York: Norton.

McGoldrick, (2004b). Echoes from the past: Helping families mourn their losses. In F. Walsh & McGoldrick (Eds.), *Living beyond loss: Death in the family* (pp. 50-78). New York: Norton.

McGoldrick, Schlesinger, J. M., Lee, E., Hines, P. M.,_ Chan, J., Almeida, R., Petkov, B., Garcia-Preto, N., & Petry, S. (2004). Mourning in different cultures. In F. Walsh & M McGoldrick (Eds.), *Living beyond loss: Death in the family* (2nd ed., pp. 119-160). New York: Norton.

McGoldrick, M., & Walsh, F. (2004). A time to mourn: Death and the family life cycle. In F. Walsh & M. McGoldrick (Eds.), *Living beyond loss: Death in the family* (pp. 27-46). New York: Norton.

Mikesell, S. G., & Stohner, M. (1995). Infertility and pregnancy loss: The role of the family consultant. In R. Mikesell, D. D. Lusterman, & S. McDaniel (Eds.), *Integrating family therapy: Handbook of family psychology and systems therapy* (pp. 421-436). Washington, DC: American Psychological Association.

Richards, W R., Burgess, D. E., Peterson, F. R., & McCarthy, D. L. (1993). Genograms: A psychosocial assessment tool for hospice. *Hospital Journal*, 9, 1-12.

Seaburn, D. B. (1990). The time that binds: Loyalty and widowhood. *Psychotherapy Patient*, 6(3-4), 139-146.

Walsh, F. (1978). Concurrent grandparent death and birth of schizophrenic offspring: An intriguing finding. *Family Process*, 17, 457-463.

Walsh, R, & McGoldrick, M. (2004a). *Living beyond loss: Death in the family*. New York: Norton.

Walsh, F., & McGoldrick, M. (2004b). Loss and the family: A systemic perspective. In F. Walsh & M. McGoldrick (Eds.), *Living beyond loss: Death in the family* (pp. 3-26). New York: Norton.

Whitman-Raymond, R. (1988). Pathological gambling as a defense against loss. *Journal of Gambling Behavior*, 4(2), 99-109.

Wortman, C., & Silver, R. (1989). The myths of coping with loss. *Journal of Counseling and Clinical Psychology*, 57, 349-357.

移民

Hernandez, M., & McGoldrick, (2005). Migration and the family life cycle. In B. Carter & McGoldrick (Eds.), *The expanded family life cycle: Individual, family and social perspectives* (pp. 169-

184). Boston: Allyn & Bacon.

Mirkin, M. (1998). The impact of multiple contexts on recent immigrant families. In M. McGoldrick (Ed.), *Revisioning family therapy: Race, culture and gender in clinical practice* (pp. 370-384). New York: Guilford.

Mock, M. (1998). Clinical reflections on refugee families: Transforming crises into opportunities. In M. McGoldrick (Ed.), *Revisioning family therapy: Race, culture and gender in clinical practice* (pp. 347-359). New York: Guilford.

Sluzki, C. (1998). Migration and the disruption of the social network. In M. McGoldrick (Ed.), *Revisioning family therapy: Race, culture and gender in clinical practice* (pp. 360-369). New York: Guilford.

宗教／スピリチュアリティ

Dunn, A. B., & Dawes, S. J. (1999). Spiritually-focused genograms: Keys to uncovering spiritual resources in African-American families. *Journal of Multicultural Counseling & Development*, 27(4), 240-55.

Frame, M. W (1996). Counseling African-Americans: Integrating spirituality in therapy. *Counseling & Values*, 41(1), 16-29.

Frame, W (2000a). Constructing religious/spiritual genograms. In R. E. Watts (Ed.), *Techniques in marriage and family counseling, Vol. 1. The family psychology and counseling series* (pp. 69-74). Alexandria, VA: American Counseling Assoc.

Frame, M. W (2000b, April). The spiritual genogram in family therapy. *Journal of Marital and Family Therapy*, 26(92), 211-216.

Frame, M. W (2001, April). The spiritual genogram in training and supervision. *Family Journal: Counseling & Therapy for Couple & Families*, 9(2), 109-115.

Hodge, R. (2000, April). Spiritual ecomaps: A new diagrammatic tool for assessing marital and family spirituality. *Journal of Marital and Family Therapy*, 26(2), 217-228.

Hodge, D. R. (2001, January/February). Spiritual genograms: A generational approach to assessing spirituality. *Families in Society*, 82(1), 35-48.

Hodge, D. R. (2001b). Spiritual assessment: A review of major qualitative methods and a new framework for assessing spirituality. *Social Work*, 46, 203-214.

Hodge, D. R. (2003). The intrinsic spirituality scale: A new six-item instrument for assessing the salience of spirituality as a motivational construct. *Journal of Social Service Research*, 30, 41-61.

Hodge, D. R. (2004a). Social work practice with Muslims in the United States. In A. T Morales & B. W Sheafor (Eds.), *Social work: A profession of many faces* (10th ed., pp. 443-469). Boston: Allyn & Bacon.

Hodge, D. R. (2004b). Spirituality and people with mental illness: Developing spiritual competency in assessment and intervention. *Families in Society*, 85, 36-44.

Hodge, D. R. (2004c). Working with Hindu clients in a spiritually sensitive manner. *Social Work*, 49, 27-38.

Hodge, D. R. (2005a). Spiritual life maps: A client-centered pictorial instrument for spiritual assessment, planning, and intervention. *Social Work*, 50, 77-87.

Hodge, D. R. (2005b). Spiritual ecograms: A new assessment instrument for identifying clients' spiritual strengths in space and across time. *Families in Society*, 86, 287-296.

Hodge, D. R. (2005c). Spiritual assessment in marital and family therapy: A methodological framework for selecting from among six qualitative assessment tools. *Journal of Marital and Family Therapy*, 32(4), 341-356.

Hodge, D. R., & Williams, T. R. (2002). Assessing African-American spirituality with spiritual eco-maps. *Families in Society*, 83, 585-595.

Poole, D. L. (1998). Politically correct or culturally competent? *Health & Social Work*, 23(3), 63-167.

ジェノグラムの研究

Coupland, S. K., & Serovich, J. M. (1999, December). Effects of couples' perceptions of genogram construction on therapeutic alliance and session impact: A growth curve analysis. *Contemporary Family Therapy,* 21(4) 551-572.

Coupland, S. K., Serovich, J., & Glenn, J. E. (1995). Reliability in constructing genograms: A study among marriage and family therapy doctoral students. *Journal of Marital and Family Therapy,* 21(3), 251-263.

Daughhetee, C. (2001). Using genograms as a tool for insight in college counseling. *Journal of College Counseling,* 4(1), 73-76.

Dudley-Brown, S. (2004). The genetic family history assessment in gastroenterology nursing practice. *Gastroenterology Nursing,* 27,107-110.

Dunn, A. B., & Levitt, M. M. (2000, July). The genogram: From diagnostics to mutual collaboration. *Family Journal: Counseling & Therapy for Couples & Families,* 8(3), 236-244.

Friedman, H. L., & Krakauer, S. (1992). Learning to draw and interpret standard and time-line genograms: An experimental comparison. *Journal of Family Psychology,* 6(1), 77-83.

Greenwald, J. L., Grant, W D., Kamps, C. A., & Haas-Cunningham, S. (1998). The genogram scale as a predictor of high utilization in a family practice. *Family, Systems & Health,* 16(4), 375-391.

Hodge, D. R. (2005). Spiritual assessment in marital and family therapy: A methodological framework for selecting from among six qualitative assessment tools. *Journal of Marital and Family Therapy,* 32(4), 341-356.

Hurst, N. C., Sawatzky, D. D., & Pare, D. P. (1996). Families with multiple problems through a Bowenian lens. *Child Welfare,* 75(6), 693-708.

Milewski-Hertlein, K. A. (2001, January/February). The use of a socially constructed genogram in clinical practice. *American Journal of Family Therapy,* 29(1), 23-38.

Perfetti, L. J. C. (1990). The base 32 method: An improved method for coding sibling constellations. *Journal of Marital and Family Therapy,* 16(2),201-204.

Rigazio-DiGilio, S. A, Ivey, A. E., Kunkler-Peck, K. P., & Grady, L. T. (2005). *Community genograms: Using individual, family, and cultural narratives with clients.* New York: Teachers College Press.

Rogers, J. C. (1990). Completion and reliability of the self-administered genogram SAGE). *Family Practice,* 7, 149-151.

Rogers, J. C. (1994a). Can physicians use family genogram information to identify patients at risk of anxiety or depression? *Archives of Family Medicine,* 3, 1093-1098.

Rogers, J. C. (1994b). Impact of a screening family genogram on first encounters in primary care. *Journal of Family Practice,* 4, 291-301.

Rogers, J. C., & Cohn, P. (1987). Impact of a screening family genogram on first encounters in primary care. *Journal of Family Practice,* 4,291-301.

Rogers, J. C., & Durkin, M. (1984). The semi-structured genogram interview: I. Protocol, II. Evaluation. *Family Systems Medicine,* 2(25), 176-187.

Rogers, J. C., Durkin, M., & Kelly, K. (1985). The family genogram: An underutilized clinical tool. *New Jersey Medicine,* 82(11), 887-892.

Rogers, J. C., & Holloway, R. (1990). Completion rate and reliability of the self-administered genqgram (SAGE). *Family Practice,* 7, 149-51.

Rogers, J. C., & Rohrbaugh, M. (1991). The SAGE-PAGE trial: Do family genograms make a difference? *Journal of the American Board of Family Practice,* 4, 319-326.

Rogers, J. C., Rohrbaugh, M., & McGoldrick, M. (1992). Can experts predict health risk from family genograms? *Family Medicine,* 24,209-215.

Rohrbaugh, M., Rogers, J. C., & McGoldrick, M. (1992). How do experts read family genograms? *Family Systems Medicine,* 10(1),79-89.

Visscher, E. M., & Clore, E. R. (1992). The genogram: A strategy for assessment. *Journal of Pediatric healthcare, 6,* 361-367.

学校およびより大きなシステム

Darkenwald, G. G., & Silvestri, K. (1992). *Analysis and assessment of the Newark literacy campaign: A report to the Ford Foundation.* (Grant #9150298).

Daughhetee, C. (2001). Using genograms as a tool for insight in college counseling. *Journal of College Counseling,* 4(1), 73-76.

Friedman, E. (1985). *Generation to generation. Family process in church and synagogue.* New York: Guilford.

Granello, D. H., Hothersall, D., & Osborne, A. L. (2000, March). The academic genogram: Teaching for the future by learning from the past. *Counselor Education and Supervision,* 39(3), 177-188.

Okum, B. F. (1984) *Family therapy with school-related problems.* Rockville, MD: Aspen.

Praeger, S. C., & Martin, L. S. (1994). Using genograms and ecomaps in schools. *Journal of School Nursing,* 10, 34-40.

Rigazio-DiGilio, S. A, Ivey, A. E., Kunkler-Peck, K. P., & Grady, L. T. (2005). *Community genograms: Using individual, family, and cultural narratives with clients.* New York: Teachers College Press.

Shellenberger, S., & Hoffman, S. (1995). The changing family-work system. In R. H. Mikesell, D. D. Lusterman, & S. McDaniel (Eds.), *Integrating family therapy: Handbook of family psychology and systems therapy* (pp. 461-479). Washington, DC: American Psychological Association.

きょうだい

Adler, A. (1959). *The practice and theory of individual psychology.* Paterson, NJ: Littlefield, Adams.

Bank, S. P., & Kahn, M. D. (1997). *The sibling bond.* New York: Basic.

Bass, D. M., & Bowman, K. (1990). Transition from caregiving to bereavement. The relationship of care-related strain and adjustment to death. *The Gerontologist,* 30, 135-142.

Bernikow, L. (1980). *Among women.* New York: Harper & Row.

Bowerman, C. E., & Dobash, R. M. (1974). Structural variations in inter-sibling affect. *Journal of Marriage and the Family,* 36, 48-54.

Brody, G. H., Stoneman, Z., & Burke, M. (1987). Child temperaments, maternal differential behavior, and sibling relationships. *Developmental Psychology,* 23(3), 354-362.

Carroll, R. (1988). Siblings and the family business. In M. D. Kahn & K. G. Lewis (Eds.), *Siblings in therapy: Life span and clinical issues* (pp. 379-398). New York: Norton.

Chappell, N. L. (1991). *Social supports and aging.* Toronto: Butterworths.

Cicirelli, V G. (1989). Feelings of attachment to siblings and wellbeing in later life. *Psychology and Aging,* 4, 211-216.

Cicirelli, V G. (1995). *Sibling relationships across the life span.* New York: Plenum.

Connidis, I. A. (1989a). Contact between siblings in later life. *Canadian Journal of Sociology,* 14, 429-442.

Connidis, I. A. (1989b). *Family ties and aging.* Toronto: Butterworths.

Connidis, I. A. (1989c). Siblings as friends in later life. *American Behavioral Scientist,* 33, 81-93.

Connidis, I., & Davies, L. (1990). Confidants and companions in later life. The place of family and friends. *Journal of Gerontology,* 45, 141-149.

Elder, G. H., Jr. (1962). Structural variations in child rearing relationship. *Sociometry,* 25, 241-262.

Falbo, T (Ed.). (1984). *The single-child family.* New York: Guilford.

Fishel, E. (1979). *Sisters: Love and rivalry inside the family and beyond.* New York: William Morrow.

Gaddis, V, & Gaddis, M. (1973). *The curious world of twins.* New York: Warner.

Gold, D. T (1987). Siblings in old age. Something special. *Canadian Journal on Aging,* 6, 199-215.

Gold, D. T. (1989). Sibling relationships in old age: A typology. International *Journal of Aging and Human Development,* 28, 37-51.

Holden, C. E. (1986). Being a sister: Constructions of the sibling experience. (Doctoral dissertation, University of Michigan). *Dissertation Abstracts International, 10,* SECB, PP4301.

Hoopes, M. H., & Harper, J. M. (1987). *Birth order roles and sibling patterns in individual and family therapy.* Rockville, MD: Aspen.

Jalongo, M. R., & Renck, M. A. (1985). Sibling relationships: A recurrent developmental and literary theme. *Childhood Education,* 61(5), 346-351.

Johnson, C. L. (1982). Sibling solidarity: Its origin and functioning in Italian-American families. *Journal of Marriage and the Family,* 44,155-67.

Krell, R., & Rabkin, L. The effects of sibling death, on the surviving child: A family perspective. *Family Process,* 18(4), 471-478.

Lamb, M. E., & Sutton-Smith, B. (1982). *Sibling relationships: Their nature and significance across the lifespan.* Hillsdale, NJ: Erbaum.

Leder, J. M. (1993). *Brothers and sisters: How they stage our lives.* New York: Ballantine.

Marcil-Gratton, N., & Legare, J. (1992). Will reduced fertility lead to greater isolation in old age for tomorrow's elderly? *Canadian Journal on Aging,* 11, 54-71.

Mathias, B. (1992). *Between sisters: Secret rivals, intimate friends.* New York: Delacorte.

McGhee, J. L. (1985). The effects of siblings on the life satisfaction of the rural elderly. *Journal of Marriage and the Family,* 41, 703-714.

McGoldrick, M. (1989). Sisters. In M. McGoldrick, C. Anderson, & F. Walsh (Eds.), *Women in families* (pp. 244-266). New York: Norton.

McGoldrick, M., & Watson, M. (2005). Siblings through the life cycle. In B. Carter & M. McGoldrick (Eds.), *The expanded family life cycle: Individual, family and social perspectives* (pp. 153-184). Boston: Allyn & Bacon.

McKeever, P. (1983). Siblings of chronically ill children: A literature review with implications for research and practice. *American Journal of Orthopsychiatry,* 53(2), 209-218.

McNaron, T. A. H. (Ed.). (1985). *The sister bond: A feminist view of a timeless connection.* New York: Pergamon.

Merrell, S. S. (1995). *The accidental bond: The power of sibling relationships.* New York: Times Books.

Miller, N. B., & Cantwell, D. P. (1978). Siblings as therapists: A behavioral approach. *American Journal of Psychiatry,* 133(4), 447-50.

Norris, J. E., & Tindale, J. A. (1994). *Among generations: The cycle of adult relationships.* New York: W H. Freeman.

Notar, M., & McDaniel, S. A. (1986). Feminist attitudes and mother daughter relationships in adolescence. *Adolescence,* 21(81), 11-21.

Nuckolls, C. W (1993). *Siblings in South Asia: Brothers and sisters in cultural context.* New York: Guilford.

Rosenberg, B. G., & Sutton-Smith, B. (1964). Ordinal position and sex role identification. *Psychological Monographs,* 70, 297-328.

Rosenberg, B. G., & Sutton-Smith, B. (1969). Sibling age spacing effects on cognition. *Developmental Psychology,* 1, 661-669.

Sandmaier, M. (1994). *Original kin: Intimacy, choices and change in adult sibling relationships.* New York: Dutton.

Schmuck, R. (1963). Sex of sibling, birth order position, and female dispositions to conform in two-child families. *Child Development,* 34, 913-918. .

Shanas, E., & Streib, G. F. (1965). *Social structure and the family.* Englewood Cliffs, NJ: Prentice-Hall.

Sulloway, F. J. (1996). *Born to rebel: Sibling relationships, family dynamics and creative lives.* New York: Pantheon.

Sutton-Smith, B., & Rosenberg, B. G. (1970). *The sibling*. New York: Holt, Rinehart & Winston.

Toman, W (1976). *Family constellation*. (3rd ed.). New York: Springer.

L. E. Troll & B. F. Turner (Eds.). (1994). *Women growing older*. Thousand Oaks, CA: Sage.

Ulanov, A., & Ulanov, B. (1983). *Cinderella and her sisters: The envied and the envying*. Philadelphia: Westminster.

Vadasy, P. F., Fewell, R. R., Meyer, D. J., & Schell, G. (1984). Siblings of handicapped children: A developmental perspective on family interactions. *Family Relations*, 33(1), 155-167.

Valliant, G. (1977). *Adaptation to life*. Boston: Little, Brown.

Zukow, P. G. (Ed.). (1989). *Sibling interaction across cultures*. New York: Springer-Verlag.

スーパーヴィジョンとトレーニング

Bahr, K. S. (1990). Student responses to genogram and family chronology. *Family Relations*, 39, 243-249.

Canzoneri, K. W (1993). The development of systemic thinking in counselors-in-training: A descriptive analysis. *Dissertation Abstracts International*, 53(10-A) 3475-3476.

Deveaux, F., & Lubell, I. (1994, August). Training the supervisor: Integrating a family of origin approach. *Contemporary Family Therapy*, 16(4), 291-299.

Frame, M. W (2001, April). The spiritual genogram in training and supervision. *Family Journal: Counseling & Therapy for Couple & Families*, 9(2), 109-115.

Getz, H. G., & Protinsky, H. O. (1994). Training marriage and family counselors: A family of origin approach. *Counselor Education and Supervision*, 33, 183-190.

Haber, R. (1997). *Dimensions of family therapy supervision: Maps and means*. New York: Norton.

Magnuson, S., & Shaw, H. E. (2003, January). Adaptations of the multifaceted genogram in counseling, training and supervision. *Family Journal: Counseling & Therapy for Couples & Families*, 2(1), 45-54.

Pistole, M. C. (1995). The genogram in group supervision of novice counselors: Draw them a picture. *Clinical Supervisor*, 13(1), 133-43.

Shore, W, Wilkmie, H., & Croughan-Minihane, M. (1994). Family of origin genograms: Evaluation of a teaching program for medical students. *Family Medicine*, 26, 238-243.

Thomas, V K., & Striegel, P. (1994). Family of origin work for the family counselor. In C. H. Huber (Ed.), *Transitioning from individual to family counseling: The family psychology and counseling series, No.2*. (pp. 21-30). Alexandria, VA: American Counselling Association.

Wells, v K., Scott, R. G., Schmeller, L. J., & Hilmann, J. A. (1990). The family-of-origin framework: A model for clinical training. *Journal of Contemporary Psychotherapy*, 20(4), 223-235.

さまざまなセラピー

Anderson, W. T., Anderson, R. A., & Hovestadt, A. J. (1988). Intergenerational family therapy: A practical primer. In P. A. Keller & R. Heyman (Eds.), *Innovations in clinical practice: A source book*, 7 (pp. 175-188). Sarasota, FL: Professional Resource Press.

Arrington, D. (1991). Thinking systems-seeing systems: An integrative model for systematically oriented art therapy. *Arts in Psychotherapy*, 18(3), 201-211.

Banmen, J. (2002. March). The Satir model: Yesterday and today. *Contemporary Family Therapy*, 24(1), 7-22.

Beck, R. L. (1987). The genogram as process. *American Journal of Family Therapy*, 15(4), 343-351.

Goodyear-Brown, P. (2001). The preschool play geno-game. In H. G. Kaduson, & C. E. Schaefer, (Eds.), *101 more favorite therapy techniques* (pp. 225-228). Northvale, NJ: Jason Aronson.

Hurst, N. C., Sawatzky, D. D., & Pare, D. P. (1996).

Families with multiple problems through a Bowenian lens. *Child Welfare*, 75(6), 693-708.

Kent-Wilkinson, A. (1999). Forensic family genogram: An assessment and intervention tool. *Journal of Psychosocial Nursing and Mental Health Services*, 37, 52-56.

Kuehl, B. P. (1995). The solution-oriented genogram: A collaborative approach. *Journal of Marital and Family Therapy*, 21(3), 239-250.

Kuehl, B. P. (1996). The use of genograms with solution-based and narrative therapies. *The Family Journal: Counseling and Therapy for Couples and Families*, 4, 5-11.

Massey, R. R, Corney, S., & Just, R. L. (1988). Integrating genograms and script matrices. *Transactional Analysis Journal, 18(4)*, 325-335.

Mauzey, E., & Erdman, P. (1995). Let the genogram speak: Curiosity, circularity and creativity in family history. *Journal of Family Psychotherapy*, 6(2), 1-11.

Nicholl, W G., & Hawes, E. C. (1985). Family lifestyle assessment: The role of family myths and values in the client's presenting issues. *Individual Psychology: Journal of Adlerian Theory, Research & Practice*, 41(2), 147-160.

Sherman, R. (1993). Marital issues of intimacy and techniques for change: An Adlerian systems perspective. *Journal of Adlerian Therapy, Research and Practice*, 49(3-4), 318-329.

Sproul, M. S., & Galagher, R. M. (1982). The genogram as an aid to crisis intervention. *Journal of Family Practice*, 14(55), 959-60.

Woolf, V. V. (1983). Family network systems in transgenerational psychotherapy: The theory, advantages and expanded applications of genograms. *Family Therapy*, 10(35), 119-137.

Zide, M. R., & Gray, S.W (2000). The solutioning process: Merging the genogram and the solution-focused model of practice. *Journal of Family Social Work*, 4(1) 3-19.

ジェノグラムのビデオ

McGoldrick, M. (1996). *The legacy of unresolved loss: A family systems approach*. New York: Norton.

暴力／身体的・性的虐待

Gewirtzman, R. C. (1988). The genogram as a visual assessment of a family's fugue. *Australian Journal of Sex, Marriage and Family*, 9(1), 37-46.

Hurst, N. C., Sawatzky, D. D., & Pare, D. P. (1996). Families with multiple problems through a Bowenian lens. *Child welfare*, 75(6), 693-708.

Nichols, W C. (1986). Understanding family violence: An orientation for family therapists. *Contemporary Family Therapy*, 8(3), 188-207.

評伝

アダムズ家 Adams Family

Levin, P. L. (1987). *Abigail Adams.* New York: St. Martin's.

Musto, D. (1981). The Adams Family. *Proceedings of Massachusetts Historical Society,* 93, 40-58.

Nagel, P. C. (1983). *Descent from glory: Four generations of the John Adamsfamily.* New YorK: Oxford University Press.

Nagel, P. C. (1987). *The Adams women.* New York: Oxford University Press.

Shepherd, J. (1975). *The Adams chronicles: Four generations ofgreatness.* Boston: Little, Brown.

アルフレッド・アドラー Alfred Adler

Adler, A. (March 1984, August 1984). Personal interviews.

Adler, K. (August, 1984a). Personal interview.

Adler, K. (August, 1984b). Personal communication.

Ansbacher, H. (1984). Personal communication.

Ansbacher, H. L. (1970). Alfred Adler: A historical perspective, *AmericanJournalofPsychiatry,* 127,777-782.

Ellenberger, H. F. (1970). *The discovery of the unconscious: The history and evolution ofdynamic psychiatry.* New York: Basic.

Furtmuller, C. (1979). Alfred Adler: A biographical essay. In H. L. Ansbacher & R. R. Ansbacher (Eds.), *Superiority and social interest: A collection of later writings* (pp. 311-394). New York: Norton.

Hoffman, E. (1994). *The drive for self: Alfred Adler and the founding of individual psychology.* New York: Addison-Wesley.

Rattner, J. (1983). *Alfred Adler.* New York: Frederick Ungar.

Sperber, M. (1974). *Masks of loneliness: Alfred Adler in perspective.* New York: Macmillan.

Stepansky, P. E. (1983). *In Freud's shadow: Adler in context.* Hillsdale, NJ: The Analytic Press.

ルイ・アームストロング Louis Armstrong

Armstrong, L. (1954). *Satchmo: My life in New Orleans.* New York: Perseus.

Bergreen, L. (1997). *Louis Armstrong: An extravagant life.* New York: Broadway.

Brothers, T (Ed.). (1999). *Louis Armstrong in his own words.* New York: Oxford University Press.

Collier,J. L. (1983). *Louis Armstrong: An American genius.* New York: Oxford University Press.

Giddins, G. (1988). *Satchmo: The genius ofLouis Armstrong.* New York: Perseus.

Terkel, S. (1975). *Giants ofjazz.* New York: The New Press.

ベイトソン／ミード家 Bateson/Mead Family

Bateson, M. C. (1984). *With a daughter's eye.* New York: William Morrow.

Bateson, M. C. (1988). *Peripheral visions.* New York: Morrow.

Bateson, M. C. (1990). *Composing a life.* New York: Atlantic Monthly Press.

Cassidy, R. (1982). *Margaret Mead: A voice for the century.* New York: Universe.

Grosskurth, P. (1988). *Margaret Mead: A life of controversy.* London Penguin.

Howard,J. (1984). *Margaret Mead: A life.* New York: Ballantine.

Lipset, D. (1980). *Gregory Bateson: The legacy ofa scientist.* Englewood Cliffs, NJ: Prentice.

Mead, M. (1972). *Blackberry winter, my earlier years.* New York: Simon & Schuster.

Rice, E. (1979). *Margaret Mead: A portrait.* New. York: Harper & Row.

アレクサンダー・グラハム・ベル Alexander Graham Bell

Bruce, R. V (1973). *Bell: Alexander Graham Bell and the conquest of solitude.* Boston: Little, Brown.

Eber, D. H. (1982). *Genius at work: Images of*

Gray, C. (2006). *Reluctant genius: Alexander Graham Bell and the passion for invention.* New York: Abcade.

Grosvenor, E. S., & Wesson, M. (1997). *Alexander Graham Bell.* New York: Abrams.

Mackay, J. (1997). *Alexander Graham Bell: A life.* New York: Wiley.

ブラックウェル／ストーン／ブラウン家
Blackwell/Stone/Brown Family

Cazden, E. (1983). *Antoinette Brown Blackwell: A biography.* Old Westbury, New York: The Feminist Press.

Hays, E. R. (1967). *Those extraordinary Blackwells.* New York: Harcourt Brace.

Horn, M. (1980). Family ties: The Blackwells, a study of the dynamics of family life in nineteenth century America. (Ph.D. Dissertation, Tufts University).

Horn, M. (1983). Sisters worthy of respect: Family dynamics and women's roles in the Blackwell family. *Journal of Family History, 8(4),* 367-382.

Wheeler, L. (Ed.). (1981). *Loving warriors: Selected letters of Lucy Stone and Henry B. Blackwell, 1853 to 1893.* New York: Dial.

イギリス王室 British Royal Family

Bradford, S. (1996). *Elizabeth.* New York: Riverhead.

Campbell, C. (1998). *The real Diana.* New York: St. Martin's.

Davies, N. (1998). *Queen Elizabeth II: A woman who is not amused.* New York: Carol Publishing.

Delderfield, E. R. (1998). *Kings and queens of England and Great Britain* (3rd ed.). Devon, England: David & Charles.

Fearon, P. (1996). *Behind the palace walls. The rise and fall of Britain's royal family.* Secaucus, NJ: Carol Publishing.

Kelley, K. (1997). *The royals.* New York: Warner.

Morton, A. (1997). *Diana: Her true story.* New York: Simon & Schuster.

ブロンテ家 Brontë Family

Bentley, P. (1969). *The Brontës and their world.* New York: Viking.

Cannon, J. (1980). *The road to Haworth: The story of the Brontës' Irish ancestry.* London: Weidenfeld and Nicolson.

Chadwick, E. H. (1914). *In the footsteps of the Brontës.* London: Sir Isaac Pitman & Sons.

Chitham, E. (1986). *The Brontës' Irish background.* New York: St. Martin's.

Chitham, E. (1988). *A life of Emily Brontë.* New York: Basil Blackwell.

Chitham, E., & Winnifrith, T. (1983). *Brontë facts and Brontë-problems.* London: Macmillan.

du Maurier, D. (1961). *The infernal world of Branwell Brontë.* Garden City, NY: Doubleday.

Frazer, R. (1988). *The Brontës: Charlotte Brontë and her family.* New York: Crown.

Gaskell, E. (1975). *The life of Charlotte Brontë.* London: Penguin.

Gerin, W (1961). *Branwell Brontë.* London: Thomas Nelson & Sons.

Gerin, W (1971). *Emily Brontë: A biography.* London: Oxford University Press.

Hannah, B. (1988). *Striving toward wholeness.* Boston: Signpress.

Hanson, L., & Hanson, E. (1967). *The four Brontës.* .New York: Archon.

Hardwick, E. (1975). *Seduction and betrayal: Women and literature.* New York: Vintage.

Hinkley, L. L. (1945). *The Brontës: Charlotte and Emily.* New York: Hastings House.

Hopkins, A. B.. (1958). *The father of the Brontës.* Baltimore: Johns Hopkins Press.

Lane,.M. (1969). *The Brontë story.* London: .Fontana.

Lock, J., & Dixon, W T: (1965). *A man of sorrow: The life, letters, and times of Reverend Patrick Brontë.* Westport, CT: Meckler.

Mackay, A. M. (1897). *The Brontës: Fact and fiction.* New York: Dodd, Mead.

Maurat, C. (1970). *The Brontës' secret.* Translated by M. Meldrum. New York: Barnes & Noble.

Moglen, H. (1984). *Charlotte Brontë: The self conceived.* Madison: University of Wisconsin Press.

Morrison, N. B. (1969). *Haworth harvest: The story of the Brontës.* New York: Vanguard.

Peters, M. (1974). *An enigma of Brontës.* New York: St. Martins.

Peters, M. (1975). *Unquiet Soul: A biography of Charlotte Brontë.* New York: Atheneum.

Ratchford, F. W (1964). *The Brontës' web of childhood.* New York: Russell & Russell.

Raymond, E. (1948). *In the steps of the Brontës.* London: Rich & Cowan.

Spark, M., & Stanford, D. (1960). *Emily Brontë: Her life and work.* London: Arrow.

White, W B. (1939). *The miracle of Haworth: A Brontë story,* New York: E. P. Dutton.

Wilks, B. (1986a). *The Brontës: An illustrated biography.* New York: Peter Bedrick. (Originally published by Hamlyn Publishing Group in 1975.)

Wilks, B. (1986b). *The illustrated Brontës of Haworth.* New York: Facts on File Publications.

Winnifith, T. Z. (1977). *The Brontës and their background: Romance and reality.* New York: Collier.

Wright, W (1893). *The Brontës in Ireland.* New York: D. Appleton.

バートン／テイラー家 Burton/Taylor Family

Bragg, M. (1920). *Richard Burton: A life.* New York: Warner.

Ferris, P. (1981). *Richard Burton.* New York: Coward, McCann & Geoghegan.

Kelley, K. (1981). *Elizabeth Taylor: The last star.* New York: Simon & Schuster.

Morley, S. (1988). *Elizabeth Taylor.* New York: Applause.

ブッシュ家 Bush Family

Kelley, K. (2004). *The family: The real story of the Bush dynasty.* New York: Doubleday.

Minutaglio, B. (2001). *First son: George W Bush and the Bush family dynasty.* New York: Three Rivers.

Phillips, K. (2004). *American dynasty: Aristocracy, fortune, and the politics of deceit in the house of Bush.* New York: Viking.

Wright, E. (2006). *Celebrity family ties.* New York: Barnes & Noble.

カラス家 Callas Family

Allegri, R., & Allegri, R. (1997). *Callas by Callas.* New York: Universe.

Callas, J. (1989). *Sisters.* New York: St. Martin's.

Moutsatos, K. F. (1998). *The Onassis women.* New York: Putnam.

Stassinopoulos, A. (1981). *Maria Callas: The woman behind the legend.* New York: Simon & Schuster.

クリントン家 Clinton Family

Brock, D. (1996). *The seduction of Hillary Rodham.* New York: The Free Press.

Clinton, B. (2005). *My life.* New York: Vintage.

Clinton, R. (1995). *Growing up Clinton.* Arlington, TX: Summit.

Kelley, V., with J. Morgan (1994). *Leading with my heart: My life.* New York: Pocket Books.

King, N. (1996). *The woman in the White House.* New York: Carol.

Maraniss, D. (1988). *The Clinton enigma.* New York: Simon & Schuster.

Maraniss, D. (1995). *First in his class: The biography of Bill Clinton.* New York: Touchstone.

Morris, R. (1996). *Partners in power.* New York: Henry Holt.

Warner, J. (1993). *Hillary Clinton: The inside story.* New York: Signet.

アインシュタイン家 Einstein Family

Clark, R. W (1971). *Einstein: The life and times.* New

York: Avon.

Highfield, R., & Carter, P. (1993). *The private life of Albert Einstein.* New York: St. Martin's.

Pais, A. (1994). *Einstein lived here.* New York: Oxford University Press.

Renn, J., & Schulmann, R. (1995). *Albert Einstein/ Mileva Marie: The love letters.* Princeton: NJ Princeton University Press.

Specter, M. (1994, July 22). Einstein's son? It's a question of relativity. *New York Times,* p. 1.

Sullivan, W (1987, May 3). Einstein letters tell of anguished love affair. *New York Times,* p. 1.

エリクソン家 Erikson Family

Erikson Bloland, S. (1999, November). Fame: The power and cost of a fantasy. *Atlantic Monthly,* 51-62.

Erikson Bloland, S. (2005). *In the shadow of fame: A memoir by the daughter of Erik H. Erikson.* New York: Viking.

Friedman, L. J. (1999). *Identity's architect.* New York: Scribner.

ファロー家 Farrow Family

Farrow, M. (1997). *What falls away: A memoir.* New York: Bantam.

フォンダ家 Fonda Family

Collier, P. (1992). *The Fondas.* New York: Putnam.

Fonda, A. (1986). *Never before dawn: An autobiography.* New York: Weindenfeld & Nicolson.

Fonda, J. (2006). *My life so far.* New York: Random House.

Fonda, P. (1998). *Don't tell dad.* New York: Hyperion.

Guiles, F. L. (1981). *Jane Fonda: The actress in her time.* New York: Pinnacle.

Hayward, B. (1977). *Haywire.* New York: Alfred Knopf.

Kiernan, T. (1973). *Jane: An intimate biography of Jane Fonda.* New York: Putnam.

Sheed, W (1982). *Clare Booth Luce.* New York: E. P. Dutton.

Springer, J. (1970). *The Fondas.* Secaucus, NJ: Citadel.

Teichman, H. (1981). *Fonda: My life.* New York: New American Library.

フォスター家 Foster Family

Foster, B., & Wagener, L. (1998). *Foster child.* New York: Signet.

Chunovic, L. (1995). *Jodie: A biography.* New York: Contemporary Books. .

ジークムント・フロイト Sigmund Freud

Anzieu, D. (1986). *Freud's self analysis.* Madison, CT: International Universities Press.

Appignanesi, L., & Forrester, J. (1992). *Freud's women.* New York: Basic.

Bernays, A. F. (Nov. 1940). *My brother Sigmund Freud.* The American Mercury, II 336-340.

Bernays, E. (Aug. 8, 1984). Personal interview.

Bernays, H. (Aug. 8, 1984). Personal interview.

Blumenthal, R. (2006, December 24). Hotel log hints at illicit desire that Dr. Freud didn't repress. *New York Times,* pp. 1, 4.

Carotenuto, A. (1982). *A secret symmetry: Sabina Spielrein between Jung and Freud.* New York: Pantheon.

Clark, R. W (1980). *Freud: The man and the cause.* New York: Random House.

Eissler, K. R. (1978). *Sigmund Freud: His life in pictures and words.* New York: Helen & Kurt Wolff, Harcourt Brace, Jovanovich.

Freeman, L., & Strean, H. S. (1981). *Freud and women.* New York: Frederick Ungar Publishing Company.

Freud, E. L. 1960. *The letters of Sigmund Freud.* New York: Basic.

Freud, M. (1982). *Sigmund Freud: Man and father.* New York: Jason Aronson.

Freud, S. (1988). *My three mothers and other passions.*

Gay, P. (1988). *Freud: A life for our time.* New York: Norton.

Gay, P. (1990). *Reading Freud.* New Haven, CT: Yale University Press.

Glicklhorn, R. (1979) The Freiberg period of the Freud family. *Journal of the History of Medicine,* 24, 37-43.

Jones, E. (1953, 1954, 1955). *The life and work of Sigmund Freud* (3 volumes). New York: Basic.

Krüll, M. (1986). *Freud and his father.* New York: Norton.

Mannoni, O. (1974). *Freud.* New York: Vintage.

Margolis, D. P. (1996). *Freud and his mother.* Northvale, NJ: Jason Aronson.

Masson, J. (Ed.). (1985). *The complete letters of Sigmund Freud to Wilhelm Fleiss: 1887-1904.* Cambridge, MA: Belnap.

Masson, J. (1992). *The assault on truth.* New York: Harper Collins.

McGoldrick, M., & Gerson, R. (1985). *Genograms in family assessment.* New York: Norton.

McGoldrick, M., & Gerson, R. (1988). Genograms and the family life cycle (pp. 164-189). In B. Carter & M. McGoldrick (Eds.), *The changing family life cycle.* Boston: Allyn & Bacon.

McGoldrick, M., & Gerson, R. (1998). History, genograms, and the family life cycle: Freud in context. In B. Carter & M. McGoldrick (Eds.), *The expanded family life cycle: Individual, family, and social perspectives* (3rd ed., pp. 47-68). Boston: Allyn & Bacon.

Peters, U. H. (1985). *Anna Freud: A life dedicated to children.* New York: Shocken.

Roazen, P. (1993). *Meeting Freud's family.* Amherst, MA: University of Massachusetts Press.

Ruitenbeek, H. M. (1973). *Freud as we knew him.* Detroit, MI: Wayne State University.

Schur, M. (1972). *Freud: Living and dying.* New York: International Universities Press.

Swales, P. (1982). Freud, Minna Bernays, and the conquest of Rome: New light on the origins of psychoanalysis. *The New American Review,* 1(2/3), 1-23.

Swales, P. (1987). What Freud didn't say. UMDNJ-Robert Wood Johnson Medical School. May 15.

Young-Bruel, E, (1988). *Anna Freud: A biography.* New York: Summit.

チェ・ゲバラ Che Guevara

Anderson, J. L. (1997). *Che Guevara: A revolutionary life.* New York: Grove Press.

Deutschmann, D. (Ed.) (2006). *Che: A memoir by Fidel Castro.* Melbourne: Ocean Press.

James, D. (2001). *Che Guevara: A biography.* New York: Cooper Square Press.

Ortiz, V, (1968). *Che Guevara: Reminiscences of the Cuban revolutionary war.* New York: Monthly Review Press.

Sinclair, A. (1970). *Che Guevara.* New York: Viking.

ヘンリー8世 Henry VIII

Fraser, A. (1994). *The wives of Henry VIII.* New York: Vintage.

Lindsey, K. (1995). *Divorced, beheaded, survived: A feminist reinterpretation of the wives of Henry VIII.* New York: Addison-Wesley.

ヘップバーン・トレーシー家 Hepburn/Tracy Family

Anderson, C. (1988). *Young Kate.* New York: Henry Holt.

Carey, G. (1983). *Katharine Hepburn: A Hollywood yankee.* New York: Dell.

Davidson, B. (1987). *Spencer Tracy: Tragic idol.* New York: Dutton.

Edwards, A. (1985). *A remarkable woman: A biography of Katherine Hepburn.* New York: Simon & Schuster.

Higham, C. (1981). *Kate: The life of Katharine Hepburn.* New York: Signet.

Kanin, G. (1988). *Tracy and Hepburn: An intimate memoir.* New York: Donald I. Fine.

Mann, W J. (2006). *Kate: The woman who was Hepburn.* New York: Henry Holt.

Morley, S. (1984). *Katherine Hepburn.* London: Pavilion.

Parish, J. R. (2005). *Katherine Hepburn: The untold story.* New York: Advocate.

ジェファーソン家 Jefferson Family

Binger, C. (1970). *Thomas Jefferson: A well-tempered mind.* New York: Norton.

Brodie, F. M. (1974). *Thomas Jefferson: An intimate history.* New York: Norton.

Fleming, T. J. (1969). *The man from Monticello.* New York: Morrow.

Gordon-Reed, A. (1997). *Thomas Jefferson and Sally Hemings.* Charlottesville, VA: University of Virginia Press.

Halliday, E. M. (2001). *Understanding Thomas Jefferson.* New York: Harper Collins.

Lanier, S., & Feldman, J. (2000). *Jefferson's children.* New York: Random House.

Smith, D. (1998, November 7). The enigma of Jefferson: Mind and body in conflict. *New York Times,* B 7-8.

Wills, G. (2003). *Negro president.* Boston: Houghton Mifflin.

Woodson, B.W (2001) *A President in the family: Thomas Jefferson, Sally Hemings and Thomas Woodson.* Westport, CT: Praeger.

ジョップリン家 Joplin Family

Berlin, E. A. (1994). *King of Ragtime: Scott Joplin and his era.* New York: Oxford University Press.

Curtis, S. (2004). *Dancing to a black man's tune: The life of Scott Joplin.* Columbia, MO: University of Missouri Press.

Gammond, P. (1975). *Scott Joplin and the ragtime era.* New York: St. Martin's.

Haskins, J. (1978). *Scott Joplin: The man who made ragtime.* Briarcliff Manor, NY: Scarborough.

Preston, K. (1988). *Scott Joplin: Composer.* New York: Chelsea House.

Berlin, E. A biography of Scott Joplin, retrieved 2006. www.scottjoplin.org/biography.htm.

ユング家 Jung Family

Bair, D. (2003) *Jung: A biography.* New York: Little, Brown.

Broome, V, (1981). *Jung: Man and myth.* New York: Atheneum.

Hannah, B. (1981). *Jung: His life and work; A biographical memoir.* New York: Perigee, Putnam.

Jung, C. G. (1961). *Memories, dreams, reflections.* (Recorded and edited by Aniela Jaffe, translated by R. Winston & C. Winstons). New York: Vintage.

Stern, P. J. (1976). C. G. *Jung: The haunted prophet.* New York: Delta, Deli.

カーロ／リベラ家 Kahlo/Rivera Families

Alcantara, I., & Egnolff, S. (1999). *Frida Kahlo and Diego Rivera.* New York: Prestel Verlag.

Drucker, M. (1991). *Frida Kahlo.* Albuquerque, NM: University of New Mexico Press.

Grimberg, S. (2002). *Frida Kahlo.* North Digton, MA: World Publications.

Herrera, H. (1983). *Frida: A biography of Frida Kahlo.* New York: Harper & Row.

Herrera, H. (1984). *Frida.* New York: Harper Collins.

Herrera, H. (1991). *Frida Kahlo: The paintings.* New York: Harper Collins.

Kahlo, F. (2001). *The diary of Frida Kahlo: An intimate self-portrait.* Toledo, Spain: Abradale.

Kahlo, Ii: (1995). *The letters of Frida Kahlo: Cartas apasionadas.* San Francisco: Chronicle.

Kettenmann, A. (2002). *Frida Kahlo, 1907-1954: Pain and passion.* New York: Barnes & Noble Books. (Original publication 1992, Cologne, Germany: Benedikt Taschen Verlag GmbH.)

Marnham, P. (1998). *Dreaming with his-eyes open: A life of Diego Rivera.* New York: Knopf.

Rivera, D. (1991). *My art, my life.* New York: Dover.

Tibol, R. (1983). *Frida Kahlo: An open life.* Albuquerque, NM: University of New Mexico Press.

ケネディ家 Kennedy Family

Andrews, J.D. (1998). *Young Kennedys: The new generation.* New York: Avon.

Collier, P., & Horowitz, D. (1984). *The Kennedys.* New York: Summit.

Davis, J. (1969). *The Bouviers: Portrait of an American family.* New York: Farrar, Straus, Giroux.

Davis, J. (1984). *The Kennedys: Dynasty & Disaster.* New York: McGraw-Hill.

Davis, J. (1993). *The Bouviers: From Waterloo to the Kennedys and beyond.* Washington, DC: National Press.

DuBois, D. (1995). *In her sister's shadow: The bitter legacy of Lee Radziwell.* New York: St. Martin's.

Gibson, B., & Schwarz, T. (1993). *The Kennedys: The third generation.* New York: Thunder Mouth's Press.

Hamilton, N. (1992). *JFK reckless youth.* New York: Random House.

Heymann, C. D. (1989). *A woman named Jackie.* New York: New American Library.

James, A. (1991). *The Kennedy scandals and tragedies.* Lincolnwood, IL: Publications Internations.

Kearns Goodwin, D. (1987). *The Fitzgeralds and the Kennedys.* New York: Simon & Schuster.

Kelley, K. (1978). *Jackie Oh!* Secaucus, NJ: Lyle Stuart.

Kennedy, R. (1974). *Times to remember.* New York: Bantam.

Klein, E. (1998). *Just Jackie: Her private years.* New York: Ballantine.

Klein, E. (2003). *The Kennedy curse.* New York: St. Martin's.

Latham, C., & Sakol, J. (1989). *Kennedy encyclopedia.* New York: New American Library.

Leamer, L. (2001). *The Kennedy men: 1901-1963.* New York: Harper Collins.

Maier, T. (2003). *The Kennedys: America's emerald kings.* New York: Basic.

McTaggart, L. (1983). *Kathleen Kennedy: Her life and times.* New York: Dial.

Moutsatos, K. F. (1998). *The Onassis women.* New York: Putnam.

Rachlin, H. (1986). *The Kennedys: A chronological history 1823-present.* New York: World Almanac.

Rainie, H., & Quinn, J. (1983) *Growing up Kennedy: The third wave comes of age.* New York: G. P. Putnam's Sons.

Saunders, F. (1982). *Torn lace curtain: Life with the Kennedys.* New York: Pinnade.

Wills, G. (1981). *The Kennedy imprisonment: A mediation on power.* New York: Little, Brown.

マーティン・ルーサー・キングの家族 Martin Luther King Family

Carson, C. (Ed.). (2001). *The autobiography of Martin Luther King.* New York: Warner.

Franklin, v P. (1998). *Martin Luther King, Jr. Biography.* New York: Park Lane Press.

King, M. L., Sr., with C. Riely (1980). *Daddy King: An autobiography.* New York: Morrow.

Lewis, D. L. (1978). *King: A biography* (2nd ed.). Chicago: University of Illinois Press.

Oates, S. B. (1982). *Let the trumpet sound: The life of Martin Luther King, Jr.* New York: New American Library.

マリリン・モンロー Marilyn Monroe

Zimroth, E. (2002). Marilyn at the Mikvah. In Y. Z. McDonough (Ed.), *All the available light: A Marilyn Monroe reader,* (pp. 176-183). New York: Simon & Schuster.

ネルー／ガンジー家 Nehru/Gandhi Family

Ali, T. (1985). *An Indian dynasty.* New York: Putnam.

Frank, K. (2002). *Indira: The life of Indira Nehru Gandhi.* New York: Houghton-Mifflin.

Tharoor, S. (2003). *Nehru: The invention of India.* New York: Arcade Publishing.

Wolpert, S. (1996). *Nehru*. New York: Oxford University Press.

オニール家 O'Neill Family

Black, S. (1999). *Eugene O'Neill: Beyond mourning and tragedy*. New Haven, CT: Yale University Press.

Bowen, C. (1959). *The curse of the misbegotten*. New York: McGraw-Hill.

Gelb, A., & Gelb, B. (1987). *O'Neill*. New York: Harper & Row.

Scovell, J. O. *Living in the shadows*. New York: Time Warner.

Sheaffer, L. (1968). *O'Neill: Son and playwright*. Boston: Little, Brown.

Sheaffer, L. (1973). *O'Neill: Son and artist*. Boston: Little, Brown.

ライヒ家 Reich Family

Mann, W. E., & Hoffman, E. (1980). *The man who dreamed of tomorrow: The life and thought of Wilhelm Reich*. Los Angeles: Tarcher.

Reich, L. O. (1969). *Wilhelm Reich: A personal biography*. New York: Avon.

Sharaf, J. (1983). *Fury on earth: A biography of Wilhelm Reich*. New York: St. Martin's.

Wilson, C. (1981). *The quest for Wilhelm Reich: A critical biography*. Garden City, NY: Anchor Press/Doubleday.

ロブソン家 Robeson Family

Dean, P. H. (1989). Paul Robeson. In E. Hill (Ed.), *Black heroes: Seven plays* (pp. 277-354). New York: Applause Theatre.

Duberman, M. B. (1988). *Paul Robeson*. New York: Knopf.

Ehrlich, S. (1988). *Paul Robeson: Singer and actor*. New York: Chelsea House.

Larsen, R. (1989). *Paul Robeson: Hero before his time*. New York: Franklin Watts.

Ramdin, R. (1987). *Paul Robeson: The man and his mission*. London: Peter Owen.

Robeson, P. (1988). *Here I stand*. Boston: Beacon.

Robinson Family Falkner, D. (1995). *Great time coming: The life of Jackie Robinson from baseball to Birmingham*. New York: Simon & Schuster.

Rampersad, A. (1997). *Jackie Robinson: A biography*. New York: Knopf.

Robinson, J. (1972). *I never had it made*. New York: Putnam.

Robinson, R. (1996). *Jackie Robinson: An intimate portrait*. New York: Abrams.

Robinson, S. (1996). *Stealing home*. New York: HarperCollins.

Tygiel, J. (1997). *Baseball's great experiment: Jackie Robinson and his legacy*. New York: Oxford University Press.

ルーズベルト家 Roosevelt Family

Asbell, B. (Ed.). (1982). *Mother and daughter:, The letters of Eleanor and Anna Roosevelt*. New York: Coward McCann & Geoghegan.

Bishop, J. B. (Ed.). (1919). *Theodore Roosevelt's letters to his children*. New York: Charles Scribner's Sons.

Brough, J. (1975). *Princess Alice: A biography of Alice Roosevelt Longworth*. Boston: Little, Brown.

Collier, P., with D. Horowitz (1994). *The Roosevelts*. New York: Simon & Schuster.

Cook, B.W (1992). *Eleanor Roosevelt 1884-1933. A life: Mysteries of the heart* (Vol. 1). New York: Viking Penguin.

Donn, L. (2001). *The Roosevelt cousins*. New York: Knopf.

Felsenthal, C. (1988). *Alice Roosevelt Longworth*. New York: G. P. Putnam's Sons.

Fleming, C. (2005). *Our Eleanor*. New York: Simon & Schuster.

Fritz, J. (1991). *Bully for you: Teddy Roosevelt*. New York: G. P. Putnam's Sons.

Hagedorn, H. (1954). *The Roosevelt family of Sagamore Hill*. New York: Macmillan.

Kearns Goodwin, D. (1994). *No ordinary time*.

Franklin and Eleanor Roosevelt: The home front in World war II. New York: Simon & Schuster.

Lash, J. P. (1971). *Eleanor and Franklin*. New York: Norton.

McCullough, D. (1981). *Mornings on horseback*. New York: Simon & Schuster.

Miller, N. (1979). *The Roosevelt chronicles*. Garden City, NY: Doubleday.

Miller, N. (1983). *FDR: An intimate biography*. Garden City, NY: Doubleday.

Miller, N. (1992). *Theodore Roosevelt: A life*. New York: Morrow.

Morgan, T. (1985). *FDR: A biography*. New York: Simon & Schuster.

Morris, E. (1979). *The rise of Theodore Roosevelt*. New York: Ballantine.

Pringle, H. F. (1931). *Theodore Roosevelt*. New York: Harcourt, Brace, Jovanovich.

Roosevelt, E. (1984). *The autobiography of Eleanor Roosevelt*. Boston: G. K. Hall.

Roosevelt, E., & Brough, J. (1973). *The Roosevelts of Hyde Park: An untold story*. New York: Putnam.

Roosevelt, E., & Brough, J. (1975). *A rendezvous with destiny: The Roosevelts of the White House*. New York: Dell.

Roosevelt, J. (1976). *My parents: A differing view*. Chicago: The Playboy Press.

Roosevelt, T. (1925). *An autobiography*. New York: Charles Scribner's Sons.

Teichman, H. (1979). *Alice: The life and times of Alice Roosevelt*. Englewood Cliffs: NJ: Prentice-Hall.

Youngs, W T. (1985). *Eleanor Roosevelt: A personal and public life*. Boston: Little, Brown.

ターナー家 Turner Family

Bibb, P. (1997). *Ted Turner: It ain't as easy as it looks*. Boulder, co: Johnson.

Goldberg, R., & Goldberg, G. J. (1995). *Citizen Turner*. New York: Harcourt, Brace.

ヴィクトリア女王 Queen Victoria

Auchincloss. L. (1979). *Persons of consequence: Queen Victoria and her circle*. New York: Random House.

Benson, E. F. (1987). *Queen Victoria*. London: Chatto & Windus.

Hibbert, C. Queen Victoria in her letters and journals. London: Penguin.

James, R. R. (1984). *Prince Albert*. New York: Knopf.

Strachey, L. (1921). *Queen Victoria*. New York: Harcourt, Brace, Jovanovich.

Weintraub, S.(1987). *Victoria*. New York: E. P. Dutton.

Wilson, E. (1990). *Emminent victorians*. New York: Norton.

Woodham-Smith, C. (1972). *Queen Victoria*. New York: Donald Fine.

ジョージ・ワシントン George Washington

Bourne, M. A. (1982). *First family: George Washington and his intimate relations*. New York: Norton.

Ellis, J. J. (2004). *His excellency: George Washington*. New York: Knopf.

Furstenberg, F. (2006). *In the name of the father: Washington's legacy, slavery and the making of a nation*. New York: Penguin.

Johnson, P. (2005). *George Washington: The founding father*. New York: Harper Collins.

McCullough, D. (2005). *1776*. New York. Simon & Schuster.

Mitchell, S. W (1904). *The youth of Washington*. New York: The Century Company.

Moore, C. (1926). *The family life of George Washington*. Boston: Houghton Mifflin.

Randall, W S. (1997). *George Washington: A life*. New York: Henry Holt.

Wiencek, H. (2003). *An imperfect god: George Washington, his slaves and the creation of America*. New York: Farrar, Strauss & Giroux.

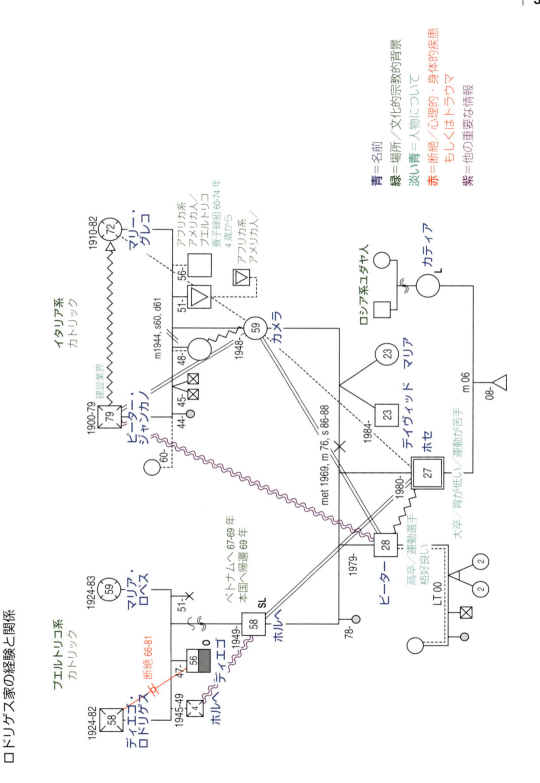

カラー図1 ロドリゲス家の経験と関係

カラー図 2

ミア・ファロー(Mia Farrow)の子どもたち——実子と養子

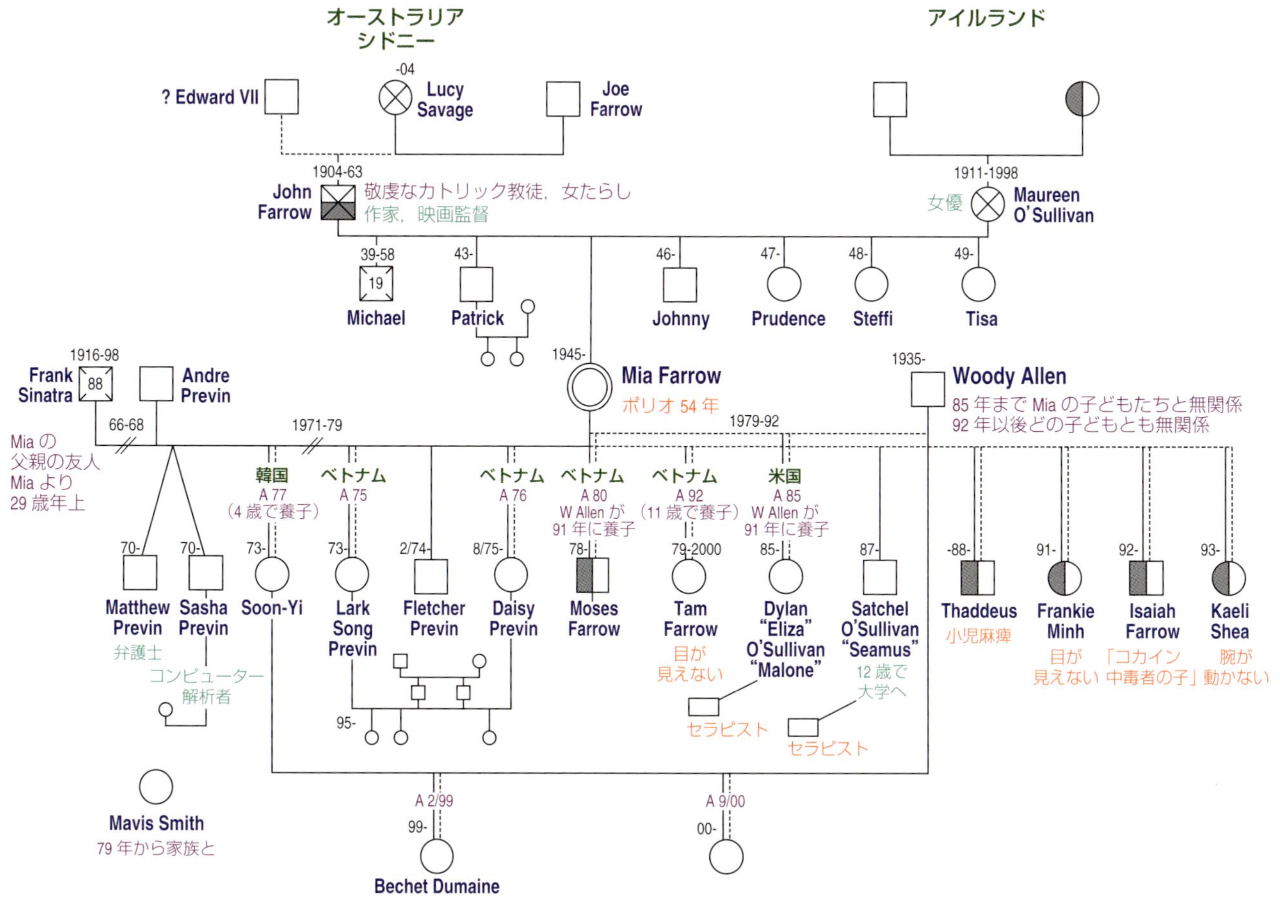

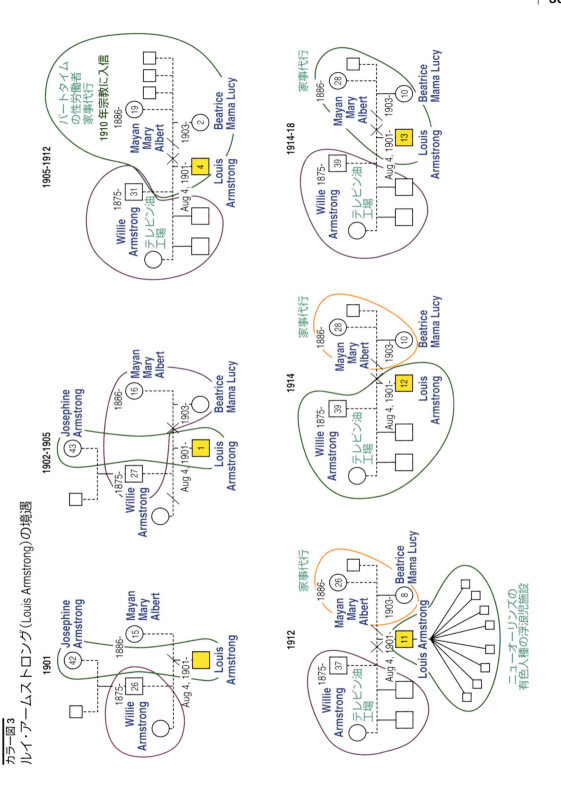

カラー図3 ルイ・アームストロング（Louis Armstrong）の境遇

カラー図 4
フォンダ (Fonda) 家の人口動態

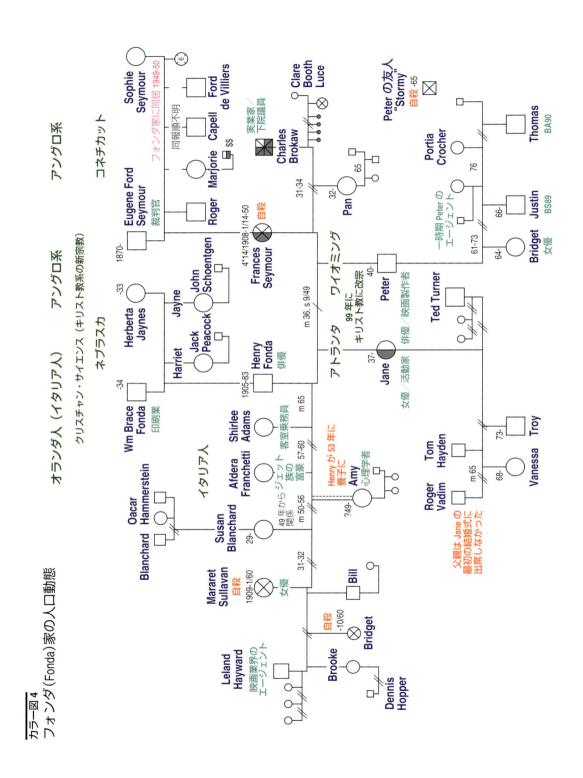

カラー図5
フォンダ家の機能

カラー図6
ターナー(Turner)家の機能

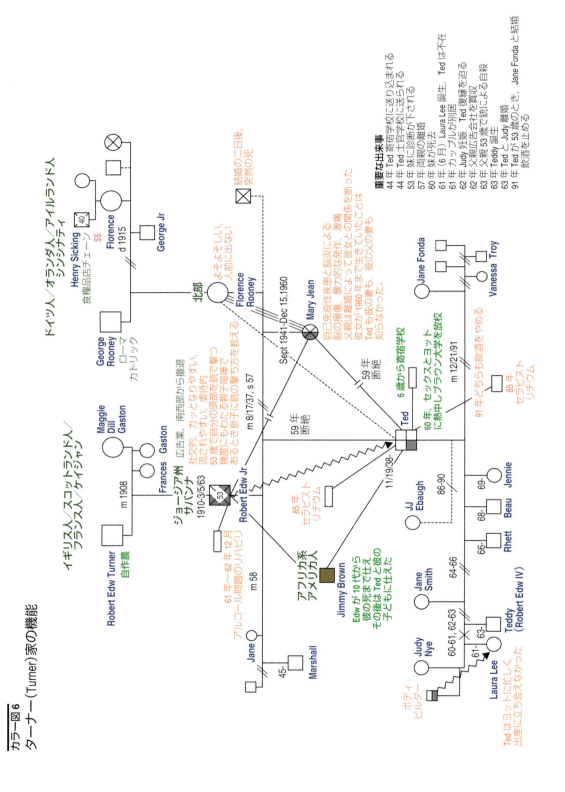

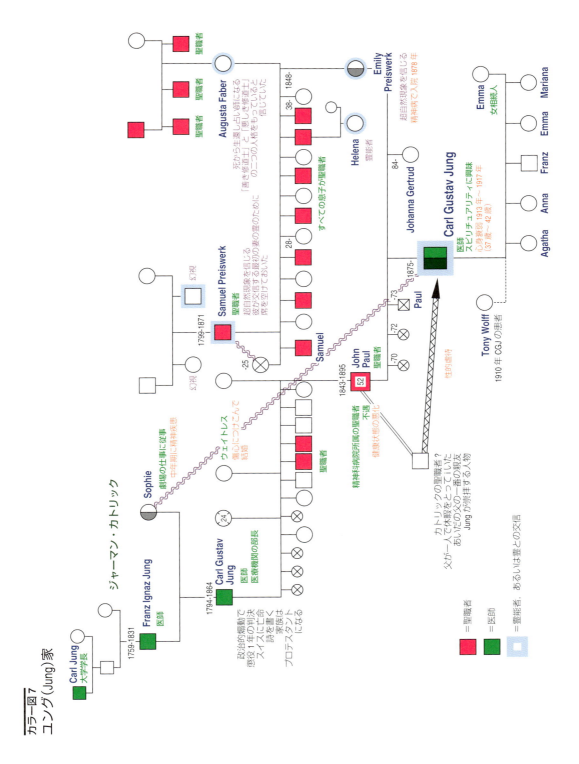

カラー図7
ユング(Jung)家

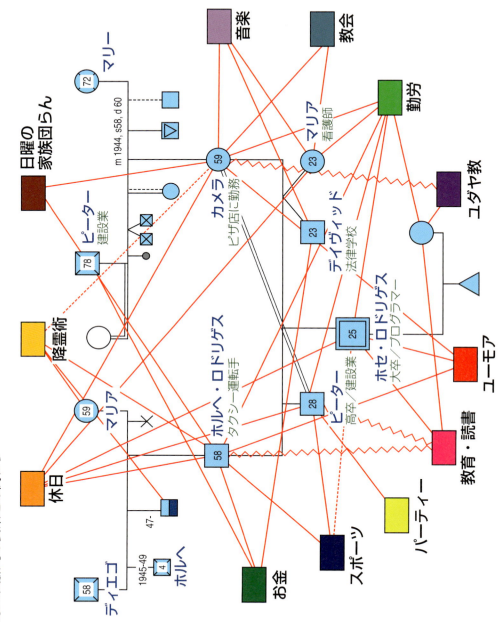

カラー図8
ロドリゲス家の文脈的な要素との関わり

カラー図9　フリーダ・カーロ(Frida Kahlo)のジェノグラム『私の家族』("My Family") 1951 ©Frida Kahlo Museum, Mexico City (Greenberg, 1977)

カラー図10
文化的ジェノグラム－カーロ―リベラ(Kahlo-Rivera)の家族

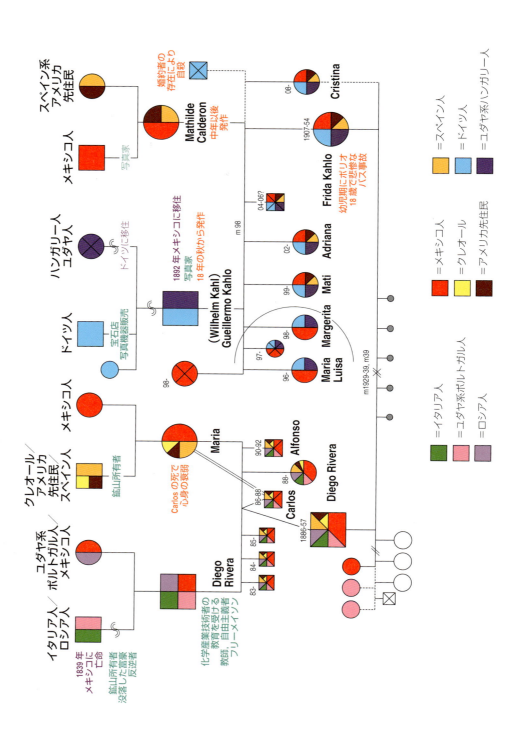

カラー図11
ジョージ・W・ブッシュ (George W. Bush)

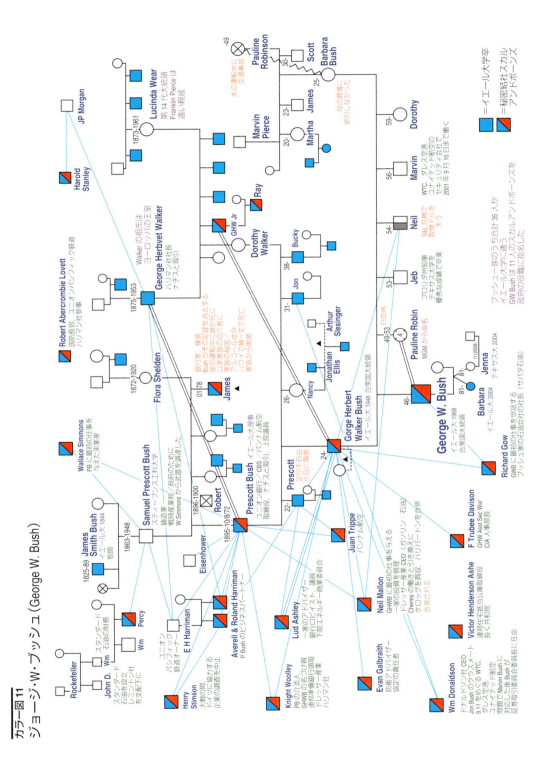

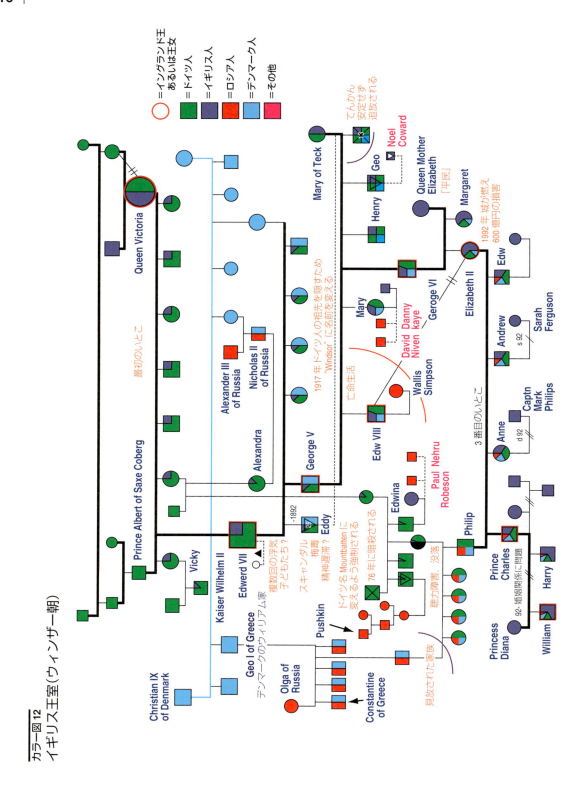

カラー図12
イギリス王室（ウィンザー朝）

カラー図13
ケネディ (Kennedy) 家

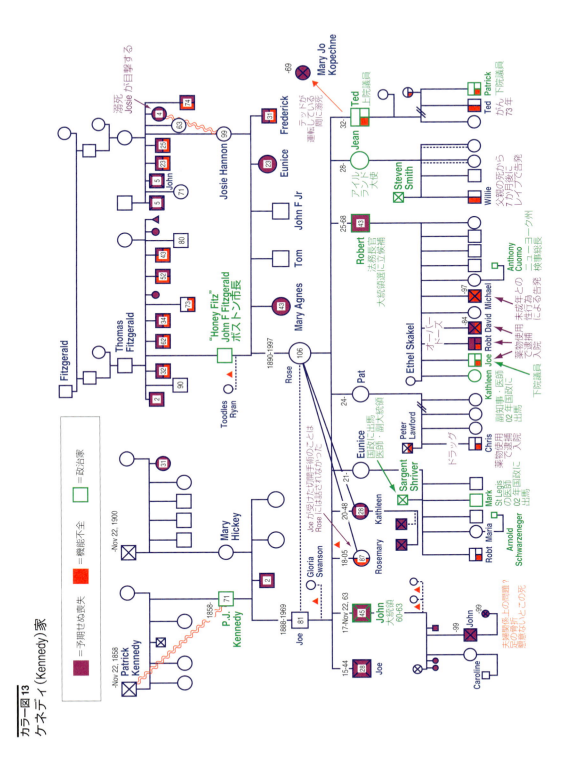

カラー図 14
ピーター・フォンダ（Peter Fonda）の幼少期の生活状況

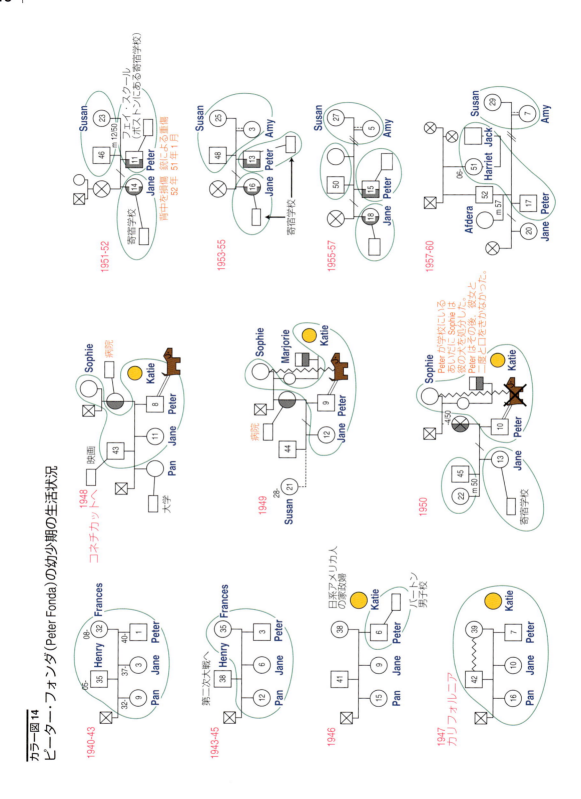

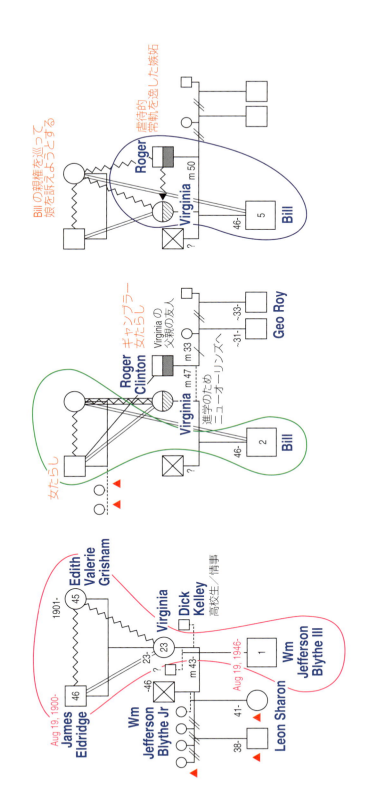

カラー図15
ビル・クリントン(Bill Clinton)の生活の変化

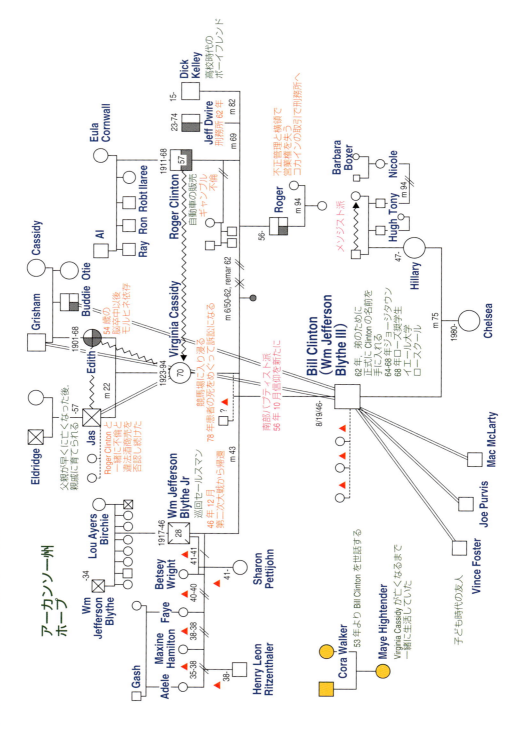

カラー図16
ビル・クリントン(Bill Clinton)の家族

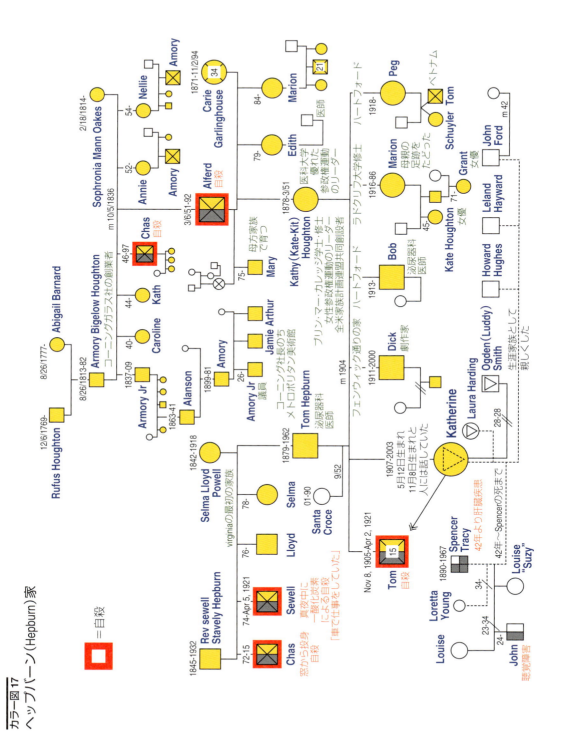

カラー図17
ヘップバーン(Hepburn)家

カラー図18
ジェファーソン(Jefferson)家

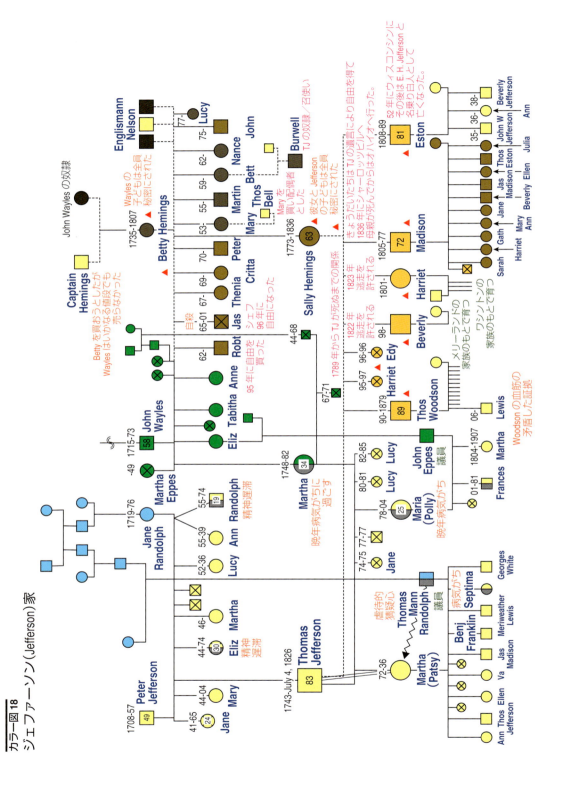

カラー図 19
ケア役割のジェノグラムの時間的変遷

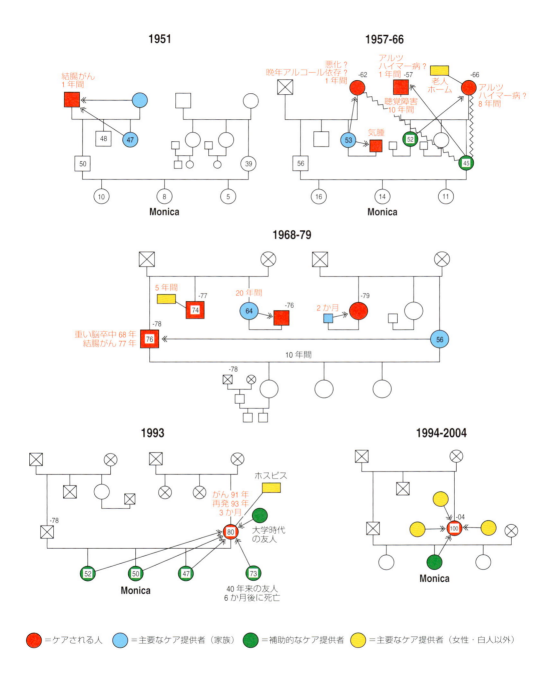

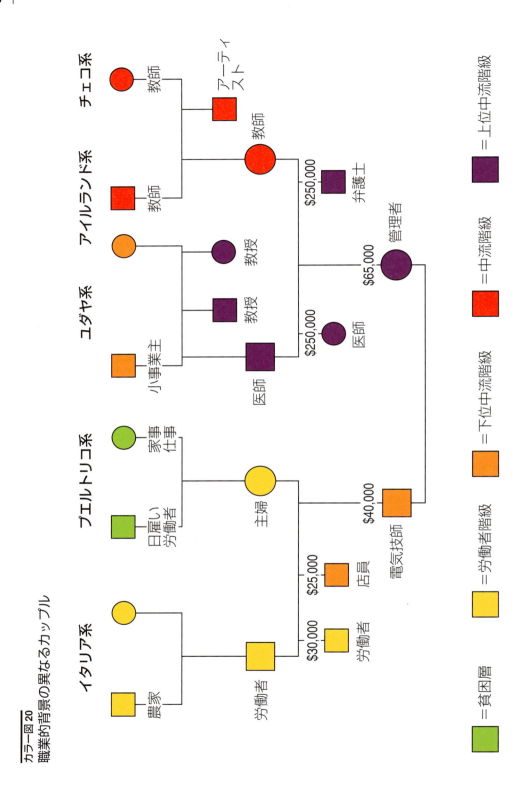

カラー図 20
職業的背景の異なるカップル

カラー図 21
セラピー前後のカップル

セラピー開始時

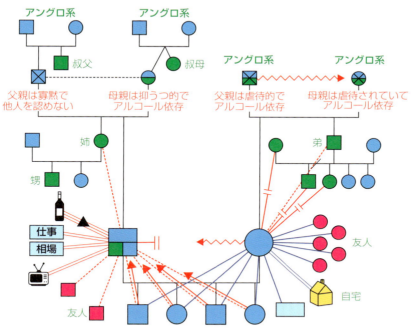

セラピー終結時

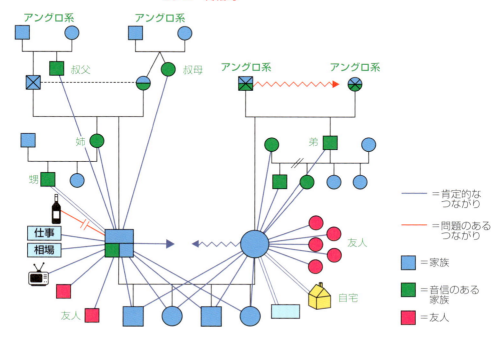

カラー図 22
ライヒ（Reich）家の三角関係

1908

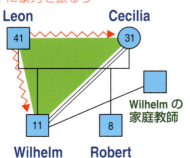

妻に嫉妬し
息子に暴力を振るう

Wilhelm は母親と仲が良かったが
虐待的な父親とはそうではなかった。

1909

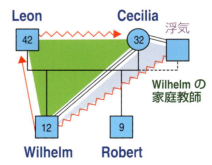

浮気

Wilhelm の
家庭教師

Wilhelm は自分を庇ってくれない
母親に怒り，父親に母親の浮気を
告げ口した。

1910 以降

息子たちは父親の
「間接的な」自殺を
目撃した

自殺

Leon 1868-1924 TB
Cecilia 1878-1910
Wilhelm 1897-
Robert 1900-1926 TB

フロイト
サークル
1919-27

浮気

父親は母親に事実を突きつけ
罵倒し，母親は自殺した。
Wilhelm は残りの人生において
とある理論に焦点を当てた。
それは，罪悪感のない性的な表出は，
あらゆる神経症を癒すという
ものだった。

1956

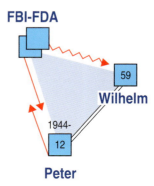

息子 Peter が当時の父親と同じ
年齢になるころ，FDA と FBI は
その思想の件で Wilhelm を迫害し，
彼の本を全て焼却し，逮捕するため
Peter に父親の所在を尋ねた。
Peter は後に父親を見捨てたことに
恐怖した。
Wilhelm は獄中で亡くなった。
彼の本はいまだ出版されている！

カラー図 23
ブロンテ (Brontë) 家

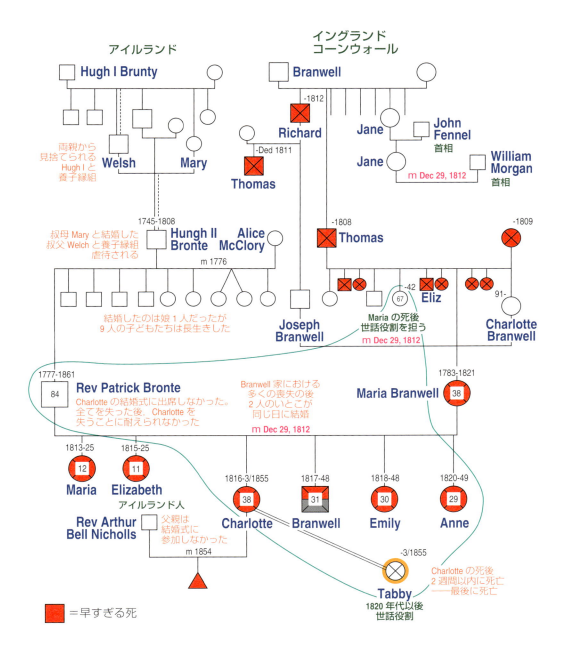

カラー図 24
イギリス王室の三角関係（過去の世代）

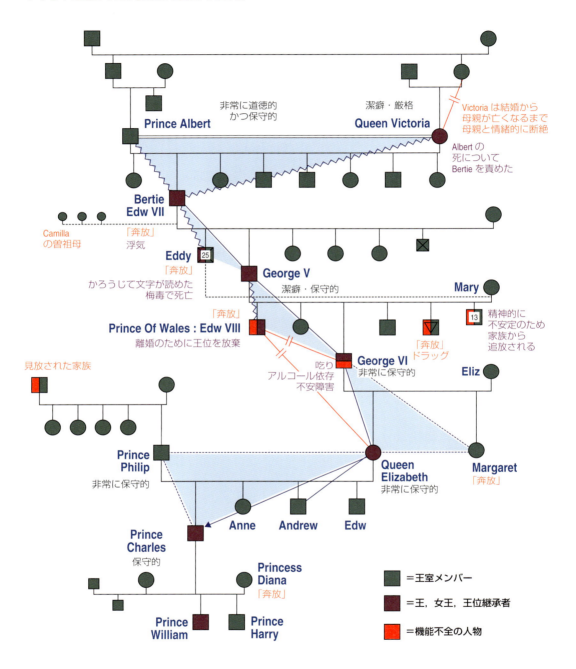

カラー図 25
エリク・エリクソン（Erik H. Erikson）の家族（1902年／彼が生まれた年）

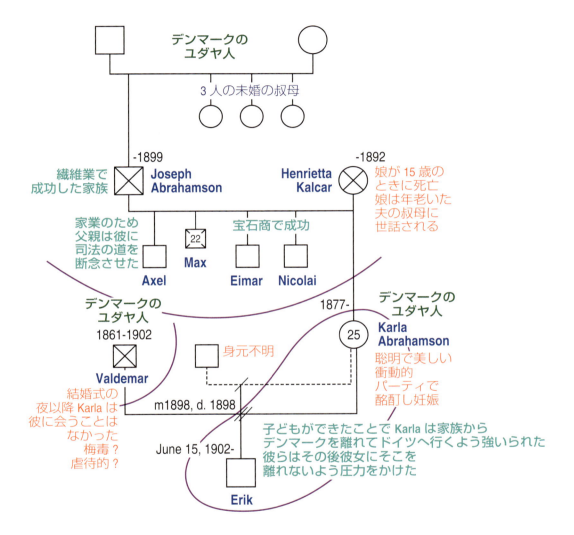

カラー図26
エリク・エリクソンの家族

1905年（母親の再婚の年）

デンマークのユダヤ人

Joseph Abrahamson -1899
Henrietta Kalcar -1892
Axel
Max 22
Eimar
Nicolai

Karla Abrahamson 1877- 25
息子の誕生日に再婚する

Theodor Homburger 1868- 37
小児科医

m June 15, 1905
TH が息子のかかりつけ医だったことで出会う

Valdemar 1861-1902
m. 1898, d. 1898
身元不明

Erik Erikson June 15, 1902- 3
TH は1910年まで彼と養子縁組しなかった

ドイツのユダヤ人

1917年（Erikの思春期）

デンマークのユダヤ人　ドイツのユダヤ人

Valdemar 1861-1902
1898-1898

Karla Abrahamson 1877- 40
きちんとした「ドイツ」らしい家庭を守る

Theodor Homburger 1868- 49
小児科医
EEの芸術的な関心には否定的で彼が医師になることを希望した

Elna 2
Ruth 8
Ellen 5

Erik Erikson June 15, 1902- 15
青年期から「異質」だった
母親に父親のことを尋ね始める

カラー図27
エリク・エリクソンの家族（1944年）

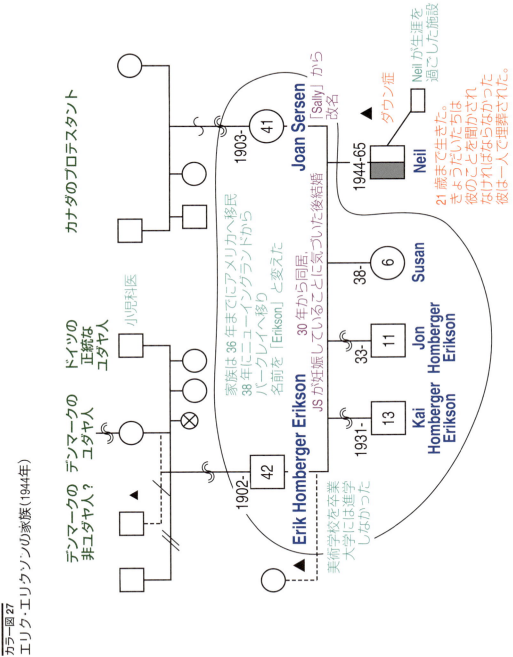

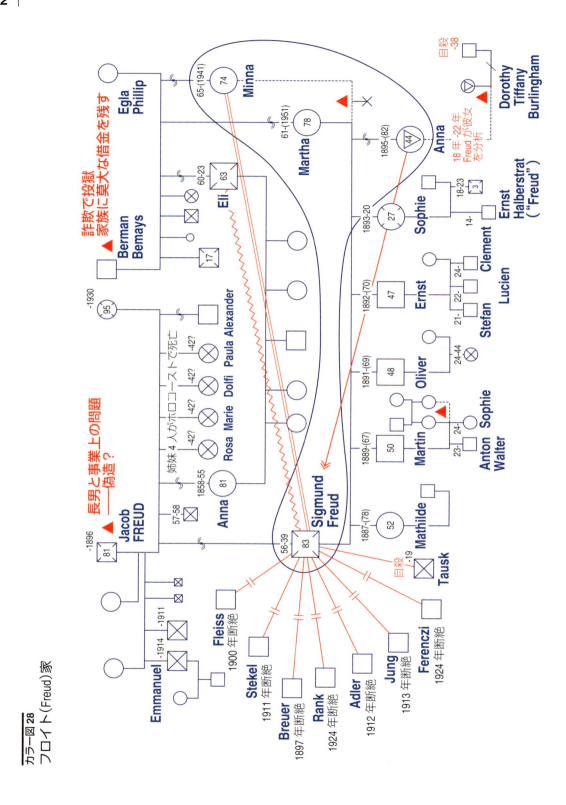

カラー図 28
フロイト(Freud)家

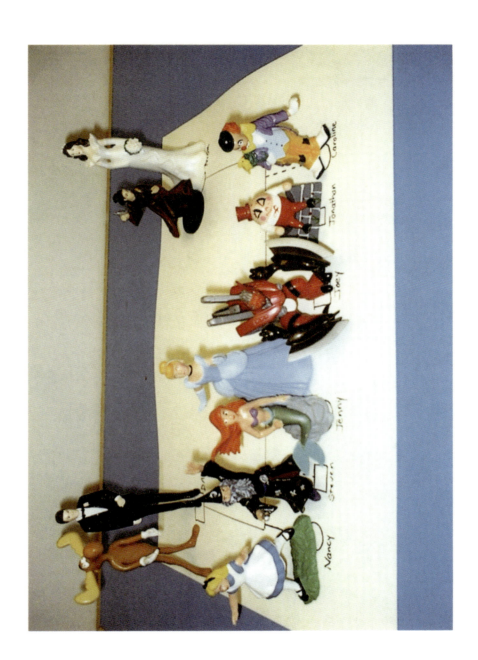

カラー図29
ファミリープレイ・ジェノグラム/ジェニー

GENOGRAMS Assessment and Intervention Third Edition

カラー図30
ファミリープレイ・ジェノグラム／シングルファーザー

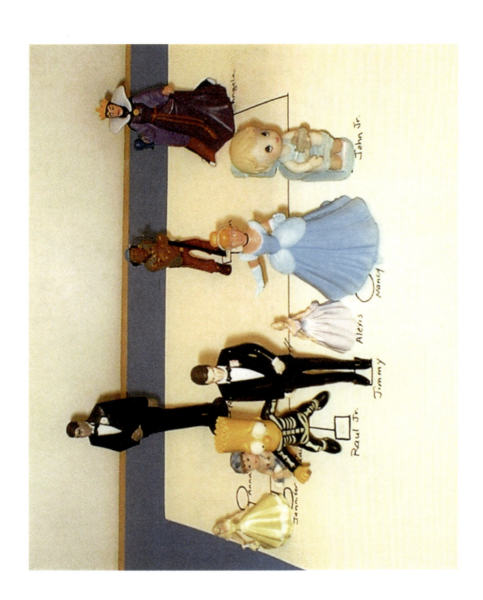

カラー図31
ファミリープレイ・ジェノグラム／アレクシス

GENOGRAMS Assessment and Intervention Third Edition

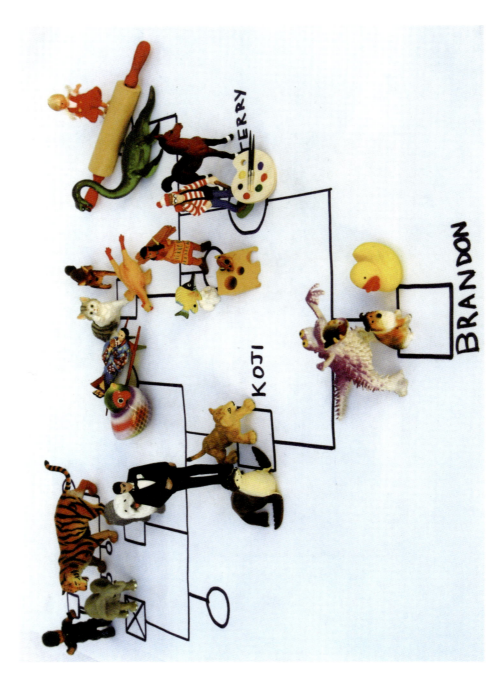

カラー図32
ファミリープレイ・ジェノグラム／野口

監訳者あとがき
モニカ・マクゴールドリックとジェノグラム

――渋沢田鶴子

　本書は 2008 年に W. W. Norton から出版された *Genograms: Assessment and Intervention* の第 3 版の翻訳である。1985 年の初版は『ジェノグラムのはなし』という書名で 1988 年に翻訳され，1999 年の第 2 版は『ジェノグラム（家系図）の臨床』として 2009 年に翻訳されている[5,6,7]。初版と第 2 版を読まれた方は第 3 版のページ数が増えたことに気づくだろう。これはファミリープレイ・ジェノグラムの章が新たに追加され，文化，階級，人種，ジェンダー，宗教，移住など家族の文化・社会的コンテクストに関する論考が深められているからである。また，色でコード化されたジェノグラムと最近のアメリカの家族の変容を反映し，トランスジェンダーや卵子・精子ドナーなどの表記方法も追加されている。

　ジェノグラムの基本的な記号や表記の標準化は本書の第 1 章で紹介されているように 1980 年代初期に家族療法家と家庭医の構成する北米プライマリーケアの研究グループによって定められた。モニカ・マクゴールドリックは，その頃ボーエンの直弟子のフィル・ゲラン（Phil Guerin）とトーマス・フォガーティ（Thomas Fogarty）から訓練を受け，すでにニュージャージー州のラトガーズ大学医学部で家族療法の訓練プログラムを指揮していた。家族研究の向上のためにジェノグラムのデータベースを蓄積し，コンピュータに保存することが必須だと考えていたマクゴールドリックは，ジェノグラムのソフトウェアの開発を試みていた，サイコロジストのランディ・ガーソン（Randy Gerson）と出会い，共同作業をはじめた。コンピューターのソフトを開発するには北米プライマリーケアの研究グループが標準化した表記では不十分なため，マクゴールドリックはより詳しい表記について情報を得るため研究グループの一員だった家庭医のジャック・メダリー（Jack Medalie）を訪ねた。詳細な表記の標準化はまだ完成しておらず，メダリーはマクゴールドリックに研究会の資料がぎっしりと詰まったダンボール箱を 3 個手渡し，やる気があるなら作業を続けるように指示した。マクゴールドリックはダンボール箱を持ち帰り，多くの家族療法家の意見を取り入れながら研究会の資料を整理し，1985 年にガーソンと『ジェノグラム』の初版を出版した。ガーソンは 1995 年に亡くなり，家庭医学の教授であ

るガーソンの妻が第 2 版の共同執筆者として加わっている[7]。

　ジェノグラムの根底にある理論はマレー・ボーエンの家族システム論である。しかし，ボーエン理論は家族機能と家族の感情システムを普遍的なプロセスとしてみなしているのに対し，マクゴールドリックのジェノグラムは家族の差異と多様性を理解することを目的としている。家族機能と感情システムに加え，家族を取り巻くストレスの要因（性差別，人種差別，経済状況，社会階層など）を考慮に入れ，家族ライフサイクルと文化・政治・歴史的コンテキストとの相互作用のなかで個人と家族の問題を理解することを重視している。

　日本ではジェノグラム以外の著作は翻訳されていないが，マクゴールドリックの研究は家族ライフサイクル，エスニシティと家族，女性と家族，喪失と家族と多岐にわたり，広範囲の研究はジェノグラムの著作にも反映されている[1,2,5,6,7]。ジェノグラムの標準化に着手する前に，マクゴールドリックはベティー・カーター（Betty Carter）と家族ライフサイクルの研究に従事し，1980 年に『家族ライフサイクル——家族療法の枠ぐみ（The Family Life Cycle: A Framework for Family Therapy）』をカーターと編集した[4]。ライフサイクルの視点によるジェノグラムの解釈や，本書の第 1 章で紹介されている家族の水平軸と垂直軸のストレッサーの交差の概念はカーターとの共同研究の知見による。

　家族の文化とエスニシティ（民族性）に関する研究はマクゴールドリックが 1973 年に初めて先祖の故郷のアイルランドを訪ねたことに端を発する。それまでは一般のアメリカ人として考えていた自分の家族にアイルランド文化に由来する特有の文化があることに気づき，家族療法家が家族の文化的背景を考慮する必要があることを認識した。アイルランド系アメリカ人の文化的価値観と家族パターンの枠組みに関する論文を 1981 年に「ファミリー・プロセス」誌に発表し[8]，1982 年には家族療法家がさまざまな文化的背景の家族を理解できるよう，ジョン・ピアス（John Pearce）とジョセフ・ジョルダーノ（Joseph Giordano）とともに『エスニシティと家族療法（Ethnicity and Family Therapy）』を編集した[9]。家族ライフサイクルとエスニシティの著作はロングセラーで改訂を重ね，アメリカの家族療法の分野では必須の教科書である。

　マクゴールドリックはまた，ジェノグラムの著作が出版される前後の 1984 年と 1986 年にフロマ・ワルシュ（Froma Walsh）とキャロル・アンダーソン（Carol Anderson）と一緒に女性の家族療法家のための会議を開催した。当時，指導的な立場にいた女性治療者 50 名が「ストーンヘンジ（Stonehenge）」と題した会議に参加し，女性の視点から家族と家族療法を 3 日間にわたって検討した。この会議はジェンダーの視座から家族療法を見直す作業を促し，アメリカの家族療法に大きな転換をもたらした。この会議の内容は『家族のなかの女性たち——家族療法のための概念（Women in Families: A Framework for Family Therapy）』にまとめられ，1989 年に出版された[3]。

　楢林理一郎氏は欧米における家族療法の発展をシステム論の登場期（1950 年代から 60

年代），興隆期（1970年代），変動期（1980年代），そしてそれに続く第二次家族療法，社会構成主義，家族療法におけるポストモダニズム（1990年代）に分けている[11]。マクゴールドリックはシステム論的家族療法の興隆期（1970年代）に家族療法を学び，変動期（1980年代）に第一線で活躍し家族療法の変革に貢献した。また，ニュージャージー家族療法研究所（現在のMulticultural Family Institute）ではボーエン派の治療者だけではなく，ポール・ワツラウィックやリン・ホフマンのワークショップを開催し，ミラノ派のボスコロとチェキンと共同で訓練用のビデオを制作したり，各地で一緒にワークショップを行った。また，マイケル・ホワイトとは交流が深く，亡くなった直後に出版された著作はホワイトと彼の妻のシェリルに捧げられている[12]。

マクゴールドリックの最近の著作は『家族療法の見直し――人種，文化，ジェンダーの視点から（Revisioning Family Therapy: Race, Culture, and Gender in Clinical Practice）』で，2008年の第2版と近刊予定の第3版はケネス・ハーディー（Kenneth Hardy）と共同で編集している[9]。ハーディー氏はアフリカ系アメリカ人で，人種差別や抑圧による家族のトラウマの第一人者である[12]。本書ではマイノリティの臨床家の体験だけでなく，白人の臨床家がマイノリティの家族の治療において直面しなければならない課題について論じ，また，さまざまな文化・社会的アイデンティティが交差するインターセクショナリティについて言及している。わが国はアメリカに比べると移民が圧倒的に少なく，文化の多様性や差別と抑圧という視点から在日コリアンや華僑の方々の家族，同和地区出身の方々の家族，LGBTの方々の家族について語られることはほとんどない。家族代々にわたり日本の社会で差別や抑圧を体験した家族に接するとき，臨床家はクライエントの家族の体験を理解するだけでなく，自分たちの無学，無意識的・意識的な偏見や罪悪感に触れる必要が出てくるが，この点でもマクゴールドリックから学ぶことは多い。

ジェノグラムに関する論文はわが国でも増え，インターネットでもジェノグラムの作成方法に関するサイトを多々目にする。これはジェノグラムの普及に地道に努力なさってきた福山和女，中村伸一，渡辺俊之，田村毅，団士郎，村松励，早樫一男，デーヴィッド・マクギル（David McGill）をはじめとする諸先生方の努力の成果と言えよう。また，2010年には渡辺俊之先生の企画で「家族療法研究」誌に「家族療法家，原家族を語る」という特集が組まれ，日本家族療法学会を代表する臨床家が原家族とジェノグラムについて論じている[15]。

故・鈴木浩二氏は1990年に「家族療法研究」誌の人物紹介欄で，当時40代だったマクゴールドリックの業績を「比較文化的視点にたった実証的な研究は家族療法理論の根底を問いなおし，将来のあり方を示唆するものである」と評している[13]。30年近く経った現在でも，マクゴールドリックは家族療法理論の根底を問いなおし続けていると言えよう。そして外国国籍の家族，国際結婚の家族が年々増加しているわが国でも，マクゴールド

リックのジェノグラムをはじめとする研究はますます重要となることが予想される。

　最後に翻訳の労をとっていただいた青木聡先生，大西真美先生，藪垣将先生のご尽力にこころから感謝の意を表します。そして長年にわたり本書の出版を支援して下さった金剛出版の高島徹也氏と日本家族療法学会の理事の先生方に深く感謝申し上げます。

文　献

1) McGoldrick, M. : *The Genogram Journey: Reconnecting with your Family*（2nd edition）. W. W. Norton, New York. 2011.［1995］
2) McGoldrick, M. : *The Genogram Casebook: A Clinical Companion to Genograms: Assessment and Intervention*. W. W. Norton, New York. 2016.
3) McGoldrick, M., Anderson, C., Walsh, F.（Eds）: *Women in Families: A Framework for Family Therapy*. W. W. Norton, New York, 1989.
4) McGoldrick, M., Garcia-Preto, N., Carter, B. A.（Eds）: *The Expanding Family Life Cycle: Individual, Family and Social Perspectives*（5th edition）. Pearson, New York, 2015.［2010, 1998, 1989, 1981］
5) McGoldrick, M., Gerson, R., Petry, S. : *Genograms in Family Assessment and Intervention*（3rd edition）. W. W. Norton, New York, 2008.
6) McGoldrick, M. & Gerson, R. : *Genograms in Family Assessment.* W. W. Norton, New York, 1985.
7) McGoldrik, M., Gerson, R., Shellenberger, S. : *Genograms in Family Assessment and Intervention*（2nd edition）. W. W. Norton, New York, 1999.
8) McGoldrick, M., Giordano, J., Garcia-Preto, N.（Eds）: *Ethnicity and Family Therapy*（3rd edition）. Guilford, New York, 2005.［1982, 1996］
9) McGoldrick, M., Hardy, K.（Eds）: *Revisioning Family Therapy : Race, Culture, Gender in Clinical Practice*（2nd Edition）. Guilford, New York, 2008［1998］
10) McGoldrick, M. & Pearce, J. K. : Family Therapy with Irish Americans. *Family Process*, 20（2）; 223-241. 1981.
11) 楢林理一郎：家族療法とシステム論（日本家族研究・家族療法学会編）臨床家のための家族療法リソースブック：総説と文献105．金剛出版，pp. 40-49, 2003.
12) 渋沢田鶴子：多文化と原家族：ケネス・ハーディーのスーパービション・グループから，家族療法研究，27（2）; 23-28, 2010.
13) 鈴木浩二：Monica McGoldrick：その人柄と業績．家族療法研究，7（2）; 155-158, 1990.
14) History of The Multicultural Family Institute.［https://multiculturalfamily.org/history-of-the-multicultural-family-institute/］
15) 渡辺俊之：特集にあたって（特集：家族療法家，原家族を語る），家族療法研究，27（2）; 127-128, 2010.

訳者あとがき

　本書は "Genograms: Assessment and Intervention Third edition" の翻訳です。大正大学の青木聡先生，大西真美先生にお声かけいただき，翻訳に携わる機会を得ました。

　2017年の秋，アジア家族療法学会（AAFT）に参加するために著者のMonica McGoldrick先生が来日されました。その際，Monica McGoldrick先生，田村毅先生，Chao Wen Tao先生，So Wa Ngai先生，そしてChristine Maryannaさんのジェノグラムに触れさせていただくワークショップがありました。Monica先生は熱心にアジアの家族に関心を寄せておられました。すべてのクライエントに歴史があるように，セラピストにもまた歴史があります。人は文脈の上に歴史を紡いで今に至るのだということを，その場に居た人たち全員で，いろいろなことに思いを馳せながら感じ入り，そして共有することができた，たいへん印象深いセッションでした。

　振り返ると，これまで私が受けてきた臨床のトレーニングのなかには，ジェノグラムが最初から常に傍にありました。また，家族の協力を得て，自身の原家族（family of origin）を探索するジェノグラム・インタビューを受ける機会にも恵まれました。ジェノグラム・インタビューの後，これまで知らなかった家族のことについて，妹と二人で夜遅くまで話し込んだことは，とても良い思い出です。もう何年も前のことですが，今でも時折そのときの録画を見返しては，何かしらを発見しています。ジェノグラムのことをご存知ない方が少なくないなかで，こんなふうに「当たり前のもの」としてジェノグラムを携えて来られたことは幸運でした。このあとがきをお読みになられた家族療法の先達諸兄姉は，そういう時代になったかと驚かれるかもしれません。

　臨床の経験を積むにつれて，ジェノグラムからより多くのことを読み取れるようになったように感じます。また，クライエントとのジェノグラムを介したやりとりを，より大切にするようになりました。ジェノグラムはただの家族図ではなくて，家族の歴史や文脈に触れるものであるとともに，その製作過程そのものが創造的な営みであるということを，身をもって感じています。そして，今もなお，ジェノグラムの持つ射程の深さに魅了され続けています。私たち翻訳メンバーは心理学者ですが，心理士はもちろんのこと，精神科医，ソーシャルワーカー，学校教師，看護師など，対人援助職と呼ばれるすべての方々

に，ジェノグラムを使っていただきたいと思います。

　先月，是枝裕和監督の映画『万引き家族』が，第71回カンヌ国際映画祭でパルム・ドールを獲得しました。「家族とは何か？」を考えさせる素晴らしい作品です。登場人物の間に血縁関係はありませんが，確かに彼らは家族です。私はこの映画を観ながら，登場人物とジェノグラム・インタビューをしてみたいと空想しました。何かしらの治療的効果を期待したわけではありません。この人たちのことをもっと深く知りたいと思ったのです。そして，この人たちの間にある家族というつながりに触れたいと思ったのです。作中に描写された時点でも，過去でも，あるいは数年後でもいい。どの時点に実施したとしても，きっと，その場にいる全員の琴線に触れるような，体験的な場が展開することでしょう。ジェノグラム・インタビューには，そういう圧倒的な力があると確信しています。

　ところで，本書は原本そのままにたくさんの図表が載せられていて，非常に充実しています。これは，煩雑でたいへんな編集作業を担って下さった金剛出版の高島徹也氏のご尽力によって実現したことです。深謝申し上げます。また，ニューヨーク大学の渋沢田鶴子先生は，監訳をお引き受け下さいました。訳語の確認を行っていただき，家族療法の本として恥ずかしくないよう，質を担保していただいたと感じています。心より感謝致します。さらに，いつも温かい言葉をかけて下さりつつ，ご自身は驚異的なスピードで翻訳分担を進めてリーダーシップを執って下さった青木聡先生，遅々として作業の進まない私を励まして，訳の難しいところを一緒に考えて下さった大西真美先生にお礼を申し上げます。

　最後に。2017年のアメリカ家族療法アカデミー（AFTA）で，Monica McGoldrick先生，Sueli Petry先生とご一緒する機会がありました。私たちが本書の翻訳を進めていることをお伝えすると，たいへん喜ばれていました。そして，このジェノグラムという非常に有用なツールを，ぜひ世界中の皆さんに使っていただきたい，そのために必要なサポートがあれば遠慮なく申し出て欲しい，と仰って下さいました。日本においてジェノグラムがもっともっと広まって，皆さんに使っていただくということ。本書がその一助となりましたら，こんなに光栄で嬉しいことはありません。

訳者を代表して
2018年7月　藪垣　将

索引

※「C」はカラー図の番号を指す。

著名人・ジェノグラム掲載の人物・家族
（50音順）

アームストロング, ルイ（Armstrong, Louis）…C3, 029

アインシュタイン, アルベルト（Einstein, Albert）…089, 132, 133

アダムズ家（Adams family）…035

アダムズ, ジョン（Adams, John）…035, 079

アダムズ, ジョン・クインシー（Adams, John Quincy）…035, 113, 129

アドラー, アルフレッド（Adler, Alfred）…118, 119, 198

アレン, ウッディ（Allen, Woody）…027, 127

イギリス王室（ウィンザー家）（British Royal Family/Windsors）…C12, C24, 041, 089, 157, 167, 168

ヴィクトリア女王（Victoria, Queen）…169

ウッズ, タイガー（Woods, Tiger）…047

エジソン, トーマス（Edison, Thomas）…114

エリクソン, エリク（Erikson, Erik）…043, 085, 172-177

エリザベス女王（Elizabeth, Queen）…072

エンゲル, ジョージ（Engel, George）…079, 080

オニール, ユージン（O'Neill Eugene）…032, 039, 153, 154, 159, 164, 165, 167

ガーソン, ランディ（Gerson, Randy）…252, 257

カーター, ジミー（Carter, Jimmy）…155

カーロ, フリーダ（Kahlo, Frida）…C9, C10, 033, 041, 078, 081, 146, 147

カフカ, フランツ（Kafka, Franz）…078

カラス, マリア（Callas, Maria）…083, 084

ガンジー, インディラ（Gandhi, Indira）…121, 156, 157

キュリー, マリー（Curie, Marie）…114

キング, マーチン・ルーサー, Jr.（King, Martin Luther, Jr.）35, 76, 116, 117

クリントン, ビル（Clinton, Bill）…C15, C16, 043, 092, 093, 100-104, 154, 166

ケネディ家（Kennedy family）…C13, 075, 079, 081, 089, 129

ケネディ, ジャッキー・ブーヴィエ（Kennedy, Jackie Bouvier）…028, 089, 127

ケネディ, ジョン・F（Kennedy, John, F.）…081

ケネディ, テッド（Kennedy, Ted）…075, 076, 081, 140

ケネディ, ローズ（Kennedy, Rose）…075

ケネディ, ロバート（Kennedy, Rovert）…075, 076, 081

ゲバラ, チェ（Guevara, Che）…112, 155

コロン, フェルナンド（Colon-Lopez, Fernando）…134-136

サザーランド, ドナルド（Sutherland, Donald）…026

サリヴァン, ハリー・スタック（Sullivan, Harry Stack）…078

ジェファーソン, トマス（Jefferson, Thomas）C18, 078, 079, 102, 113, 131-133

スルツキ, カルロス（Sluzki, Carlos）…007

ダイアナ（Diana, Princess of Wales）…072, 078, 089, 107, 108, 168, 169

ターナー, テッド(Turner, Ted)…C6, 25, 32, 33, 71, 88
チャールズ(Charles, Prince of Wales)…072, 167-169
チャップリン, チャーリー(Chaplin, Charlie)…039, 164
デイヴィス, オシー(Davis, Ossie)…129
テイラー, エリザベス(Taylor, Elizabeth)…123, 124
ネルー, ジャワハルラール(Nehru, Jawaharlal)…089, 121, 155-157
バートン, リチャード(Burton, Richard)…123, 124, 127, 128
ラーナー, ハリエット(Lerner, Harriet)…088, 090, 091, 099
ファロー, ミア(Farrow, Mia)…C2, 027, 089
フォスター, ジョディー(Foster, Jodie)…026, 027
フォルワルスキ, ジョン(Folwarski, John)…136, 137
フォンダ家(Fonda family)…C4, C5, 025, 026, 031-033, 071, 078, 086-090, 105, 106, 108, 160-163, 179
フォンダ, ヘンリー(Fonda, Henry)…023-025, 078, 086-088, 090, 092, 160-162, 179
フォンダ, ジェーン(Fonda, Jane)…25, 26, 32, 33, 86-88, 90, 105, 106, 108, 162
フォンダ, ピーター(Fonda, Peter)…C14, 26, 32, 78, 86-88, 90, 105, 106, 108, 160-162, 174
ブッシュ, ジョージ・W(Bush, George Walker)…042, 043, 089
ブラックウェル家(Blackwell family)…033, 085, 130
フランクリン, ベンジャミン(Franklin, Benjamin)…043, 076-078, 114, 122, 123, 154, 157

フルーム, ジャック(Froom, Jack)…001
フレイレ, パウロ(Freire, Paolo)…012, 114
フロイト, ジークムント(Freud, Sigmund)…030, 078, 079, 120, 128, 132, 179, 180, 183-201
ブロンテ家(Brontë family)…C23, 167
ベイトソン家(Bateson family)…C23, 074
ベイトソン, グレゴリー(Bateson, Gregory)…073, 074, 079, 124, 125, 129
ヘイリー, ジェイ(Haley, Jay)…007
ヘップバーン家(Hepburn, family)…033
ヘップバーン, キャサリン(Hepburn, Katherine)…080, 113, 128
ベル, アレクサンダー・グラハム(Bell, Alexander Graham)…033, 142
ヘンリー8世(Henry VIII)…023, 024, 089
ボーエン, マレー(Bowen, Murray)…001, 005, 008, 013, 015, 099, 153, 212, 213, 251-254
ホーナイ, カレン(Horney, Karen)…120
ホワイト, マイケル(White, Michael)…006, 007, 203
マーラー, グスタフ(Mahler, Gustav)…078
マクゴールドリック, モニカ(McGoldrick, Monica)…C19, 143, 144, 238
マッカーサー, ダグラス(MacArthur, Douglas)…155
ミード, マーガレット(Mead, Margaret)…073, 087, 124, 125

ミニューチン, サルバドール(Minuchin, Salvador)…007
ミラー, アーサー(Miller, Arthur)…043
メダリー, ジャック(Medalie, Jack)…001
モリン, ダン(Morin, Dan)…257, 258
モンロー, マリリン(Monroe, Marilyn)…043, 082, 083
ユング, カール(Jung, Carl)…035, 078, 104, 120, 195, 198
ライト, フランク・ロイド(Wright, Frank Lloyd)…154
ライト兄弟(Wright brothers)…078
ライヒ, ウィルヘルム(Reich, Wilhelm)…160
リベラ, ディエゴ(Rivera, Diego)…078
ルーズベルト家(Roosevelt family)…076, 077, 123
ルーズベルト, エレノア(Roosevelt, Eleanor)…076-078, 122, 123, 157, 158, 161
ルーズベルト, セオドア(Roosevelt, Theodore)…076, 077
ロビンソン, ジャッキー(Robinson, Jackie)…108, 109
ロブソン, ポール(Robeson, Paul)…089, 117, 118
ワシントン, ジョージ(Washington, George)…042, 043, 085, 111, 112, 129
ワツラウィック, ポール(Watzlawick, Paul)…007

文献著者
（アルファベット順）

Akinyela, M. ⋯007
Ali, T. ⋯156
Arndt, B. ⋯006
Bradt, J. ⋯093
Burke, J. L. ⋯006, 029, 061, 203
Cohn, P. ⋯249, 253
Coupland, S. K. ⋯252
Crouch, M. A. ⋯008, 248
Dunn, A. B. ⋯247, 255
Gill, E. ⋯231
Faber, P. ⋯006, 029, 061, 203
Foster, M. A. ⋯247, 253-255
Friedman, H. ⋯006, 172-175
Friesen, P. ⋯006
Gerson, R. ⋯212, 252
Gibson, D. ⋯006, 094, 247, 255
Gil, E. ⋯006, 007, 012, 046, 047, 049, 231
Glenn, J. E. ⋯252
Hardy, K. ⋯006, 056, 095, 203
Hartman, A. ⋯049
Hodge, D. R. ⋯045, 049, 247, 255
Holloway, R. ⋯008, 251
Horn, M. ⋯085, 130
Ingersoll-Dayton, B. ⋯006
Jolly, W. M. ⋯008
Krakauer, S. ⋯006
Laszloffy, T. ⋯006, 056, 095, 203
Leahey, M. ⋯005, 018, 051, 067
Like, R. C. ⋯248, 249
Manitt, J. ⋯006
Medalie, J. ⋯001, 008
Olsen, S. ⋯008, 247, 248, 255, 256
Paul, B.B. ⋯211
Paul, N. ⋯211
Peluso, P. ⋯094
Petry, S. ⋯255, 257
Pinderhughes, E. ⋯131
Rainsford, G. L. ⋯008
Rigazio-DiGilio, S. A. ⋯012, 046, 047, 049
Rogers, J. C. ⋯008, 247-249, 251, 253
Rohrbaugh, M. ⋯006, 249
Scherger, J. E. ⋯008, 248
Schoeninger, D. ⋯056
Schuman, S. H. ⋯008
Serovich, J. ⋯252
Wachtel, E. F. ⋯205, 206, 213
Walsh, F. ⋯018, 062, 078, 145, 146, 197, 201
Watts Jones, D. ⋯006, 029
Wright, L. M. ⋯005, 008, 018, 051, 067, 106, 247, 248

事項索引

あ

「IP」…005
アジア人…129, 145, 159
アセスメント
　——におけるジェノグラムの役割…003
アフリカ系アメリカ人…007, 014, 022, 047, 060, 082, 110, 115, 116, 129, 131, 228
アルコール問題…141
アングロ系…046, 110, 129, 158
アンバランス
　高機能と低機能の——…226
　責任の——…149
　——なジェノグラム…140
　リソースの——…250
移住・移民…059, 060, 069, 070, 083, 085, 225, 227, 262, 263
　——の歴史…059, 060
　重大なイベントとしての——…070
依存
　アルコール——…033, 040, 043, 057, 071, 073, 075, 077, 091, 127, 141, 157, 160, 208, 223, 228, 262, 265, 266
　薬物——…032, 039, 067, 235, 209, 216, 250, 257, 259, 262
遺伝
　——学的理論…251
　——家系図(ペディグリー)…255
　——情報差別禁止法…256
異父・異母きょうだい…025, 104
医療情報の倫理…256
医療保険の携行性と説明責任に関する法律…256

「イル・トロヴァトーレ」…002-003
浮気…024, 077, 087, 096-097, 123, 131-132, 157, 159-160
　多世代にわたる——…097
エコマップ…005, 012, 045, 047, 049, 255, 256
「おばさんとおじさんの力」…127

か

「解決指向型」社会…214
介護のパターン…144
介入の計画…213
家業…048
核家族…020, 028, 062, 086, 090, 100, 102, 103, 219, 227, 250
　伝統的な——…100
　二重・複数——…102
拡大家族…004, 012, 031, 049, 052-055, 058, 062, 100, 103, 114, 127, 140, 167, 211, 227, 232, 233, 238, 244
　——ネットワーク…103
過剰機能…48, 66, 141
家族の強み…067
家族関係の記号…019, 023
家族構造…079, 100, 102, 104
　——の図解…013
家族システムの視点…012
家族造形法…203, 224, 231
家族に関する情報の網…052
家族のあだ名…038
家族の外部との関係…167
家族の困難を補うパターン…142
家族の資源…147
家族の定義…012
家族の抵抗…054, 055, 206, 208
家族の年表…069-071, 089

家族の秘密…030, 048, 059, 175, 205, 209
家族の「プログラム」…128
家族パターン…002-005, 012, 030, 109, 120, 127, 128, 208, 211-213, 224, 227, 233, 247, 258
家族の語学力…059
家族ライフサイクル…006, 013, 053, 080, 081, 171, 177-179, 182, 188, 250
　——とジェノグラム…176
　——の期待される範囲…178
　エリクソン家の——…175
　フロイト家の——…179
家族療法…001, 007, 052, 099, 134, 213, 221, 235, 247, 249, 251-258
　——の信頼性研究…251
家族レジリエンス…146
カップル関係…027, 081
　——と出生順…122
　——の図式化…023
家庭医療…220, 247-249, 251
　——における信頼性研究…249
記念日反応…017, 074, 079-081, 220, 224
機能
　——の水準とスタイル…141
　——のパターン…013, 032, 142, 249, 250, 265
虐待
　身体的——…037, 064, 259, 262, 264
　心理的——…037, 065, 264
　性的——…033, 037, 064, 067, 193, 239, 241, 259, 262, 264
キャリア・仕事のジェノグラム…094
きょうだい
　——に関するアドラーの理論…118

──の配置 …099, 104, 118, 120, 124, 127, 128, 182
──の配置に影響する他の要因 …126
──のパターン …104, 110, 120, 121, 126, 127, 250
成人の── …126
──関係と夫婦関係 …121
兄弟と姉妹の異なる役割 …107
近親婚 …089
偶然の一致 …072, 073
　ライフイベントに関する── …072
空想 …234
ケア役割のジェノグラム …143
経済状況 …044, 058, 106, 226
ゲイ・レズビアンのクライエント …061
血縁ネットワーク …010, 041, 061
結婚
　家族内の── …132
　二重結合の── …190
　──のジェノグラム …190
　──のタイミング …178
解毒 …006, 203
健康保険 …256
孤児 …113, 134, 136, 199
子どもの死 …078
コミュニティ
　──とのつながり …059
　──のジェノグラム …046

さ

再婚家庭 …102, 136, 161-165, 174, 239
里親 …029, 090, 134, 135, 137, 165, 214, 232, 235
サポート・システム …040, 147, 214

三角関係
　──の継時変化 …167
　──の特徴 …152
　姻戚関係の── …159
　親子の── …153
　家族の外部との── …167
　感情の単位としての── …015
　里親家庭・養子縁組の家庭の── …165
　人種と── …060
　多世代にわたる── …166
　夫婦の── …C21, 157, 159
　人以外との── …160
ジェネラティヴィティ（世代性） …172, 175
ジェノグラム・インタビュー
　──・今ある問題と現在の世帯 …052
　──・家族に関する情報の網 …052
　──・現在の状況 …053
　──・より広い家族の文脈 …053
　──への家族の参加 …204
　──への抵抗 …205
　治療的介入としての── …203, 227
ジェノグラム
　──におけるクライエントとの共同作業 …255
　──の解釈 …002, 016, 066, 264
　──の研究
　　──家族療法における信頼性研究 …251
　　──家庭医療における信頼性研究 …249
　　──臨床における有用性研究 …253
ジェノグラムの臨床的使用 …203

　──・介入を計画するためのジェノグラムの使用 …213
　──・家族の問題のリフレーミングと無効化 …212
　──・家族パターンの明確化 …211
　──・家庭医療における介入 …220
　──・現在の関係性を変容させるためのジェノグラムの使用 …215
ジェノグラムメイカー・ミレニアム［Genogram-Maker Millennium］…257
ジェノグリッド …006, 029, 203
ジェノプロ［GenoPro］…257
ジェンダー役割 …263
死去（重大なイベント）…070
自己記入式ジェノグラム（SAGE）…252
仕事仲間との関係 …048
自殺 …033, 039, 071-074, 077-081, 086-088, 105, 113, 125, 147, 160-162, 179, 182, 189, 198, 199, 205, 209, 265
疾患
　──の遺伝的要因 …070
　家族システムの視点から見た── …051
質的研究 …257
質問
　家族以外のサポートに関する── …061
　関係についての── …037
　簡潔なジェノグラム・インタビューの── …067
　聞きづらい── …062
　　──・経済状態 …063
　　──・仕事 …063
　　──・深刻な問題 …063
　　──・身体的・性的虐待 …064

──・法に触れる問題 …064
　　　──・薬物と飲酒 …064
　ゲイ・レズビアンのクライエントに対する── …061
　スピリチュアルな── …045
　性にまつわるジェノグラムのための── …095
　文化的信念と経験についての── …056
　文化的伝統とのつながりを強めるための── …057
　文化についての── …056
　現在の問題に関する── …062
姉妹 …028, 099, 107, 108, 110, 113, 122, 127, 132, 198, 199, 266
社会経済的状態 …013, 038, 043, 044, 055, 058, 148
　　　──についてのジェノグラム …043
社会的文脈 …047
宗教／スピリチュアリティのジェノグラム …045
宗教と文化の歴史 …055
重大なライフイベント …069
重要な生活の変化 …074
出生順 …026, 086, 099, 104, 106, 116, 121, 122, 129, 130, 250, 263, 264
　　　──と養育 …126
出生のタイミング …104, 106, 128
守秘義務とプライバシー …256, 259
障害をもつ子ども …175
情緒的な距離 …105
情緒的な融合 …015
情報
　失われた── …091, 120
　欠けている── …030, 066, 090
　矛盾する情報── …092

　──カテゴリー …249, 250, 253
　ジェノグラムに含まれない── …087
　──の正確性 …256
　──の優先順位 …066
初回面接 …205, 220
所属団体 …040
人工授精 …029
人口動態 …031, 051, 052, 069, 070, 071
　──についての情報 …031
人種差別 …014, 058, 060, 061, 115-118, 129, 131
身体疾患 …032
身体的／心理的／スピリチュアルな活動 …040
親密性の条件 …173, 177
スカル・アンド・ボーンズ結社 …042
ストレッサー …048, 221, 250, 263
　心理社会的── …221
スピリチュアリティ …006, 007, 011, 041, 042, 045, 047-049, 055, 059, 255
精子提供者 …029, 030
政治的状況 …055, 058-060, 072, 081, 082, 123, 129, 199, 250
精神疾患 …032, 033, 036, 067, 087, 090, 105, 160, 182
性にまつわるジェノグラム …095
聖ヘドウィッグ孤児院 …136
セクシュアリティ …160
世代間伝達 …013, 032
世帯構成 …099, 100
世代をこえた問題の反復 …033
セラピスト記入式ジェノグラム（TAGE）…252
世話役割 …038, 049, 143, 266
喪失 …005, 074, 076, 078

　──をめぐる話題 …211
相補性 …121, 122, 130
　──のパターン …130
ソフトウェア・プログラム …247, 257
　家族データベースつきの── …032
　研究のための── …257

た
第一子（長男・長女）…110-113
　──へのプレッシャー …075
「対立」…036
誕生（重大なイベント）…070
断絶 …037
　──の影響 …135
力と支配のピラミッド …065
忠誠葛藤 …102, 157, 162, 164, 264
治療同盟 …252
デモレー …043
同居 …021
トラウマ …074-076
　家族の変化と── …074

な
名づけ・命名 …129, 184, 193
　──のパターン …129
ナラティヴ・セラピー …007
二者関係 …015, 104, 151, 152, 153

は
パターン
　──の反復性 …033
　バランスとアンバランスの── …139
肌の色 …046, 237
バランス …139, 140
非公式な血縁ネットワーク …010, 061

ヒトゲノム解析計画 …070, 248
一人親家庭 …100, 103, 149
一人っ子 …120
標準化されたジェノグラムの表記 …001
ファミリープレイ・ジェノグラム …006, 203, 231-239, 243-245
　──と発達段階 …236
　──に使用する用具 …237
　──のエクササイズ …231
　──の追加エクササイズ …238
「不安の流れ」…013
『夫婦のパズル』…211
複雑なジェノグラム …086
複数の家庭で育った子ども …090
複数のパートナー …023
双子 …019-023, 080, 106, 107, 114, 244
プライマリーケア …001, 249, 253
不倫 …093, 185, 189, 195-198, 208
分化 …015, 153
文化
　──的適応 …059
　──的伝統 …058
　──的なジェノグラム …007, 041, 048
ボーエンの理論 …005, 099, 153, 251, 253
母子関係 …152

ま
『また家に帰れますよ──家族関係の理解』…051

末子 …114-116
　──同士の結婚 …123
　──の位置づけ …125
継母 …088, 132, 162, 163, 164
まれな家族の配置 …130, 132, 133
真ん中の子ども …116-120
「未解決の喪失という遺産」（ビデオ）…055, 206
名声の影響 …079
面接者が抱えやすい問題 …055

や
友愛的組織 …032, 042
「融合」…036
友人関係 …040, 042, 048, 059
ユダヤ人 …022, 046, 172, 173, 177, 180, 182, 184
養子縁組 …086, 130, 134, 165, 166, 174
　三角関係と …166
　一人親世帯の …100

ら
ライフサイクル
　エリク・エリクソンの──論 …172
　フロイト家の──
　　──親になる …182
　　──結婚 …190
　　──高齢期の家族 …197
　　──思春期の子どもと家族 …186
　　──中年期の家族 …188

　　──・次の世代が親になる …193
　　──・両親の恋愛と結婚 …179
六次の隔たり …089
離婚 …006, 021-024, 027-031, 043, 044, 048, 053, 054, 069, 072, 075, 077, 083, 092, 099-104, 107, 123, 127, 134, 136, 140, 157, 161-164, 169, 180, 181, 241, 250, 257, 264
　──の影響 …102
　──の表記 …21-24
　──のリスク …178
　──と社会経済的階級 …044
　──と三角関係 …161-163
リフレーミング …006, 212, 213
臨床における有用性の研究 …253
倫理的および法的な問題 …259
倫理的なジェノグラム …094
レジリエンス …003, 018, 033, 050, 057, 062, 078, 097, 144, 146, 233, 238, 264, 265
　──の追跡 …146
レズビアンのカップル …029

わ
ワンダーウェア［Wonderware］…257

［監訳者］**渋沢田鶴子**（しぶさわ・たづこ）

ニューヨーク大学社会福祉学部大学院准教授。カリフォルニア大学ロサンゼルス校において修士・博士号取得，専門は臨床ソーシャルワークと家族療法。Multicultural Family Institute フェロー（2000-2003），マサチューセッツ州立大学医学部 Center for Mindfulness-MBSR クオリファイド・ティーチャー。著書に *Contemporary Clinical Practice with Asian Immigrants: A Relational Framework with Culturally Responsive Approaches*（I. Chung との共著，Routledge），*Asian American Elders in the 21st Century: Key Indicators of Psychosocial Well-being*（A. Mui との共著，Columbia University Press）。訳書に，M・マクゴールドリック＆R・ガーソン著『ジェノグラムのはなし』（石川元との共訳，東京図書出版），R・フィッシュ，J・H・ウィークランド＆L・シーガル著『変化の技法』（鈴木浩二・鈴木和子監訳，金剛出版）

［訳　者］**青木　聡**（あおき・あきら）

大正大学心理社会学部臨床心理学科教授。臨床心理士。あずま通り心理臨床オフィス開設。AFCC 公認の監護評価者およびペアレンティング・コーディネイターのトレーニング修了。SVN 公認の監督付き面会交流支援者のトレーニング修了。ハーグ条約事案対応の国際家事 ADR あっせん人（東京弁護士会紛争解決センター）。訳書に，エリザベス・セイアー＆ジェフリー・ツィンマーマン著『離婚後の共同子育て』（コスモスライブラリー），リチャード・ウォーシャック著『離婚毒』（誠信書房），J・A・ロス＆J・コーコラン著『離婚後の共同養育と面会交流―実践ガイド』（小田切紀子との共訳，北大路書房），エイミー・ベイカー＆ポール・ファイン著『離婚家庭の子育て』（春秋社）

［訳　者］**大西真美**（おおにし・まみ）

大正大学人間学部臨床心理学科専任講師。臨床心理士・家族心理士。上智大学大学院文学研究科心理学科修士課程修了，東京大学大学院教育学研究科臨床心理学コース博士満期退学。FAIT 研究会のメンバーとして，離婚を経験する子どもと家族を支援している。訳書に，P・ペーパーナウ『ステップファミリーをいかに生き，育むか』（共監訳／訳，金剛出版），S・ミニューチン，W-Y・リー，M・P・ニコルズ『家族・夫婦面接のための 4 ステップ』（共訳，金剛出版）

［訳　者］**藪垣　将**（やぶがき・しょう）

藪垣心理療法研究室室長。教育学博士（東京大学）。臨床心理士。日本家族療法学会認定ファミリーセラピスト・国際交流委員。埼玉県スクールカウンセラー。茅ヶ崎市教育委員会学校教育指導課特別支援教育巡回相談員。東京都公立学校スクールカウンセラー。訳書に，ロバート・E・リー，クレッグ・A・エベレット『家族療法のスーパーヴィジョン―統合的モデル』（共訳，金剛出版）

ジェノグラム
家族のアセスメントと介入

2018年9月10日　印刷
2018年9月20日　発行

著　者　モニカ・マクゴールドリック／ランディ・ガーソン／スエリ・ペトリー
監訳者　渋沢田鶴子
訳　者　青木　聡／大西真美／藪垣　将
発行者　立石正信
発行所　株式会社　金剛出版
　　　　〒112-0005 東京都文京区水道1丁目5番16号升本ビル二階
　　　　電話 03-3815-6661／振替 00120-6-34848
印刷・製本　太平印刷社　装　幀　粕谷浩義

ISBN 978-4-7724-1648-1　C3011　　　　　　　　　©2018 Printed in Japan

ジェノグラム表記法一覧

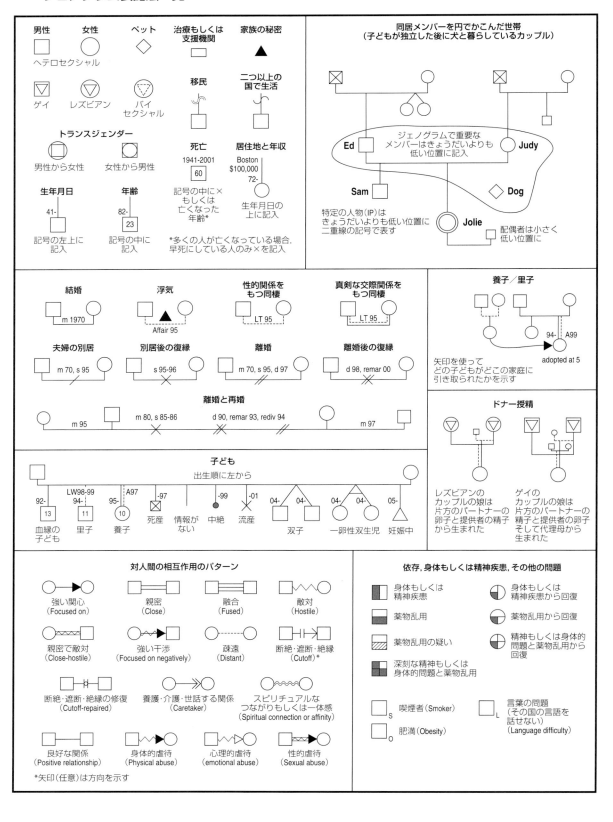